Das Borland C++ Buch

Das Borland C++ Buch

John Caspers

SYBEX
Computerbücher & Software

DÜSSELDORF · SAN FRANCISCO · PARIS · SOEST (NL)

Fast alle Hard- und Software-Bezeichnungen, die in diesem Buch erwähnt werden, sind gleichzeitig auch eingetragene Warenzeichen und sollten als solche betrachtet werden. Der Verlag folgt bei den Produktbezeichnungen im wesentlichen den Schreibweisen der Hersteller.

Titel der niederländischen Originalausgabe: Werken met Borland C++
Original Copyright © 1992 SYBEX uitgeverij b.v., Soest (NL)

Übersetzung: Michael-A. Beisecker

Projektmanagement/Lektorat: Gabriele Fischer
Produktion: Uta Gardemann
Satz: **micro** VISION Computer GmbH, Dorsten
Belichtung: Softype Computersatz-Service GmbH, Düsseldorf
Farbreproduktionen: Lettern Partners, Düsseldorf
Umschlaggestaltung: Lippert, Wilkens & Partner, Düsseldorf
Druck und buchbinderische Verarbeitung: Bercker, Kevelaer

ISBN 3-88745-168-6
1. Auflage 1992

Inhaltsverzeichnis

Teil 2 - Das Nachschlagewerk zu Borland C++

Teil 3 - Vollständige Beispiele

Teil 4 - Anhang

Danksagung

Zuerst möchte ich Eva für ihre Unterstützung und Geduld während dieses Projekts danken, ebenso meinen Freunden Andre, Sjoerd, Wilber sowie Douwe und Frankie.

Viel verdanke ich auch der enthusiastischen Mannschaft von Borland, sowohl in den USA als auch in Großbritannien. Caroline van Sloten und Matthew Price von Borland UK sowie Nan Borreson von Borland USA haben mich mit den neuesten Versionen des Compilers versorgt. Mein Dank geht auch an Andrew Smith von Keene Communications.

Ohne die Hilfe zahlreicher Korrektoren und Rezensenten wäre dieses Buch nicht entstanden. Im einzelnen möchte ich folgenden Leuten danken:

Alex Baldonado (Quarterdeck), Michael Balk (AT&T Bell Laboratories), Stephen Clamage (Taumetric Corp.), Tony Claes (Universität Leuven), John McDermott (Universität New Mexico), Daniel Duffy (Datasim B.V.), Mark Ellis (Reuters Client Systems), Craig Hansen-Sturm (Borland International), Michaela Harlander (TU München), Mats Henricson (Ericcson Sverige), Cay Horstmann (Universität San Jose), John Hickin, Raghu V. Hudle (IBM), Robbie Koenen (PTT Research NL), Kevin Kleinfelter (Dunn & Bradstreet Software), Terry Kubat (Universität Montana), Jean Pierre LeJacq, Lawrence Lordanich, Jim Nelson (Dynamic Software Solutions), Eric Schweitz (IBM Lexmark Corporation), Peter von Sluis (Hewlett-Packard USA), Michael Stearns, Richard Johnson (Oregon Software), Dave Steinhoff (Applied Dynamics International) und Jeff Thomas (Metaware Corp).

Weiter möchte ich allen Leuten danken, die hier versehentlich nicht erwähnt wurden, sowie allen hilfsbereiten Menschen, die mir freundlich Auskunft gaben.

Amsterdam 1992
J. Caspers

Einleitung

Die Programmiersprache C++ wird zunehmend beliebter, und während der letzten Jahre wurden die Vorteile dieser Sprache immer klarer. Die theoretischen Leistungsmerkmale des objektorientierten Programmierens werden mit C++ in die Praxis umgesetzt: Programme sind leichter zu schreiben, besser portierbar und leichter zu erweitern. Für viele spezielle Aufgaben können Klassen geschrieben und nach dem Beseitigen von Fehlern verwendet werden. C++ hat die besten Voraussetzungen, um ein Nachfolger der Programmiersprache C zu werden: Es bietet nicht nur objektorientierte Fähigkeiten an, sondern auch wenige (aber sehr nützliche) Erweiterungen der Programmiersprache C.

Der Compiler Turbo C++ von Borland kann als revolutionäre Entwicklung für die Akzeptanz von C++ angesehen werden. Dies liegt teilweise am Preis des Produktes, aber hauptsächlich an der Vormachtstellung der Turbo-Programmiersprachen in der MS-DOS-Welt. Dieser Compiler wird vermutlich viele C-Programmierer auf seine Seite ziehen. Besonders Borland C++, das eine Unterstützung für MS-Windows enthält und auch im Protected-Modus kompilieren kann, ist ein höchst professionelles Entwicklungswerkzeug für den PC.

Dieses Buch kann für die Compiler Turbo C++ und Borland C++ verwendet werden. Nur die Kapitel über die Windows-Programmierung und die Tools wie das Whitewater Resource Toolkit sind nur für Borland C++ anzuwenden.

Zum Inhalt dieses Buches

Das vorliegende Buch befaßt sich mit verschiedenen Aspekten der Programmierung in der Programmiersprache C++ mit den Compilern Turbo und Borland C++. Es gliedert sich in mehrere Teile: Teil 1 beschreibt anhand vieler kleiner Beispiele die objektorientierte Programmierung und die Programmiersprache C++. Teil 2 erklärt den Gebrauch der Compiler Turbo/Borland C++ und seiner Dienstprogramme. Teil 3 besteht hauptsächlich aus vollständigen Klassen und Beispielen, auf die im Teil 1 umfassend hingewiesen wird. Teil 4 enthält Tabellen und Verweise.

Die umfangreichen Beispiele und kompletten Klassen sind vom erklärenden Text getrennt, wodurch der Teil 1 besser zu lesen ist. Die Klassen und Programme im Teil 3 werden von Erklärungen und Hintergrundinformationen begleitet.

Wegen dieser Einteilung fungiert das Buch gleichzeitig als Lehrbuch für C++, Nachschlagewerk für Turbo/Borland C++ sowie als Quellensammlung für C++. Dadurch ist das Buch sowohl für unerfahrene als auch für fortgeschrittene Programmierer von C++ geeignet, wie es ebenfalls für jeden Benutzer der Compiler Turbo/Borland C++ hilfreich ist. Es wird allerdings vorausgesetzt, daß der Leser mit der Syntax der Programmiersprache C++ vertraut ist.

Teil 1: Die Programmiersprache C++

In diesem Teil werden die Prinzipien der objektorientierten Programmierung und der Implementation von C++ erklärt. Es wurde versucht, Erklärungen mit nützlichen Hinweisen abzuwechseln und Beispiele für den Gebrauch der beschriebenen Techniken zu geben, statt einfach die Syntax zu erklären. Denjenigen, die alles über die Implementationstechniken von C++ wissen wollen, sei Stroustrups "Annotated Reference Manual (ARM)" empfohlen, auf das gelegentlich verwiesen wird.

Teil 2: Das Nachschlagewerk zu Borland C++

In manchen Büchern werden sämtliche Editiermöglichkeiten und Bibliotheksfunktionen erklärt. Hier ist das nicht der Fall, weil Sie die meisten Informationen dieser Art über das ausgezeichnete Hilfesystem von Borland erhalten können, entweder innerhalb der integrierten Entwicklungsumgebung (IDE) oder des speicherresidenten Dienstprogramms THELP. Überdies ist IDE sehr leicht zu erlernen, und die meisten Programmierer haben damit keine Schwierigkeiten. Einige der Bibliotheksfunktionen, die für Borland von Bedeutung sind, werden in diesem Teil erörtert, wie zum Beispiel Grafikfunktionen und Textmodusfunktionen.

Teil 3: Vollständige Beispiele

Obwohl C++ eine objektorientierte Programmiersprache ist, hat es alle Fähigkeiten zur Systemprogrammierung von der Programmiersprache C geerbt. Da die meisten Leser bereits C benutzt haben, werden die neuen Möglichkeiten von C++ an Projekten dargestellt, mit denen die meisten Leser vertraut sind. Sie denken dabei vielleicht an reine objektorientierte Beispiele in C++, aber die Vorteile dieses Verfahrens werden an realitätsnahen Programmierproblemen gezeigt. Zusätzlich sind die meisten Beispielklassen unabhängig voneinander, so daß Sie nicht alle kennen müssen, um eine zu untersuchen.

Das Kompilieren der Beispielprogramme

Fast alle Programme wurden auf einem mit 33 MHz getakteten 386er unter DOS 5.0 entwickelt. Sie wurden jedoch ebenso auf anderen Rechnern geprüft, wie zum Beispiel auf einem guten, alten 4,77-MHz-PC mit monochromer Darstellung. Zum Testen der Beispiele wurde das Programm DESQview verwendet, um schnell zwischen der Textverarbeitung und Turbo C++ oder MS-DOS umschalten zu können. Die Fehlersuche erfolgte mit dem Turbo Debugger und zwei Anzeigefenstern oder einem Remote-PC.

Namenskonventionen

Die meisten Bezeichner in diesem Buch haben Namen, die aus Groß- und Kleinbuchstaben bestehen. Es wurde eine gemischte Schreibweise wie bei LongVariableName im Gegensatz zu long_variable_name bevorzugt. Diese Namenskonvention wird auch von Borland in deren Beispielklassen CLASSLIB verwendet. In Windows-Programmen wurden im allgemeinen die Konventionen von MS-Windows (Ungarisch) eingehalten, die Bezeichner wie szAppName haben und auch Typinformationen enthalten. In anderen Konventionen wird das erste Wort des Bezeichners klein geschrieben, und die folgenden Wörter beginnen mit einem Großbuchstaben: fileName. Diese Konvention wird auch von Turbo-Vision verwendet, während ObjectWindows noch eine andere benutzt. Seien Sie vorsichtig, wenn Sie alle Bezeichner in Kleinbuchstaben umwandeln. So kommt zum Beispiel der Klassenname Circle in Konflikt mit der Funktion circle () von Turbo C++, wenn er in Kleinbuchstaben umgewandelt wird.

Annähernd jeder Programmierer schreibt eine Klassendefinition anders. Das folgende Schema wird in diesem Buch konsequent eingehalten:

```
class X
{
  private:
    // ... private Elemente

  public:
    // ... öffentliche Elemente,
    // Konstruktoren zuerst
};
```

Obwohl das Schlüsselwort private ausgelassen werden kann, ist das aus Gründen der Klarheit in diesem Buch nicht geschehen. Sie können die public-Elemente vor die private-Elemente setzen und sagen: "Der public-Teil definiert die Schnittstelle, und die Klasse kann benutzt werden, ohne die Implementation am Ende der Header-Datei ansehen zu müssen." Im vorliegenden Buch ist das nicht der Fall, weil die Dokumentation einer Klasse getrennt erfolgen sollte, indem Methoden wie Musterklassen und Diagramme benutzt werden.

Die Compiler-Familie von Borland C++

Im Jahr 1990 stellte die Firma Borland ihren ersten C++-Compiler vor: Turbo C++ in der Version 1.0. Dieser Compiler ersetzte die Version 2.0 von Turbo C und war in der Lage, Programme in C und C++ zu kompilieren. Kurz nach seiner Einführung wurde die Version 1.0 durch die Version 1.01 ersetzt. In der Version 1.01 wurden viele Fehler der Vorgängerversion ausgemerzt.

Im Mai 1991 wurde Borland C++ vorgestellt. Dieser Compiler richtet sich an die Zielgruppe der professionellen C++-Programmentwickler. Er hat die Versionsnummer 2.0 und ist zu der Programmiersprache C++ in der Version 2.0 kompatibel. Borland C++ kann im Protected-Modus ablaufen und vorkompilierte Header verwenden. Mit Borland C++ können Sie Windows-Anwendungen entwickeln, ohne das Software Development Toolkit (SDK) erwerben zu müssen. Es ist aber keine Klassenbibliothek für Windows enthalten. Der Compiler läuft auch im Textmodus unter DOS.

Die Anwendungssysteme ObjectWindows und Turbo Vision wurden im Herbst 1991 vorgestellt und ermöglichen es dem Programmierer, Anwendungen relativ leicht mit einer anspruchsvollen Benutzerschnittstelle zu versehen. Gleichzeitig wurde Turbo C++ mit Turbo Vision vorgestellt.

Turbo C++ für Windows ist der entsprechende Compiler für Windows und enthält das Anwendungssystem ObjectWindows.

Borland C++ 3.0 enthält einen Compiler, der unter DOS arbeitet und besagten Turbo C++ für Windows. Beide entsprechen dem C++-3.0-Standard, der nun auch Schablonen (templates) zur automatischen Datentyperzeugung bietet. Das letzte Update des Borland-C++-Paketes trägt die Versionsnummer 3.1 und dient speziell der Unterstützung der Besonderheiten von Windows 3.1. An der Funktionalität und Leistungsfähigkeit hat sich zwischen den beiden Versionen sonst nicht viel geändert. Die Windows-Variante des Compilers trägt nun ebenfalls den Namen "Borland C++" und hat den Optimizer der DOS-Version geerbt. Im Buch wird jedoch wegen der besseren Unterscheidung auf die Namen der 3.0-Version zurückgegriffen (Turbo C++ für die Windows-, Borland-C++ für die DOS-Variante). Turbo C++ wird nämlich seit der Version 3.1 als ein separates Produkt mit eingeschränktem Leistungsumfang angeboten (läuft unter DOS, kann keine Windows-Applikationen erzeugen und besitzt keinen integrierten Optimizer).

Borland C++ 3.1 bietet als einziges sichtbares Feature die farbliche Hervorhebung der C-Syntax. Darauf wird in Kapitel 9 kurz eingegangen.

Zusammengefaßt bedeutet dies für Besitzer der Version 3.0, daß sie keinerlei Einschränkungen in der Programmierung unterliegen und damit auch keine große Veranlassung für ein Update besteht.

Teil 1

Die Programmiersprache C++

Kapitel 1

Einführung in das objektorientierte Paradigma

Dieses Buch handelt über die Programmierung in C++. Der Vorgang des Lernens der Programmiersprache C++ beruht darauf, die objektorientierte Programmierung anzuwenden und sich Kenntnisse über die vielen Funktionen dieser Programmiersprache anzueignen. Dieses Kapitel beschäftigt sich überwiegend mit der Objektorientiertheit, während die folgenden Kapitel die neuen Leistungsmerkmale von C++ erklären.

Die Welt der Objekte

Heutzutage werden viele Produkte als objektorientiert bezeichnet, von Datenbanksystemen und Benutzerschnittstellen bis hin zu Entwurfsmethoden und natürlich Programmiersprachen. Aber was bedeutet: an Objekten orientiert? Was sind das für Objekte, an denen wir uns orientieren? Beschränken wir uns nicht auf Programmiersprachen, besteht der Unterschied zwischen "objektorientierten" Systemen und konventionellen, prozeduralen Verfahren darin, das erstere anders angewendet werden. Als Benutzer eines Systems (zum Beispiel einer Benutzerschnittstelle) möchten Sie gewisse Dinge erreichen, ohne anzugeben, *wie* sie erreicht werden sollen. Wenn wir mit der Maus ein Dokumentsymbol anklicken, soll das Textverarbeitungsprogramm gestartet und das Dokument geladen werden. Klicken wir ein Symbol an, das eine Zeichnung darstellt, soll das gleiche mit einem Grafikprogramm geschehen. Anstatt ein bestimmtes Programm auszuführen, durch die Dateiliste zu blättern und die gesuchte Datei herauszusuchen, klicken wir nur das gewünschte Symbol (Objekt) an. Damit sind wir an Objekten orientiert, und das zugrunde liegende System wacht darüber, daß alle Vorgänge ausgeführt werden.

Eine objektorientierte Programmiersprache bietet vergleichbare Möglichkeiten. Statt Prozeduren und Datenstrukturen auf unteren Ebenen zu benutzen, beschäftigen wir uns hier mit Abstraktionen, die Objekte genannt werden. Betrachten Sie zum Beispiel den Unterschied zwischen der Handhabung eines String in BASIC oder Pascal und C. Die meisten Leute wissen wahrscheinlich, daß Strings in den ersten beiden Programmiersprachen einfacher anzuwenden und zu bearbeiten sind als in C. In Pascal können Sie einem String einen anderen zuweisen, ohne sich um die zugrundeliegenden Prozesse zu kümmern. In C müssen Sie sich mit Zeigern und dynamischer Speicherzuordnung befassen. In C dürfen Sie auch nicht vergessen, den zugeordneten Speicher wieder freizugeben. Das gleiche gilt für das Hinzufügen von Strings. Wenn Sie Strings vergleichen wollen, verwenden Sie in Pascal nur den Vergleichsoperator, während Sie in C strcmp aufrufen müssen. Deshalb können Pascal-Programmierer Strings als weitere integrierte Datentypen ansehen, die wie Ganzzahlen (Integer) und Gleitkommazahlen verwendet werden können. Dagegen müssen C-Programmierer sich mit Zeigern, der Speicherzuweisung und der abbrechenden Null auskennen. Eine objektorientierte Programmiersprache wie C++ bietet Ihnen zum Beispiel die Möglichkeit, Strings als Abstraktionen zu erzeugen. Die Strings können so benutzt werden, als ob sie zu der Programmiersprache selbst gehören würden. Dazu erstellen Sie einen Stringtyp und definieren die entsprechenden Routinen für Strings. Die Variablen des von uns erstellten Typs String heißen Objekte. Und siehe da: Wir orientieren uns wieder an Objekten. Wir verwenden den Abstraktionsmechanismus von C++, um eine anpassungsfähige und leicht zu verwendende Schnittstelle für Strings bereitzustellen, während die internen Abläufe transparent ausgeführt werden.

Objektorientiertes Programmieren

Wir haben gesehen, daß Objektorientiertheit beim Programmieren den Umgang mit Objekten für verschiedene Zwecke bedeutet. Diese Objekte können als unabhängige Einheiten angesehen werden, die ein detailliertes Wissen über einige Subjekte besitzen. Programmierer, die solche Objekte benutzen (die Verbraucher), brauchen dieses ausführliche Wissen nicht zu haben, sondern können den Objekten abstrakte Befehle geben.

Dieses Wissen steckt innerhalb des Objekts, und es ist kein direkter Zugriff von außen möglich. Das nennt man die Implementationsseite. Dagegen wird die Schnittstellenseite, die dem Anwender alle notwendigen Operationen zur effizienten Nutzung der Objekte liefert, veröffentlicht. Jedes Objekt ist eine Instanz einer Klasse, die dessen Verhalten beschreibt. Klassen enthalten gewöhnlich Daten und Operationen. Das wird als Kapselung bezeichnet, weil alle Elemente, die sich auf ein bestimmtes Objekt beziehen, in einer Klasse zusammengefaßt sind.

Da die Implementations-spezifischen Einzelheiten innerhalb der Klasse verborgen sind, bemerken die Benutzer einer Klasse die Änderung dieser Einzelheiten so lange nicht, wie die Botschaften und ihre Wirkungen gleich bleiben. Somit können Sie die innere Implementation einer Klasse wegen Hardware-Änderungen oder -Optimierungen so lange ändern, wie die Schnittstelle stabil ist, so daß der Verbraucher nicht verwirrt wird.

Die verborgenen Einzelheiten in C++ sind die Daten und die Implementation der Operationen. Die äußere Schnittstelle wird durch den Gebrauch der Operationen bestimmt, also durch die Namen der Funktionen. C++ ist keine reine objektorientierte Programmiersprache, obwohl die meisten Funktionen, die in anderen objektorientierten Programmiersprachen zu finden sind, (zumindest in der Zukunft) unterstützt werden. Die Sprache C++ erbt aber zwangsläufig alle Eigenschaften seines Vorgängers C. Deshalb wird C++ auch eine hybride Programmiersprache genannt: Die Sprache fördert das objektorientierte Programmieren, aber die Programmierer müssen diese Funktionen nicht benutzen und können ebenso im "altmodischen" C kodieren.

Es folgen einige Ausdrücke, die aus dem objektorientierten Programmieren und modernen Programmiersprachen stammen, mit einer Beschreibung der (aktuellen oder zukünftigen) Implementation in C++ und einigen Beispielen im Pseudoprogrammcode.

Objekte und Klassen

Wenn Sie eine Klasse definieren, definieren Sie einen neuen Typ, der das Verhalten von Objekten dieses Typs beschreibt und die Darstellung von Objekten angibt. Die Operationen definieren die Schnittstelle zur Außenwelt. Die von diesen definierten Objekten verwendeten Daten sollten für den Verbraucher von Klassenobjekten nicht zugänglich sein. Die Variablen eines Klassentyps werden auch Instanzen genannt; in diesem Buch wird oft der Ausdruck Objekte benutzt.

Ein einfaches Beispiel am Anfang ist die Klasse File, die geschrieben werden kann, um den Zeiger File und verwandte Operationen zu kapseln. Im Pseudoprogrammcode kann die Klassendefinition folgendermaßen aussehen:

```
class File
  implementation
    FileName, FilePtr
  interface
    Open, Close, PutChar, GetChar
end File
```

Die Trennung in die Teile implementation und interface mit den Datenelementen und den Operationen ist klar zu sehen. Anwender der Klasse File erzeugen Objekte vom Typ File und benutzen die Operationen des interface-Teils. Abgesehen von der Zuweisung eines Dateinamens zu FileName haben sie nichts mit dem Teil implementation zu tun. Normalerweise würde der Dateiname an die Routine Open übergeben. Objekte vom Typ File können folgendermaßen erstellt werden:

```
File theFile
```

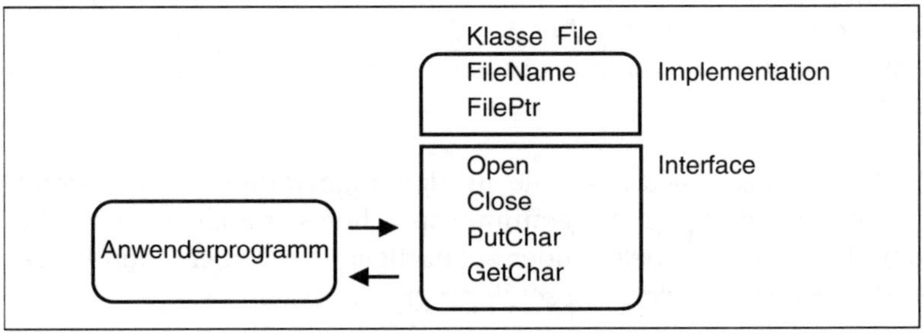

Abb. 1.1: Die Klasse File

Methoden und Botschaften

Eine Methode ist die Implementation einer Operation auf die Daten eines Objekts. Eine Botschaft ist die Anfrage eines Anwenders, eine bestimmte Aufgabe (Methode) auszuführen. In C++ sind Methoden die Hauptteile einer Funktion, während Botschaften die Bezeichner der Funktionen sind. Der Zustand eines Objekts wird von dem Wert seiner Datenelemente bestimmt und kann dadurch geändert werden, daß Botschaften an das Objekt gesendet werden.

Die oben gezeigten Operationen der Klasse File sind die Methoden der Klasse. Botschaften können an Objekte des Typs File geschickt werden, indem eine Syntax wie die folgende benutzt wird:

```
theFile Open: "myfile.dat"
theFile Close
```

Die erste Anweisung schickt die Botschaft Open mit dem Argument "myfile.dat" an das Objekt theFile. Die zweite Anweisung sendet die argumentlose Botschaft Close an theFile.

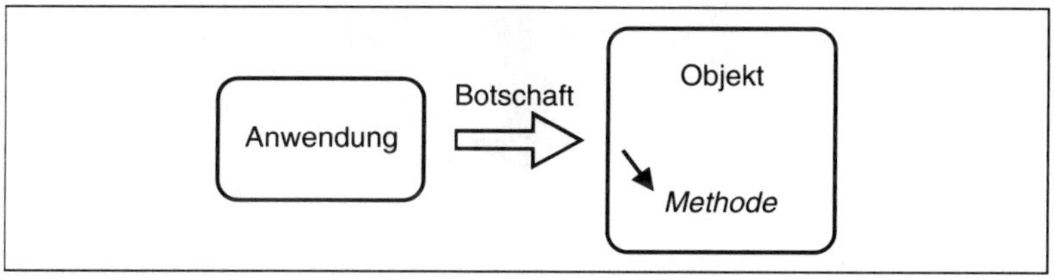

Abb. 1.2: Botschaften und Methoden

Verbergen der inneren Struktur

Klassen sind darauf spezialisiert, bestimmte Aufträge auszuführen, von denen sie ausführliche Kenntnisse haben. Diese Kenntnisse sind für die Außenwelt unzugänglich, die mit sich mit diesen Objekten mittels allgemeiner Botschaften verständigt. Das nennt man Verbergen der inneren Struktur, weil die Daten innerhalb des Objekts verborgen bleiben und nicht durch einen direkten Zugriff benutzt werden können.

Das Element FilePtr ist in unserem Beispiel ein Teil der Implementation der Klasse, und auf diese Variable haben wir als Anwender keinen Zugriff. Stattdessen haben wir die im Schnittstellenteil deklarierten Operationen zu verwenden:

```
theFile Open: "myfile.dat"
theFile PutChar: '*'
theFile Close
```

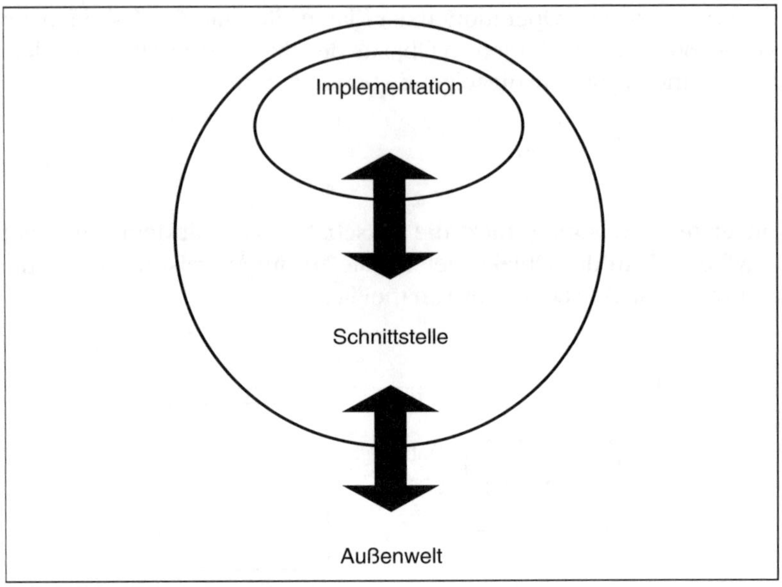

Abb. 1.3: Verbergen der inneren Struktur

Datenabstraktion

In Programmen, die Klassen benutzen, werden nicht mehr ausführliche Daten über eine Aufgabe behandelt, sondern stattdessen Objekte und Methoden verwendet. Statt der Ausführung einer bestimmten Funktion auf bestimmte Daten wird eine Methode auf ein Objekt angewandt. Diese Technik heißt Datenabstraktion. Es können sogar Programme geschrieben werden, die eine abstrakte Spezifikation verwenden, bevor die Objekte definiert sind. Ein Programm muß zum Beispiel eine Reihe Zahlen benutzen. Die konkrete Implementation könnte ein Array oder eine verbundene Liste sein, aber für das Programm bleibt es nur eine Reihe Zahlen. Änderungen in der Implementation könnten durch die Wahl eines effizienteren Algorithmus, das Portieren auf eine andere Hardware-Plattform oder einfach durch Verwenden einer anderen Datendarstellung verursacht werden. Weil die Schnittstelle die abstrakte Sicht eines Clients gegenüber unserer Klasse ist, ändert sie sich nicht, falls die Implementation geändert wird.

Wir können die Beschreibung einer Klasse geben, bevor irgendeine bestimmte Implementation geschrieben ist. Betrachten Sie eine Klasse, die für den Zugriff auf Datenbankdateien benutzt wird. Wir kennen eine Reihe benötigter Operationen und können den Interface-Abschnitt folgendermaßen schreiben:

```
class Database
  implementation
    ...
  interface
    Open, Close, Goto, PutRecord,
    GetRecord, ...
end Database
```

Um schnell ein funktionierendes System zu schreiben, können Sie ein einfaches Datenbank-Dateiformat benutzen, das nicht sehr effizient ist, aber die im interface-Teil erwähnten Operationen unterstützt. Später können wir das Dateiformat ändern und die Operationen neu schreiben, ohne daß ein bestehender Programmcode davon betroffen ist, der die Klasse Database benutzt.

Abb. 1.4: Die Botschaft Open wird zu einem Datenbank-Objekt gesendet

Kapselung

Die Kapselung ist eine Technik, bei der die Daten und Operationen in einer Klasse von Objekten zusammengefaßt sind. Dazu können C++-Strukturen und -Klassen (die im Grunde das gleiche sind wie Strukturen) Daten und Funktionen enthalten, die auf diese Daten angewendet werden. Manchmal ist die Kapselung der einzige Grund für die Definition einer neuen Klasse. Zum Beispiel enthält eine Maus-Klasse für MS-DOS nur wenig mehr als einige Elementfunktionen, die den Maus-Interrupt aufrufen. Zumindest ein Objekt dieses Klassentyps ist in einem Programm vorhanden, und das einzige Ziel für das Schreiben dieser Klasse ist das Zusammenfassen der Mausfunktionen.

Vererbung

Klassen können durch Vererbung von anderen Klassen abgeleitet werden. Alle Datenelemente und Methoden der Basisklasse sind durch abgeleitete Klassen vererbt, die neue Elemente hinzufügen oder Methoden neu definieren können. Auf diese Weise können Klassen so definiert werden, daß sie einige allgemeine Aufgaben ausführen, während abgeleitete Klassen zum Ausführen speziellerer Aufgaben definiert werden. In anderen objektorientierten Programmiersprachen heißen die Basisklassen manchmal Oberklassen und die abgeleiteten Klassen Unterklassen. Wenn wir zum Beispiel eine Klasse String hätten, könnten wir eine Klasse FileName für Objekte ableiten, die einen Dateinamen darstellen, der als besondere Art eines String angesehen werden kann:

```
class String
  implementation
    ...
  interface
    Set, Clear, Length, Concat
end String

class FileName : String
  implementation
    ...
  interface
    DriveLetter, BaseName, Extension
end FileName
```

Hier hat FileName dieselbe interne Darstellung wie String, besitzt aber zusätzliche Operationen wie DriveLetter zum Abruf des Laufwerks mit der Datei und BaseName, wodurch der Dateiname ohne Laufwerksbuchstabe, Dateinamenserweiterung und Pfadangabe gefunden wird. Die Operationen von String können immer noch mit Objekten von FileName benutzt werden. Dazu gehören zum Beispiel Set, Clear, Length und Concat.

Es ist in Diagrammen über die Vererbungsstruktur üblich, Pfeile zu verwenden, die von der abgeleiteten Klasse zu ihrer Basisklasse weisen (siehe Abbildung 1.5).

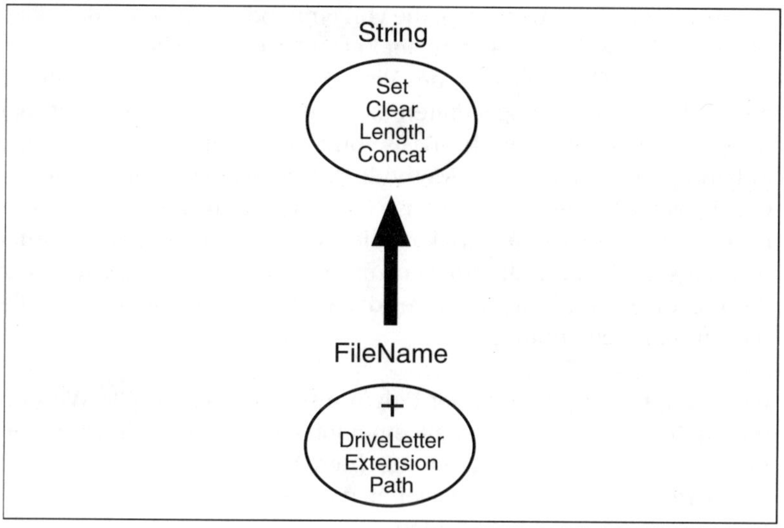

Abb. 1.5: Die Vererbung

Die Neuverwendung des Programmcodes

Programmcodes können bei sorgfältig geplanten Klassen neuverwendet werden. Dies ist eng mit der Vererbung verwandt. Durch die Definition einer allgemeinen Basisklasse und deren Operationen können abgeleitete Klassen diese Operationen erben und zu deren eigenen, spezielleren Operationen hinzufügen. Wir haben bereits gesehen, daß die Klasse FileName den Programmcode der bestehenden Klasse String erneut verwendet hat.

Polymorphismus und die Laufzeit-Bindung

Das Wort "Polymorphismus" stammt aus dem Griechischen und setzt sich aus "poly" (=viel) und "morfos" (=Gestalt) zusammen. Das bedeutet, daß Sie einen Namen für Objekte und Methoden unterschiedlicher, verwandter Klassen benutzen, die von einer oder mehreren Basisklassen abgeleitet wurden. Obwohl der Zeiger für die Basisklasse deklariert ist, kann er in C++ polymorphes Verhalten zeigen, weil er tatsächlich auf die Instanz einer abgeleiteten Klasse weisen kann. Das nennt man Kompatibilität zwischen der Basis- und der abgeleiteten Klasse. Das polymorphe Verhalten einer Methode ist davon abhängig, mit welchem Objekt es zur Laufzeit verwandt ist. Laufzeit-Bindung oder "späte Bindung" bedeutet, daß die Tätigkeit, die von der Methode übernommen werden soll, dynamisch (zur Laufzeit) gewählt wird. C++ unterstützt diese Laufzeit-Bindung, indem es das virtuelle Schlüsselwort für Elementfunktionen benutzt.

Im nächsten Beispiel wird der Polymorphismus dargestellt. Wir definieren die Klasse Screen mit allgemeinen Operationen, die wir mit einem Screen-Objekt verwenden möchten. Von Screen sind die Klassen AnsiScreen und pcScreen abgeleitet, die die unterschiedlichen Operationen ausführen. Die Methoden von AnsiScreen senden Escape-Sequenzen an den Bildschirm, während pcScreen direkt in den Bildschirmspeicher des PC schreibt.

```
class Screen
  implementation
    ...
  interface
    Clear, GotoXY, PutStr, PutChar
end Screen
class AnsiScreen : Screen
  implementation
    ...
end AnsiScreen
class pcScreen : Screen
  implementation
    ...
end pcScreen
```

Es werden keine weiteren Operationen zu den abgeleiteten Klassen AnsiScreen und pcScreeen hinzugefügt, weil alle relevanten Methoden bereits in der Basisklasse Screen deklariert wurden. Statt dessen wurden die Methoden Clear, GotoXY, PutStr, PutChar neu definiert. Jetzt können wir ein Screen-Objekt definieren und den Polymorphismus benutzen, damit dieses Objekt sich tatsächlich auf eine der abgeleiteten Klassen bezieht. Ein Programm könnte zum Beispiel den Anwender fragen, welche Art von Bildschirm er benutzt. Denken Sie daran, wir verwenden hier eine Pseudoprogrammiersprache und lassen alle unnötigen Einzelheiten beiseite:

```
Screen theScreen
theScreen <- AnsiScreen new
```

Die zweite Zeile veranlaßt theScreen, sich auf AnsiScreen zu beziehen, aber theScreen könnte sich ebenso auf pcScreen beziehen. Das ist Polymorphismus, der manchmal die Kompatibilität von Basisklassen und abgeleiteten Klassen genannt wird: Obwohl theScreen als Typ Screen erklärt wurde, können wir statt dessen AnsiScreen (oder einen anderen, von Screen abgeleiteten Typ) benutzen. Da alle in Screen deklarierten Operationen ebenso in AnsiScreen vorhanden sind, können wir nun das folgende schreiben:

```
theScreen Clear
theScreen GotoXy: 5 5
theScreen PutStr: "Hello, OO World!"
```

Die in AnsiScreen definierten Methoden werden hier aufgerufen und haben zur Folge, daß der String an der angegebenen Position (5,5) auf dem Bildschirm erscheint. Das ist der Polymorphismus der Methoden: Wir senden die allgemeine Botschaft Clear an ein Objekt vom Typ Screen, und in Abhängigkeit davon, auf welche abgeleitete Klasse theScreen gegenwärtig hinweist, wird die entsprechende Routine ausgeführt. Wenn der Anwender zum Beispiel pcScreen statt AnsiScreen wählt, müssen wir Anwendung von theScreen nicht ändern: Die Botschaften werden jetzt an das Objekt pcScreen gesendet, wodurch die Methoden pcScreen aufgerufen werden.

Die Abbildung 1.6 zeigt, wie das Objekt Screen dynamisch an AnsiScreen gebunden ist.

Weil der Compiler möglicherweise nicht weiß, welche Unterklasse zur Laufzeit gewählt wird, ist der spezielle Mechanismus der Laufzeitbindung erforderlich, um den Polymorphismus zu unterstützen. In C++ ist zu diesem Zweck das virtuelle Schlüsselwort verfügbar.

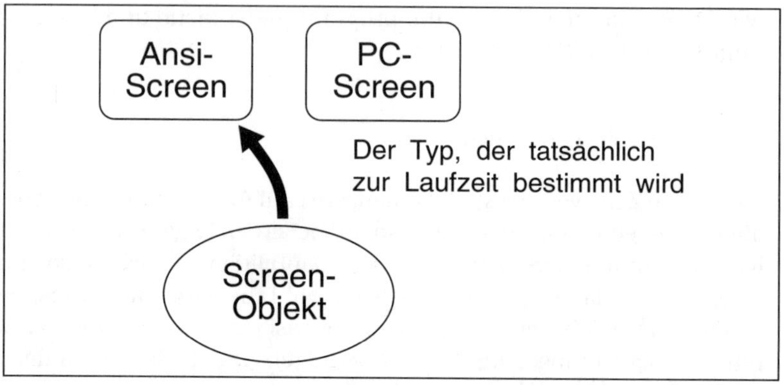

Abb. 1.6: Die dynamische Bindung

Die Parametrisierung

Die Genericity oder Parametrisierung ist die Eigenschaft von Funktionen und Klassen, daß sie für jeden Datentyp benutzt werden können. Wenn Sie den Parametrisierungsmechanismus benutzen, kann zum Beispiel eine Stack-Klasse als Stapel von Integer-Zahlen, aber auch als Stapel von double-Zahlen oder Strings definiert werden. In Borlands Implementation von C++ wird dies noch nicht unterstützt, aber Bjarne Stroustrups Vorschlag zum Benutzen von Templates wurde im Juli 1990 vom X3J16-Ausschuß (für die Standardisierung von C++) angenommen. Damit wird die nächste Version von C++ die Parametrisierung unterstützen. In Kapitel 8 wird die Parametrisierung ebenso erörtert wie einige Umwege, die gegenwärtig zu ihrer Simulation benutzt werden können.

Overloading

Wenn Sie Overloading benutzen, können Routinen den gleichen Namen für eine unterschiedliche Anzahl und Typen von Argumenten haben. Das Overloading wird von der Programmiersprache C++ voll unterstützt. Zusätzlich können die meisten bestehenden Operatoren (wie der Operator +) für Klassen überladen werden, was eine sehr mächtige Funktion von C++ ist, die dazu benutzt werden kann, um die Programmiersprache auf natürliche Weise zu erweitern. Die Parametrisierung kann als Überladen einer Funktion für eine unendliche Anzahl von Argumenttypen angesehen werden. Overloading wird möglich durch die Technik des Type-Safe Linkage. Das bedeutet, daß eine überladene Funktion zwar scheinbar einen Bezeichner hat, der Compiler aber tatsächlich einen eindeutigen Bezeichner für jede überladene Version der Funktion erzeugt. Normalerweise ist dieser Vorgang für den Programmierer unsichtbar, er muß aber beim Kompilieren von Link-Modulen in eine andere Programmiersprache berücksichtigt werden.

Das Client-Implementor-Prinzip

Das Programmieren mit Klassen und Objekten unterscheidet sich von der herkömmlichen Programmierung. Derjenige, der eine Klasse implementiert (der Implementor), schreibt die interne Implementation und definiert die öffentliche Schnittstelle. Sie, als Client der Klasse, kennen sich mit der Schnittstelle aus und erstellen Objekte. Als Client können Sie auch Klassen aus bestehenden Klassen ableiten. Der Implementor einer Klasse ist oft dieselbe Person wie der Client, aber das muß nicht der Fall sein. Der Implementor trägt stets die Verantwortung dafür, daß Änderungen in der Implementation sich nicht darauf auswirken, wie Klassen benutzt werden können. Vom Standpunkt der Klasse werden die Clients manchmal "Anwender" oder "Verbraucher" genannt, die in der "Außenwelt" leben.

Kapitel 2

Die Programmiersprache C++

Die erste Version von C++ wurde 1980 von Bjarne Stroustrup von der Firma AT&T Bell Laboratories entwickelt. Der Name lautete ursprünglich "C with classes," wurde aber später in C++ geändert. Das an das "C" angefügte "++" hat seinen Ursprung im Operator "++" in C, der eine Variable inkrementiert. C++ stellt eine Verbesserung gegenüber C dar, und zwar nicht nur durch objektorientierte Merkmale, sondern auch durch eine generelle Erweiterung der Programmiersprache C.

Selbstverständlich ist die objektorientierte Programmierung die wichtigste Ergänzung von C++ gegenüber C. Mit Hilfe von Objekten erweitert sich die Sprache C++ von der Systemprogrammierung zu allgemeinerer, zweckbezogener Anwendungsprogrammierung. In Kapitel 1 wurde dieser objektorientierte Ansatz beschrieben.

Andere allgemeinere Ergänzungen von C++ gegenüber C sind die Verwendung von Referenzen, Operatoren- und Funktionen-Overloading, Inline-Funktionen und Standardargumenten.

Ein weiterer sehr wichtiger Aspekt der Programmiersprache C++ ist die Abwärtskompatibilität zu ANSI C. Das bedeutet, daß die meisten C-Programme unverändert mit einem C++-Compiler kompiliert oder zumindest mit geringem Aufwand portiert werden können. Es bedeutet ebenfalls, daß Sie als C++-Programmierer Ihr Lerntempo selbst bestimmen können, ohne Ihre Kenntnisse der Sprache C aufgeben zu müssen. Desweiteren erzeugen C++-Compiler ebenso natürlichen Programmcode wie C-Compiler. Es werden keine Interpreter oder Runtime-Module benötigt, und der resultierende Programmcode ist genauso schnell wie der C-Programmcode. Die Programmiersprache C++ von Borland unterstützt gegenwärtig den 2.0-Standard von C++. (Borland C++ 3.0 unterstützt C++ 2.1 und Templates, eine der Möglichkeiten von C++ 3.0.) Der Compiler ist aber auch kompatibel zu ANSI C, UNIX Systems V C und Kernighan & Ritchie C.

Funktionen als Strukturelemente

Eine bedeutende Erweiterung von C++ gegenüber C ist, daß Funktionen Elemente von Datenstrukturen sein können, worauf viele der objektorientierten Möglichkeiten beruhen. Betrachten Sie einmal das folgende Beispiel:

```
struct Number
{
  int x;
  int Sqr() { return x*x; }
};
```

Damit wird eine Struktur mit dem Namen Number sowie einem Element x und einer Elementfunktion Sqr definiert. Variablen des Typs struct Number (in C++ sagt man des Typs Number) können wie folgt definiert werden:

```
Number p;
Number q, r;

r.x = 12;
p.x = q.x = 5;
```

Beachten Sie, daß beim Definieren von Variablen das Schlüsselwort struct in C++ ausgelassen werden kann und deshalb das Schlüsselwort typedef für diesen Zweck nicht länger gebraucht wird. Wir haben jetzt die drei Variablen p, q und r vom Typ Number, und jede hat eine eigene Elementvariable x (p.x, q.x und r.x). Aber was ist mit der Elementfunktion Sqr? Können wir wie bei p.x hier zum Beispiel einfach p.Sqr() sagen? Was bedeutet das x innerhalb der Sqr-Funktion? Angenommen, wir schreiben folgendes, das sich auf die Definition von struct und die drei oben angegebenen Variablen bezieht:

```
int v = r.Sqr();
```

Die Elementfunktion heißt in diesem Fall Sqr, und das x aus seiner Definition ist in diesem Fall r.x. Somit wird v der Wert 12*12 oder 144 zugewiesen. Hätten Sie p.Sqr() geschrieben, wäre das Ergebnis 25 gewesen.

Sie sehen, daß Funktionen, die innerhalb von struct definiert wurden, zu Objekten von struct gehören, genau wie die Variable x (obwohl Funktionen normalerweise keinen zusätzlichen Platz in einem Objekt einnehmen). Sie heißen Elementfunktionen und können nur in Verbindung mit Objekten der gleichen Struktur aufgerufen werden. Das bedeutet, daß das folgende Beispiel unzulässig ist und vom Compiler zurückgewiesen wird (außer wenn Sqr auch eine globale Funktion ist):

```
int w = Sqr();     // Unzulässig
```

Die Elementfunktion Sqr kann nur von einer Variablen von struct aufgerufen werden, in der sie erklärt ist. Die Variablen, die diese Funktionen verwenden, sind die tatsächlichen Elementvariablen des Objekts, aus dem die Funktion aufgerufen wurde. Beachten Sie, daß in C++ zwei Schrägstriche ("//") einen Kommentar bis zum Ende der Zeile bedeuten.

Wozu Elementfunktionen?

Wie Sie bereits in der Einleitung zur objektorientierten Programmierung erfahren haben, sollten die Daten eines Objekts Programmen nicht direkt zugänglich sein. Die Programme sollten lieber die externe Schnittstelle verwenden, die durch die Elementfunktionen gegeben ist. Dieses Verhalten nennt man Data Hiding oder Datenschutz. Alle Elementfunktionen sind innerhalb der Klasse erklärt. Sie können entweder in der Klasse oder einer separaten Quelldatei definiert werden. Für die Außenwelt sollten die Elementfunktionen immer gleich arbeiten, damit Programme entstehen, die wesentlich anpassungsfähiger und besser übertragbar sind als herkömmliche Programme, die sich auf die innere Datendefinition verlassen. Der Name der Elementfunktion kann als Botschaft an die Anwender angesehen werden.

Die Klasse als strengere Form des Datenschutzes

Da die Benutzer von Objekten nichts mit den internen Daten eines Objekts zu tun haben, können diese Daten wirkungsvoll vor jedem Zugriff verborgen werden. C++ bietet natürlich besondere Möglichkeiten für den Schutz dieser Daten an, um Anwenderprogramme zu zwingen, die Elementfunktionen zu benutzen. Deshalb gibt es das Schlüsselwort class, das dem Schlüsselwort struct sehr ähnelt. Im restlichen Teil dieses Buches wird das Wort class verwendet. Um Daten als verborgen und Funktionen als verfügbar zu kennzeichnen, sind die beiden Schlüsselwörter private und public vorhanden.

Und hier ist die allgemeingültige Definition einer Klasse mit private- und public-Elementen:

```
classNumber
{
  private:
    // Hier stehen private-Daten.

  public:
    // Hier stehen public-Funktionen.
};
```

Im allgemeinen stehen Elementvariablen im private-Teil und die Elementfunktionen im public-Teil. Natürlich können Funktionen auch private und Variablen public sein, obwohl der letzte Fall selten auftritt. Die Reihenfolge dieser beiden Schlüsselwörter ist willkürlich: Sie können den public-Teil vor den private-Teil stellen.

Die Definition Number struct mit dem Datenelement x und der Elementfunktion Sqr kann folgendermaßen in eine Klasse geschrieben werden:

```
class Number
{
  private:
    int x;

public:
    void Set(int a) { x = a; }
    int Get() { return x; }
    int Sqr() {return x*x; }
};
```

Sie erkennen zwei zusätzliche Elementfunktionen: Get und Set. Diese sind erforderlich, weil x verborgen ist und deshalb nicht direkt von Anwenderprogrammen darauf zugegriffen werden kann.

Variablen des Typs Number können jetzt wie gewöhnlich definiert werden, aber mit der Elementfunktion Set können sie nicht initialisiert werden:

```
Number p;
Number q, r;

r.Set( 12 );
p.Set( 5 );
q.Set( 5 );
// r.x == 12, p.x == 5, q.x == 5
```

Das Schlüsselwort private hindert den Anwender daran, direkt auf die Elementvariable x zuzugreifen (der Compiler fängt jeden Versuch von unberechtigten Anwendern ab, auf den private-Teil zuzugreifen):

```
r.x = 12;     // Unzulässig, x ist private
```

Indem wir dieses Schema verwenden, sind wir *gezwungen*, die Elementfunktionen zu verwenden. Immer, wenn Sie x einen Wert zuweisen möchten, müssen Sie die Elementfunktion Set verwenden. Und immer, wenn Sie den Wert von x prüfen möchten, müssen Sie die Funktion Get verwenden. Die Funktion Sqr bleibt die gleiche wie in dem struct-Beispiel. Obwohl der Vorteil der Methode in diesem Beispiel vielleicht nicht direkt ersichtlich ist, zeigt es doch, wie Elementfunktionen als "Wächter" oder "Sprecher" verwendet werden können, die Kenntnis der Internas haben, aber die Darstellung für die Außenwelt ändern können. Sie besitzen volle Zugriffsmöglichkeiten auf alle private-Elemente der Klasse, zu der sie gehören, und die von ihnen verwendete Variable x ist genau das private-x der Klasse. Elementfunktionen stellen eine durchgängige Benutzerschnittstelle bereit, die abhängig von der zugrundeliegenden Implementation ist.

Der einzige Unterschied zwischen class und struct in der Programmiersprache C++ ist, daß die voreingestellte Schutzstufe der Klasse private ist und von struct public. Die voreingestellte Schutzstufe wird verwendet, wenn keine Schutzangabe vorhanden ist. In diesem Buch werden jedoch immer diese beiden Schlüsselwörter verwendet.

Warum Klassen verwendet werden sollten

Wie bereits erklärt, können sich Objekte "intelligenter" als reine Datenstrukturen verhalten. Ein Objekt vom Typ Array kann feststellen, ob ein Index außerhalb der Grenzen liegt, ein String-Objekt kann prüfen, ob eine Neuzuteilung vorgenommen werden sollte und so weiter. Die Verantwortung für diese Angelegenheiten wird vom Anwenderprogramm zu den Objekten selbst verschoben, wodurch Anwenderprogramme zuverlässiger und anpassungsfähiger werden. Und mit den Fähigkeiten des Operator-Overloading von C++ können Objekte so verwendet werden, als ob sie integrierte Datentypen wären.

Klassen können auch zum Kapseln von Informationen für spezielle Aufgaben verwendet werden. Ein Beispiel für die Datenkapselung finden Sie in der Klasse Mouse in Teil 3. Die Klasse Screen und davon abgeleitete Klassen, die auch in Teil 3 entwickelt werden, verwenden ebenfalls die Vererbung und den Polymorphismus.

Da die Implementation verborgen ist, kann sie leicht geändert werden, ohne Anwenderprogramme zu beeinflussen. Betrachten Sie zum Beispiel die Klasse Array. Wenn Sie diese Klasse Array erweitern wollen, um variable Grenzen zu unterstützen, die das Hinzufügen von neuen Elementen ermöglichen, können Sie die innere Implementation von einem gewöhnlichen Array in eine verbundene Liste ändern. Aber für die Außenwelt wird das Array in beiden Fällen gleich verwendet. Es ist sehr wichtig, daß aus den Elementfunktionen die gleichen Ergebnisse folgen, da sich viele Anwenderprogramme darauf verlassen könnten. Selbst eine subtile Veränderung des Verhaltens könnte schwer zu findende Fehler verursachen.

Weitere Informationen über Elementfunktionen

Bis jetzt haben wir die Elementfunktionen nur innerhalb der Klassendefinition definiert. Aber oft sind Elementfunktionen zu groß, um sie innerhalb der Klasse zu implementieren, und sie werden separat definiert. In diesem Fall wird eine Deklaration oder ein Prototyp in der Klasse plaziert.

Stellen Sie sich die Klasse Number vor, zu der wir die Elementfunktion Sqr außerhalb der Klasse verschieben möchten. Die Klassendefinition sollte dann so aussehen:

```
class Number
{
  private:
    int x;
  public:
    void Set (int a) { x = a; }
    int Get() { return x; }
    int Sqr(); // Prototyp für die Elementfunktion Sqr
};
```

Die Definition von Sqr wird nun unter Verwendung des Scope-Operators :: außerhalb des Klassenkörpers übergeben:

```
int Number::Sqr()
{
  return x * x;
}
```

Der Scope-Operator kann verwendet werden, um in einigen Klassen den Bezugsrahmen eines Elements zu markieren. Number:: bedeutet "gehört zur Klasse Number". Die Definition von Sqr ändert sich nicht, es wurde nur der Scope-Operator hinzugefügt. Der Scope-Operator wird im Falle von Mehrdeutigkeiten verwendet. Angenommen, es sind die beiden Klassen X und Y mit ihrer jeweiligen Elementfunktion Sqr vorhanden, dann werden diese Funktionen durch X::Sqr beziehungsweise Y::Sqr bezeichnet. Der Scope-Operator kann auch auf Elementvariablen und gobale Instanzen angewandt werden.

Das Definieren von Elementfunktionen außerhalb der Klassenfunktion ist wohl mehr verbreitet, als die Definition in die Klasse zu setzen. Wie Sie noch in Kapitel 3 sehen werden, sollten nur kleine Elementfunktionen innerhalb einer Klasse definiert werden.

Beachten Sie, daß Sie in anderen Elementfunktionen Elementfunktionen verwenden können, bevor sie definiert sind:

```
class T
{
  public:
    void f() { g(); }
    void g() { /* ... */ }
};
```

Verschachtelte Klassen

Klassendefinitionen können innerhalb anderer Klassendefinitionen erscheinen:

```
class Outer
{
  private:
    class Inner
```

```
    {
      private:
        int i;
    } inObj;

    int o:
  // ...
};
```

Die Klasse Inner ist in C++ Version 2.0 öffentlich verfügbar, so als ob sie mit einem globalen Bezugsrahmen definiert worden wäre (und das, obwohl sie im private-Teil von Outer definiert ist):

```
Inner iObj;
```

Schreiben Sie jedoch keinen Programmcode, der sich darauf verläßt. In C++ Version 2.1 haben sich die Regeln für das Verschachteln von Klassen geändert (und dies wurde auch in Borland C++ 3.0 realisiert): Klassen, die innerhalb des public-Teils einer anderen Klasse deklariert wurden, können nur vom Scope-Operator benutzt werden, während Klassen, die im private-Teil erklärt wurden, sichtbar sind wie ein normales private-Element.

Outer besitzt die gleichen Zugriffsrechte auf Inner-Objekte (zum Beispiel auf inObj) wie andere. In dem Beispiel bedeutet das einfach, daß Outer-Objekte nicht direkt auf das Element inObj:: zugreifen können.

```
  // Einige Outer-Elementfunktionen
void Outer::Member()
{
  o = 99;         // OK: Outer-Element private
  inObj.i = 88;   // Unzulässig: i ist für inObj private.
}
```

Ähnlich können auch Inner-Elemente nicht auf private-Elemente von Outer zugreifen. Wenn Sie Inner-Elementfunktionen außerhalb der Klassendefinition definieren wollen, müssen Sie nur den Scope-Operator verwenden, da Inner den gleichen Bezugsrahmen wie Outer hat:

```
  // Definition der Inner-Elementfunktion
  // in Borland C++ 2.0 und Turbo C++ 1.0x
void Inner::Member()
{
 // ...
}
```

Das hat sich in C++ 2.1 (Borland C++ 3.0) geändert, wo Sie den Scope-Operator zweimal anwenden müssen:

```
  // Definition der Inner-Elementfunktion
  // in C++ 2.1 und Borland C++ 3.0
void Outer::Inner::Member()
{
  // ...
}
```

Die Implementation von Klassen

Normale Elementfunktionen benötigen keinen Platz in Objekten. Das bedeutet, daß Instanzen der folgenden Klasse TwoInts den gleichen Platz im Speicher belegen, wie zwei separate Integer-Konstanten es täten:

```
class TwoInts
{
  private:
    int First, Second;

  public:
    // Konstruktoren
    // andere Elementfunktionen
    int Sum() { return First + Second; }
    int Mult() { return First * Second; }
};

printf( "2*Sizeof(int) is: %d\n",
        2*Sizeof(int) );
printf( "2*Sizeof(TwoInts) is: %d\n",
        2*Sizeof(TwoInts) );

  // Ergebnisse (auf einem PC) :
Sizeof(int) is: 4
Sizeof(TwoInts) is: 4
```

In Kapitel 6 wird eine Ausnahme vorgestellt, bei der Elementfunktionen einigen Platz in einem Objekt einnehmen. Elementfunktionen sind normalen Funktionen sehr ähnlich, aber sie können nur von Objekten aufgerufen werden.

Wenn private-Elementvariablen kompiliert werden, unterscheiden sie sich nicht von public-Elementvariablen. Es ist nur so, daß der Compiler den Gebrauch von private-Elementen verhindert, wenn er nicht erlaubt ist.

Wie das folgende Beispiel zeigt, belegen leere Klassen noch Platz im Speicher:

```
class Empty { };
printf( "Sizeof(Empty)==%d\n",
        sizeof(Empty) );

  // Ergebnisse:
Sizeof(Empty)=2
```

Da die Größe einer leeren Klasse nicht Null ist, können Objekte dieses Typs zugeordnet und durch den Verweis auf die Funktionen umgangen werden. Das kann nützlich sein, wenn Sie irgendeine Klasse X definieren müssen und noch nicht die genaue Implementation kennen. Ebenso kann es nützlich sein, wenn zwei Klassen etwas gemeinsam haben, aber Sie noch nicht wissen was; dann können Sie so lange beide von einer leeren Klasse ableiten, bis Sie Genaueres wissen.

Zeiger auf Instanzen

Der Operator -> kann bei Zeigern auf Instanzen zum Zugriff auf Klassenelemente verwendet werden. Dabei bedeutet (*p). wie im regulären C dasselbe wie p->, wobei p ein Zeiger auf einen Aggregattyp wie eine Struktur oder eine Klasse ist.

In den folgenden Abschnitten verlassen wir die Klassen für kurze Zeit und konzentrieren uns auf einige allgemeine Eigenschaften der Programmiersprache C++, insbesondere im Vergleich mit der Programmiersprache C.

Die Typprüfung

Die Programmiersprache C++ prüft alle Typen statisch, das heißt während des Kompilierungsvorgangs. Das bedeutet im objektorientierten Zusammenhang, daß Botschaften, die an Objekte gesendet werden, während der Kompilierzeit festgelegt werden. Andere Programmiersprachen (wie Smalltalk) verlassen sich auf die dynamische Bindung: Sie können eine beliebige Botschaft an ein Objekt senden, und wenn das Objekt diese Botschaft nicht annimmt (die Botschaft für dieses Objekt nicht definiert ist), wird eine Runtime-Meldung angezeigt. Die Vorteile der statischen Prüfung des Typs sind, daß diese Prüfung wirksamer ist und Fehler während des Entwicklungsprozesses auftreten und nicht während der Laufzeit.

Interne und externe Verknüpfung

Die Verknüpfung ist die "Sichtbarkeit" der Bezeichner; die innere Verknüpfung sorgt dafür, daß Bezeichner nur in ihrer eigenen "Übersetzungseinheit" bekannt sind (zum Beispiel die Datei, in der ein Bezeichner definiert ist). So ist eine static-Funktion zum Beispiel nur innerhalb der Datei bekannt, in der sie definiert ist, und nicht über separat kompilierte Dateien. Andere Quelldateien können diese Funktion nicht verwenden und Variablen oder Funktionen mit dem gleichen Namen definieren, ohne die static-Funktion zu stören.

Externe Verknüpfung bedeutet, daß von allen Quelldateien auf Variablen und Funktionen zugegriffen werden kann. Wenn Module eine Variable oder Funktion verwenden möchten, müssen sie diese ausdrücklich mit dem Schlüsselwort extern (im Falle der Variablen) oder einem Prototyp (im Falle der Funktionen) deklarieren. Das Schlüsselwort extern reserviert keinen Speicher, es definiert aber die Existenz einer solchen Variablen.

Prototypen

In der Progammiersprache C++ können keine Funktionen aufgerufen werden, wenn der Compiler nicht deren genaue Form kennt. Wird die Funktion erst nach dem Aufruf definiert oder ist eine Funktion in einer anderen Quelldatei definiert, so muß ein vollständiger Prototyp verwendet werden. Ein Prototyp muß in C++ den Rückgabewert sowie die genaue Anzahl und Art seiner Argumente angeben:

```
void DeleteLines(FILE*,int);
```

Es ist in vielen Fällen besser, den Argumenten in Prototypen einen sinnvollen Namen zu geben:

```
void DeleteLines(FILE *Input, int nLines);
```

Das Auslassen des Argumententyps in einem Prototyp bedeutet in der Programmiersprache C, daß die Funktion eine beliebige Anzahl von Argumenten beliebigen Typs annimmt. In C++ bedeutet es, daß keine (void) Argumente vorhanden sind:

```
int Func(); // Bedeutet in C++ int Func (void),
            // aber in C int Func(...)!
```

Der Bezugsrahmen

Der Bezugsrahmen (oder Scope) einer Variablen ist der Bereich, in der sie existiert. Gewöhnlich beginnt er dort, wo er in der Quelldatei definiert ist und endet an der schließenden Klammer des Blocks, in dem er definiert wurde. Hier ist ein Beispiel:

```
int main()
{
  int a:
  {
    int b;
    // ...
    {
      int c;
      int a; // Zuerst wird a überschrieben.
    } // Das c und das zweite a werden hier zerstört.
```

```
    // ...
  } // Das b wird hier zerstört.
  // ...
} Das a wird hier zerstört.
```

Beachten Sie, daß das innere a das erste a überschreibt, wodurch es zeitweilig unsichtbar wird.

In C++ können Variablen fast überall definiert werden, wo eine Anweisung zulässig ist. Es ist sogar möglich, Variablen innerhalb einer for-Programmschleife zu definieren:

```
for ( int i=0; i<50; i++ )
  ...
```

Der Bezugsrahmen von i geht von seiner Definition bis zum Ende des Blocks, in dem er definiert wurde. Das folgende Beispiel führt zu einem Compiler-Fehler:

```
for ( int i=0; i<50; i++ ) {
  ...
}
for ( int i=0; i<50; i++ ) { // Fehler: 'Multiple declaration of i'
  ...                        //
}
```

Variablen können nicht sofort hinter einer if- oder else-Anweisung eingeführt werden:

```
if ( e )
  int i = 3;  // Unzulässig
else
  int j = 2;  // Unzulässig
```

Und Sie können nicht mit goto an einer Initialisierung vorbeispringen:

```
{
  goto MyLable; // Unzulässig: 'Goto bypasses initialisation
                // of a local variable'
  int a = 5;
  MyLable:
  // ... Andere Anweisungen
}
```

Der globale Bezugsrahmen

Auf eine globale Variable kann zugegriffen werden, indem zwei Doppelpunkte davorgestellt werden:

```
int A = 5;

int main()
{
  int A = 99;
  int b = ::A;    // b==5
}
```

Jetzt bezieht sich das A (eigentlich ::A), das b innerhalb von main zugewiesen wird, auf das globale A (mit dem Wert 5) und nicht auf das A in main. Das ist in C nicht möglich, da es keine Möglichkeit bietet, um den Bezugsrahmen einer Variablen anzugeben. Beachten Sie, daß main in C++ immer int als seinen Rückgabetyp haben sollte.

Typenbezeichner

Globale Variablen werden außerhalb sämtlicher Funkionen definiert und sind sichtbar, außer wenn sie von einer lokalen Variablen überschrieben werden. Jede Datei, die eine globale Variable verwendet, die in einem separat kompilierten Modul definiert wurde, muß das ausdrücklich mit dem Schlüsselwort extern deklarieren:

```
// Datei1.cpp
int g;
// ... Funktionen

// Datei2.cpp
extern int g;
// ... Funktionen
```

Die erste Anweisung (die Definition) weist Speicher für g zu, und die zweite teilt dem Compiler mit, daß es irgendwo eine globale Integer-Konstante mit dem Namen g gibt. Der Verweis auf g wird während des Linkvorgangs aufgelöst.

Das Schlüsselwort static

Das Schlüsselwort static hat in C und C++ in unterschiedlichen Zusammenhängen unterschiedliche Bedeutungen. Wenn globale Variablen als static definiert sind, ist ihr Bezugsrahmen auf die gegenwärtige Datei beschränkt. Das gleiche gilt für Funktionen.

Variablen, die innerhalb einer Funktion als static definiert sind, bleiben selbst dann vorhanden, wenn die Funktion beendet ist. Sie werden voreingestellt mit dem Wert Null initialisiert. Im folgenden Beispiel gibt die Funktion Incr eine Zahl zurück, die bei jedem Aufruf inkrementiert wird:

```
int Incr()
{
  static int Count;  // Auf den Standardwert Null initialisiert
  return Count++;
}

Incr();  // Gibt die 0 zurück.
Incr();  // Gibt die 1 zurück.
Incr();  // Gibt die 2 zurück.
// ...
```

Wenn eine statische Variable explizit initialisiert wird, erfolgt dies nur einmal. Das kann manchmal zu unnatürlich aussehenden Ausdrücken führen wie:

```
void Foo()
{
  static int i = 5;  // Nur einmal ausgeführt
  if ( i < 0 )
    ...
  else
    i--;
}
```

Statische Elementfunktionen und -variablen werden in Kapitel 4 besprochen.

Das Schlüsselwort const

Dieses Schlüsselwort teilt dem Compiler mit, daß einige Objekte einen konstanten Wert haben, und kann die #define-Präprozessor-Direktive in vielen Fällen ersetzen. Der Vorteil bei der Anwendung von const-Variablen gegenüber Makros besteht darin, daß sie für einen Debugger sichtbar sind. In C++ müssen Konstanten immer initialisiert werden:

```
const double pi = 3.14;
```

In ANSI C haben const-Objekte eine externe Verknüpfung (ihre Speicherklasse ist extern). In C++ haben sie eine interne Verknüpfung. Das bedeutet, daß const-Objekte in Header-Dateien definiert werden können, genau wie es mit #defines möglich ist. Im allgemeinen wird Platz für das const-Objekt nur dann bereitgestellt, wenn die Adresse des Objekts explizit verwendet wird (wie beim Aufnehmen der Adresse eines register-Objekts, wodurch der Compiler zum Anlegen eines wirklichen Objekts gezwungen wird). Normalerweise versucht der Compiler, den Wert der Konstanten in den Ausdruck zu bringen, in dem er verwendet wird.

Wenn Konstanten in der Art von ANSI C verwendet werden müssen, so müssen sie deutlich als extern markiert werden, und zwar in der Datei, in der sie definiert sind, und in den Dateien, in denen sie verwendet werden:

```
  // Definition:
extern const double pi - 3.14;

  // Deklaration in anderen Dateien:
extern const double pi;
```

Das veranlaßt den Compiler, Platz für die Konstante zu schaffen.

Weitere Informationen über Konstanten

Wenn wir einen konstanten Wert definieren, kann dieser Wert natürlich nicht geändert werden:

```
const int I = 94;
I++; // Fehler: 'Cannot modify a const object'
```

Zur Definition eines Zeigers auf eine konstantes Zeichen-Array sollte folgendes Konstrukt verwendet werden:

```
const char *p = "Zeiger auf konstante Zeichen";
p[0] = 'B';    // Fehler: `Cannot modify a const object'
p++;           // OK, der Zeiger ist nicht konstant
```

Ein konstanter Zeiger für Zeichen kann folgendermaßen definiert werden:

```
char* const r = "Konstanter Zeiger auf nicht konstante Zeichen";
r++;           // Fehler: 'Cannot modify a const object'
r[3] = 0;      // OK, die Zeichen sind nicht konstant
```

Um aus Zeigern und Zeichen Konstanten zu machen, sind zwei const-Schlüsselwörter erforderlich:

```
const char* const q = "Const-Zeiger auf konstante Zeichen";
q++            // Fehler: 'Cannot modify a const object'
q[1] = 'o';    // Fehler: `Cannot modify a const object'
```

Die const-Bezeichner wirken sich bei dieser Art Deklarationen nur auf die direkt folgenden Deklaratoren aus.

Dateien und Erweiterungen

Eine Klasse verwendet in C++ üblicherweise zwei Dateien, die Header-Datei und die Quelldatei. Die Header-Datei enthält die Klassendefinition, die Definition der Inline-Elementfunktionen, Makros und externen Deklarationen. Die Quellklasse enthält die Definition der Outline-Elementfunktionen und der statischen Klassenvariablen sowie alle Definitionen von Klasseninstanzen. Kleine Klassen, die nur Inline-Elementfunktionen enthalten, haben normalerweise nur eine Header-Datei ohne entsprechende Quelldatei. Jedes Programm, das die Klasse benutzen möchte, sollte seine Header-Datei einbeziehen. Das folgende Konstrukt kann die mehrfache Aufnahme einer Header-Datei in einem Projekt verhindern:

```
// hdrfile.h
#if !defined HDRFILE_H
#define HDRFILE_H
```

```
    // ... Klassendefinition ...
    // ... Inline-Elementfunktionen ...
    // ... Makros ...
    // ... Externe Deklarationen ...

#endif
// eof hdrfile.h
```

Die Quelldateien enthalten in C++ diese Header-Datei. Wenn Sie einen Standardpfad für Ihre eigenen Include-Dateien haben, können Sie die Anweisung #include <hdrfile.h> verwenden, ansonsten verwenden Sie #include "hdrfile.h".

In diesem Buch verwenden wir die Borland-Methode für Namenserweiterungen: .H für Header-Dateien und .CPP für Quelldateien. Andere MS-DOS-Compiler verwenden .HPP oder .HXX für Header-Dateien und .CXX für Quelldateien. Auf UNIX-Systemen werden manchmal die Namenserweiterungen .h++ und .c++ verwendet, aber auch .c, .C oder .CC für Quelldateien.

Kapitel 3

Konstruktoren, Destruktoren und einige allgemeine Merkmale

Konstruktoren

Wie in den vorherigen Kapiteln beschrieben, zwingt uns das Verbergen der Datenelemente dazu, Objekte durch den Gebrauch von Elementfunktionen zu initialisieren. C++ hat eine spezielle Elementfunktion, die als Konstruktor (oder Initialisierer) bezeichnet wird und genau dies tut. Ein Objekt kann nicht ohne den Aufruf eines Konstruktors erstellt werden, wodurch sich der Konstruktor von normalen Elementfunktionen unterscheidet. Er kann verwendet werden, um die Initialisierung aller Objekte zu garantieren.

Ein Konstruktor besitzt den gleichen Namen wie die Klasse und ist folgendermaßen definiert:

```
class X
{
  private:
    int x;

  public:
    X( int a ) { x = a; }  // Konstruktor
    // Andere Elemente
};
```

Beachten Sie, daß in der Deklaration für den Konstruktor kein Rückgabewert angegeben ist. Ein Konstruktor ist eine spezielle Funktion, mit der Objekte des Typs X erstellt werden können. Er wird in den folgenden Objektdefinitionen aufgerufen:

```
X p = X(12);        // X::X(int) aufgerufen
X q(12);            // X::X(int) aufgerufen
X r = 12;           // X::X(int) aufgerufen
```

Alle drei Anweisungen sind gleich und werden den gleichen Programmcode erzeugen. In den meisten Fällen wird die zweite oder die dritte Notation bevorzugt.

Wenn eine Klasse irgendwelche Konstruktoren hat, wird immer einer von ihnen aufgerufen, wenn Sie Objekte dieser Klasse erstellen. Eine Klasse ohne Konstruktoren ist so unsicher wie ein C-struct, und deshalb ist es besser, einen oder mehrere Konstruktoren für jede Klasse zu besitzen.

Der Standardkonstruktor

Ein Konstruktor ohne Argumente heißt Standardkonstruktor. Wir können einen Standardkonstruktor definieren, um ein Objekt mit einem Standardwert zu initialisieren (zum Beispiel Null). Das geht wie folgt:

```
class X
{
  private:
   int x;

  public:
    X() { x = 0 }  // Standardkonstruktor
    // Andere Elemente
};
```

Der Standardkonstruktor wird in den folgenden Fällen aufgerufen:

```
X a(); // Standardkonstruktor aufrufen
X b;   // Standardkonstruktor aufrufen
```

Die zweite Definition ist interessant: Obwohl auf den ersten Blick hier nichts besonderes passiert, wird der Standardkonstruktor aufgerufen, um das Element x mit Null zu initialisieren.

Das Funktionen-Overloading

Beim Funktionen-Overloading können Funktionen mit verschiedenen Argumenten den gleichen Namen haben. Das ist eine sehr nützliche Funktion der Programmiersprache C++, wodurch die Notwendigkeit beseitigt wird, ähnliche Funktionen unterschiedlich zu benennen. Stellen Sie sich vor, daß wir eine Funktion abs haben, die den Absolutwert einer Zahl vom Typ integer, long integer, double oder complex berechnet. In C würde die Deklaration von vier abs-Funktionen folgendermaßen aussehen:

```
int      abs(int);
long int labs(long int);
double   fabs(double);
double   cabs(struct complex);
```

In C++ können alle diese Funktionen Abs genannt werden, woraus sich die folgenden Deklarationen ergeben:

```
int      Abs(int);
long int Abs(long int);
double   Abs(double);
double   Abs(complex);
```

Wenn Sie den absoluten Wert einer Variablen berechnen wollen, rufen Sie einfach Abs auf, und der Compiler wird die richtige Funktion, in Abhängigkeit vom Argumenttyp, für Sie auswählen. Die Technik, die das ermöglicht, heißt Name Mangling und wird in Teil 4 erörtert.

So wie der Argumenttyp kann auch die *Anzahl* der Argumente zur Unterscheidung von Funktionen dienen. Wenn wir die Funktion Sum schreiben, die zwei Integer-Zahlen addiert, und entweder zwei Integer-Zahlen oder ein Array aus zwei Integer-Zahlen als Argumente verwenden möchten, dann könnten wir diese Funktionen folgendermmaßen definieren:

```
int Sum( int a, int b )
{
  return a + b;
}

int Sum( int p[] )
{
  return p[0] + p[1]:
}
```

Denken Sie daran, daß die Indizes von Arrays in C und C++ immer bei Null beginnen. Die beiden Sum-Funktionen können jetzt wie folgt benutzt werden:

```
int main()
{
  intp[2]={ 8, 3 };

  int a = Sum( 4, 5 ); // Ruft Sum(int,int) auf
  int b = Sum( p );   // Ruft Sum(int[]) auf
}
```

Funktionen können nicht nur mit unterschiedlichen Rückgabewerten überladen werden: Der Compiler kann Funktionen nur auf der Grundlage von Anzahl und Typ ihrer Argumente unterscheiden. Somit können die beiden folgenden Funktionen Foo genannt werden:

```
void Foo(int);
int Foo();
```

Weil ihre Argumente unterschiedlich sind, kann der Compiler die Funktionen unterscheiden. Im folgenden Fall kann er es nicht:

```
void Foo();
int Foo();

  // Compiler-Fehlermeldung:
Error: 'Foo()' cannot be distinguished from 'Foo()'
```

In früheren Versionen von C++ war das Schlüsselwort overload obligatorisch, um das Overloading einer Funktion zu bezeichnen. Das ist in der aktuellen Version von C++ nicht länger erforderlich.

Konstruktor-Overloading

Für viele Objekte ist es gut, wenn sie sich auf verschiedene Arten initialisieren lassen. Das kann erfolgen, indem mehrfach überladene Konstruktoren definiert werden. Wir könnten zum Beispiel einen Standardkonstruktor und einen normalen Konstruktor für die Klasse X haben:

```
class X
{
  private:
    int x;

  public:
    X() { x = 0; }
    X( int a ) { x = a; }
};

X Zero;      // Ruft den Konstruktor X::X() auf.
X One( 1 );  // Ruft den Konstruktor X::X(int) auf.
```

Das Vorhandensein eines Standardkonstruktors

Wenn keine Konstruktoren für eine Klasse definiert sind, können Objekte so erstellt werden, wie wir eine struct-Variable in C erstellt haben. Die Objekte werden dann ebenso definiert sein wie Objekte, für deren Definitionen der Standardkonstruktor verwendet wurde. Aber wenn ein oder mehrere Konstruktoren definiert sind, muß ein Standardkonstruktor vorhanden sein, um derartige Definitionen zu ermöglichen. Der folgende Programmausschnitt zeigt dies:

```
  // X hat keine Konstruktoren.
class X
{
  private:
    int x;

  public:
    // Keine Konstruktoren
};

  // Y hat einen Standardkonstruktor
  // sowie andere Konstruktoren.
class Y
{
  private:
    int y;

  public:
    Y() { y = 0; }
    Y/int a)
      { y = a; }
};

  // Z hat einen Konstruktor, aber
  // keinen Standard-Konstruktor.
class Z
{
  private:
    int z;

  public:
    Z(int a)
      { z = a; }
};
```

```
int main()
{
  X xObj;    // Ok: Kein Konstruktor aufgerufen
  Y yObj;    // Ok: Y::Y wird aufgerufen
  Z zObj;    // <== Unzulässig: kein Standardkonstruktor
  Z zObj2( 4 );  // Ok: Wir müssen ein 'Z' mit einer
                 // Integer-Zahl initialisieren.
};
```

Es ist klar, daß in den meisten Fällen sowohl der Standardkonstruktor als auch andere Konstruktoren definiert werden. Wenn Konstruktoren für eine Klasse definiert sind, können Objekte nur unter Verwendung einer dieser Konstruktoren erstellt werden.

Referenzen

Eine weitere Ergänzung von C++ gegenüber C ist die Möglichkeit, Referenzen auf Variablen zu verwenden. Referenzen werden meistens mit Argumenten für (und Rückgabewerten von) Funktionen eingesetzt, indem der "Call by Reference"-Mechanismus verwendet wird, den die Programmiersprache C nicht hat.

Referenzen sind nichts besonderes; obwohl ihre Notation auf den ersten Blick etwas verwirren kann, sind Referenzen nur eine andere Art von Zeigern auf vorhandene Objekte. Der Unterschied besteht darin, daß bei Zeigern der Umgang mit expliziten Adressen und dem Dereferenz-Operator ("*") erforderlich ist und bei Referenzen nicht. Sehen wir uns die Anwendung von Referenzen an, ohne uns mit der genauen Syntax zu beschäftigen. Wir leihen uns diesmal die ref-Konstruktion von Simula aus:

```
int a;
ref(int) b = a;
```

Die erste Definition erstellt eine Integer-Variable mit dem Namen a. Dann wird b als Referenz auf die Integer-Variable erstellt und ihr a zugewiesen. Daraus ergibt sich, daß b als Synonym für a verwendet werden kann. Jedesmal, wenn sich der Wert für a ändert, geschieht das gleiche mit b:

```
a = 10;
// a==10 && b==10
```

Da b ein Synonym für a ist, können wir auch schreiben:

```
b++;
// a==11 && b==11
```

Tatsächlich ist es das gleiche wie der Gebrauch von Zeigern in C. Wenn wir b als Zeiger auf eine Integer-Variable (int*) deklarieren und ihr die Adresse von a zuweisen, kann *b als Synonym für a verwendet werden. Die Referenznotation hat den Vorteil, daß Sie sich nicht um die Adressen (&a) und die Zeiger-Dereferenz (*b) kümmern müssen. Im Gegensatz zu Zeigern muß eine Referenz bei ihrer Definition immer mit einem vorhandenen Objekt verbunden sein. Die Referenz kann aber später einer anderen Variablen zugeordnet werden:

```
// Denken Sie daran, daß b eine Referenz auf eine Integer-Variable
// ist und sich derzeit auf 'a' bezieht. Ab jetzt soll sie sich
// auf 'c' beziehen.
int c;
b = c;
```

Jetzt kann b als Synonym für c benutzt werden. Sie können auch Referenzen auf zusammengesetzte Typen definieren:

```
struct Employee
{
  char Name[30];
  int Dept;
  Employee(char*,int);
};

Employee e( "Nelson", 5678 );
Employee f( "Dixon", 2345 );
ref(Employee) Current = e;
```

Jetzt sind e und f Employee-Objekte, die sizeof(Employee) Bytes im Speicher belegen. Aber Current ist eine Referenz auf ein Employee-Objekt und ist derzeit mit e verbunden. Eine Referenzvariable benötigt die gleiche Speichermenge wie eine Zeigervariable, nämlich soviel, daß sie die Adresse des Objekts enthalten kann, auf die sie verweist.

Die Abbildung erklärt, wie das funktioniert. Es befinden sich zwei Objekte im Speicher, und eine Referenz ist mit einem davon verbunden.

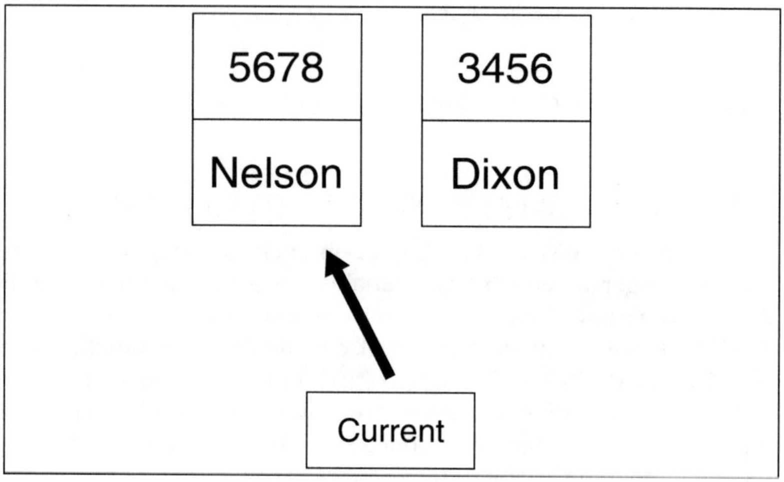

Abb. 3.1: Referenzen

Da Sie nun wissen, was Referenzen sind und wie sie benutzt werden, können wir die ref-Notation verlassen. C++ verwendet für Referenzen das Et-Zeichen (&), das Anfänger leicht verwirren kann, da der gleiche Operator für das Aufnehmen einer Variablenadresse verwendet wird. Wenn Sie weiterhin die Bezeichnung ref verwenden möchten, können Sie den Präprozessor benutzen:

```
#define ref(Type) Type##&
```

Denken Sie daran, daß ## zum Einfügen von Token benutzt werden kann: x##y erzeugt xy. Deshalb wird eine Referenz auf ein int als int& in C++ geschrieben und eine Referenz auf Employee als Employee&. Unter Verwendung des Et-Zeichens wird Current folgendermaßen definiert:

```
Employee& Current = e;
```

Natürlich gleicht eine Referenzadresse der Adresse des Objekts, auf das sie sich bezieht. Deshalb sind im allgemeinen die folgenden Aussagen wahr, wenn Referenz R sich auf eine Variable V bezieht:

```
R == V;   // Beide Werte sind gleich.
&R == &V; // Beide Adressen sind gleich.
```

Wenn P ein Zeiger ist, der derzeit auf V zeigt, ist folgendes wahr:

```
*P == V;  // *P ist der Wert von V.
P == &V;  // P enthält die Adresse von V.
```

Referenzen mit Funktionen anwenden

Genau wie Sie einen Zeiger als Argument an eine Funktion übergeben können, so ist das gleiche auch mit Referenzen möglich:

```
void Change( int& b )
{
  b++;
}
int a = 15;
Change( a );
// a == 16
```

Die Funktion Change ist in der Lage, ihr Argument zu ändern, obwohl ihr keine explizite Adresse übergeben wurde. Das ist in C nicht ohne explizite Anwendung von Zeigern möglich. Aus der Sicht des Aufrufers ist es nicht klar, ob eine Funktion ihr Argument ändern kann, weil in beiden Fällen (Call by Reference und Call by Value) das Argument mit der gleichen Notation übergeben wird.

Obwohl es so aussehen kann, daß die Variable a selbst an die Funktion Change übergeben wird, ist es tatsächlich nur die Adresse, die übergeben wird. Wenn Sie sich die Assembler-Codes ansehen, die durch die Referenz- und Zeiger-Versionen von Change() erzeugt werden, werden Sie feststellen, daß sie exakt übereinstimmen. Das Programm übergibt einen verborgenen Zeiger an Change, wodurch dieser Vorgang so effizient, wie die Übergabe mit Zeigern wird. (Es wird nur die Zeigergröße auf den Stapel kopiert.) Aus diesem Grund werden Referenzen häufig verwendet, um große Argumente an Funktionen zu übergeben:

```
class BigStruct
{
  // viele oder große Datenelemente
};
void func( BigStruct& b );
```

Wenn Sie ausdrücklich deklarieren möchten, daß eine Funktion ihr Argument nicht ändern soll, stellen Sie das Schlüsselwort const davor:

```
  // Referenz aus Effektivitätsgründen
void func( const BigStruct& b );
```

Jetzt kann Bigstruct an func übergeben werden, und obwohl die Funktion dessen Adresse kennt, kann das Argument nicht durch die Funktion geändert werden.

Referenzen lassen sich auch bei der Rückgabe von Funktionswerten einsetzen. Unter Verwendung von Referenzen können wir eine sichere Funktion schreiben, die nur dann ein Element eines Array zurückgibt, wenn sich der Index innerhalb zulässiger Grenzen bewegt:

```
int Data[ N ];

int& Element( int n )
{
  static int Zero;

  if ( n >=0 && n < N )
    return Data[ n ];
  else
  {
    Zero = 0;
    return Zero;
  }
}
```

Der Vorteil der Rückgabe einer Referenz ist, daß Sie den daraus folgenden Wert sowohl lesen als auch schreiben können:

```
int t = Element( 40 );  // Lesen
Element( 77 ) = 3;  // Schreiben
```

Der zurückgegebene Wert muß sich jedoch auf eine bestehende Variable beziehen. Das ist der Grund dafür, daß wir im letzten Beispiel nicht einfach 0 zurückgeben und static int Zero definieren konnten.

In Kapitel 5 werden die Referenzen auf Klassenobjekte ausführlicher behandelt.

Der Copy-Konstruktor

Dieser Konstruktor, der manchmal auch Copy-Initialisierer genannt wird, kann verwendet werden, um ein Objekt mittels eines vorhandenen Objekts des gleichen Typs zu initialisieren. Ein Copy-Konstruktor hat im allgemeinen den Prototyp X::X(const X&) oder X::X(X&), aber er kann zusätzliche Argumente mit Standardwerten besitzen. In den folgenden Fällen werden Copy-Konstruktoren aufgerufen:

```
  // xObjOne ist ein vorhandenes Objekt vom Typ X
X xObjTwo( xObjOne );  // Der Copy-Konstruktor wird aufgerufen.
X xObjThree = xObjTwo; // Der Copy-Konstruktor wird aufgerufen.
```

Jetzt haben Sie die Objekte xObjTwo und xObjThree erstellt, die denselben Inhalt wie xObjOne haben.

Die Definition eines Copy-Konstruktors kann so erfolgen:

```
class X
{
  private:
    int x, y;

  public:
      X(int,int);
      // Copy ctor
      X( const X& argX )
      {
        x = argX.x;
        y = argX.y;
      }
};
```

Ein Copy-Konstruktor wird meistens dann definiert, wenn zum Erstellen eines neuen Objekts zusätzliche Operationen wie die dynamische Speicherzuweisung oder das Zählen der erstellten Objekte erforderlich sind.

Das übergebene Argument muß eine Referenz auf ein X-Objekt und kein normales X-Objekt sein. (Daher ist X::X(X) unzulässig.) Copy-Konstruktoren werden auch aufgerufen, wenn ein Objekt über einen Wert an eine Funktion übergeben wird, was in Kapitel 5 erklärt wird.

Objekte und Referenzen als Klassenelemente

Bevor Sie Objekte und Referenzen verwenden können, müssen diese zuerst initialisiert werden. Ein Konstruktor muß für ein Objekt aufgerufen werden, während eine Referenz mit einem vorhandenen Objekt verbunden sein muß. Es wird jetzt eine spezielle Notation für die Initialisierung von Objekten und Referenzen als Elemente einer Klasse eingeführt.

Ist ein Klassenelement selbst ein anderer Klassentyp, wird sein Konstruktor von dem Konstruktor der enthaltenen Klasse aufgerufen. Wenn zum Beispiel eine File-Klasse ein Element vom Typ String enthält, wird String wie folgt initialisiert:

```
class String { /* ... */ };

class File
{
  private:
    String FileName;
    // ... weitere Elemente

  public:
      // Der String-Konstruktor wird
      // für 'FileName' aufgerufen.
    File( char *s ) : FileName(s)
    {
      // ... weitere Initialisierungen
    }
};
```

Somit wird das Element durch einen Konstruktoraufruf genau vor dem Hauptteil der Funktion initialisiert, und davor steht ein Doppelpunkt. Sollten Sie mehrere Objektelemente haben, können Sie die Konstruktoraufrufe mit einem Komma trennen.

Referenzen werden unter Verwendung derselben Notation initialisiert. Der Wert, welcher der Referenz zugewiesen wird, muß im Speicher vorhanden sein und kann kein temporärer Wert sein. Die Syntax für die Initialisierung ist die folgende:

```
class Ref
{
  private:
    int& i;

  public:
      // Initialisierung des Referenz-
      // Elementes 'i'
    Ref(int j) : i(j) { }
};
```

Wenn Sie innerhalb des Ref::Ref-Konstruktors i=j schreiben und die Initialisierung i(j) auslassen, wird der Compiler die Fehlermeldung "Reference member 'i' is not initialized in function Ref::Ref(int)" anzeigen. Der Compiler wird bei jedem Aufruf von Ref::Ref prüfen, ob das vorhandene Argument beständig oder temporär ist:

```
int p = 5;
Ref a(p);  // OK, p ist kein temporäres Objekt.
Ref b(7);  // Fehler: 'Reference member 'i' needs a temporary
           // for initialization in function Ref::Ref(int)'
```

Aufzählungen

Aufzählungen, die das Schlüsselwort enum benutzen, können zur Definition von Mehrfachkonstanten verwendet werden. Die folgende Aufzählung definiert die Farben Red, White und Blue mit den entsprechenden Werten 0, 1 und 2:

```
enum Colors
{  Red, White, Blue
};
```

Optionale Werte können folgendermaßen verwendet werden:

```
enum Colors
{
  Red, White = 5, Blue
};
```

Dadurch erhält Red den Wert 0, White 5 und Blue 6. Aufzählungen können in der Programmiersprache C++ anonym erfolgen:

```
enum
{
  Yes = 1, No = 0, True = 1, False = 0
};

  // Weist "Quit" den Wert 0 zu:
int Quit = False;
```

Unionen

Eine Union kann verwendet werden, damit sich mehrere Variablen denselben Speicherplatz teilen:

```
union Var
{
  int i;
  double d;
  char *s;
};
```

Jetzt können die Elemente i, d und s alle denselben Platz im Speicher belegen. Die Gesamtsumme der Union Var entspricht der Größe des umfangreichsten Elements, in diesem Fall dem double-Element. Hier wird nur ein Element gleichzeitig benutzt, aber in anderen Unionen können Sie sich auf verschiedene Arten Daten ansehen:

```
union int
{
  int i;
  char High, Low;
};
```

Jetzt können Sie leicht mit den Elementen High und Low auf die High- und Low-Bytes einer Integer-Konstanten zugreifen.

Unionen können ebenso Elementfunktionen besitzen. Im folgenden Beispiel wird eine Union mit zwei Konstruktoren und einer Umwandlungsfunktion definiert:

```
union Int
{
  int i;
  char High, Low;
```

```
  Int(int j) { i = j; }
  Int(char hi, char lo)
    { High = hi, Low = lo; }
  operator Int() { return i; }
};
```

Unionenelemente können keine Schutzstufen besitzen. Diese können jedoch mit anonymen Unionen geschaffen werden, die im folgenden Abschnitt erklärt werden.

Anonyme Unionen

Ein nützliches Merkmal der Programmiersprache C++ ist, daß Unionen wie in dem folgenden Beispiel anonym sein können:

```
union
{
  int i;
  double d;
};
```

Hier werden die beiden Variablen i und d, die sich ihren Datenplatz (teilweise) teilen, innerhalb des aktuellen Bezugsrahmens definiert. Sie können folgendermaßen verwendet werden:

```
i = 4;
d = 9.8;  // Überschreibt den Wert von i
```

Anonyme Unionen können ebenso wie Klassenelemente verwendet werden:

```
class Var
{
  private:
    union
    {
      int i;
      char *s;
    };
    enum
    {
      INTEGER, STRING
    } Type;
```

```
  public:
    Var( int j =0 )
      { i = j; Type = INTEGER; }
    Var( char *t )
      { s = t; Type = STRING; }
    void Print()
    {
      if ( Type==INTEGER )
        printf( "%d", i );
      else
        printf( "%s", s );
    }
};
```

Nun besitzt ein Var-Objekt die drei Elemente i, s und Type, von denen die beiden ersten sich denselben Speicher teilen. Deshalb wird der Platz, den Var tatsächlich im Speicher beansprucht, sizeof(Type) + max(sizeof(i), sizeof(s)) sein. Da die Union unbenannt ist, sind die Qualifikationen der Elemente Var::i, Var::s und Var::Type.

Standardargumente

In C++ können Funktionen Standardargumente haben. Es können Werte vom Ende der Argumentenliste angegeben werden, die verwendet werden, wenn diese Argumente in Funktionsaufrufen ausgelassen werden. Ein Beispiel ist die Definition einer Funktion f, die ein zweites, optionales Argument aufnimmt:

```
void f( int a, int b =5 );
```

Jetzt sind die folgenden Aufrufe von f gestattet:

```
f( 1, 3 );  // a==1 && b==3
f( 8 );     // a==8 && b==5; Die Standardwerte werden verwende.
```

Im zweiten Aufruf wird der Standardwert 5 für das zweite Argument benutzt. Die Funktion f hat keine Möglichkeit, um zu ermitteln, ob ein Argument ausgelassen wurde, wodurch die folgenden Aufrufe gleichwertig werden:

```
f( 1, 5 );
f( 1 );
```

Der fehlende Parameter wird vom Compiler zur Kompilierzeit bereitgestellt. Ein weiteres Beispiel für Standardargumente ist eine Zeichenfunktion, die ein optionales, letztes Argument annimmt, das die verwendete Farbe darstellt (die von der getcolor()-Funktion aus Turbo C++ erhalten wird):

```
void DrawPoint( int x, int y, int Color =getcolor() );
```

Wenn eine Funktion einen Prototyp hat, sind die Standardargumente nur in der Argumentenliste des Prototyps angegeben:

```
  // Funktion Prototyp: Standardargumente
  // werden hier aufgelistet.
void f( int =7; double =0 );
  // Definition der Funktion: keine
  // Standardargumente aufgelistet
void f( int Value, double Offset )
{
  // ...
}
```

Das ist so, weil der Compiler die Standardargumente bearbeitet und sich der Typ der Funktion nicht ändert (das heißt, die Funktion wird ungeachtet jeder Standardargumente in einer .OBJ- oder .LIB-Datei die gleiche Form haben).

Es ist ein guter Brauch, vor dem Gleichheitszeichen, das dem Standardwert eines Arguments vorausgeht, ein Leerzeichen einzugeben. Betrachten Sie das folgende Beispiel:

```
void f( char*="" );  // Unzulässig
```

Der Compiler kann nicht feststellen, ob die Zeichenfolge *= ein Operator ist oder das Gleichheitszeichen das Standardargument angibt. Statt dessen sollten Sie besser schreiben

```
void f ( char* ="" );
```

In vielen Fällen kann Ihr Programmcode durch das Benennen der Argumente in Funktionsprototypen wesentlich überschaubarer werden:

```
void f ( char *FileName ="" );
```

Die angegebenen Namen in einem Argument müssen nicht die gleichen sein wie die Namen in der Definition der Funktion.

Standardargumente zur Definition eines Standardkonstruktors

Ein echter Standardkonstruktor hat immer die Form X::X(), aber für die meisten Zwecke kann er in einen anderen Konstruktor eingebettet werden, der Standardargumente benutzt. Solche Pseudostandardkonstruktoren können aber zum Beispiel nicht in Borland C++ 2.0 und Turbo C++ verwendet werden, um Arrays von Objekten zu erstellen. Das hat sich jedoch in Borland C++ 3.0 geändert. Die Definition eines eingebetteten Standardkonstruktors könnte so aussehen:

```
class X
{
  private:
    int x;

  public:
        // Standardkonstruktor, der in
        // den Konstruktor X::X(int)
        // eingebettet ist:
    X( int a =0 )
        { x = a; }
};
```

Jetzt können Sie Instanzen vom Typ X mit einem optionalen Initialisierungswert erstellen:

```
X xObj1( 4 );  // Bildet x=4
X xObj2;       // Bildet x=0, benutzt ein Standardargument
```

Standardkonstruktoren und Arrays von Objekten

Ein vorhandener Konstruktor wird, wie wir gesehen haben, für jede erstellte Instanz aufgerufen. Der Standardkonstruktor wird ebenfalls für jedes Element aufgerufen, wenn ein Array von Instanzen definiert wird. Eine Unzulänglichkeit der Implementation von Turbo C++ 1.x und Borland C++ 2.0 besteht darin, daß in diesen Fällen ein "echter" Standardkonstruktor vorhanden sein muß. In Borland C++ 3.0 kann es sich auch um einen eingebetteten Standardkonstruktor handeln.

Destruktoren

So wie es Konstruktoren zum Aufbau von Objekten gibt, so gibt es auch Destruktoren, um diese Objekte wieder zu zerstören. Diese speziellen Funktionen werden automatisch aufgerufen, wenn eine Variable den Bezugsrahmen überschreitet und somit aufhört zu existieren. Dadurch kann die Verantwortung des Programmierers übernommen werden, den zugewiesenen Speicherplatz freizugeben, was in der Programmiersprache C leicht vergessen werden könnte:

```
{
  char *s = (char*)malloc(100);
  /* Machen Sie irgendetwas mit s. */
  /* Dann vergessen Sie den freien Aufruf.   */
} /* Hoppla! 100 Bytes "verloren" */
```

Destruktoren können derartige Fehler leicht vermeiden. Wie ein Konstruktor so hat ein Destruktor den gleichen Namen wie die Klasse, für die er definiert ist, allerdings steht eine Tilde vor dem Namen:

```
class Buffer
{
  private:
    char *s;
  public:
    // Konstruktor
    Buffer( int n ) { s = (char*)malloc(n); }
    // Destruktor
    ~Buffer() { free(s); }
};
```

Dieser Ausschnitt sieht folgendermaßen aus, wenn die Klasse Buffer benutzt wird:

```
{
  Buffer b(100);
  // Machen Sie etwas mit b!
} // b befindet sich außerhalb des Bezugsrahmens:
  // Buffer::~Buffer wird aufgerufen.
```

Wenn die erste schließende Klammer angetroffen wird, generiert der Compiler einen impliziten Aufruf von Buffer::~Buffer, den Destruktor, der die zugewiesenen Byte freisetzt.

Wenn kein Destruktor definiert wurde, wird das Objekt wie jede andere normale Variable behandelt. Destruktoren werden hauptsächlich mit Klassen verwendet, die zusätzlichen Platz zuweisen (wie Buffer), aber sie können ebenso benutzt werden, um eine Anzahl erstellter Objekte zu behalten. Für jede Klasse kann es höchstens einen Destruktor geben.

Automatische Initialisierung bei Verwendung von Klassen

Wegen des speziellen Verhaltens von Konstruktoren und Destruktoren ist es möglich, eine Klasse zu schreiben, die keine anderen Ziele verfolgt als die automatische Initialisierung und die Reinigung des Speichers. Ein einfaches Beispiel ist eine Klasse, die eine Meldung druckt, bevor die Ausführung von main beginnt und nachdem die Hauptfunktion beendet wurde:

```
class AutoInitClass
{
  public:
    AutoInitClass()
      { puts("*** Start des Programms ***"); }
    ~AutoInstClass()
      { puts("*** Ende des Programms ***"); }
} AutoInitObject;

int main()
{
  // ...
}
```

Da AutoInitObject vor der Ausführung von main() erstellt wird, wird die Meldung "*** Start des Programms ***" gedruckt. Die andere Meldung wird automatisch gedruckt, nachdem main() beendet ist. Diese Technik kann verwendet werden, um Grafiken, Maustreiber und so weiter zu initialisieren.

Inline-Funktionen

Jeder C-Programmierer weiß, daß Makros, die den Präprozessor verwenden, nicht immer zuverlässig sind. Betrachten Sie das folgende Beispiel:

```
#define CHECK(c,n)  ((c)>(n)?(c):(n))

// Programmausschnitt:
int a = 65;
int b = CHECK( getch(), a++ );
```

Dieser Programmausschnitt führt auf jeden Fall zu einem fehlerhaften Ergebnis. Zuerst wird er ein Zeichen von stdin lesen, indem er die Funktion getch() benutzt. Dann wird er den ASCII-Wert dieses Zeichens mit dem zweiten Argument vergleichen, das den Wert 65 hat. Wenn der ASCII-Wert größer als 65 ist, wird er zu getch() zurückkehren und ein weiteres Zeichen von stdin lesen. Andernfalls wird er zu 66 zurückkehren, da soeben die Anweisung a++ erteilt wurde.

Makros sind schneller als Funktionen, weil kein Funktionsaufruf-Overhead erzeugt wird. C++ bietet eine Möglichkeit an, die Vorteile von Makros mit der Zuverlässigkeit von echten Funktionsaufrufen zu vereinen. Das kann mit Inline-Funktionen erfolgen, die wie echte Funktionen aussehen und sich auch so verhalten, aber durch den Compiler im Programmcode ausgetauscht werden. Dies vermeidet den Laufzeit-Overhead, der von Funktionsaufrufen erzeugt wird. Das ABS-Makro kann unter Verwendung einer Inline-Funktion wie folgt verwendet werden:

```
/* C Abs macro */
#define Abs(arg) ((arg)>0 ? (arg) : (-(arg)))

// Abs-Inline-Funktion von C++
inline int Abs(int arg)
{
  return arg > 0 ?
    arg : -arg;
}
```

Das Schlüsselwort inline veranlaßt den Compiler, jedesmal den Abs-Programmcode auszutauschen, wenn dieser benutzt wird. Der Nachteil ist, daß das Abs-Makro für jeden Datentyp benutzt werden kann, für den die Operationen > und - definiert sind, während bei Inline-Funktionen für jeden Datentyp eine neue Funktion definiert werden muß. In Kapitel 8 ist beschrieben, wie sich mit Templates, die nur in Borland C++ 3.0 vorhanden sind, generische Funktionen schreiben lassen.

Inline-Funktionen sind keine echten Funktionen; ihre Adresse kann normalerweise nicht aufgenommen werden, und sie können nicht in Bibliotheken gestellt werden. Elementfunktionen, die innerhalb einer Klassendefinition definiert sind, sind auf Inline voreingestellt. Jede Inline-Funktion muß vor dem Gebrauch definiert werden.

Der Inline-Bezeichner ist nur ein Hinweis für den Compiler, und Inline-Funktionen sollten keinen der folgenden Punkte enthalten:

— statische Variablen
— for-Anweisungen
— while-Anweisungen
— do-Anweisungen
— switch-Anweisungen
— goto-Anweisungen
— einen rekursiven Aufruf (ein Aufruf an sich selbst)

Im Gegensatz zu einigen anderen C++-Compilern wie Zortech C++ wird Borland C++ keine Fehlermeldung erzeugen, wenn eine Inline-Funktion eine dieser Anweisungen enthält, aber es wird Sie warnen, wenn eine als inline angegebene Funktion außerhalb implementiert wird.

Wenn Sie mit dem Schalter -S kompilieren, können Sie sehen, was der Compiler aus der Definition einer Inline-Funktion gemacht hat. Am besten eignen sich Funktionen für das Inline-Verfahren, die einfache Aufgaben ausführen, wie die Rückgabe eines Wertes oder irgendwelche Umwandlungen.

Die Adresse einer Inline-Funktionen abfragen

Es ist möglich, die Adresse einer Inline-Funktion zu verwenden, aber das veranlaßt den Compiler, der Funktion tatsächlich eine Adresse zu geben. Der Compiler warnt Sie nicht davor, da der Funktionscode bei normalen Aufrufen immer noch ausgetauscht wird (vorausgesetzt, die

Inline-Funktion enthielt keine Iterationen oder statische Variablen). Der Programmcode der Funktion wird in ein virtuelles Segment gesetzt, wodurch Mehrfachdefinitionen vermieden werden.

Kapitel 4

Erweiterung der Klasse

Operator-Overloading

Eine sehr leistungsstarke Funktion von C++ ist das Operator-Overloading. Die Bedeutung der meisten C++-Operatoren (wie +, - und *) kann für eine Klasse neu definiert werden, wonach sie in der üblichen Weise benutzt werden können. Das bedeutet, daß Sie in einer Klasse Vector, die einen zweidimensionalen Vektor darstellt, zwei Vektoren addieren, die Multiplikation von Vektoren und Skalaren (zum Beispiel doubles) definieren können und so weiter. Es ist nicht gestattet, Operatoren für die integrierten Datentypen neu zu definieren, so daß ein neu definierter Operator sich immer um mindestens eine Variable irgendeines Klassentyps kümmern muß. Außerdem ist es nicht gestattet, eigene Operatoren zu definieren. Die Operatoren, die neu definiert werden können, gehorchen den üblichen Regeln für deren Gebrauch.

Die allgemeine Deklaration eines binären Operators @, der die Argumente a (vom Typ aType) und b (vom Typ bType) aufnimmt und Type zurückgibt, lautet:

```
Type operator @ ( aType a, bType b );
```

Eine Einschränkung ist, daß entweder a oder b von irgendeinem Klassentyp sein müssen, damit es unmöglich ist, Operatoren neu zu definieren, die nur mit integrierten Typen arbeiten. Dieser Operator kann jetzt in der üblichen Art benutzt werden:

```
Result = a @ b;
```

Auf die gleiche Weise können monadische Operatoren neu definiert werden.

Nehmen wir an, daß Sie ein einfaches Vektor-Konstrukt haben und einen zusätzlichen Operator für Vektoren definieren möchten:

```
struct Vector
{
  double x, y;
};
Vector operator+(Vector v, Vector w)
{
  Vector Result = { 0, 0 };
  Result.x = v.x + w.x;
```

```
  Result.y = v.y + w.y;
  return Result;
}
```

Jetzt können wir mit der folgenden Syntax Vektoren hinzufügen:

```
Vector a = { 4, 7 },
       b = { 5, 1 },
       Sum;
Sum = a + b;
// Summe == { 9, 8 };
```

Wie Sie sehen können, wurde die Programmiersprache C++ "erweitert", um die Vektoraddition zu unterstützen, indem der Operator + verwendet wurde! Wenn der Compiler den Ausdruck a + b sieht, wird er die soeben definierte Operatorfunktion ausführen.

Operatoren können auch Elemente sein. Tatsächlich ist das ein bevorrechtigtes Verfahren, da die Datenelemente einer Klasse oft private sind. Bei binären Element-Operatoren stellt der linke Operand das Objekt dar, von dem der Operator aufgerufen wurde, und der rechte Operand ist das Argument, das an den Operator übergeben wurde. Sie erhalten nun die Definition der Klasse Vector mit einem zusätzlichen Element-Operator:

```
class Vector
{
  private:
    double x, y;
  public:
    Vector(double d1 =0, double d2 =0)
      { x = d1, y = d2; }
      // Definition des Operators +
    Vector operator + (Vector w)
    {
      Vector Result;
      Result.x = x + w.x;
      Result.y = y + w.y;
      return Result;
    }
};
```

Sie sehen, daß Vector Vector::operator+(Vector) (so sieht der vollständige Prototyp aus) ein double als Argument aufnimmt und den "aktuellen" Vektor zurückgibt, der zum Argument Vector w hinzugefügt wurde. Wir können genau wie bei dem operator+ aus dem ersten Beispiel die folgenden Ausdrücke schreiben:

```
Vector a = { 4, 7 },
       b = { 5, 1 },
       Sum;
Sum = a + b;
// Sum == { 9, 8 };
```

Da der Operator eine Elementfunktion ist, lautet der eigentliche Aufruf:

```
Sum = a.operator+(b);
```

Die Elementfunktion Vector::operator+(Vector) wird mit dem Argument b für das Objekt a aufgerufen. Dieser Aufruf kann explizit erfolgen, aber in den meisten Fällen wird die natürlichere interne Notation verwendet.

Lassen Sie uns einige weitere Operatoren für die Vector-Klasse definieren:

```
class Vector
{
  private:
    double x, y;
  public:
    Vector(double d1 =0, double d2 =0)
      { x = d1, y = d2; }

        // Multiplikation eines Vektors mit einem double
      Vector operator*(double);
        // Addition zweier Vektoren
      Vector operator+(Vector);
        // Subtraktion zweier Vektoren
      Vector operator-(Vector);
        // Negation eines Vektors
      Vector operator-();
};
```

Die Definitionen dieser vier Operatoren kann so erfolgen:

```
Vector Vector::operator*(double f)
{
  return Vector ( x * f, y * f );
}
```

```
Vector Vector::operator+(Vector v)
{
  return Vector ( x + v.x, y + v.y );
}

Vector Vector::operator-(Vector v)
{
  return Vector ( x - v.x, y - v.y );
}

Vector Vector::operator-()
{
  return Vector ( -x, -y );
}
```

Beachten Sie, daß alle diese Operatoren Elemente der Klasse Vector sind und auf die beiden oben angegebenen Arten benutzt werden können. Mit dem letzten Operator kann die Negation eines Vektors berechnet werden. Es folgen einige Beispiele, wie die Operatoren benutzt werden können:

```
Vector a( 1, 2.3 ), b( 4.5, 6 );
Vector c, d, Result;
c = -a          // Ruft den Vector::operator-() für a auf.
d = b * 5;      // Ruft den Vector::operator*(double) für b auf.
Result = c + d; // Ruft den Vector::operator+(Vector) für c auf.
```

Der operator- wurde zweimal für Vector definiert; ein binärer Operator, um einen Vektor von einem anderen zu subtrahieren, und ein monadischer, um die Negation eines Vektors aufzunehmen. Im Fall des binären Operators wird der Operator auf den linken Wert angewendet, und der rechte Wert wird als Argument verwendet. Monadische Operatoren nehmen keine Argumente an und arbeiten an dem Objekt, von dem sie aufgerufen wurden.

Die aktuelle Definition erlaubt folgendes nicht: d = 5 * b. Entsprechend der Gesetze für Elementfunktionen muß der operator* auf die Integer 5 (etwas wie 5.operator*(b)) angewendet werden, was natürlich nicht möglich ist. Um dieses Problem zu lösen, müssen wir gewöhnliche Operatoren verwenden, die nicht Elemente der Vector-Klasse sind:

```
Vector operator*(double f, Vector v)
{
  return v * f;  // v.operator(f)
}
```

Dieser Operator ruft Vector::operator*(double) nur wegen dessen Argument v auf.

Die folgenden Operatoren können in C++ überladen werden:

```
+       -       *       /       %       ^
&       |       !       =       <       >
+=      -=      *=      /=      %=      ^=
&=      |=      <<      >>      <<=     >>=
==      !=      <=      >=      &&      ||
++      --      ,       ->      ()      []
-*      new     delete
```

Merken Sie sich, daß Sie zwar die Bedeutung von Operatoren durch Overloading verändern können, aber nicht deren Prioritätsregeln (die in Teil 4 aufgeführt sind). Das bedeutet zum Beispiel, daß Sie zwar den operator^ neu definieren können, damit er eine Zahl potenziert, aber die Priorität des integrierten operator^ erhalten bleibt. In den Programmiersprachen C und C++ hat die Funktion XOR des operator^ eine geringere Priorität als der operator*:

```
int b;
int a = 5 * b ^ 4;    // == (5 * b) ^ 4
                      // oder (5 * b) XOR 4
```

In der Mathematik hat das Potenzieren jedoch eine höhere Priorität als die Multiplikation. Sie müssen den operator^ daher in einigen Fällen in Klammern setzen, um die höchste Priorität zu erhalten, obwohl Sie ihn neu definieren, damit er für irgendeinen Klassentyp potenziert:

```
MyInt b;
MyInt a = 5 * (b ^ 4);  // Ruft MyInt::operator^ auf,
                        // um zu potenzieren
```

Eine weitere Eigenschaft des Operator-Overloading ist, daß alle Operatoren eine vordefinierte Anzahl von Argumenten haben. Ausgenommen hiervon ist der Funktionsaufruf operator(), der eine willkürliche Anzahl von Argumenten aufnehmen kann. Leider ist es nicht gestattet, neue Operatoren wie ** zu definieren, um etwa zu potenzieren.

Der Zeiger this

Normale Elementfunktionen werden immer in Verbindung mit irgendeinem Objekt oder "von" einem Objekt aufgerufen. Es gibt einen speziellen, vordefinierten Zeiger this, der nur in Elementfunktionen verwendet werden kann. Er enthält die Adresse des Objekts, von dem das Element aufgerufen wurde. Deshalb ist jede Referenz innerhalb einer Elementfunktion auf ein Element M desselben Objekts eigentlich eine Referenz auf this->M. In der aktuellen Version von C++ wird das Schlüsselwort this hauptsächlich verwendet, um (eine Referenz auf) das aktuelle Objekt zurückzugeben. Andere Programmiersprachen benutzen Wörter wie Self oder Current, um das aktuelle Objekt innerhalb von Elementen zu bezeichnen. Zukünftige Versionen von C++ werden this als einen const-Zeiger auf das aktuelle Objekt ansehen; seinen Wert können Sie nur lesen, aber nicht verändern.

Wenn Sie in einer Elementfunktion so schreiben:

```
{
  a = 4;
  b++;
}
```

und a und b Elemente des Objekts sind, dann wird implizit geschrieben:

```
{
  this->a = 4;
  this->b++;
}
```

Operatoren, die das zugrundeliegende Objekt ändern

Betrachten Sie die Vector-Klasse, für die wir einen operator*= definieren möchten, um ein Vector-Objekt mit einem Skalar zu multiplizieren. Ein Ausdruck wie v *= 4 ändert den Wert von v und soll den resultierenden Wert zurückgeben (obwohl es nicht unbedingt erforderlich ist, sind dadurch Ausdrücke wie w = v*=4 möglich). Der Operator kann folgendermaßen definiert werden:

```
class Vector
{
    // ...
  Vector operator*=(double f)
  {
    x *= f;
    y *= f;
    return *this;
  }
};
```

Wir sehen, daß sich die Werte von x und y ändern und *this zurückgegeben wird. Da this ein Zeiger auf das aktuelle Objekt ist, bringt dessen Dereferenzieren (*this) das aktuelle Objekt zum Vorschein, das den resultierenden Wert darstellt.

Overloading der Inkrement- und Dekrement-Operatoren

Die vordefinierten Operatoren ++ und — können entweder als Präfix oder als Suffix verwendet werden. Wenn sie als Präfix benutzt werden, ändert sich die Variable vor dem Gebrauch des Wertes. Das Suffix ändert die Variable, nachdem der Wert benutzt wurde:

```
int a = 4;
int b = a++;  // b==4

int a = 4;
int b = ++a;  // b==5
```

Obwohl die Operatoren ++ und — überladen werden können, ist es in Turbo C++ und Borland C++ 2.0 nicht möglich, zwischen Präfix und Suffix zu unterscheiden. Somit erhalten Sie das gleiche Ergebnis, wenn Sie die folgende Klasse Int mit Inkrement- und Dekrement-Operatoren definieren und das Präfix oder das Suffix auf diese Operatoren anwenden:

```
class Int
{
  private:
    int i;
  public:
```

```
    // Konstruktoren..
    int operator++()
      { i++; return i; }
    int operator-()
      { i-; return i; }
};
Int a = 4;
Int b = a++;  // b==4

Int a = 4;
Int b = ++a;  // b==4
```

In der Version 3.0 von Borland C++ (und in Version 2.1 des cfront-Übersetzers von AT&T) kann diese Unterscheidung vorgenommen werden, indem ein Dummy-Integer-Argument für die Suffix-Version benutzt wird:

```
  // C++ Version 2.1
class Int
{
  private:
    int i;

  public:
      // ...
      // Präfix-Inkrement
    int operator++()
    {
      i++; return i;
    }
      // Suffix-Inkrement
    int operator++(int)
    {
      i++; return i;
    }
};
Int a = 5;

++a;    // Ruft den Int::operator++() auf.
a++;    // Ruft den Int::operator++(int) auf
```

Operator-Overloading und Typumwandlungen

Casts sind Umwandlungen von einem Typ in einen anderen. Wenn Sie eine Integer verwenden möchten, wo eine Gleitkommavariable erwartet wird, können Sie einen Cast verwenden. In C++ verwenden Casts eine Notation im Stil der Funktionen. Während in C eine Typumwandlung mit (Typ)Wert erfolgt, wird sie in C++ als Typ(Wert) geschrieben. Aber mit Zeigern wird die Notation im C-Stil so angewendet: (char*)Wert und nicht char*(Wert).

Casts können für Klassentypen nur explizit definiert werden. Dies ermöglicht uns, die Umwandlung eines Klassentyps in einen anderen Klassentyp oder einen integrierten Typ zu steuern. Umwandlungsfunktionen können keinen expliziten Rückgabetyp haben, weil das immer der Typ des Cast ist. Außerdem können sie keine Argumente haben, was zu dem folgenden allgemeinen Prototyp für einen Cast-Operator führt:

```
class X
{
  // Prototyp eines "X in Typ"-Cast-Operators
  operator Type();
};
  // Verwendung:
X x;
Type t;
t = x;         // Ruft den X::operator Type() implizit auf.
t = Type(x);   // Ruft den X::operator Type() explizit auf.
t = (Type)x;   // Ruft den X::operator Type() explizit auf.
```

Das folgende Beispiel definiert eine String-Klasse mit einer Umwandlungsfunktion operator char*().

```
class String
{
  private:
    char *s;

  public
    String(char *n);
    ~String();
```

```
    operator char*() { return s; }
};

String s("qwerty");
  // Expliziter Aufruf von String::operator char*()
printf("Wert von String s: %s\n", (char*)s);
  // Impliziter Aufruf von String::operator char*()
char *p = s;
```

Im ersten Fall erfolgt der explizite Aufruf des Cast-Operators (manchmal auch Umwandlungsfunktion genannt), während die Zuweisung String::operator char*() implizit aufruft. Beachten Sie, daß es besser wäre, eine Umwandlung zu einem const char* zu definieren, denn dadurch wird nicht direkt in den Puffer des String geschrieben:

```
class String
{
  private:
    char *s;
  public:
    // ...
    operator const char*()
    { return s; }
};
```

Das folgende Beispiel zeigt, daß mehr als ein Cast-Operator für eine Klasse definiert werden kann:

```
class Int
{
  private:
    int i;
    char StrRepres[10];
  public:
    Int( int j =0 ) { i = j; }

      // Cast nach int
    operator int() { return i; }
      // Cast nach char*
    operator char*()
    {
      return itoa( i, StrRepres, 10 );
    }
};
```

Jetzt kann Int überall benutzt werden, wo int oder char* erwartet wird. Es folgt ein Beispiel für implizite und explizite Aufrufe der Operatoren:

```
Int c(43);

  // Explizite Umwandlung wegen printf:
printf("Wert von c = %d = %s\n", int(c), (char*)c );

  // Implizite Umwandlungen:
char *s = c;    // s == "43"
int i = c;      // i == 43
```

Konstruktoren und Cast-Operatoren

Umwandlungsfunktionen können auch als Umkehrung eines Konstruktors angesehen werden. Konstruktoren können unter Verwendung einer Variablen eines beliebigen Typs ein Klassenobjekt erstellen, während Cast-Operatoren aus einem Objekt eine Variable bilden können. Das folgende Beispiel zeigt dies:

```
void Func( String s, char *p )
{
  // ...
}
String s("qwerty");
char *p;

Func( s, p );   // Ok, genau passend
Func( p, s );   // OK, Konstruktor und Cast werden benutzt!
```

Was passiert beim zweiten Aufruf? Vom ersten Argument wird angenommen, daß es den Typ String hat, aber es hat tatsächlich den Typ char*, deshalb wird der Konstruktor String::String(char*) aufgerufen. Das zweite Argument benutzt den Cast-Operator char*, um ein char* aus einem String zu erzeugen.

Cast-Operatoren sind sehr leistungsstark, aber sie können in Programmen schnell zu unerwarteten Fehlern führen. Wenn Sie für Ihre Klassen eine Vielzahl an Casts und Konstruktoren vorsehen, werden Sie feststellen, daß fast alle Umwandlungen vom Compiler vorgenommen werden, auch solche Umwandlungen, die Sie nicht wollten. Lassen Sie die Umwandlungsfunktionen auch nicht die Regeln des Datenschutzes verletzen: Benutzen Sie const, wo es notwendig ist, um sich vor einer direkten Datenänderung durch Unbefugte zu schützen.

Den Index-Operator neu definieren

Der Index-Operator [] kann auch neu definiert werden, wodurch sich Klassen wie "kluge" Arrays verhalten können. Für die einfache Klasse Array kann er wie folgt definiert werden:

```
#define N 100

class Array
{
  private:
    int a[N];

  public:
    Array() { }

    int& operator[](int n)
    {
      return a[n];
    }
};

Array v;
  int i = v[5];
  v[23] = i;
  v[16] = v[78];
```

Beachten Sie, daß das Argument in der Funktionsdefinition in Klammern steht, aber beim Aufruf der Funktion kann die übliche Notation verwendet werden. Da der Rückgabewert des Index-Operators eine Referenz (im Grunde ein Zeiger) auf eine Integer ist, können Werte aus einem Array gelesen und direkt hinein geschrieben werden. Natürlich sollte eine Prüfung auf korrekte Werte von n in den operator[] eingebettet werden:

```
int& Array::operator[](int n)
{
  static int UNDEFINED;

  if ( i < 0 || i >= N )
    return UNDEFINED=0;
  else
    return a[i];
}
```

Falls der Index nicht gültig ist, wird hier die static-Variable UNDEFINED zur Rückgabe benutzt. Denken Sie daran, daß Inline-Funktionen keine static-Variablen definieren dürfen und die Definition des Operators deshalb außerhalb der Klasse erfolgen muß. Eine andere Methode besteht darin, UNDEFINED global zu machen, wodurch der operator[] inline und damit schneller wird.

Eine wichtige Einschränkung für den Index-Operator ist, daß er nicht mehr als ein Argument in seiner Argumentenliste zuläßt, so daß das folgende nicht möglich ist:

```
const int N = 5, M = 3;

class Matrix
{
  private:
    int mi[N][M];

  public:
    Matrix() { }

    int& operator[](int n, intm)  // Unzulässig
    {
      return mi[n][m];
    }
};

Matrix mObj;
int i = mObj[2,3];    // Unzulässig
```

Es gibt kein direktes Verfahren, um einen Operator wie [][] zu definieren. Eine Möglichkeit, um dieses Problem zu lösen, ist die Anwendung des Funktionsaufrufs operator(), wie wir im nächsten Abschnitt sehen werden. Ein andere Möglichkeit mit dem operator[] wird in Teil 3 im Kapitel “Vektoren und Matrizen” behandelt.

Den Funktionsaufruf-Operator neu definieren

Der Funktionsaufruf-Operator ist der operator(), der eine beliebige Anzahl von Argumenten aufnehmen kann. Wie bereits gesagt, wird dieser Operator häufig benutzt, um ein Element von einer nichtlinearen Datenstruktur, wie zum Beispiel einer Matrix, zurückzugeben:

```
const int N=3, M=9;
class Matrix
{
  private:
    int mi[N][M];

  public:
    int& operator()(int i, int j)
    {
      return mi[i][j];
    }
};
Matrix mObj;
int j = mObj(2,3);
mObj(5,1) = 33;
```

Eine weitere Anwendung des Funktionsaufruf-Operators besteht in der Funktion als Iterator für eine gelinkte Liste, der mit den Definitionen abstrakter Datentypenklassen in Teil 3 erklärt wird. Dieser Operator kann ebenfalls benutzt werden, um ein Klassenobjekt zu veranlassen, sich wie eine Prozedur zu verhalten:

```
class Procedure
{
  private:
    void (*fPtr)();
  public:
    Procedure( void (*f)() )
    { fPtr = f; }
    void operator() ()
    {
      fPtr();
    }
};
void Foo() { /* ... */ }
Procedure myProc( Foo );
  myProc();  // Das gleiche wie Foo()
```

Die logischen Operatoren neu definieren

Es ist ziemlich einfach, den Operator ! (logisches NOT) zu überladen, und kann folgendermaßen erreicht werden:

```
class Vector
{
  private:
    int x, y;

  public:
    // ...

    int operator ! ()
      { return x==0 && y==0; }

};
Vector v;
  if ( !v ) // Prüfen, ob v != (0,0) ist
     ...
```

Wir hätten auch einen Operator int() definieren können, aber dies hat den Nachteil, daß dann ein Vektor nach int konvertiert werden kann. Beachten Sie, daß, obwohl im vorstehenden Beispiel kein operator! definiert wurde, wir noch hätten (!v) schreiben können, damit der operator void*() diese Arbeit durchführt.

Die Bedeutung von Operatoren ändern

Obwohl Sie die Priorität von Operatoren nicht ändern können, ist es Ihnen freigestellt, deren Bedeutung zu ändern. Sie könnten zum Beispiel den Operator + definieren, um einem Objekt zusätzliche Merkmale hinzuzufügen. Turbo Vision macht von dieser Möglichkeit Gebrauch, wie in Teil 2 zu sehen ist. Im folgenden Programmausschnitt können Sie sehen, wie das mit der Zinc Interface Library, einer Klassenbibliothek für C++, zum Entwurf von Benutzerschnittstellen funktioniert:

```
  // Definieren eines Basis-Fenster-Objekts
UIW_WINDOW *myWindow = new UIW_WINDOW( ... );
  // Das Fenster um Merkmale erweitern
*myWindow
  + new UIW_BORDER
  + new UIW_MAXIMIZE_BUTTON
  + new UIW_MINIMIZE_BUTTON
  + new UIW_SYSTEM_BUTTON
  + new UIW_TITLE( "My Window", WOF_NO_FLAGGS );
```

Der Operator + ist jetzt als Element von UIW_WINDOW definiert, wobei er ein UIW_WINDOW_OBJECT* als Argument aufnimmt und ein UIW_WINDOW& zurückgibt. Dadurch können solche Ausdrücke verbunden werden, und in dem vorstehenden Beispiel werden ein Rahmen (UIW_BORDER), Schaltflächen (UIW_..._BUTTON) und ein Titel in das Basisfensterobjekt mywindow eingefügt. Turbo Vision für C++ benutzt den Operator + für einen ähnlichen Zweck.

Friends

Die meisten Klassen werden mit private-Datenelementen entworfen, und deshalb können solche Funktionen nicht darauf zugreifen, die keine Elemente dieser Klasse sind. Mit dem Schlüsselwort friend kann der Außenwelt ein Zugriff auf den private-Teil einer Klasse gewährt werden. Eine Klasse kann drei Arten von "Freunden" haben: normale Funktionen, Funktionen, die Elemente einer anderen Klasse sind, sowie vollständige Klassen.

Friend-Funktionen

Wenn innerhalb einer Klasse Funktionen ausdrücklich als friend erklärt werden, können diese Funktionen auf die private-Elemente der Objekte in dieser Klasse zugreifen. In manchen Fällen ist es wirksamer, eine friend-Funktion zu haben. Beachten Sie, daß friends nur in der Definition der Klasse selbst geschaffen werden können. Keine andere Funktion hat jemals direkten Zugriff auf Elemente (ohne direkt in den Datenbereich des Objekts zu schreiben), so daß der friend-Mechanismus eine sichere Möglichkeit bietet, um einer begrenzten Anzahl von Funktionen einen Zugriff auf private-Elemente zu gewähren.

Friend-Funktionen einer Klasse verhalten sich genau wie normale Funktionen, aber sie besitzen das Privileg, auf die private-Daten einer Klasse zuzugreifen. Weil friend-Funktionen (im Gegensatz zu Elementfunktionen) nicht in Verbindung mit einem Objekt aufgerufen werden, sehen sie in den meisten Fällen ein solches Objekt als ein Argument an.

Ein Beispiel für eine friend-Funktion ist die folgende Klasse String, für die eine Funktion puts() vorhanden sein soll.

```
class String
{
  private:
    char *s;

  public:
    String( char *a =0 ) { s=a; }
    friend int puts(String); // Friend-Deklaration
};

int puts(String str)
{
    // Ruft puts(char*) auf
    // Greift auf private s zu!
  return ::puts( str.s );
}
```

Die Funktion puts(String) hat Zugriff auf das private-Element s von String und ruft die Standardbibliotheksfunktion ::puts(char*) mit s als einem Argument auf. Wir haben die Funktion puts überladen, damit sie mit Strings verwendet werden kann, so daß wir puts() jetzt für Strings und Character-Zeiger benutzen können. Wir hätten für die String-Klasse besser eine Umwandlungsfunktion operator const char*() definieren sollen, um danach die Bibliotheksfunktion ::puts(const char*) zu benutzen. Friend-Funktionen können ebenso in der Klasse selbst definiert werden, und dann können sie vom Compiler automatisch inline implementiert werden.

Friend-Klassen

Eine vollständige Klasse kann friend einer anderen Klasse sein und dadurch Zugriff auf private-Elemente dieser Klasse besitzen. Ein Beispiel für friend-Klassen können Sie in der List-Klasse in Teil 3 finden (Abstrakte Datentypen). In dieser Klasse deklariert sLink, daß List ein friend ist, so daß List auf den private-Teil von sLink zugreifen kann:

```
class sLink:
{
  private:
    // ... Elemente
    friend class List;
};
class List
{
  private:
    sLink *Last;
    // ... Elemente
};
```

Wie bei friend-Funktionen ist damit gemeint, daß sLink List als friend deklariert. List-Objekte können also auf die private-Teile von sLink-Objekten zugreifen, jedoch nicht umgekehrt!

Friend-Elementfunktionen

Separate Elementfunktionen einiger Klassen können ebenfalls zu friends anderer Klassen gemacht werden. Die Klasse X hat zum Beispiel eine Elementfunktion Print(Y), wobei Y eine andere Klasse ist. Wenn die Funktion X::Print Zugriff auf die private-Teile seines Arguments Y haben soll, kann das ausdrücklich als friend in der Klassendefinition von Y erklärt werden:

```
class X
{
  // ...
  void Print(Y);
};
class Y
{
  // ...
friend void X::Print(Y);
};
```

X::Print werden diese Rechte gewährt, ohne daß die gesamte Klasse X Zugriff auf die verborgenen Elemente von Y Zugriff erhält.

Das französische Sprichwort “Les amis de mes amis sont mes amis” (“Deine Freunde sind auch meine Freunde”) gilt nicht für “Freunde” (friends) in C++: Wenn Y ein friend von X ist und Z ein friend von Y, dann ist Z nicht automatisch ein friend von X.

Wo werden friends benutzt?

Im Gegensatz zu dem, was einige Menschen vielleicht glauben, verletzen friends die Kapselung nicht, weil die Klasse definiert, welche Funktionen Zugriff auf ihre geschützten private-Teile haben, und es ist nicht möglich, daß ein friend auf eine andere Weise erzeugt wird. In einigen Fällen können friends zum Beispiel benutzt werden, wenn dadurch die Effektivität wesentlich gesteigert werden kann. In anderen Fällen kann die Gestaltung einer Klasse das Hinzufügen einiger Merkmale ohne die Benutzung von friends unmöglich machen.

Manchmal ist es natürlicher, Operationen nicht als Elemente zu implementieren, sondern als separate friend-Funktionen:

```
  // Klasse für den Datentyp complex
class Complex
{
  private:
    // ...
  public:
    // ...
    friend double Abs(Complex&);
};
```

Statt des unnatürlichen z.Abs() können wir jetzt Abs(z) für irgendeine komplexe Zahl z schreiben.

Äquivalenz von Element- und friend-Operatoren

In vielen Fällen macht es keinen Unterschied, ob Sie einen Operator als Element oder als friend einer Klasse definieren. Der syntaktische Unterschied wird durch das folgende Beispiel klar, in dem ein operator+ für eine Vector-Klasse definiert wird; zuerst wird er als Element von Vector und dann als friend definiert:

```
  // Elementoperator + für zwei Vektoren
Vector Vector::operator+(Vector& w)
{
  return Vector( x+w.x, y+w.y );
```

```
}
  // friend-Operator + für zwei Vektoren
Vector operator+(Vector& v, Vector& w)
{
  return Vector( v.x+w.x, v.y+w.y );
}
```

In der friend-Implementation müssen beide Argumente in der Argumentenliste vorhanden sein, während in der Elementimplementation das erste Argument der Vektor ist, von dem der operator+ aufgerufen wird (auf den das Objekt this zeigt). In den meisten Fällen wird die Elementversion unseren Anforderungen entsprechen.

Statische Elemente

Eine besondere Art von Elementen kann mit dem Schlüsselwort static definiert werden: Statische Elemente beziehen sich auf eine Klasse, aber nicht auf ein bestimmtes Objekt. Statische Datenelemente, die auch manchmal Klassenvariable genannt werden, werden nur einmal für alle Instanzen der Klasse zugewiesen und sind in dieser Hinsicht mit globalen Variablen vergleichbar. Ein Vorteil des Gebrauchs von static-Datenelementen ist, daß der globale Namensbereich nicht verunreinigt wird und private bleiben kann. Auf ein privates statisches Element kann nur innerhalb von Elementfunktionen und friends der deklarierten Klasse zugegriffen werden.

Die folgende Klasse Object hat ein öffentliches statisches Datenelement nInstances, das die Anzahl der von der Klasse erstellten Instanzen enthält:

```
class Object
{
  private:
    // Elemente
  public:
    Object()
    {
      nInstances++;
      // ...
    }
    ~Object()
    {
      // ...
```

```
      nInstances—;
    }
    static int nInstances;
};
```

Die vollständige Qualifikation des statischen Elements ist Object::nInstances. Da nInstances in der Klasse Object public ist, können wir von überall darauf zugreifen:

```
object objOne, ObjTwo;
int Number = Object::nInstances;
  // Number==2
```

Es gibt eine weitere Möglichkeit, auf diese statische Variable zuzugreifen, wenn Instanzen definiert sind:

```
int Number = ObjOne.nInstances;
// Oder: ObjTwo.nInstances
```

Auf diese Weise wird nInstances syntaktisch so benutzt, als ob es ein richtiges Element der Klasse Object wäre. Häufig wird die Notation mit dem Scope-Operator :: bevorzugt, denn dadurch wird sofort klar, daß die Variable nicht mit einer besonderen Instanz verbunden ist, sondern für die gesamte Klasse gilt. Innerhalb von Elementfunktionen können statische Elemente auch als normale Elemente benutzt werden, wie es im Konstruktor und Destruktor der Klasse Object zu sehen ist.

Private statische Elemente funktionieren auf die gleiche Weise. Auf sie kann aber nur durch Elementfunktionen und friends der Klasse zugegriffen werden.

Es gibt einen Anlaß, der beim Zählen der erstellten Instanzen schnell zur Verwirrung führen kann: der vom Compiler gelieferte Copy-Konstruktor. Wenn dieser Konstruktor irgendwo in Ihrem Programm benötigt wird und Sie ihn noch nicht definiert haben, generiert der Compiler einen Standard-Copy-Konstruktor. Aber dieser Standard-Copy-Konstruktor wird natürlich keine nInstances inkrementieren! Da der Destruktor nInstances verändert, wird der Wert im folgenden Programmausschnitt negativ:

```
{
Object ObjOne;          // Object::Object() wird aufgerufen:
                        // nInstances==1
Object ObjTwO = ObjOne; // Object::Object(Object&)
```

```
                             // nInstances==1 (!) wird aufgerufen.
}                            // ObjOne und ObjTwo
                             // verlassen den Bezugsrahmen:
                             // nInstances==-1
```

Wir können dies verhindern, indem wir einen angepaßten Copy-Initialisierer Object::Object(Object&) definieren.

Statische Elemente initialisieren

In Turbo C++ Version 1.0x muß ein statisches Datenelement nur in der Klassendefinition selbst definiert werden. Dagegen erfordert Borland C++ eine separate Definition des statischen Elements außerhalb der Klasse:

```
   // In Borland C++ erforderlich:
int Object::nInstances;
```

Diese Definition enthält das Schlüsselwort static nicht, und hinter ihr kann optional eine Zuweisung stehen:

```
int Object::nInstances = 2;
```

In Turbo C++ ist das ebenfalls zulässig und sollte in allen Programmcodes benutzt werden, um die Kompatibilität zwischen Turbo C++ und Borland C++ zu gewährleisten. Statische Elemente nehmen natürlich keinen Raum in Objekten ein.

Statische Elementfunktionen

Elementfunktionen können auch als static definiert werden. Wie statische Datenelemente gehören sie zur Klasse und nicht zu irgendeinem besonderen Objekt. Deshalb werden statische Elementfunktionen nicht in Verbindung mit einem Objekt aufgerufen, sondern sie werden in der gleichen Weise wie statische Datenelemente benutzt:

```
class Shape
{
  public:
    static void SetColor(int NewColor);
};
void Shape::SetColor( int NewColor )
```

```
{
  // ...
}
Shape::SetColor( BLUE );
```

Statische Elemente können mit dem Punkt-Operator auch in der Element-Notation benutzt werden. Eine wichtige Eigenschaft von statischen Elementfunktionen ist, daß sie bei der Kapselung sämtlicher Daten und Operationen in einer Klasse helfen.

Konstante Elemente

Konstante Datenelemente ändern sich während der Lebensdauer eines Objekts nicht. Es wird ihnen einmal ein Wert zugewiesen, wenn das Objekt erstellt wird. Konstante Datenelemente werden in jedem Objekt wie normale Elemente dupliziert. Nur der Konstruktor kann in seiner Initialisiererliste einem konstanten Datenelement einen Wert zuweisen:

```
Class A
{
  private:
      // Factor wird für ein Objekt festgelegt.
    const double Factor;
      // ... weitere Elemente
  public:
    A(double f) : Factor(f)
    { /* ... */ }
};
```

Der Standardwert für konstante Datenelemente ist Null. Es ist auch möglich, konstante statische Elemente zu definieren, die keinen Raum in einem Objekt einnehmen:

```
class X
{
  private:
    static const int Value;
};
   // Definition:
const int X::Value = 3;
```

Der Wert konstanter Datenelemente wird in der Definition eines Objekts bestimmt, während er für konstante statische Datenelemente am Eingang des Programms bestimmt wird.

Konstante Elementfunktionen

Elementfunktionen können ebenfalls konstant sein. Dieses Konstrukt kann verwendet werden, um zu garantieren, daß die Elementfunktion keine Datenelemente der Klasse ändert. Es gibt einige besondere Eigenschaften von konstanten Elementfunktionen:

1. Konstante Elementfunktionen können die Datenelemente einer Klasse nur lesen, nicht schreiben.
2. Konstante Elementfunktionen können alle anderen konstanten Elementfunktionen derselben Klasse aufrufen.
3. Wenn ein Objekt als const erklärt wird, können von ihm nur konstante Elementfunktionen aufgerufen werden.

Das folgende Beispiel definiert eine Klasse Array mit einer Anzahl von Elementen, die beim Erstellen des Objekts bestimmt wird:

```
class Array
{
  private:
    const int sz;
    int *a;
    // ...
  public:
    Array( int n ) : sz(n)
    {
      a = (int*)malloc( sz, sizeof(int) );
    }
    ~Array() { free(a); }

      // Rückgabe der Array-Größe
    int Size() const;

      // Rückgabe des i-ten Elements
    int& Element(int i);
};
```

Das Schlüsselwort const erscheint *nach* dem Funktionsbezeichner. Es würde sich auf den Rückgabewert der Funktion auswirken, wenn es vor den Namen der Elementfunktion gesetzt würde. Wenn das Schlüsselwort const außerhalb der Klassendefinition definiert wird, muß es ebenfalls angegeben werden:

```
int Array::Size() const
{
  return sz;
}
```

Konstante Elementfunktionen können nur nicht konstante Elementvariablen lesen, sie können diese aber nicht ändern. Ebenso können sie nur konstante Elementfunktionen aufrufen:

```
int Array::Size() const
{
  int Result = a[5];      // Ok: Lesen
  a[7] = 4;               // Fehler: Schreiben
  Element(i);             // Fehler: nicht konstante Funktion
                          // aufgerufen
  // ...
}
```

Konstante Elementfunktionen können von konstanten und nicht konstanten Objekten aufgerufen werden, aber nicht konstante Funktionen können nicht von konstanten Objekten aufgerufen werden:

```
void Copy( Array& A, const Array& CA )
{
  A.Size();       // Ok: const von nicht const
  A.Element(i);   // Ok: nicht const von nicht const
  CA.Size();      // Ok: const von const
  CA.Element(i);  // Fehler: nicht const von const
```

Der Borland-C++-Compiler gibt keine Fehlermeldung heraus, aber er zeigt eine Warnung an:

```
Warning: Non-const function Array::Element() called for const object
```

Aufzählungen als Elemente

Um eine Serie von symbolischen Konstanten speziell für eine Klasse zu definieren, können Sie eine lokale Aufzählung verwenden. Diese Aufzählung kann entweder anonym oder benannt sein, und sie wird nur innerhalb der Klasse bekannt sein (so wie statische Elemente). Im folgenden Beispiel wird eine anonyme Aufzählung definiert:

```
class X
{
  private:
    enum {
      MV, XLAT, CP
    };
  // ...
};
```

Da dieses enum private ist, kann es nur in Element- und friend-Funktionen benutzt werden. Wenn enum im Teil public steht, kann von überall her darauf zugegriffen werden, solange der Scope-Operator benutzt wird:

```
class X
{
  public:
    enum {
      MV, XLAT, CP
    };
};
int Mode = X::XLAT;
```

Wenn das enum benannt ist, wird ein neuer Typ eingeführt, der außerhalb der Klasse ohne Scope-Operator benutzt werden kann (selbst wenn er im Teil private der Klasse definiert wurde!):

```
class Y
{   private:
    enum NewType
    {
      T0, T1
    };
  public:
    enum OtherType
    {
      A0, A1
```

```
    };
};
NewType nt;
OtherType ot;
```

Beachten Sie, daß ot global initialisiert werden kann, während das bei nt nicht der Fall ist:

```
ot = Y::A0;     // Ok
nt = Y::T0      // Fehler: Y::T0 ist private.
```

Kapitel 5

Das Erstellen und Löschen von Objekten

Ebenso wie C viele Programmieranfänger durch seine String- und Speicherverwaltung verwirrt, so kann C++ Schwierigkeiten beim Erstellen und Löschen von Objekten bereiten. Das Kopieren von Objekten beispielsweise erfordert oft mehr als das bloße Kopieren eines Speicherblocks. Sie können nicht immer einfach ein Objekt per Wert an eine Funktion übergeben, insbesondere, wenn das Objekt einen Zeiger auf dynamisch zugewiesenen Speicher enthält. Wir werden also zwei neue Operatoren zur dynamischen Speicherverwaltung erklären, die in C++ hinzugefügt wurden.

Konstruktoren

Bevor wir das Verhalten von Objekten in verschiedenen Situationen besprechen, ist es nötig, sich die Konstruktoren etwas näher anzuschauen.

Wir haben bereits gesehen, daß Konstruktoren und Destruktoren etwas Besonderes sind: Sie werden immer (entweder implizit oder explizit) aufgerufen, wenn Objekte erstellt oder gelöscht werden. Ehe ein Konstruktor aufgerufen wird, gibt es überhaupt kein Objekt. Das unterscheidet Klassen in C++ von Strukturen in C: Objekte vom Typ einer Klasse sind nicht lediglich im Speicher zugewiesen, sondern die notwendige Initialisierung wird automatisch durchgeführt (vorausgesetzt, ein Konstruktor wurde definiert).

Stellen Sie sich vor, wir haben eine Klasse X mit einem Konstruktor X::X(int) und einer Funktion X::Set(int), die beide dasselbe tun, nämlich ihr Argument dem Element int X::x zuweisen:

```
class X
{
   private:
      int x;

   public:
      X(int j) { i = j; }
      void Set(int j) { i = j; }
};
```

Obwohl diese Funktionen gleich zu sein scheinen, gibt es einen großen Unterschied: Der Konstruktor erstellt ein neues Objekt von Typ X, während die Set-Funktion ein vorhandenes Objekt dieses Typs bearbeitet. Mit der Befehlszeilenversion der Compiler von Turbo und Borland C++ können wir den Schalter -S verwenden, um eine .ASM-Ausgabe anstatt einer Binärdatei zu erzeugen. Wenn wir diese Ausgabe für die oben angegebene Klasse untersuchen, dann werden die Unterschiede deutlich. Der Konstruktor macht einen Aufruf nach new (einem Speicherzuweisungsoperator, den wir später in diesem Kapitel besprechen werden), während die Set-Funktion dies nicht tut.

Objektgleichheit

Es gibt drei unterschiedliche Arten von Objektgleichheit in C++: Identität, oberflächliche Gleichheit, und umfassende Gleichheit. Es ist wichtig, die Unterschiede zwischen diesen drei Arten der Gleichheit zu erkennen; denn sie haben auch etwas zu tun mit dem Kopieren von Objekten und Speicherfragen.

Identität

Die Identität eines Objektes unterscheidet es von allen anderen Objekten. Objekte sind identisch, wenn sie dieselbe Identität haben, was einfach meint, sie sind ein und dasselbe Objekt. Wenn zwei Zeiger auf dasselbe Objekt zeigen oder zwei Referenzen sich auf dasselbe Objekt beziehen, dann sagen wir ebenfalls, daß sie identisch sind. Selbstverständlich haben zwei identische Objekte denselben Speicherort.

Oberflächliche Gleichheit

Zwei Objekte sind oberflächlich gleich, wenn die Speicherbereiche, die sie belegen, dieselben Werte enthalten. Das heißt, ein bitweiser Vergleich der beiden Objekte wäre erfolgreich, so daß man die oberflächliche Gleichheit auch *bitweise* Gleichheit nennen kann. Die beiden folgenden Objekte sind oberflächlich gleich: Die "i"-Elemente werden denselben Wert haben wie die "s"-Elemente:

```
struct  S
{
    int i;
```

```
    char *s;
}   p, q;

p.i = q.i = 4;
p.s = q.s = "Ein String";
```

Es ist klar, daß p und q oberflächlich gleich sind, da ein bitweiser Vergleich "p==q" erfolgreich sein wird.

Umfassende Gleichheit

Zwei Objekte sind umfassend gleich, wenn alle ihre Mitglieder rekursiv gleich sind, sich aber keinen gemeinsamen Speicher teilen. Beispielsweise sind zwei String-Objekte umfassend gleich, wenn die Strings, die sie enthalten, gleich sind, aber im Speicher unterschiedliche Segmente einnehmen. Anders als bei der oberflächlichen Gleichheit berührt das Ändern eines der beiden umfassend gleichen Objekte nicht das andere Objekt.

Objekte kopieren

Gleichheit, wie sie in dem vorherigen Konzept dargestellt wurde, ist eng verwandt mit dem Kopieren von Objekten. Sie könnten eine Zeigerkopie eines Objekts anfertigen, was zu zwei Zeigern, die beide auf dasselbe Objekt zeigen, führt. Es könnte ebenfalls eine Kopie erstellt werden, die zu zwei oberflächlich gleichen Objekten führt. Wenn Sie wollen, daß das neue Objekt von dem ursprünglichen Objekt völlig unabhängig ist, fertigen Sie eine umfassende Kopie an. In den nächsten Abschnitten werden wir die verschiedenen Wege, Kopien eines Objekts zu erstellen, besprechen. Wir werden ebenfalls besprechen, wie der Compiler beim Kopieren eines Objekts voreingestellt vorgeht.

Zeigerkopie

Dies ist der einfachste Weg, ein Objekt zu kopieren. Es wird lediglich die Adresse eines Objektes in eine Referenz oder einen Zeiger kopiert, was zu zwei identischen Zeigern oder Referenzen führt. Dies ist eine sehr effiziente Kopiermethode und besonders nützlich, wenn wir Objekte an Funktionen übergeben wollen.

Oberflächliche Kopie

Wenn Sie eine oberflächliche Kopie eines Objekts anfertigen, wird ein neues Objekt erstellt, aber alle Elementzeiger und Referenzen werden sich auf dieselben Unterobjekte beziehen. Mit anderen Worten, es wird genug Platz zugewiesen für das neue Objekt, aber nicht für irgendwelche Unterobjekte, auf die Elementzeiger eventuell zeigen könnten. Einfache Elemente allerdings (wie Integer) werden ganz normal in das neue Objekt kopiert. Dies ist die voreingestellte Methode zum Kopieren von Objekten in C++.Die Abbildung zeigt ein String-Objekt p, von welchem eine oberflächliche Kopie q angefertigt wurde. Es ist wohl einleuchtend, daß, da der Zeiger auf dieselbe Speicherstelle zeigt (wo der String abgelegt ist), das Verändern von p den Status von q ebenfalls beeinflußt.

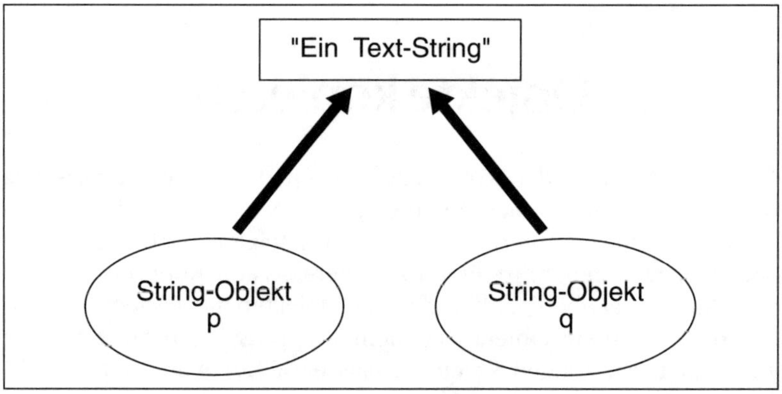

Abb. 5.1: Ergebnis nach oberflächlichem Kopieren

Umfassende Kopie

Eine umfassende Kopie führt zu einem neuen Objekt, das keinen Speicher mit dem ursprünglichen gemeinsam nutzt. Mit anderen Worten, Veränderungen an der Kopie berühren das ursprüngliche Objekt nicht. Eine umfassende Kopie eines String-Objekts besteht aus dem Kopieren der Elemente des Objekts (typischerweise enthalten diese einen Zeiger auf eine Zeichenfolge von Character) und den Speicherbereichen, auf die sich ein Objekt bezieht. Um das umfassende Kopieren zu ermöglichen, kann für Klassen der Zuweisungsoperator überladen werden. Wenn ein Objektelement selbst ein Objekt ist, wird der Vorgang des umfassenden Kopierens rekursiv auf das Objekt angewandt. In der Abbildung 5.2 ist q selbst eine umfassende Kopie von p: Es wurden sowohl der Zeiger als auch sein “Inhalt” in einen neuen Speicherbereich kopiert.

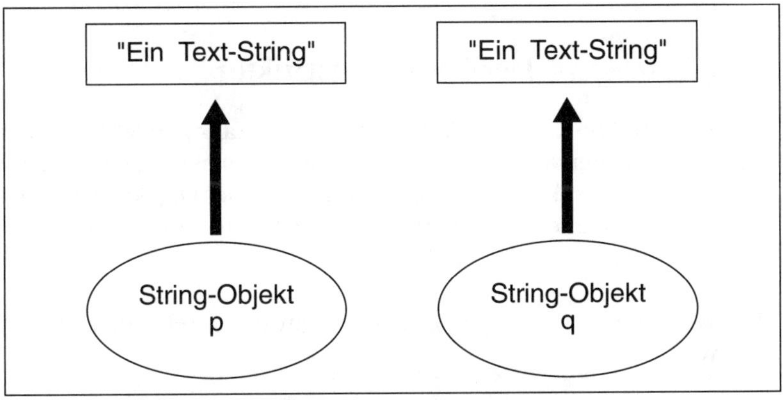

Abb. 5.2: Ergebnis nach umfassendem Kopieren

Der Standard-Zuweisungsoperator

Wenn Sie keinen operator= für Ihre Klasse zur Verfügung stellen, wird der Compiler einen solchen Operator implizit erzeugen. In den 1.x-Versionen von C++ kopierte dieser Standard-Zuweisungsoperator das Ursprungsobjekt bitweise in das Zielobjekt. Ab Version 2.0 wird eine *elementweise* Kopie erstellt, bei der der Zuweisungsoperator für jedes Unterobjekt rekursiv aufgerufen wird. Wenn Sie also eine Klasse Student mit einem Datenelement Name vom Typ String definiert haben und ein String::operator= definiert ist, dann wird der Compiler diesen Operator für das Name-Element ohne Rücksicht darauf aufrufen, ob Sie einen Student::operator= zur Verfügung gestellt haben.

Vom Compiler zur Verfügung gestellte Elementfunktionen

Es gibt zwei spezielle Elementfunktionen, die der Compiler für Ihre Klasse erzeugen kann, wenn sie nicht explizit definiert wurden. Da das voreingestellte Verhalten dieser Funktionen nicht immer das ist, was wir wollen, werden wir uns Situationen anschauen, in denen sie aufgerufen werden.

Der Copy-Konstruktor

Die erste Funktion, die der Compiler erzeugen kann, ist der Copy-Konstruktor, üblicherweise geschrieben als X::X (constX&) oder X::X(X&). Der Copy-Konstruktor wird benutzt, um ein neues Objekt zu erstellen, das auf den Inhalten eines vorhandenen Objekts beruht, und wird in den folgenden Fällen aufgerufen:

1. Wenn ein neues Objekt mit einem vorhandenen Objekt erzeugt wird:

```
Object a;
Object b( a );  // Copy-Konstruktor aufgerufen
Object c = a;  // Copy-Konstruktor aufgerufen
```

Der Copy-Konstruktor wird alle Elemente des rechten Objekts in das linke Objekt kopieren. Beachten Sie, daß, obwohl es so aussieht, als ob der Zuweisungsoperator in der dritten Anweisung aufgerufen wird, tatsächlich der Copy-Konstruktor aufgerufen wird.

2. Wenn ein Objekt per Wert an eine Funktion übergeben wird:

```
void Analyse (String s )
{ /* ... */ }

String t;
Analyse( t ); // Copy-Konstruktor aufgerufen
```

Der Copy-Konstruktor wird hier verwendet, um einen “Klone” des Arguments t zu erstellen, das innerhalb von Analyse s genannt wird.

3. Wenn ein Objekt per Wert von einer Funktion zurückgegeben wird:

```
String KundenName ( KundId i )
{
  String Ergebnis;
  //Fülle die Ergebnis-Variable
  return Ergebnis;        // Copy-Konstruktor aufgerufen
}
```

Die Rückgabe von Ergebnis wird den Compiler dazu veranlassen, mit dem Copy-Konstruktor eine Kopie dieses Objekts zu erzeugen.

Der Zuweisungsoperator

Die zweite Elementfunktion, die der Compiler automatisch erzeugen kann, ist der Zuweisungsoperator für Objekte desselben Typs: X&X::operator=(constX&). Dieser Operator unterscheidet sich vom Copy-Konstruktor, da er das Argument einem *vorhandenen* Objekt zuweist. Daher kann die Zuweisung als eine Kombination eines Destruktors und eines Copy-Konstruktors angesehen werden. In den ersten Versionen von C++ machte der vom Compiler zur Verfügung gestellte Zuweisungsoperator eine Blockkopie, aber dies wurde geändert in eine elementweise Kopie. Der Vorteil des Kopierens von Elementen ist, daß für jedes Element der Zuweisungsoperator aufgerufen wird.

Übergabe von Variablen an Funktionen

Wenn Argumente an eine Funktion übergeben werden, dann wird ihr Inhalt üblicherweise auf den Stack kopiert. Das folgende Beispiel zeigt, wie eine vollständige Array-Variable an eine Funktion übergeben werden kann:

```
struct Array
{
   int a[100];
};
void Rechnen ( Array arg )
{
   // ...
}
```

Wenn eine Variable vom Typ Array an Rechnen übergeben wird, werden 100 Integer auf den Stack kopiert, der das Argument arg innerhalb von Rechnen repräsentiert. Eine Kopie des Arguments wird erstellt, so daß Rechnen nicht den Wert des aktuellen Parameters ändern kann. Da dies nicht sehr effizient ist, ist es in C üblich, einen Zeiger an die Struktur Array zu übergeben.

Diese Art der Übergabe von Argumenten wird manchmal als "pass-by-name" bezeichnet und könnte wie folgt geschrieben werden:

```
void Rechnen ( Array *argp )
{
   /* ... */
}
```

Jetzt werden nur sizeof(Array*) Bytes auf den Stack kopiert, anstelle von sizeof (Array).

In C++ können wir auch eine Referenz an ein Array übergeben:

```
void Rechnen ( Array& argr )
{
  // ...
}
```

Dies bewirkt, daß lediglich zwei Bytes (auf einem PC) an Rechnen übergeben werden, die die Adresse des Argumentes im Speicher enthalten. Die Übergabe einer Referenz ist im Grunde genommen dasselbe wie die Übergabe eines Zeigers. Es gibt allerdings einen Nachteil bei der Übergabe einer Referenz: Die Funktion kann ihr Argument ändern. Um dies zu vermeiden, kann das Schlüsselwort const angehängt werden:

```
void Rechnen ( const Array& argr )
{
  // ...
}
```

Übergabe von Objekten mit Konstruktoren an Funktionen

Für Klassen mit Konstruktoren wird das Erstellen eines Objekts dieses Typs immer den Aufruf eines Konstruktors bewirken. Dasselbe passiert, wenn wir ein Objekt an eine Funktion übergeben:

```
class Int
{
  private:
    int i;

  public:
    Int( int j ) { i = j; }
    Int( const Int& ir )
    {
      printf("Int copy-Konstruktor aufgerufen\n");
      i = ir.i;
    }
};

int GeburtsJahr( Int iArg ) { ... };

Int Jahr(29)
int j = GeburtsJahr( Jahr );
```

Der Compiler ruft den Copy-Konstruktor mit Jahr als Argument auf, um das Objekt iArg zu erstellen. Dabei wird iArg denselben Inhalt wie das Objekt Jahr haben, ist aber eine separate Instanz.

Temporäre und unbenannte Objekte

Wenn wir eine einfache Integer anstelle eines Int-Objekts an Geburts-Jahr übergeben, wird es den Konstruktor Int::Int(int) aufrufen und ein *temporäres* Objekt erstellen:

```
int j = GeburtsJahr( 28 ); // Int::Int(28) aufgerufen
```

Dieses Objekt ist nur während des Aufrufs von GeburtsJahr vorhanden; der Konstruktor wird direkt vor dem Eintritt in GeburtsJahr aufgerufen und der Destruktor, direkt nachdem die Funktion beendet ist. Dies erfolgt auch bei folgendem Aufruf:

```
int j = GeburtsJahr( Int(27) );
```

Der Copy-Konstruktor und übergebene Objekte

Alle Objekte, die per Wert übergeben werden, sollten von dem ursprünglichen Objekt völlig getrennt werden (das heißt, wir brauchen eine umfassende Kopie), da das Verändern eines Wertarguments nicht das Argument berühren sollte, das tatsächlich an die Funktion übergeben wurde. Wir werden nun eine Situation sehen, in der der vom Compiler zur Verfügung gestellte Copy-Konstruktor (der eine oberflächliche Kopie erstellt) nicht ausreichend ist.

Generell ist dies der Fall, wenn Objekte ihre eigene dynamische Speicherbelegung durchführen so wie in der folgenden String-Klasse:

```
class String
{
  private:
    char *Data;
  public:
    String( char *p )
    {
      Data = strdup(p);
    }
    String()
    {
      free( Data );
    }
    char &operator[] (int n)
    {
      return Data[n];
    }
    int Length()
    {
      return strlen( Data );
    }
};
```

Rufen Sie sich ins Gedächtnis, daß strdup eine Kopie seines Argumentes im Speicher anfertigt und einen Zeiger an diese zurückgibt. Der operator[] kann verwendet werden, um Zeichen von einem String-Objekt zu lesen und in dieses zu schreiben. Wir könnten nun eine Funktion Test schreiben, welche einen String als Wertparameter nimmt und seine Zeichen in Großbuchstaben umwandelt. Da das Argument per Wert übergeben wird, erwarten wir nicht, daß es in Test geändert wird.

```
void Test (String s )
{
  for ( int i=0; i<s.Length(); i++ )
     s[i] = toupper( s[i] );
}

String Name ("Wilbert" );
Test ( Name );
// Name wird verändert
```

Was ist hier passiert? Der (implizit) vom Compiler zur Verfügung gestellte (implizite) Copy-Konstruktor String::String(const String&) kopiert lediglich das Element Data, das ein Zeiger auf eine Speicherstelle ist. Damit werden sowohl Name.Data und s.Data auf denselben Speicherbereich zeigen, und Test wird den Inhalt seines tatsächlichen Argumentes Name ändern. Noch schlimmer ist, daß der Destruktor für s aufgerufen wird, wenn Test beendet wird, wodurch der Zeiger Name.Data auf eine nicht belegte Speicherstelle zeigt. Um die Dinge ein wenig aufzuklären, der von Computer zur Verfügung gestellte Copy-Konstruktor würde in etwa so aussehen:

```
String::String ( const String& sRef )
{
  Data = sRef.Data // nicht ausreichend
                   // in diesem Fall
}
```

In solchen Fällen sollte man einen angepaßten Copy-Konstruktor für diese Klasse definieren. Diese Funktion würde ein wirklich neues Objekt erstellen, das die Zuordnung vornimmt, wenn es nötig ist:

```
String::String( const Strings& sRef )
{
   Data = strdup( sRef.Data);
}
```

Die Schlußfolgerung ist, daß bei der Übergabe eines Objektes per Wert an eine Funktion für den Gebrauch innerhalb der Funktion eine Kopie des Objektes angefertigt wird. Diese Kopie sollte völlig unabhängig vom übergebenen Objekt sein. Diese Methode der Übergabe von Objekten ist nicht sehr effizient, da der Copy-Konstruktor bei jedem Funktionsaufruf aufgerufen und ein neues Objekt erstellt und zerstört wird. Wir werden uns jetzt einige andere von C++ angebotenen Möglichkeiten anschauen.

Objekte per Referenz übergeben

Soll das vollständige Objekt nicht bei der Übergabe an eine Funktion kopiert werden, müssen Sie es per Referenz übergeben. Ein Referenzaufruf sieht aus wie ein Wertaufruf an den Aufrufer und den Aufgerufenen, aber nur ein versteckter Zeiger wird übergeben, anstatt ein ganz neues Objekt zu erstellen.

Das folgende Beispiel zeigt, wie ein Objekt per Referenz übergeben wird:

```
class Object
}
  // ...
  void Function();
};

  // Argument des Objekts per Referenz übernehmen
void DoSomething( Object& myArg )
}
  // Verwendung von myArg
  myArg.Function();
  // myArg->Function(), falls "Object *myArg"
}

Object SomeObject;

// Aufruf per Referenz
DoSomething( SomeObject );
// DoSomething( &SomeObject ), falls "per Name"
```

Nun wird, anstatt ein neues Objekt innerhalb von DoSomething zu erstellen, nur ein versteckter Zeiger auf SomeObject übergeben. Der Vorteil der Anwendung von Referenzen in diesem Falle ist, daß es sowohl für den Aufrufer als auch den Aufgerufen so aussieht, als ob das Argument per Wert übergeben wurde. Dadurch ist keine explizite Dereferenz notwendig, wie sie bei Verwendung eines Zeigers erforderlich wäre.

Ein Argument, das per Referenz übergeben wird, kann durch die Funktion verändert werden. Dies bedeutet, daß DoSomething alle öffentlichen Datenelemente von myArg verändern und auch Elementfunktionen aufrufen kann, welche die ursprünglichen Objekte verändern.

Dies mag der Grund dafür sein, warum wir Objekte per Referenz an Funktionen übergeben: Die Funktion kann die Elementfunktion des aktuellen Parameters (SomeObjekt im obigen Beispiel) ebenso benutzen, wie es der Aufrufer kann. Anders ausgedrückt, repräsentieren SomeObjekt und myArg dasselbe Objekt und besetzen dieselben Stellen im Speicher.

Friend-Funktionen haben oft ein Referenzargument vom Typ der befreundeten Klasse.

Übergabe einer konstanten Referenz

Mit den bis jetzt besprochenen Techniken können wir kein großes Objekt effizient übergeben, ohne sicher zu sein, daß die Funktion es nicht ändert. Und wir sollten vermuten, daß jede Funktion, die ein Referenzargument annimmt, sich in der einen oder anderen Weise verändert. Um diese Situation zu vermeiden, kann das Schlüsselwort const an die formale Parameterliste einer Funktion angehängt werden. Konstante Referenzen sind ebenso wirkungsvoll wie normale Referenzen, aber sie können nicht von der Funktion geändert werden.

```
class Object { /* ... */ }

void DoSomething( const Object& my Arg )
{
  // ... Wir können hier myArg benutzen, aber
  // wir können es nicht verändern ...
}
```

```
Object SomeObject;
DoSomething( SomeObject );
// SomeObject verändert sich nicht.
```

Nun können wir DoSomething aufrufen, während wir sicher sein können, daß das Argument SomeObject nicht verändert wird. Die Funktion kann die Datenelemente lesen, aber nicht verändern.

Was ist aber mit Elementfunktionen? Der Compiler kann nicht jede Elementfunktion überprüfen, ob sie das zugrundeliegende Objekt verändert. Stattdessen können wir das Schlüsselwort const an Elementfunktionen anhängen, um dem Compiler mitzuteilen, daß die Funktion keine Nebeneffekte auf die Datenelemente der Objekte ihrer Klasse hat. Für konstante Objekte können nur konstante Elementfunktionen aufgerufen werden.

```
class Object
{
    // ...
  public:
    // ...
    void aFunction();
    void anotherFunction() const;
};
void DoSomething( const Objects& myArg )
{
  myArg.aFunction();
    // Unzulässig: kein konstantes Element
    // Funktionsaufruf

  may.Arg.anotherFunction();
    // Ok: Aufruf der konstanten Elementfunktion
}
```

Die Turbo- und Borland-C++-Compiler allerdings geben lediglich eine Warnung aus, wenn nicht konstante Elementfunktionen für konstante Objekte aufgerufen werden:

```
Warning: Non-const function Object::nonConst() called for const
object
```

Laut Borland erfolgte dies, damit vorhandene Programme weiter lauffähig sind. Obwohl Sie diese Warnung ausschalten oder sie ignorieren könnten, sollten Sie dies nicht tun, um Inkompatibilitäten Ihres Programmcodes mit zukünftigen Versionen von Borland C++ zu vermeiden, in denen dies unzulässig sein könnte. Natürlich macht const nur Sinn mit Referenz- und Zeigerargumenten; da Sie ein tatsächliches Wertargument ohnehin nicht ändern können, ist das Schlüsselwort const hier ohne Bedeutung.

Rückgabe von Objekten über Funktionen

Es gibt verschiedene Techniken für die Rückgabe eines Objekts über eine Funktion, die in den nächsten Abschnitten besprochen werden. Ebenso wie die Übergabe von Objekten per Wert an eine Funktion ist für die Rückgabe eines regulären "Wert"-Objekts erforderlich, daß ein Konstruktor aufgerufen wird.

Rückgabe von Objekten per Wert

Der offensichtlichste Weg, um ein Objekt von einer Funktion zurückgeben zu lassen, ist per Wert. Betrachten Sie das folgende Beispiel, in dem die Funktion Sqr ein Objekt Number zurückgibt:

```
class Number
{
  private:
    // ... Implementations-Details
  public:
    // ... Konstruktoren ...
    // ... Schnittstelle ...
};

Number Sqr( Number n )
}
  Number Result = n * n;
  return Result;
}

  // Beispiel zur Anwendung:
Number aNumber = 10;
Number anotherNumber = Sqr( aNumber );
```

In dieser Implementation haben wir Sqr zu einer separaten Funktion gemacht, die nur die Number-Klasse durch ihre externe Schnittstelle verwendet (den überladenen Operator *). Wir hätten Sqr auch zu einem friend machen können, wodurch es Zugang zu der privaten Implementation von Number erhalten hätte. Ebenso hätten wir Number(n * n) oder gar n * n direkt zurückgeben können, aber die Verwendung einer Result-Variablen kommt den Techniken, die im Rest des Buches angewendet werden, mehr entgegen.

Die Sqr-Funktion gibt eine neue Number-Instanz zurück, für die ein Konstruktor aufgerufen wird. Zuerst wird das Result-Objekt unter Verwendung eines Number-Konstruktors mit dem Wert n * n als Argument erstellt. Wenn die Anweisung return Result verarbeitet ist, wird das Result-Objekt an den Aufrufer zurückgegeben. Sie müssen kein Zwischenobjekt wie Result erstellen, sondern Sie können einen Wert direkt zurückgeben wie im folgenden Beispiel:

```
Number Sqr( Number n )
{
   return n * n;
}
```

Ein neues Objekt wird konstruiert mit dem Wert n * n, der an den Aufrufer zurückgegeben wird.

Rückgabe einer Referenz an ein Objekt

Wir haben gesehen, daß die Rückgabe eines Objekts per Wert den Aufruf eines Konstruktors verursacht. Ähnlich der Übergabe von Objekten per Referenz ist die Rückgabe einer Referenz nichts anderes als die Rückgabe eines Zeigers, und somit werden keine zusätzlichen Objekte erstellt. Natürlich muß sich die Referenz auf ein gültiges, vorhandenes Objekt beziehen, aber ungültige Referenzen werden vom Compiler ebenso entdeckt wie einfache Variablen.

```
class X
{
  public:
    X(int j) { }
};

  //Rückgabe der Referenz
```

```
X& ReturnRefX( int k )
{
  X Result (k);
  return Result;
}
```

Der Compiler wird folgende Fehlermeldung ausgeben:

```
Error: Attempting to return a reference to a temporary object
```

Eine mögliche Lösung ist auch hier, die Result-Variable innerhalb von ReturnRefX als static zu erklären.

Dynamische Speicherzuweisung

In allen vorhergehenden Fällen war die Anzahl der Objekte, die ein Programm kennen mußte, zu dem Zeitpunkt bekannt, an dem das Programm geschrieben wurde. Die Objekte werden zur Lade- (für statische Objekte) oder zur Laufzeit erstellt. Aber in vielen Fällen kennen wir die Anzahl der benötigten Objekte nicht im voraus und müssen diese dynamisch erstellen.

C++ hat zwei Operatoren für dynamische Speicherzuweisung, new und delete, die malloc und free ersetzen können. Wir werden sehen, daß die Anwendung dieser Operatoren Zuweisungsausdrücke um einiges klarer macht.

Zuweisen von Objekten einfachen Typs

Die Anwendung von new, um Objekte einfachen Typs zuzuweisen, ist einfach und kann folgendermaßen bewerkstelligt werden:

```
int *ip = new int;
/* in C: (int*)malloc(sizeof(int)) */

char *cp = new char[ 128 ];
/* in C: (char*)malloc(128) */

double (*dp) [5] = new double[8][5];
/* in C: (double**)calloc(8*5,sizeof(double*)); */
```

Wenn die Zuweisung nicht gelingt, wird new einen Nullzeiger zurückgeben:

```
Int *ip = new int [ N ];
if ( ip == 0 )
   printf("Not enough memory\n");
```

Die Freigabe von mit new zugewiesenen Objekten kann durch die Verwendung des delete-Operators bewerkstelligt werden:

```
delete ip;
delete cp;
delete dp;
```

Eigenschaften von new und delete

Es ist kein solcher Operator wie renew vorhanden, der die Größe eines zugewiesenen Speicherblocks ändern könnte. Wenn Sie neu zuweisen müssen, dann müssen Sie Ihre eigene Funktion renew schreiben oder malloc und free benutzen, die eine verwandte Funktion realloc haben.

Wenn Sie Speicher mit new zuweisen, dann sollten Sie delete verwenden, um den Speicher wieder freizugeben. Dasselbe gilt für malloc() und free(). Dies ist besonders wichtig, wenn Sie bereits vorhandene C-Funktionen benutzen, die Speicher zuweisen:

```
char *p = strdup( "Hello, C" );
  // strdup ruft alloc() auf
// ... irgendeine Aktion mit p ...
delete p;   // Fehler: Verwenden Sie delete nicht mit alloc()
```

Das Auffangen von Zuweisungsfehlern

Wenn new es nicht schafft, den angegebenen Speicherblock zuzuweisen, dann kann es eine Funktion aufrufen, die weitere Aufgaben für Sie übernimmt. Der Funktionszeiger _new_handler wird in new.h deklariert und kann zu einer Funktion verweisen, wie im folgenden Beispiel gezeigt wird:

```
#include <new.h>

void NewFailed()
{
  puts( "Error: Out of memory" );
  exit( 1 );
}

struct Big
{
  char s[ 10000 ];
};

int main()
}
  _new_handler = NewFailed;
  Big *bp = new Big[ 10000 ];
}
```

Um die Arbeitsweise von new besser zu verstehen, folgt hier eine mögliche Implementation:

```
void *operator new( size_t RegSize )
{
  void *Result = 0;

    // In C++ wird immer mindestens
    // ein Byte zugewiesen.
  if ( RegSize==0 )
    RegSize++;

  while ( !Result && _new_handler )
  {
    Result = malloc( ReqSize );
    if ( !Result && _new_handler )
      _new_handler();
  }
  return Result;
}
```

Ist _new_handler Null, wird sich new wie die C-Funktion malloc verhalten, abgesehen davon, daß immer wenigstens ein Byte zugewiesen wird. Wenn _new_handler tatsächlich auf eine Funktion zeigt, wird die while-Schleife so lange ausgeführt, bis entweder die Zuweisung gelingt oder _new_handler() das Programm abbricht.

Overloading des globalen new und delete

Im Gegensatz zu allen anderen Operatoren können wir new und delete für einfache Typen überladen. Dazu definieren Sie einfach neue Funktionen mit den folgenden Prototypen:

```
void operator *new( size_t ReqSize );
Void operator delete( void *Ptr );
```

Wir könnten beispielsweise den Zuweisungsvorgang mit eigenen Versionen von new und delete verfolgen:

```
void *operator new( size_t ReqSize )
{
   void *Result = malloc( ReqSize );
   printf("Allocating %ld bytes at %p\n",
      long(ReqSize), Result );
   return Result;
}

void operator delete( void *p )
{
   Printf("Freeing data at %p\n", p );
   free( p );
}
```

Zuweisung von Klassenobjekten mit new und delete

Die Zuweisung eines Klassenobjekts mit new bewirkt, daß sein Konstruktor aufgerufen wird. Wenn der Class-String einen voreingestellten Konstruktor hat, dann wird dieser mit der folgenden Anweisung aufgerufen:

```
   // Aufruf von String::String()
String *sp = new String;
```

Dies funktioniert sogar für “Pseudo-Standard”-Konstruktoren, beispielsweise String::String(char*=0). Wenn der Konstruktor Argumente annehmen kann, können sie diese wie üblich übergeben:

```
   // Aufruf von String::String(const char*)
String *s = new String("dynamisch");
```

Der delete-Operator wird den Destruktor einer Klasse aufrufen, vorausgesetzt, es wurde einer definiert.

```
delete sp;      // Aufruf von String::~String
delete s;    // Aufruf von String::~String
```

Überladen von new und delete für Klassen

In älteren Versionen (1.x) von C++ konnte man lediglich die globalen Versionen von new und delete neu definieren, wie wir es bereits getan haben. Version 2.0 eröffnet die Möglichkeit der Redefinition dieser Operatoren auf einer Klasse-für-Klasse-Basis. Wenn ein Elementoperator new definiert wird, wird dieser anstelle des globalen new aufgerufen. Für Klassen, die ein spezielles Speicherverwaltungsschema haben, könnten Sie diesen Operator wie folgt definieren:

```
class Point
{
  private:
    int x, y;

  public:
    Point( int a, int b )
    { x = a; y = b; }

    void *operator new( size_t )
    {
      void *p;
      // Holen von 2 Integern
      // p zeigt auf diesen Block.
      return p;
    }
    void operator delete( void* );
};
```

Der Point::operator new wird zwei Integer von irgendeinem benutzerdefinierten Speicherverwalter erhalten und einen void-Zeiger an diese zurückgeben. Der Speicherverwalter könnte geschrieben werden, um die speziellen Vorteile der Tatsache zu nutzen, daß immer genau zwei Integer benötigt werden, und damit den Platzaufwand reduzieren. Beachten Sie, daß wir das Argument size_t unbenannt lassen können, da wir es in diesem Falle nicht benötigen. Das nächste Beispiel zeigt, wie der Operator aufgerufen wird:

```
   // Aufruf von Point::operator new
Point *p = new Point ( 1,2 );
Point *q = new Point;
```

Sie mögen sich gewundert haben, was mit dem Argument size_t bei new geschehen ist. Dieses Argument wird die Größe in Bytes für ein Objekt enthalten und darum im obigen Beispiel zwei sein. Da wir wissen, wie viele Bytes wir zuweisen müssen, brauchen wir diesen Wert nicht zu benutzen. Wir werden sogleich zeigen, in welchen Fällen diese Information wichtig ist.

Der Point::operator delete soll den Platz, der von new zugewiesen wurde, zurückgeben:

```
void Point::operator delete(void *p)
{
   // Rückgabe von zwei Integern
   // zum freien Speicher
}
```

Im vorhergehenden Beispiel wußten wir, daß Platz für zwei Integer benötigt wurde. Der Compiler wird den richtigen Wert in das Argument size_t, das an new übergeben wird, einsetzen.

Kapitel 6

Vererbung

Die Vererbung ermöglicht es, daß sich Objekte Eigenschaften teilen. Außerdem lassen sich mit Ihrer Hilfe Familien (Hierarchien) von Klassen erstellen. Eigenschaften, also Daten oder Operationen, die für eine Klasse definiert sind, können von anderen Klassen geerbt werden, die dann wiederum ihre eigenen Eigenschaften hinzufügen können.

Eine abgeleitete Klasse kann als Spezialfall ihrer Basisklasse betrachtet werden. Äpfel, Bananen und Ananas sind alle spezielle Fälle (abgeleitete Klassen) einer allgemeinen Klasse Früchte, welche wiederum als eine abgeleitete Klasse einer Basisklasse Essen aufgefaßt werden kann. Ein etwas spezifischeres Beispiel wäre eine Klasse FileName, die als Spezialfall eines Strings betrachtet werden kann und daher eine abgeleitete Klasse von String ist. Sehr wichtig zu beachten ist, daß eine abgeleitete Klasse immer größer oder gleich groß ist wie die Basisklasse; null oder mehr Elemente werden hinzugefügt, während alle Basiselemente von der Basisklasse geerbt werden.

Beziehungen zwischen Klassen

Es gibt zwei offensichtliche Arten von Beziehungen zwischen Klassen: die Beziehungen "ist ein" und "hat ein". Die Vererbung kann benutzt werden, um Untertypen einer Klasse zu erstellen, welche eine "ist ein"- oder "ist ein Teil von"-Beziehung mit ihrer Oberklasse haben. Ein Beispiel ist die Klasse Circle, die nicht von einer anderen Klasse wie Point abgeleitet ist, obwohl sie ein Datenelement vom Typ Point hat.

Die Anwendung der Vererbung

Die Vererbung kann aus verschiedenen Gründen benutzt werden, von denen die Wiederverwendung von Code sehr wichtig ist. Beispielsweise kann eine FilledCircle-Klasse logischerweise viel Code einer Circle-Klasse verwenden und somit als ein Spezialfall eines Circle betrachtet werden. Aber Vererbung kann ebenfalls dazu benutzt werden, die externe Schnittstelle einer Klasse zu verändern. Dies ist der Fall bei List- und Stack-Klassen: Ein Stack kann durchaus die gleiche interne Implementation wie eine Liste haben, aber er benutzt eine andere Schnittstelle. Ein Stack wird dennoch im allgemeinen nicht als Untertyp einer Liste betrachtet. In beiden Fällen spielt die Wiederverwendung von Code eine Rolle.

Das Beispiel der grafischen Klassen wird oft zur Erklärung von Vererbung benutzt. Die Abbildung zeigt einen Teil der Klassenhierarchie der grafischen Klassen von Teil 3; die Shape-Klasse ist die Basis für alle abgeleiteten Klassen.

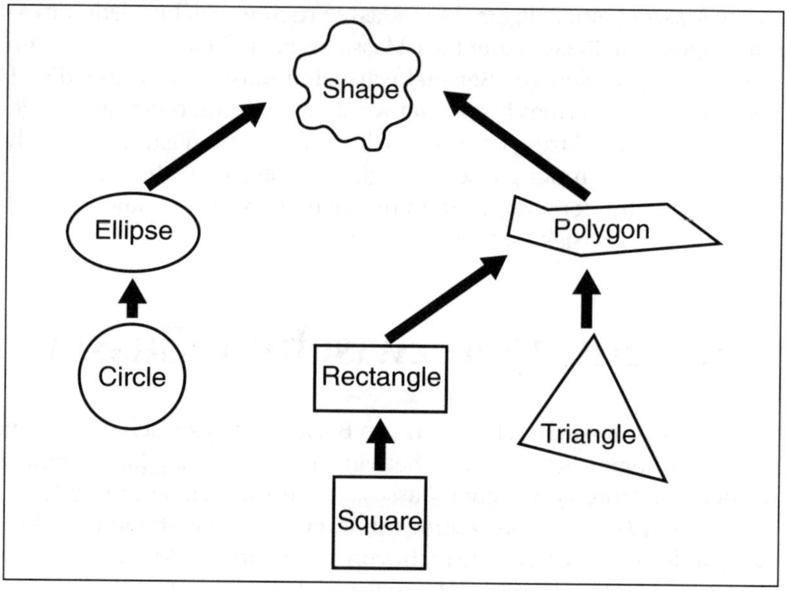

Abb. 6.1: Die Hierarchie der grafischen Klassen

Basisklassen und abgeleitete Klassen definieren

Das allgemeine Layout von Basis- und abgeleiteten Klassen ist wie folgt:

```
class Base { /* ... */ };
class Derived : public Base { /* ... */ };
```

Das ":public Base" bedeutet, daß Derived von Base geerbt wird. Die Base-Klasse ist eine öffentliche Basisklasse für Derived, das ist das, was wir in den meisten Fällen wollen werden. Private Basisklassen werden später in diesem Kapitel diskutiert werden.

Beim Zeichnen von Vererbungsdiagrammen ist es üblich, die Zeiger auf die Basisklasse weisen zu lassen, wie Sie in Abbildung 6.2 sehen.

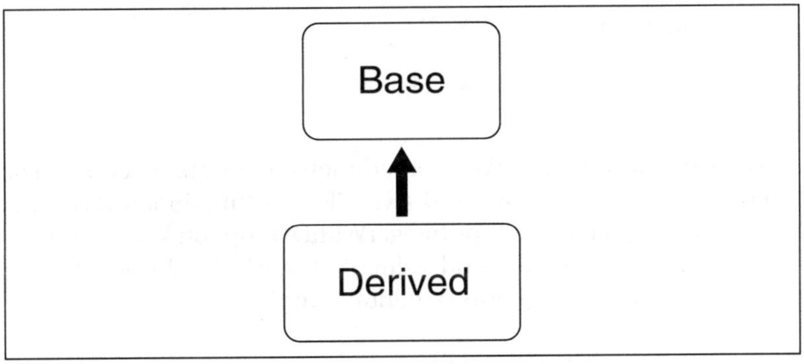

Abb. 6.2: Ein Vererbungsdiagramm

Wir werden mit einfachen Klassen beginnen, um zu zeigen, wie Datenelemente und Elementfunktionen vererbt werden. Unsere Beispielklasse ist Integer und hat i als einziges Datenelement. Die Basisklasse kann wie jede reguläre Klasse definiert werden und könnte so aussehen:

```
class Integer
{
  public:
     int i;
     int Value() { return i; }
};
```

Basisklassen müssen keine speziellen Bedingungen erfüllen, um eine Basisklasse zu sein. Eine abgeleitete Klasse erbt alle Elemente der Basisklasse und kann ihre eigenen Elemente hinzufügen. Stellen Sie sich vor, wir wollten die Integer-Klasse erweitern, so daß sie eine Beschreibung ihres Wertes unterstützt. Wir können eine neue Klasse IntegerWithDescription erstellen, die von Integer abgeleitet wird:

```
Class IntegerWithDescription : public Integer
{
   public:
      char *Description;
      void Print()
      {
         print("%s: %d\n", Description, i );
      }
      void SetDescription( char *s )
      {
         Description = s;
      }
      // i und Value werden von Integer geerbt
};
```

Objekte der Klasse IntegerWithDescription haben jetzt zwei Datenelemente (i und Description) und zwei Elementfunktionen (Print und Value). Mit Objekten des Typs IntegerWithDescription können nun sowohl die Basiselemente (i und Value()) als auch die abgeleiteten Elemente (Description und Print()) benutzt werden:

```
IntegerWithDescription MemLeft;
MemLeft.i = 416
MemLeft.Description = "Verfügbarer Speicher";
MemLeft.Print();
int Calc = MemLeft.Value();
```

Die Basiselemente i und Value sind ebenso zugänglich wie die abgeleiteten Elemente Description und Print. Da das Element i vererbt wird, kann Print es benutzen, um den Status des Objektes auszugeben.

Selbstverständlich können abgeleitete Klassen als Basisklassen für andere Klassen benutzt werden, was es möglich macht, große Baumstrukturen von abgeleiteten Klassen zu gestalten. Eine Basisklasse B nennt man eine direkte Basisklasse einer abgeleiteten Klasse D, wenn sich im Vererbungsbaum keine Klassen zwischen B und D befinden. Andernfalls nennt man sie eine indirekte Basisklasse.

Neudefinition von Elementfunktionen

Wir werden jetzt erklären, wie Basiselementfunktionen in einer abgeleiteten Klasse neudefiniert werden können. Dazu verwenden wir die

Klassen Circle und FilledCircle. Die Klasse Circle hat eine Draw-Elementfunktion, die in der Klasse FilledCircle neu definiert werden muß. Dies sind nun die Klassendefinitionen, in der Annahme, daß die folgenden grafischen Funktionen verfügbar sind:

```
  // Zeichnen eines Kreises
voidDrawCircle(int x, int y, int Radius);
  // Füllen eines Bereichs
void FloodFill(int x, int y, int FillColor);

class Circle
{
  public:
    int x, y, Radius;
    void Draw()
    {
      DrawCircle(x,y,Radius);
    }
  };

  class FilledCircle : public Circle
  {
    public:
      int FillColor;
      void Draw()
      {
        DrawCircle(x,y,Radius);
        FloodFill(x,y,FillColor);
      }
};
```

Die Klasse FilledCircle fügt ihrer Elternklasse ein Element hinzu. Es handelt sich dabei um die Variable FillColor. Sie definiert die Draw-Funktion neu, die von FilledCircle-Objekten aufgerufen wird. Wenn Draw nicht neu definiert würde, würde das von Circle geerbte Draw benutzt.

Die Elemente der Klasse Base stehen somit in einer abgeleiteten Klasse immer zur Verfügung, und sie werden auch benutzt, wenn sie nicht in der abgeleiteten Klasse neu definiert werden. Wenn in der abgeleiteten Klasse Elemente gleichen Namens existieren, kann auf die Basiselemente lediglich über den Scope-Operator zugegriffen werden.

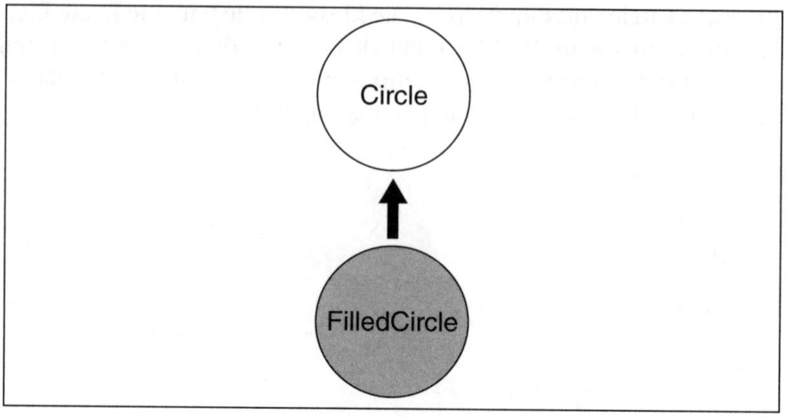

Abb. 6.3: Die Klassen Circle und FilledCircle

Basiselemente von abgeleiteten Elementen aufrufen

Vielleicht möchten wir, daß FilledCircle::Draw zunächst Circle::Draw aufruft, um den Kreis zu zeichnen, bevor er mit irgendeiner Farbe gefüllt wird. Die Klassen- und Elementdefinitionen könnten so aussehen:

```
class FilledCircle : public Circle
{
   public:
      int FillColor;
      void Draw()
      {
         // Aufruf der Eltern-Draw Funktion
        Circle::Draw();
        Fill(x,y,FillColor);
      }
};
```

Die Elementfunktion FilledCircle::Draw kann Circle::Draw direkt aufrufen, da alle Circle-Datenelemente geerbt werden, und es daher Sinn macht, einen Kreis zu zeichnen. Jeder zusätzliche Vorgang, in diesem Beispiel das Füllen des Kreises mit einer bestimmten Farbe, wird ausgeführt, nachdem die Basisklassenmethode aufgerufen wurde. Dies ist die bevorzugte Methode, da sie dem Prinzip des Implementationsschutzes entspricht.

Sie könnten den Scope-Operator auf ähnliche Weise benutzen, um eine Elementfunktion aufzurufen, die in irgendeiner Basisklasse definiert ist; dies muß nicht notwendigerweise eine direkte Basisklasse sein. (Circle ist eine direkte Basisklasse von FilledCircle.)

Nicht alle Elementfunktionen werden geerbt

Konstruktoren und Destruktoren werden nicht von einer abgeleiteten Klasse geerbt. Sie sind keine normalen Elementfunktionen und nahe verwandt mit der Klasse, die sie konstruieren und zerstören können. Im nächsten Abschnitt werden wir sehen, wie Basiskonstruktoren von abgeleiteten Konstruktoren aufgerufen werden, um Basiselemente zu initialisieren.

Weiterhin wird ein für die Basisklasse definierter operator= nicht von der abgeleiteten Klasse geerbt, da dieser Operator möglicherweise einige abgeleitete Datenelemente nicht zuweisen würde. Beispielsweise könnte die Klasse Integer ein Element operator=(int) haben, aber dieser würde nicht automatisch von IntegerWithDescription geerbt. Zwar würde i initialisiert werden, aber Description würde unverändert gelassen und wäre daher für unsere Zwecke nicht zu gebrauchen.

Ableitung und Konstruktoren

In den obigen Beispielen benutzten wir keine Konstruktoren. Da abgeleitete Klassen Erweiterungen ihrer Basisklassen sind, müssen die Basiselemente irgendwie initialisiert werden. Es ist klar, daß dies unter Benutzung eines Basiskonstruktors geschehen sollte; tatsächlich rufen abgeleitete Konstruktoren immer einen Basiskonstruktor auf, entweder implizit (dann wird der voreingestellte Basiskonstruktor aufgerufen) oder explizit. Im folgenden Beispiel werden wir die Klassen Base und Derived definieren, um die Syntax eines expliziten Basiskonstruktoraufrufes zu verdeutlichen:

```
class Base
{
  public:  // alle Elemente noch öffentlich
    int i;
    Base( int j ) { i = j; }
};

class Derived : public Base
{
  public:
    char *s;
     // Derived-Konstruktor ruft Base-Konstruktor auf
    Derived( char *t, int j ) : Base(j)
      { s = t; }
};
```

Um die Elemente der Basisklasse zu initialisieren, von der er abgeleitet ist, ruft der abgeleitete Konstruktor den Basiskonstruktor auf. Wir haben diese Syntax bereits in Kapitel 3 gesehen, wo sie zum Definieren von Elementvariablen benutzt wurde. Wenn ein expliziter Aufruf an den Basiskonstruktor unterlassen wird, erstellt der Compiler einen Aufruf an den voreingestellten Basiskonstruktor. Im obigen Beispiel ist der explizite Aufruf an den Base-Konstruktor obligatorisch, da kein voreingestellter Konstruktor Base::Base() existiert.

Somit werden Konstruktoren nicht vererbt, sondern von den abgeleiteten Konstruktoren aufgerufen. Da Base-Konstruktoren keinerlei Kenntnis über irgendwelche abgeleitete Elemente haben, können sie aufgerufen werden, bevor ein abgeleitetes Element initialisiert wird.

In älterem (1.x) C++-Code wird der Name des Basiskonstruktors oft ausgelassen, und nur die Argumente werden in Klammern angegeben:

```
class Derived : public Base
{
   public:
      char *s;
         // Alte Initialisierung
      Derived( char *t, int j ) : (j)
      { s = t; }
};
```

Da C++ ab Version 2.0 die Mehrfachvererbung unterstützt (eine Klasse kann von mehreren Basisklassen abgeleitet sein), wurde die neue Notation eingeführt. Die alte Notation sollte in neuem Code nicht benutzt werden.

Ableitung und Destruktoren

Ebenso wie abgeleitete Konstruktoren einen Basiskonstruktor aufrufen, ruft ein abgeleiteter Destruktor den Basisdestruktor auf. Dieser Aufruf ist immer implizit. Eine Klasse kann immer höchstens einen Destruktor haben, somit treten keine Mehrdeutigkeiten auf. Während Basiskonstruktoren aufgerufen werden, *bevor* der abgeleitete Konstruktor ausgeführt wird, werden Basisdestruktoren immer aufgerufen, *nachdem* der abgeleitete Destruktor ausgeführt wurde:

```
class Base
{
  public:
    Base()  { printf("Basiskonstruktor aufgerufen\n"); }
    ~Base()  { printf("Basisdestruktor aufgerufen\n"); }
};

class Derived : public Base
{
  public:
    Derived() { printf("\tAbgeleiteter Konstruktor aufgerufen\n"); }
    ~Derived() { printf("\tAbgeleiteter Destruktor aufgerufen\n"); }
};

int main()
{
  Derived d;
}

  // Ausgabe:
Basiskonstruktor aufgerufen
        Abgeleiteter Konstruktor aufgerufen
        Abgeleiteter Destruktor aufgerufen
Basisdestruktor aufgerufen
```

Selbst wenn Sie keinen Derived-Destruktor definieren, wird der Base-Destruktor aufgerufen, um den Base-Teil von Derived freizugeben.

Vererbung zum Debugging benutzen

Nun, da wir das Verhalten von Konstruktoren und Destruktoren bei Vererbung kennen, können wir eine Klasse aufbauen, die uns beim Debugging hilft. Die Klasse Debuggable kann eine Basisklasse für alle Klassen sein, die wir zu debuggen wünschen. Ihr Konstruktor und Destruktor werden eine eingerückte Meldung und einen Zähler für die Anzahl der Objekte anzeigen; da diese von den abgeleiteten Konstruktoren und Destruktoren implizit aufgerufen werden, brauchen wir die abgeleitete Klasse nicht zu verändern, außer im öffentlichen Debuggable-Teil.

```
class Debuggable
{
  public:
    Debuggable()
    {
      nInstances++
      printf("%*sObjekt %d erstellt\n",
        nInstances*2, " ", nInstances );
    }
    ~Debuggable()
    {
      printf("%*sObjekt %d gelöscht\n",
        nInstances*2, " ", nInstances );
      nInstances—;
    }
    static int nInstances;
};
```

Stellen Sie sich vor, wir wollten die Circle-Klasse debuggen. Dazu machen wir Circle zu einer abgeleiteten Klasse von Debuggable:

```
class Circle : public Debuggable
{
  private:
    // Implementation
  public:
     // Konstruktoren rufen Debuggable-Konstruktor automatisch auf
   Circle() { }
   Circle( int x, int y, int Radius ) { /* ... */ }
      // Destruktor ruft Debuggable-Destruktor automatisch auf
   ~Circle() { }
};
```

Jetzt können wir die Erstellung und Zerstörung von Objekten des Typs Circle verfolgen:

```
int main()
{
   Circle c;
   Circle *cp = new Circle;
   for ( int i=0; i<2; i++ )
   {
      Circle d;
   }
   delete cp;
}
```

Die Ausgabe wird sein:

```
Objekt 1 erstellt
  Objekt 2 erstellt
    Objekt 3 erstellt
    Objekt 3 gelöscht
    Objekt 3 erstellt
    Objekt 3 gelöscht
  Objekt 2 gelöscht
Objekt 1 gelöscht
```

Dies kann nützlich sein, um sicherzustellen, daß alle Objekte korrekt entfernt werden. Durch das einfache Entfernen des öffentlichen Debuggable-Teils wird Circle wieder zu einer regulären Klasse.

Eine neue Schutzstufe: protected

Bis jetzt haben wir lediglich öffentliche Elemente benutzt, wenn wir Klassen ableiteten. Wir besprechen nun eine neue Schutzstufe, die neben den bekannten Schutzstufen public und private speziell für die Vererbung verwendet wird: protected.

Klassen mit geerbten öffentlichen Datenelementen haben natürlich den Nachteil, daß sie keinen Datenschutz gewährleisten: Auf Objekte aus Basisklassen und abgeleiteten Klassen können alle Elemente angewendet werden, und es besteht keine Verpflichtung zum Gebrauch der Methoden.

Private Datenelemente können nur in Elementfunktionen und in friend-Funktionen gebraucht werden. Dies gilt auch für abgeleitete Klassen: Innerhalb der Methoden einer abgeleiteten Klasse können private Basiselemente nicht verwendet werden. Abgeleitete Objekte haben die gleichen Zugriffsrechte auf private Basiselemente wie die Außenwelt: Der Zugriff erfolgt durch das Benutzen der entsprechenden öffentlichen Elementfunktionen der Basisklasse.

Ein Mittelweg zwischen diesen beiden Extremen stellt das Schlüsselwort protected dar. Alle Elemente, die in der Basisklasse geschützt sind, sind für die Außenwelt privat, können aber in einer abgeleiteten Klasse benutzt werden, als seien sie private Elemente der abgeleiteten Klasse. Für die Benutzer der Basis- und abgeleiteten Klassen sind geschützte Elemente ebenso verborgen wie private Elemente; das heißt, solche Elemente sind ihnen nicht direkt zugänglich.

```
class Base
{
   private:
      // Lediglich zugänglich
      // für die Basisklasse
      // und für friends
   protected:
      // Zugänglich innerhalb der Basis-
      // und abgeleiteten Klasse und
      // durch friends
   public:
      // Von überall zugänglich
};
```

Die folgende Tabelle zeigt, wo Basisvariablen mit unterschiedlichen Schutzstufen zugänglich sind

	Basisklasse	**abgeleitete Klasse**	**anderswo**
private	ja	nein	nein
protected	ja	ja	nein
public	ja	ja	ja

Im allgemeinen sollten Elemente, die lediglich in der Basisklasse verwendet werden, privat sein; dasselbe gilt für Elemente, die über die öffentliche Schnittstelle effektiv benutzt werden können. Elemente, die den abgeleiteten Klassen zugänglich sein sollten, aber nicht der Außenwelt, sollten geschützt werden, und alle anderen Elemente (die die Schnittstelle definieren) sollten öffentlich sein. Geschützte Elemente sind in einer abgeleiteten Klasse wiederum geschützt und somit in jeder geschützten Klasse.

Die Anwendung von Basisobjekten und abgeleiteten Objekten

Wie wir gesehen haben, sind abgeleitete Objekte Erweiterungen ihrer Basisklasse. Somit wird jedes Element einer Basisklasse B, entweder sichtbar oder unsichtbar, in einer von B abgeleiteten Klasse enthalten sein. Jede abgeleitete Klasse kann sich wie eine Basisklasse verhalten, und somit kann jede abgeleitete Klasse einer Basisklasse zugewiesen werden:

```
class Base
{
  private:
    int Mem1, Mem2, Mem3;
};

class Derived : public Base
{
  private:
    int Mem4, Mem5, Mem6;
};

Base bInst:
Derived dInst, dInst2;

bInst = dInst;    // Zuweisung Base<-Derived
```

Dies mag zunächst merkwürdig aussehen, da Derived-Objekte mehr Daten enthalten als Base-Objekte. Was geschieht mit den Elementen Mem4, Mem5 und Mem6? Der Zuweisungsoperator (der vom Compiler zur Verfügung gestellt wird) verwirft sie einfach, was man sehen kann, wenn man die assemblierte Ausgabe untersucht, die der Befehlszeilen-Compiler mit dem Schalter -S erstellt. Der Kopiervorgang bInst=dInst bewirkt, daß 6 Bytes kopiert werden, das entspricht auf dem PC 3 Integern. Betrachten Sie die folgende Zuweisung eines Derived-Objekts zu einem anderen:

```
dInst2 = dInst;    // Zuweisung Derived<-Derived
```

Wenn wir die Umwandlungsausgabe betrachten, sehen wir, daß in diesem Falle 12 Bytes (oder 6 Integer) kopiert werden, drei der Basisklasse und drei der abgeleiteten Klasse.

Die Zuweisung einer Basisklasse zu einer abgeleiteten Klasse ist *nicht* erlaubt, da die abgeleitete Klasse mehr Elemente enthält als die Basisklasse und der Zuweisungsoperator einige abgeleitete Elemente uninitialisiert lassen würde, was wir nicht wollen:

```
dInst = bInst; // Zuweisung Derived<-Base
               // ist nicht zulässig
```

Man könnte allerdings einen benutzerdefinierten Operator Derived::operator=(Base&) erstellen, um eine Basisklasse einer abgeleiteten Klasse zuzuweisen:

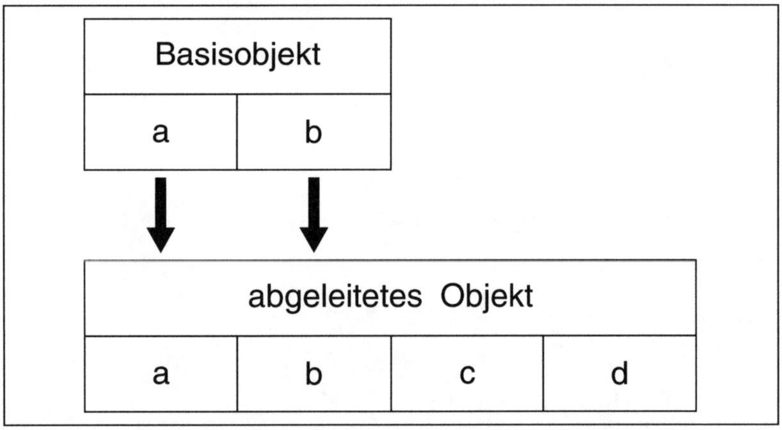

Abb. 6.4: Basisobjekte und abgeleitete Objekte

Kompatibilität von Basisklassen und abgeleiteten Klassen

Überall, wo eine Basisklasse erwartet wird, sollte es möglich sein, eine abgeleitete Klasse zu verwenden, da alle Elemente der Basisklasse auch in der abgeleiteten Klasse zur Verfügung stehen. Dies wird als Kompatibilität zwischen Basisobjekten und abgeleiteten Objekten bezeichnet und trifft in C++ für Zeiger und Referenzen zu.

In den folgenden Programmausschnitten werden wir eine Basisreferenz (Base&) erstellen, die sich tatsächlich auf ein abgeleitetes Objekt (Derived) bezieht, und einen Basiszeiger (Base*), der tatsächlich auf ein Derived-Objekt zeigt:

```
Derived D;
Base& BR;
Base* BP;

BR = D;  // Referenzkompatibilität
BP = &D;  // Zeigerkompatibilität

  // Print ist eine Elementfunktion von Base
BR.Print();
BP->Print();
```

Da der deklarierte Typ von BR und BP Referenz und Zeiger zu einer Basis ist, können Sie nur Basiselemente von ihnen aufrufen.

Die Kompatibilität kann besonders nützlich sein, da eine Funktion, die ein Base&- oder Base*-Argument erwartet, tatsächlich ein Derived&- oder ein Derived*- übergeben haben kann:

```
void PrintString( String& s )
{
  puts( (const char*) s);
}

String s = "Der erste String";
FileName f( "c:\\Autoexec.Bat" );

PrintString (s );
PrintString (f );
```

Die Funktion PrintString kann jedes der öffentlichen Elemente von String benutzen, welche in jeder von String abgeleiteten Klasse ebenfalls vorhanden sind. Die Funktion ruft explizit den Umwandlungsoperator const char*() für sein String-Argument auf. Wenn wir den Polymorphismus von Methoden diskutieren, werden wir noch mehr Vorteile dieser Technik sehen.

Es ist möglich, einen Array von Zeigern zur Basis zu definieren und ihn mit Zeigern auf abgeleitete Klassen zu füllen. Beispielsweise enthält ein Array von Zeigern auf Shape Zeiger auf Circle-, Ellipse-, Triangle-, Point- und Line-Objekte. Solch ein Array wird ein polymorphes Array genannt, weil das Array Elemente verschiedener Typen enthält.

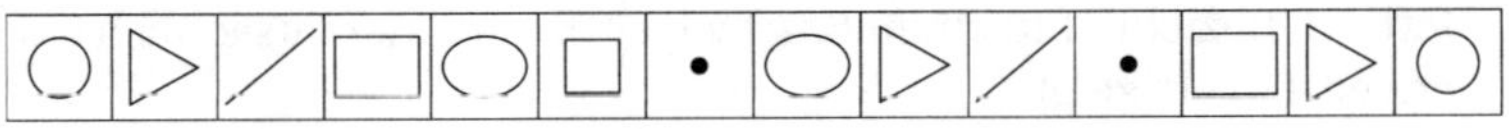

Abb. 6.5: Ein polymorphes Array von Shapes

Private Vererbung

Wenn wir eine Klasse ableiten und dabei das Schlüsselwort public benutzen, sind alle Elemente in der abgeleiteten Klasse zugänglich nach den bisher besprochenen Regeln. Mit diesen Techniken ist es allerdings nicht möglich, öffentliche Elemente der Basisklasse zu privaten Elementen in der abgeleiteten Klasse zu machen. Alle öffentlichen Basiselemente sind in der abgeleiteten Klasse ebenfalls öffentlich.

Das Schlüsselwort private kann dazu verwendet werden, alle öffentlichen Basiselemente in der abgeleiteten Klasse privat zu machen. Dies kann beispielsweise nützlich sein, wenn wir die Darstellung der öffentlichen Schnittstelle des Objektes ändern möchten. Stellen Sie sich eine verknüpfte Liste von Integern mit der Bezeichnung List vor, welche die Elementfunktionen AddHead, AddTail und GetHead enthält. Eine abgeleitete Klasse Stack könnte die AddHead- und GetHead-Funktionen mit unterschiedlichen Namen (Push und Pop) in der folgenden Weise benutzen:

```
class List
{
  private:
```

```
    // ...
  public:
    // ...
    void AddHead(int);
    void AddTail(int);
    int GetHead();
};
class Stack : private List
{
  public:
    // ... Konstruktoren & Destruktoren

     // Push ruft List:AddHead auf.
   void Push(int i)
     { AddHead(i); }

     // Pop ruft List::AddTail auf.
   int Pop()
     { return GetHead(); }
};
```

Andere abgeleitete Klassen wie zum Beispiel Queues können analog dazu definiert werden. Es werden in der abgeleiteten Klasse keine neuen Elementvariablen hinzugefügt, sondern nur Elementfunktionen.

Das Schlüsselwort private als Spezifikationselement für den Status der Basisklasse hat zur Folge, daß die öffentlichen Elemente (die Schnittstelle) der Basisklasse in der abgeleiteten Klasse unsichtbar werden. In der Stack-Klasse werden dann neue Methoden definiert (Push und Pop), welche die Basiselemente aufrufen.

Das Schlüsselwort private ist die voreingestellte Schutzstufe einer Basisklasse und kann daher hier weggelassen werden, wird jedoch für gewöhnlich verwendet. In diesem Zusammenhang sei erwähnt, daß für struct das Spezifikationselement public voreingestellt ist.

Explizite Zugangsdeklaration

Das Ableiten von Klassen mit Hilfe des Schlüsselwortes private führt dazu, daß alle öffentlichen Basiselemente in der abgeleiteten Klasse privat werden. C++ kennt jedoch eine spezielle Notation, um bestimmte öffentliche Basiselemente in der abgeleiteten Klasse ebenfalls öffentlich zu machen. Das folgende Beispiel zeigt dies:

```
Class List
{
  private:
    // ...
  public:
    // ...
    int IsEmpty();
};

class Stack : private List
{
  public:
    // ...
    // Zugriffsdeklaration
   int List::IsEmpty;
};
```

Nun wird die Funktion List::IsEmpty in der abgeleiteten Stack-Klasse explizit öffentlich gemacht. Es wird dazu lediglich der Bezeichner übergeben, aber es werden keine Argumente angegeben. Dies bedeutet, daß Sie nicht eine Elementfunktion aus einer Reihe verschiedener überladener Versionen öffentlich machen können, sondern stattdessen alle zusammen öffentlich machen müssen. Lediglich die Elementfunktion, die im öffentlichen Teil der abgeleiteten Klasse bestimmt wird, kann in der Außenwelt benutzt werden, nicht die öffentlichen Funktionen der Basisklasse List.

Kompatibilität zu privater Vererbung

Klassen, die unter Verwendung des private Schlüsselwortes abgeleitet werden, sind nicht kompatibel zu ihrer Basisklasse, da nicht alle öffentlichen Basiselemente in Verbindung mit abgeleiteten Klassen benutzt werden können. Mit anderen Worten, eine privat abgeleitete Klasse ist kein Untertyp ihrer Basisklasse (und hat keine "ist ein"-Beziehung mit ihr); sie teilt lediglich ihre Implementation.

Die Wiederverwendung von Code: Vererbung oder Elemente?

Es gibt in C++ verschiedene Möglichkeiten, um vorhandenen Code wiederzuverwenden. Das Schlüsselkonzept ist die Definition neuer Klassen, die Code benutzen, der bereits in vorhandenen Klassen besteht.

Sie könnten zu einem Client einer vorhandenen Klasse werden, indem Sie ein Element diese Typs in Ihrer neuen Klasse definieren. Sie müssen lediglich die externe Schnittstelle der bereits vorhandenen Klasse kennen, und in dieser Hinsicht wären Sie ebenso ein Verbraucher, wie es reguläre Programme sind. Dieser Vorgang wird manchmal als "von einer Klasse *kaufen*" bezeichnet und stellt eine "hat ein"-Beziehung dar.

Die Alternative ist das Ableiten einer neuen Klasse aus einer oder mehreren vorhandenen Klassen. Eine gut entworfene Klasse ist erweiterbar, ohne daß sie verändert werden muß. Dies bedeutet, daß eine abgeleitete Klasse nichts zu tun hat mit den privaten Elementen der Basisklasse und daß in dieser Hinsicht Technik von der Basisklasse gekauft wird. Auf die geschützten Elemente kann die abgeleitete Klasse zugreifen und wird es in vielen Fällen auch tun. Die generelle Empfehlung ist, zu vererben, wenn die abgeleitete Klasse in irgendeiner hierarchischen Beziehung zu der Basisklasse steht, und andernfalls zu kaufen.

Virtuelle Funktionen

Die Möglichkeit zur Deklaration *virtueller Funktionen* ist eine sehr mächtige Funktion der Sprache C++. Wenn eine Funktion virtuell ist, bedeutet dies, daß die abgeleitete Version benutzt wird, wenn sie zur Verfügung steht.

Zunächst besprechen wir ein kurzes Beispiel, das die Technik von virtuellen Funktionen in wenigen Zeilen erklärt. Dann werden wir ein größeres Beispiel entwickeln, das die Anwendung virtueller Funktionen in der Praxis erläutert und das das Kompatibilitätsprinzip benutzt.

Virtuelle Funktionen: ein kleines Beispiel

Stellen Sie sich zwei Klassen A und B vor, wo B von A unter Benutzung des Schlüsselwortes public abgeleitet ist. Beide Klassen haben die Methoden WhoAmI und Identify, welche zum Identifizieren von Objekten benutzt werden können.

```
class A
{
    // Die folgenden private-Funktionen
    // können nicht von außen aufgerufen
    // werden. Statt dessen müssen die Call-
    // Funktionen verwendet werden.
  private:
      // virtuelle Funktion
    virtual char *WhoAmI()
      { return "class A"; }

      // reguläre Funktion
    char *Identify()
      { return "class A"; }

    // die öffentliche Schnittstelle
  public:
    char *callWhoAmI()
      { return WhoAmI(); }
    char *callIdentify()
      { return Identify(); }
};

class B : public A
{
    // Da es sich hier um eine andere Klasse
    // handelt, werden die privaten
    // Funktionen neu definiert.
    // Wir vererben den Interface-
    // Funktionsaufruf von A.
  private:
    char *WhoAmI()
      { return "class B"; }

    char *Identify()
      { return "class B"; }
};

int main()
{
  B derivedObj;
```

```
  puts( derivedObj.callWhoAmI() );
  puts( derivedObj.callIdentify() );
}

  // Ausgabe:

class A
class B
```

Woher kommt nun diese unterschiedliche Ausgabe? Wir rufen beide Funktionen eindeutig von einem Objekt B aus auf, aber es sieht so aus, als würde erst B::WhoAmI() aufgerufen und dann A::Identify().

Die Ursache dafür ist das Schlüsselwort virtual. Virtuelle Funktionen werden wo immer möglich in einer abgeleiteten Klasse ausgeführt. Die Funktion A::callWhoAmI() wird aufgerufen, aber das Objekt, von dem aus sie aufgerufen wird, ist vom Typ B. Die Funktion macht dann einen Aufruf von WhoAmI(), aber da sie als virtuell deklariert wurde, wird sie in der abgeleiteten Klasse B nach einer neudefinierten Version von WhoAmI() suchen.

Ähnlich wird A::callIdentify() von derivedObj aufgerufen, aber die Funktion A::Identify() wird aufgerufen, da sie nicht als virtuell deklariert wurde.

Eine allgemeine Regel zur Definition virtueller Funktionen, die von anderen Elementfunktionen aufgerufen werden, lautet: Immer wenn die aufgerufene Funktion in einer abgeleiteten Klasse neudefiniert werden könnte, machen Sie sie virtuell.

Wir werden später erklären, warum virtuelle Funktionen nicht linear sein können. Ansonsten, wenn Sie eine virtuelle Funktion außerhalb der Klasse definieren, muß das Schlüsselwort virtual nicht wiederholt werden. Nur Elementfunktionen können als virtuell definiert werden.

Virtuelle Funktionen und Kompatibilität

Sie erhalten zunächst den Quellcode für eine Klasse, die keine virtuellen Funktionen enthält, um zu zeigen, wo Fehler auftreten können. Stellen Sie sich vor, wir hätten eine Klasse Object geschrieben, die eine Variable in einer einfachen Sprache enthalten soll. Die Basisklasse sieht so aus:

```
class Object
{
  public:
    void Print() { printf"Object"); }
};
```

Nun leiten wir die Klassen Null, String und Integer von der Basisklasse Object ab:

```
class Null : public Objekt
{
  public:
    void Print() { printf("null)"); }
};

class String : public Objekt
{
  private:
    char *s;
  public:
    // ... Konstruktoren
    void Print() { printf(s); )
};

class Integer : public Object
{
  private:
    int i;
  public:
    // ... Konstruktoren
    void Print() { printf("\d",i); }
};
```

Alle Klassen in der Hierarchie, die von Object abgeleitet sind, haben eine Elementfunktion Print, die den Wert des Datenelementes ausgibt. Dies funktioniert bei einfachen Anwendungen gut:

```
String s = "Beispiel";
Integer i = 20;

s.Print();
i.Print();
```

Stellen Sie sich jedoch vor, daß wir eine allgemeine Funktion Handle definieren wollten, die etwas mit einem Objekt macht (es zum Beispiel in eine verknüpfte Liste einfügt und es dann ausgibt):

```
void Process( Object& t )
{
  // .. t in die verknüpfte Liste einfügen
  t.print();
}

Process( s );
Process( t );

  // Ausgabe:
Object
Object
```

Wir sehen hier, daß Object::Print anstelle der abgeleiteten Funktionen zweimal aufgerufen wird. Eine normale Elementfunktion wird dagegen für den deklarierten Klassentyp des Objektes, von dem aus der Aufruf erfolgte, immer aufgerufen.

Virtuelle Funktionen können die Lösung für dieses Problem sein. Solche Funktionen werden vom Compiler gesondert behandelt und für den eigentlichen Klassentyp anstatt für den deklarierten Klassentyp aufgerufen. Mit virtuellen Funktionen können wir allgemeine Funktionen wie Process schreiben, die an Basisklassen operieren, während Funktionen, die in der abgeleiteten Klasse neudefiniert wurden (wie zum Beispiel Print), für die abgeleitete Klasse aufgerufen werden. Damit der obige Programmausschnitt richtig arbeitet, ist lediglich das Schlüsselwort virtual an die Print-Deklaration in der Basisklasse anzuhängen:

```
class Objekt
{
  public:
    virtual void Print()
    { printf("Object"); }
};
```

Nun erhalten wir das gewünschte Ergebnis:

```
  // Ausgabe:
Beispiel
20
```

Diese Technik der virtuellen Funktionen wird *dynamische* Bindung oder Laufzeit-Bindung genannt: Zur Laufzeit wird der Aufruf der Print-Funktion an die korrekte abgeleitete Klasse gebunden. Die erste Version ohne das Schlüsselwort virtual verwendete die statische Bindung. Zur Zeit des Kompilierens wird festgelegt, daß der Print-Aufruf Objekt::Print ist. Dies erfolgt unabhängig vom tatsächlichen Typ des Arguments.

Virtuelle Funktionen werden im dritten Teil dieses Buches häufig angewendet. Dabei ist die Zielvorstellung, einigen Klassen, die von einer Basisklasse abgeleitet wurden, die Befehle "Drucke dich selbst!", "Zeichne Dich selbst!" usw. zu erteilen. Zur Laufzeit wird die richtige Funktion aufgerufen.

Sie müssen das Schlüsselwort virtual in der abgeleiteten Klasse nicht wiederholen. Alle Neudefinitionen einer virtuellen Funktion müssen denselben Prototyp haben. Eine virtuelle Funktion, die in einer abgeleiteten Klasse neudefiniert wird, muß dieselbe Anzahl und Typen von Argumenten haben.

Wenn in einer abgeleiteten Klasse keine virtuelle Funktion definiert ist, wird die Basisfunktion verwendet. Aber stellen Sie sich vor, wir leiten eine Klasse von einer Unterklasse von Object ab:

```
class LimitedInt : public Integer
{
   private:
      int Min, Max;
   public:
      // Spezielle Konstruktoren ...
      // Keine Definition für Print!
};
```

Hier wurde keine neue Print-Funktion definiert, da die Version der direkten Basisklasse Integer verwendet wurde. Objekten vom Typ LimitedInt können nun auch mehr Funktionen als Process() übergeben werden: Die zur Zeit der Programmausführung aufgerufene virtuelle Funktion ist Integer::Print.

Wo werden virtuelle Funktionen benutzt?

Ein intuitives Beispiel für Polymorphismus und den Einsatz virtueller Funktionen sind eine Reihe grafischer Klassen, die alle von einer Basisklasse Shape abgeleitet werden. Diese Klasse Shape enthält die allgemeinen Eigenschaften, die grafische Objekte haben, einschließlich einer Elementfunktion Draw. Natürlich wird diese Funktion in der Shape-Klasse als virtuell deklariert. Für jede abgeleitete Klasse wie zum Beispiel Circle, Rectangle oder Triangle wird die Funktion Draw neu definiert. Nun können wir den allgemeinen Code benutzen, um ein Shape-Objekt zu zeichnen. Es wird dazu eine Funktion GetNewShape vorausgesetzt, die bei ihrem Aufruf eine Adresse eines grafischen Objektes liefert:

```
do
{
  Shape *p = GetNewShape();
  if ( p )
    p-> Draw();
} while ( p);   // bis die Shapes ausgehen
```

GetNewShape wird Zeiger auf Circles, Rectangles und Triangles liefern, die dann einem Shape-Zeiger p zugewiesen werden. Da Shape::Draw virtuell ist, wird der Aufruf p->Draw die richtigen Funktionen Circle::Draw, Rectangle::Draw und Triangle::Draw für uns aufrufen.

Es gibt eine großen Vorteil dieser Anwendung virtueller Funktionen: Der Code zum Zeichnen der Shapes ist unabhängig von der Anzahl der abgeleiteten Klassen! Das bedeutet, daß wir eine neue Klasse Ellipse hinzufügen können, der GetNewShape einen Zeiger liefern könnte. Die do...while-Schleife würde durch diesen Zusatz nicht verändert, da die Funktion Ellipse::Draw automatisch durch den virtuellen Mechanismus aufgerufen wird.

Virtuelle Funktionen bewirken, daß Objekte etwas größer werden, da zusätzlich zu den Datenelementen ein Zeiger auf eine Tabelle der virtuellen Funktionen gespeichert werden muß. Die interne Impementation wird in Kapitel 8 detailliert besprochen.

Abstrakte Basisklassen und reine virtuelle Funktionen

Sie haben vielleicht bemerkt, daß die oben besprochenen Klassen Shape und Word keinem anderen Zweck dienten, als daß von ihnen abgeleitet wurde. Es kann keine Instanz ihres Typs erstellt werden, sondern es können nur Instanzen ihrer abgeleiteten Typen erstellt werden. Mit den bis jetzt besprochenen Techniken muß die Draw-Funktion für Shape definiert werden, selbst wenn diese niemals aufgerufen wird:

```
class Shape
{
  public:
    // ...
    virtual void Draw() {}
};
```

In C++ kann man solche Klassen abstrakt machen. Ein wichtiger Unterschied zwischen abstrakten und normalen Basisklassen ist, daß der Compiler es nicht erlauben würde, daß irgendwelche Instanzen für eine abstrakte Basisklasse erstellt würden. Dies zwingt Sie, die Basisklasse lediglich als Rahmen für abgeleitete Klassen zu benutzten. Weiterhin müssen Sie eine reine virtuelle Funktion mindestens einmal in jeder Klasse neudefinieren, die direkt von dieser Basisklasse erbt.

Eine Klasse wird abstrakt genannt, wenn wenigstens eine Funktion in ihr für *rein virtuell* erklärt wird. Eine rein virtuelle Funktion ist eine Funktionsdeklaration, der direkt "= 0" folgt. Sie sehen dies im folgenden Beispiel:

```
class Shape
{
  public:
    // ...
    // Reine virtuelle Funktion:
    virtual void Draw() = 0; // = 0 rein virtuell
};
```

Die Klasse Objekt könnte ähnlich neugeschrieben werden, indem reine virtuelle Funktionen verwendet werden:

```
class Objekt
{
  public:
    Virtal void Print() = 0;
};
```

Nun können keine Instanzen von Object erstellt werden:

```
Objekt t;     // Error: Cannot create variable
              // of abstract class 'Objekt'
```

Sie können allerdings Variablen vom Typ "Zeiger auf Object" oder "Referenz auf Object" erstellen und sie sich tatsächlich auf ein von Object abgeleitetes Objekt beziehen lassen:

```
Integer i = 20;
Objekt *tp = &i;      // Ok, Zeiger auf Object
Objekt& tr = i;       // Ok, Referenz auf Object

tp->Print();     // Integer::Print aufrufen
tr.Print;        // Integer::Print aufrufen
```

Ein wichtiger Punkt bei abstrakten Basisklassen ist, daß sie die Sicherheit erhöhen: Es können keine Instanzen von abstrakten Basisklassen mehr erstellt werden, und in jeder direkt abgeleiteten Klasse muß die virtuelle Funktion neu definiert werden.

Reine virtuelle Funktionen können für eine Klasse definiert werden. Die Klasse ist in solchen Fällen immer noch abstrakt, und jeder Aufruf einer Funktion muß den Scope-Operator benutzen:

```
class Z
{
  public:
      // reine virtuelle Funktion
      // mit Definition
    virtual void Real() = 0
    {
      printf("Z::Real aufgerufen\n");
    }
};

class ZD : public Z
{
  public:
    virtual void Real()
    {
      printf("ZD::Real aufgerufen\n");
    }
};

Z *zPtr = new ZD;
zPtr->Real();     // Aufruf von ZD::Real
zPtr->Z::Real(); // Aufruf von Z::Real

  // Ergebnis:
ZD:: Real aufgerufen
Z::Real aufgerufen
```

Virtuelle Destruktoren

Destruktoren können in einer Basisklasse virtuell gemacht werden. Wenn sich eine Referenz oder ein Zeiger auf eine Basisklasse tatsächlich auf ein Objekt in einer abgeleiteten Klasse bezieht, wird der Destruktor der abgeleiteten Klasse ebenfalls aufgerufen.

Im folgenden Beispiel wird der von der Klasse String zugewiesene Speicher zugewiesen bleiben, da der Basisdestruktor Object::~Object() nicht als virtuell deklariert wurde.

```
class Object
{
  public:
    ~Object() { printf("Object-Destruktor aufgerufen\n"); }
};

class String : public Object
{
  private:
    char *s;

  public:
    String( char *t )
    { /* ... */ }
    ~String()
    {
      delete s;
      printf("String-Destruktor aufgerufen\n");
    }
};

Object *Paper = new String("WSJ");
  // ...
delete Paper;  // Aufruf von Object::+Object,
               // nicht String::~String!
```

Wenn wir den Basisdestruktor virtuell machen, werden sowohl der Object- als auch der String-Destruktor aufgerufen:

```
class Object
{
  public:
    virtual ~Objekt()
    { printf("Object-Destruktor aufgerufen\n"); }
};
```

```
class String : public Object { /* unverändert */ };

Objekt *Paper = new String("NYT");
   // ...
delete Paper;

   // Ergebnis:
String-Destruktor aufgerufen
Object-Destruktor aufgerufen
```

Ein wichtiger Unterschied zwischen virtuellen Destruktoren und regulären virtuellen Funktionen ist, daß, wenn ein virtueller Destruktor aufgerufen wird, *alle* Destruktoren entlang des Vererbungspfades aufgerufen werden, beginnend mit den am weitesten abgeleiteten Destruktor. Das ist eine sehr bequeme Eigenschaft, da es garantiert, daß jedes Objekt, aus dem ein Objekt besteht, ordentlich entfernt wird.

Das folgende Beispiel zeigt, wie das funktioniert.

```
class A
{
  public:
    virtual ~A() { putchar('A'); }
};

class B : public A
{
  public:
    ~B() { putchar('B'); }
};

class C : public B
{
  public:
    ~C() { putchar('C'); }
};

A *ap = new C;
delete ap;
  // Ergebnis:
CBA
```

Mehrfachvererbung

Einer der wichtigsten Neuerungen in C++ Version 2.0, verglichen mit vorherigen Versionen, ist die mehrfache Vererbung. Mehrfachvererbung bedeutet, daß eine Klasse von mehr als einer Basisklasse erben kann. Diese Technik wird nicht sehr oft benutzt, sie kann aber hilfreich für das Erstellen von Klassen sein, die die Eigenschaften von zwei oder mehr Klassen haben sollen. Die Mehrfachvererbung hat folgende Syntax:

```
class A { /* ... */ };
class B { /* ... */ };

class C : public A, public B { /* ... */ };
```

Nun hat C sowohl von A als auch von B geerbt. Wir können ein C-Objekt als Kombination der Objekte A und B ansehen.

Wenn eine abgeleitete Klasse Debuggable gemacht wird, haben wir ein Beispiel für mehrfache Vererbung:

```
class String : public Object, public Debuggable
{ /* ... */ };
```

Beachten Sie, daß wir ebenso privat von Debuggable hätten ableiten können:

```
class FilledCircle : public Circle, private Debuggable
{ /* ... */ };
```

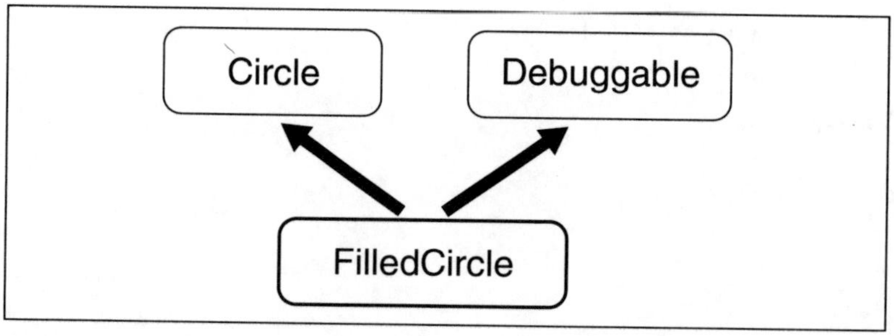

Abb. 6.6: Mehrfachvererbung

Verwenden Sie die mehrfache Vererbung ebenso wie die einfache Vererbung lediglich, wenn keine “hat ein”-Beziehung besteht, sondern eine “ist ein”-Beziehung zwischen der Basis- und der abgeleiteten Klasse. Wenn wir eine Klasse Button und eine Klasse Icon haben, sollten wir kein IconButton als Kind dieser Klassen definieren:

```
Class IconButton : public Button, public Icon
{ /* ... */ };
```

Obwohl IconButton ein Button ist, ist es kein Icon, sondern *hat* stattdessen ein Icon:

```
class IconButton : public Button
{
   private:
      Icon i;
   /* ... */
};
```

Kapitel 7

Die Stream-Bibliothek

Die Stream-Bibliothek besteht aus einer Anzahl Klassen, mit denen sicherere und natürlichere Ein- und Ausgaben durchgeführt werden können, als es mit den StandardBibliotheksfunktionen von C möglich ist. In diesem Kapitel werden wir die wichtigsten Stream-Klassen des Borland C++-Compilers besprechen.

Die Benutzung der Stream-Klassen

Ein Stream kann als eine Abstraktion eines Datenflußes von einem Produzenten zu einem Konsumenten angesehen werden. Speicherpuffer, Dateien und Strings können alle sowohl Produzenten als auch Konsumenten sein. Die Streams werden mit den Operatoren >> und << wie folgt verwendet:

```
Konsument << Produzent;
  // oder:
Produzent >> Konsument;
```

Es gibt einen vordefinierten Konsumenten cout, der oft mit der Standardausgabeeinheit stdout übereinstimmt. Wenn wir Daten ausgeben wollen, können wir sie produzieren und an cout senden:

```
cout << "Ich bin der Standard-Ausgabe-Stream";
```

Dasselbe kann mit Zahlen geschehen:

```
cout << 99;
cout << 3.14;
```

Wir sagen, daß die Daten in den Stream eingefügt oder eingeschoben werden; der Ausdruck << 99 wird darum eine Einschiebung genannt. Einschiebungen haben die praktische Eigenschaft, daß sie verbunden werden können, so daß das Folgende möglich ist:

```
cout << "Der Wert ist:" << 52 <<"/n";
```

Hier wurden drei Einschiebungen verbunden und zum Ausgabe-Stream cout gesendet. Für die Ausgabe-Stream-Klassen wurde der operator<< neu definiert, damit er alle integrierten Typen unterstützt. Der char*-Einschiebungstyp wird als String interpretiert, während der void*- Eingabetyp dazu benutzt werden kann, Zeiger anzuzeigen. Ein anderer großer Vorteil der Stream-Klassen ist, daß Sie Inserter (in Form des operator<<) für Klassen definieren können, um so Streams erweiterbar und einfacher lesbar zu machen.

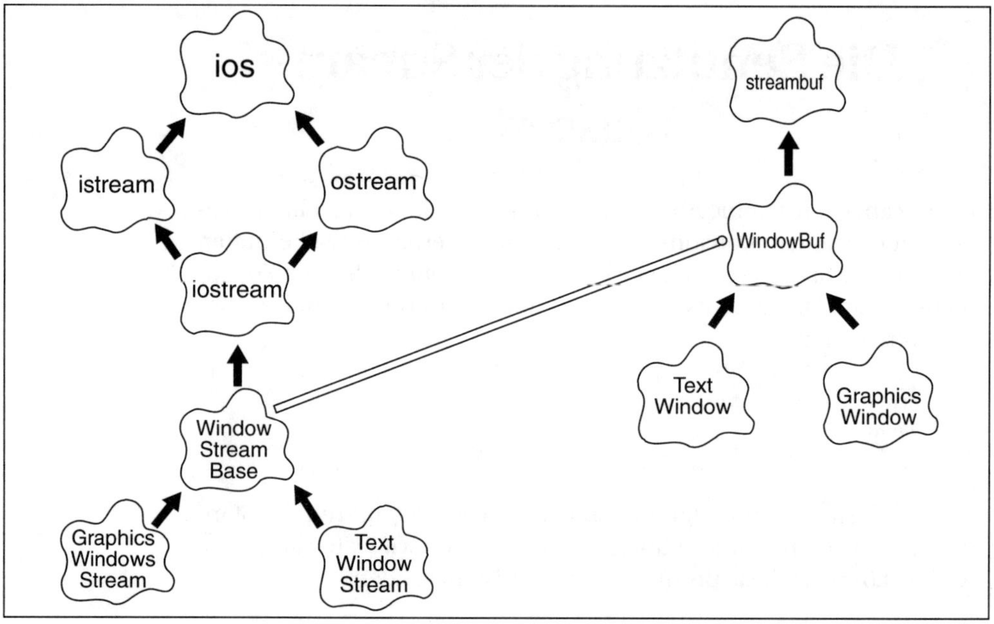

Abb. 7.1: Die Stream-Klassen

Der vordefinierte Eingabe-Stream heißt cin und ist vergleichbar mit stdin. Dieser Stream ist üblicherweise verbunden mit einem Benutzer-Eingabegerät, typischerweise der Tastatur. Da cin ein Datenproduzent ist, zeigen die Pfeilspitzen >> von cin zu dem Datenpuffer, den Sie zur Verfügung stellen:

```
char Buffer[80];
cin >>Buffer; // Liest Zeichen
```

Auf ähnliche Weise können Sie Daten in char- und int-Variablen speichern:

```
int Amount;
char Units[15];
cout << "Betrag und Einheiten eingeben: ";
cin >> Amount >> Units;
```

Da der operator>> für den Typ int& neudefiniert wurde, müssen Sie die Adresse von Amount nicht zur Verfügung stellen.

Normalerweise verursacht das Abrufen einer Eingabe von cin, daß alle Leerzeichen übersprungen werden. Wie bei der Ausgabe können Sie operator>>-Funktionen für Ihre eigenen Klassentypen definieren.

Nachdem nun die grundlegenden Ein- und Ausgabe-Stream-Klassen besprochen wurden, wird gezeigt, wie sich die Stream-Klassen in die folgenden Kategorien unterteilen lassen:

- Klassen für das Puffern von Ein- und Ausgabe: streambuf, strstreambuf und filebuf.
- Klassen, die Operationen für solche Puffer-Klassen zur Verfügung stellen.
- Unformatierte und formatierte Ein- und Ausgabe: ios, ostream, istream und iostream.
- Entspricht den Vorhergehenden, aber mit einem hinzugefügten Zuweisungsoperator: ostream_withassign, istream_withassign und iostream_withassign.
- Die Stream-Klassen für den Umgang mit Dateien: fstreambase, ofstream, ifstream und fstream.
- Die Stream-Klassen, die Speicherpuffer bearbeiten: strstreambase, ostrstream, istream und strstream.

Die Klassen streambuf, strstreambuf und filebuf kümmern sich um gepufferte Daten. Typischerweise benutzen alle Stream-Klassen eine dieser Puffer-Klassen.

Vordefinierte Stream-Objekte

Wir haben schon die vordefinierten Stream-Objekte cout und cin kennengelernt. Es gibt im Ganzen vier vordefinierte Streams, die allen Programmen, die die Stream-Bibliotheken benutzen, zugänglich sind:

```
istream_withassign cin;
ostream_withassign cout;
ostream_withassign cerr;
ostream_withassign clog;
```

Die ersten drei Objekte sind die Stream-Äquivalente von stdin, stdout und stderr. Das vierte Objekt, clog, ist eine gepufferte Version von cerr und hat kein Äquivalent. Sie können die C-Funktionen und C++ -Streams beliebig mischen:

```
cout << "Hello ";
puts("world!");
```

Das _withassign-Suffix zeigt an, daß ein Zuweisungsoperator zu der Klasse hinzugefügt wurde, wodurch Objekten solcher Klassen neue Werte zugewiesen werden können.

Definieren von eigenen Insertern

Wir können eigene Inserter für Klassentypen definieren, die im allgemeinen den folgenden Prototyp haben (für eine Klasse C):

```
   // Ausgabe-Stream-Inserter
ostream& operator<<(ostream& os, C& theObj);

   // Eingabe-Stream-Inserter
istream& operator>>(istream& is, C& theObj);
```

Dies sind keine Elementfunktionen der Klasse und nehmen als erstes Argument ein Stream-Objekt. Der Rückgabewert ist eine Referenz auf das Objekt und ermöglicht es uns, Einschiebungen zu verbinden. Beachten Sie, daß es bei dem operator>> nötig ist, eine Referenz nach C zu übergeben, da sich der Status von theObj ändern wird.

Der Status eines Stream

Jeder Stream enthält eine Integer-Variable, die den Status des Stream enthält. Die Bits in diesem Stream haben die folgende Bedeutung:

Bit	Bedeutung
ios::eofbit	Ende der Datei erreicht
ios::failbit	Die letzte I/O-Operation scheiterte. Das hat keine weiteren Konsequenzen für den Stream-Status.
ios::badbit	Es wurde versucht, eine ungültige Operation durchzuführen. Der Stream-Status kann ungültig sein.
ios::hardfail	Ein schwerer Fehler ist aufgetreten. Der Stream kann nicht länger benutzt werden.
ios::goodbit	Es ist kein Fehler aufgetreten.

Die Elementfunktion rdstate() liefert das Statuswort. Die folgenden Elementfunktionen wurden ebenfalls definiert:

Funktion	Bedeutung
eof()	Ende der Datei erreicht; ios::eofbit gesetzt
good()	Keine Fehler; alle Bits sind Null
fail()	Die letzte Operation scheiterte; ios::failbit, ios::badbit oder ios::hardfail wurde gesetzt.
bad()	Der Stream ist ungültig; ios::badbit oder ios::hardfail wurde gesetzt.

Das Statuswort läßt sich mit clear(int=0) verändern. Um zu prüfen, ob ein Stream in Ordnung oder fehlerhaft ist, wurden die Operatoren ! und void* überladen. Der Operator void* gibt Null zurück, wenn eine der letzten Operationen fehlschlug, und andernfalls einen Nullzeiger. Der Operator ! gibt fail() zurück, das nicht Null ist, wenn die letzte Operation fehlschlug.

Das Formatieren der Ausgabe

Die Klasse ios hat eine Variable, in der die Einstellung des Ausgabeformates gespeichert ist. Die Bits aus diesem Wort haben die folgende Bedeutung:

Bit	Bedeutung
ios::skipws	Überspringe Leerstellen in der Eingabe
ios::left	Justiere die Ausgabe nach links
ios::right	Justiere die Ausgabe nach rechts
ios::dec	Ausgabe im Dezimalformat
ios::hex	Ausgabe im Hexadezimalformat
ios::oct	Ausgabe im Octalformat
ios::uppercase	Ausgabe hexadezimal in Großbuchstaben
ios::showbase	Zeige die Basis in der Ausgabe
ios::showpos	Zeige + bei positiven Integern
ios::showpoint	Zeige Dezimalpunkte bei Fließkommazahlen
ios::scientific	Zeige Fließkommazahlen im wissenschaftlichen Format an
ios::fixed	Zeige Fließkommazahlen in festgelegter Ausgabe
ios::unitbuf	Alle Streams nach Einschiebung leeren
ios::stdio	stout und stderr nach Einschiebung leeren

Diese Bits können in einem Doppelwort gesetzt werden. Die Funktion flags() liefert dieses Wort, das mit setf() verändert wird.

Folgende Konstanten können an setf() als zweites Argument übergeben werden:

Kontante	Bedeutung
ios::basefield	Entspricht dec | oct | hex
ios::adjustfield	Entspricht left | right | internal
ios::floatfield	Entspricht scientific | fixed

Sie können auch Manipulatoren verwenden, um einige der Bits zu setzen. Dies werden wir später besprechen.

Formatierte Eingabe

Eingaben, die mit dem Operator >> erfolgen, werden entsprechend den folgenden Regeln formatiert:

Alle führenden Leerzeichen vor den eigentlichen Daten werden übersprungen. Zahlen, die auf ein optionales Vorzeichen folgen, werden bis zum ersten nichtnumerischen Zeichen gelesen. Wenn das erste Zeichen eine Null ("0") ist, wird angenommen, daß die Eingabe oktal erfolgt. Wenn die ersten zwei Zeichen 0x oder 0X sind, wird die Eingabe als hexadezimal interpretiert. Die Suffixe U, L und UL werden nicht akzeptiert, und sie sind auch nicht notwendig, da der sich ergebende Wert automatisch den richtigen Typ haben wird.

Beim Lesen von einzelnen Zeichen wird die Eingabe nicht wirksam, bis Sie die <Eingabe>-Taste gedrückt haben. Von einer Zeichenkette wird nur das erste Wort gelesen, da das Lesen beim ersten Leerzeichen hinter einem Wort gestoppt wird. Um eine ganze Zeile einzulesen, können Sie die getline-Elementfunktion verwenden. Das Überspringen von Leerzeichen am Anfang kann ausgeschaltet werden, indem man das ios::skipws-Bit der Formatvariablen setzt. Dies ist ein sicherer Weg zum Lesen eines Zeichenspeichers mit cin:

```
char Buffer[ Length ];

cin.width( Length );

cin >> Buffer;
  // oder:
cin.getline( Buffer );
```

Manipulatoren

Wir haben gesehen, daß das Verbinden der Einschiebungen die Anwendungen von Streams sehr kompakt macht. Das Aufrufen von Elementfunktionen kann uns aber zwingen, eine Ausgabezeile in mehrere Zeilen zu umbrechen.

Um dies zu verhindern, können Manipulatoren benutzt werden. Manipulatoren verhalten sich wie Elementfunktionen, können aber benutzt werden wie jede andere Einschiebung. Im folgenden Beispiel werden Manipulatoren verwendet, um die Länge des Ausgabefeldes auf 8 und das Ausgabeformat auf Hexadezimal zu setzen:

```
cout << setw(8) << hex << 40613;
```

Die folgenden Standard-Manipulatoren stehen zur Verfügung:

Manipulator	Bedeutung
dec	Ausgabe im Dezimalformat
hex	Ausgabe im Hexadezimalformat
oct	Ausgabe im Oktalformat
ws	Filtert Leerzeichen heraus.
endl	Fügt eine neue Zeile ein und leert den Stream.
ends	Fügt eine End-Null in den Stream ein.
flush	Leert einen Ausgabe-Stream.
setbase(int)	Setzt die Umwandlungsbasis auf den Wert des Arguments.
resetiosflags(long)	Löscht die Format-Bits wie im Argument angegeben.
setioflags(long)	Setzt die Format-Bits wie im Argument angegeben.
setfill(int)	Setzt die Füllzeichen.
setw(int)	Setzt die Länge des Ausgabefelds.
setprecison(int)	Setzt die Genauigkeit von Fließkommazahlen.

Elementfunktionen von ostream und istream

Die folgenden Elementfunktionen stehen mit den Objekten vom Typ ostream zur Verfügung:

Elementfunktion	Bedeutung
flush()	Leert den Stream.
put(char)	Fügt das Zeichenargument in den Stream ein.
write(const char*,int)	Fügt aus dem Zeichenspeicher eine Anzahl von Bytes ein.

Für Objekte vom Typ istream sind die folgenden Elementfunktionen definiert:

Elementfunktion	Bedeutung
get(chat*,int,char)	Filtert Zeichen aus dem Stream und setzt sie in den Speicher, auf den das erste Argument zeigt. Das zweite Argument enthält die maximale Anzahl der zu lesenden Zeichen. Ein optionales drittes Argument enthält das Beendigungszeichen und hat den voreingestellten Wert '\n'.
get(char&)	Extrahiert ein einzelnes Zeichen aus dem Stream und setzt es in das Argument.
putback(char)	Schiebt ein einzelnes Zeichen zurück in den Stream.
peek()	Gibt das nächste Zeichen aus dem Stream zurück, aber extrahiert es nicht.
getline(char*,int,char)	Dasselbe wie get(char*,int,char), aber der Delimiter wird ebenfalls extrahiert.
ignore(int=1, int=EOF)	Überspringt eine Anzahl von Zeichen (Voreinstellung ist 1) im Eingabe-Stream und hält an, wenn der Wert des zweiten Arguments gelesen wird.
read(char*,int)	Extrahiert eine Anzahl von Zeichen aus dem Eingabe-Stream und speichert sie in dem Puffer, auf den das erste Argument zeigt.
gcount()	Liefert die Anzahl der zuletzt extrahierten Zeichen.

In den meisten Fällen werden für unformatierte Ein- oder Ausgaben Elementfunktionen anstelle von Operatoren verwendet. Die get-Elementfunktion liest zum Beispiel das nächste Zeichen (selbst wenn es ein Leerzeichen ist), während operator<<(char&) das nächste Zeichen liest, das kein Leerzeichen ist.

Die folgenden Elementfunktionen stehen beiden Klassen zur Verfügung:

Funktion	Bedeutung
tellp()	Liefert die aktuelle Position im Stream.
seekp(long)	Bewegt die aktuelle Position zu einem absoluten Punkt im Stream.
seekp(long,seek_dir)	Bewegt die Position relativ zu der aktuellen. Das zweite Argument ist ios::beg, ios::cur oder ios::end.

Die gemischte Klasse iostream

Wie Sie am Vererbungsstammbaum sehen können, erbt iostream sowohl von istream als auch ostream Elemente. Danmit sind Objekte dieses Typs ebenso für Ein- wie für Ausgaben geeignet. Die Definition sieht folgendermaßen aus:

```
class iostream : public istream, public ostream
{
  protected:
    iostream();
  public:
    iostream(streambuf*);
    virtual iostream();
};
```

Da der Standard-Konstruktor iostream::iostream() geschützt ist, können wir iostream nur mit der Adresse eines vorhandenen streambuf instanziieren.

Dateieingabe und -ausgabe

Die Klassen ofstream und ifstream sind jeweils von ostream und istream abgeleitet. Sie fügen die Möglichkeit der Ein- und Ausgabe mit Dateien hinzu. Der folgende Beispielprogrammausschnitt zählt die Anzahl der Leerzeichen in der Eingabedatei und sendet die entsprechende Ausgabe zu einer anderen Datei.

```
ifstream InFile( "test.dat" );
ofstream OutFile( "results.dat" );
```

```
char c;
int count = 0;

  // Lesen aus der Eingabedatei
while ( !InFile.eof() )
  if ( isspace( InFile.get(c) ) )
    Count++;

  // Schreiben in die Ausgabedatei
OutFile << Count << " whitespaces in"  << "input file.\n";
```

Wenn Sie einen Dateinamen an den Konstruktor übergeben (wie im Beispiel), wird die Datei automatisch geöffnet. Andernfalls wird die Elementfunktion open(char) aufgerufen.

Die Funktion close() schließt eine Datei, und das DateiStream-Objekt kann wiederbenutzt werden, um eine andere Datei zu öffnen. Der Prototyp der open-Funktion für die verschiedenen Klassen lautet wie folgt:

```
ifstream::open( char *FileName,
                int Mode =ios::in,
                int Prot =filebuf::openprot );
ofstream::open( char *FileName
                int Mode =ios::out,
                int Prot =filebuf::openprot );
fstream::open(  char*FileName,
                int Mode,
                int Prot =filebuf::openprot );
```

Ein fstream-Objekt ist ein Datei-Stream, an dem sowohl Ein- als auch Ausgabeoperationen vorgenommen werden können.

Die folgenden Dateimodi können als zweites Argument an open übergeben werden:

Modus	Bedeutung
ios::app	Hängt alle Daten an das Ende der Datei an.
ios::ate	Öffnet die Datei und setzt den Dateizeiger auf die letzte Dateiposition.
ios::in	Öffnet die Datei zum Lesen (immer gesetzt für ifstream-Objekte).
ios::out	Öffnet die Datei zum Schreiben (immer gesetzt für ofstream-Objekte).
ios::binary	Öffnet die Datei im Binärmodus statt im Textmodus.
ios::trunc	Setzt die Dateigröße auf Null, wenn sie schon vorhanden ist.
ios::nocreate	Wenn die Datei noch nicht vorhanden ist, scheitert open.
ios::noreplace	Wenn die Datei schon vorhanden ist, scheitert open.

Unter Verwendung eines Datei-Ausgabe-Streams können wir Fehlerausgaben an cerr in eine Datei umleiten, einfach indem wir ihr das ofstream-Objekt zuweisen:

```
ofstream ErrorFile( "Err.Out ");
cerr = ErrorFile;
```

Manipulatoren definieren

Es ist möglich, selbst Manipulatoren mit keinem, einem oder mehreren Argumenten zu definieren. Die Definition eines Manipulators ohne Argumente ist am einfachsten. Da Stream-Klassen einen operator<< mit einem Funktionszeigerargument haben, können wir eine angepaßte Funktion schreiben und sie in die Liste einfügen. Die Funktion sollte den folgenden Prototyp für ostream-Manipulatoren haben:

```
ostream& theManip(ostream&);
```

Das folgende Beispiel definiert drei Manipulatoren, einen, der das aktuelle Datum in den Stream einfügt, einen, der den Bildschirm löscht, und einen Manipulator, der das Programm anhält, bis der Benutzer eine Taste drückt:

```
#include <iostream.h>
#include <conio.h>
#include <dos.h>

  // Fügt das heutige Datum in den Stream ein.
ostream& Date(ostream& os)
{
  date D;
  getdate( &D );
  return os << int(D.da_day)
    << '.' << int(D.da_mon)
    << '.' << D.da_year - 1900;
}

  // Löschen des Bildschirms
ostream& Cls(ostream& os)
{
  clrscr();
  return os;
}

  // Warten auf eine Taste
ostream& Pause(ostream& os)
{
  getch();
  return os;
}
```

Diese Manipulatoren können auf folgende Art benutzt werden:

```
int Main()
{
  cout << "Heutiges Datum: " << Date << '\n';
  cout << "Beliebige Taste drücken..." << Pause << Cls;
}
```

Die Adresse der Manipulator-Funktion wird an den Operator << übergeben, der die Funktion ausführen wird. Natürlich nimmt die Funktion ein ostream& Argument an und gibt es nach Beendigung zurück, um verschachtelte Einschiebungen zu ermöglichen.

Es ist ebenfalls möglich, Manipulatoren zu definieren, die Argumente annehmen. Dazu nehmen wir die Header-Datei iomanip.h zu Hilfe:

```
#include <iostream.h>
#include <iomanip.h>
#include <conio.h>
```

```
#include <dos.h>

ios& waitFunc( ios& s, int nSecondes )
{
  sleep( nSecondes )
  return s;
}
smanip_int_Cdecl Wait( int nSecondes )
{
  return smanip_int( wait Func, nSecondes );
}
```

Da diese Funktionen mit Argumenten eingefügt werden, können wir nicht die vorherige Technik benutzen und einfach die Adresse der Funktion an einen operator<< übergeben. Stattdessen deklarieren wir die Funktion so, daß der Rückgabewert vom Typ smanip_Type ist. Dabei steht Type für den Typ des zu übergebenden Arguments. Die Definitionen der smanip_XXX-Klassen sind in der Header-Datei iomanip.h zu finden; smanip_int und smanip_long sind dort definiert, und für andere Typen kann die Klasse wie folgt definiert werden:

```
IOMANIPdeclare( Type );
```

Die resultierenden Klassen arbeiten als Mittler zwischen der Manipulatorfunktion und dem Stream-Objekt. Der Manipulator erstellt eine Instanz vom Typ smanip_Type als seinen Rückgabewert. An den Manipulator werden als Argumente ein Funktionen-Zeiger ios&(*)(ios&,Type) und eine Variable vom Typ Type übergeben. Das Ergebnis ist, daß wir den Manipulator Wait() wie nachfolgend gezeigt anwenden:

```
int main()
{
  clrscr();
  gotoxy( 35, 12 );
  cout << "Hello" << Wait(1) << "world!" << Wait(1);
}
```

Die Header-Datei iomanip.h bietet keine Möglichkeit, Manipulatoren mit einer beliebigen Anzahl von Argumenten zu definieren. Als ein Beispiel wollen wir eine einfache Klasse sManip schreiben, um Manipulatoren mit zwei Argumenten von Typ int zu ermöglichen.

Zuerst definieren wir den Typ der Manipulator-Funktion:

```
typedef void (*myManip)(int,int);
```

Dann schreiben wir die Klassen-Definition der Klasse sManip. Die Klasse enthält alle notwendigen Informationen, um den Manipulator aufzurufen: einen Zeiger auf die Funktion und Variablen, um den Wert der Argumente aufzunehmen. Da wir möchten, daß unsere Manipulatoren mit ostream- und istream-Objekten arbeiten, definieren wir die entsprechenden Operatoren.

Es ist daher bei jedem Manipulator notwendig, zwei Funktionen zu definieren: eine, die die eigentliche Aufgabe ausführt, und eine zweite, die das benötigte sManip-Objekt erstellt. Die Definition der Klasse sieht nun folgendermaßen aus:

```
class sManip
{
  private:
    myManip fPtr;
    int arg1, arg2;

  public:
    sManip( myManip f, int a, int b )
    {
      fPtr = f;
      arg1 = a;
      arg2 = b;
    }

    friend istream& operator>>
      (istream& is, sManip& m)
    {
      m.fPtr( m.arg1, m.arg2 );
      return is;
    }

    friend ostream& operator<<
      (ostream& os, sManip& m)
    {
      m.fPtr( m.arg1, m.arg2 );
      return os;
    }
};
```

Es kommen noch zwei Manipulatoren hinzu, um das Beispiel zu vervollständigen. Der erste Manipulator wird At genannt und setzt den Cursor an eine angegebene Position auf dem Bildschirm, und der zweite Manipulator heißt Line und zieht eine Linie von gegebener Länge.

```
void atFunc( int x, int y )
{
  gotoxy( x, y );
}

sManip At( int x, int y )
{
  return sManip( myManip(atFunc), x, y );
}

void lineFunc( char lineChar, int lineLength )
{
  while ( lineLength— )
    putch( lineChar );
}

sManip Line( char lineChar, int lineLength )
{
  return sManip( myManip(lineFunc),
                 lineChar, lineLength );
}
```

Wir sehen, daß dasselbe passiert wie im Ein-Argument-Fall, nur daß wir in diesem Fall die Zwischenklasse selbst schreiben mußten. Das Beispielprogramm benutzt die soeben von uns definierten Manipulatoren sowohl mit Ein- als auch mit Ausgabe-Streams:

```
int main()
{
  clrscr();
  char Buffer[50];
  cout << At(5,5) << "Manipulator"
       << At(5,6) << Line('-',12)
       << At(5,9) << "How are you? ";
  cin >> At(18,9) >> Buffer;
}
```

Die Anwendung der Stream-Klassen mit Borland C++

Die Stream-Bibliothek hat lediglich einen Nachteil: Die Header-Datei verlangsamt den Kompilationsprozess merklich. Wenn Sie Turbo C++ benutzen, entfernen Sie am besten alle Kommentare aus der Header-

Datei. Außerdem lädt iostream.h zwar immer mem.h als Include-Datei, benutzt sie aber lediglich, wenn _BIG_INLINE_ definiert wurde. Dieses ist normalerweise nicht der Fall, so daß die eine Zeile #include <mem.h> geändert werden könnte in:

```
#if defined _BIG_INLINE_
  #include <mem.h>
#endif
```

Borland C++ bietet eine bessere Methode zum Beschleunigen des Stream-Kompilierens an: vorkompilierte Header-Dateien. Diese Option wird mit einem der folgenden Verfahren aktiviert:

- Sie stellen die Option Options/Compiler/Code generation/Precompiled Headers ein.
- Sie definieren eine pragma hdrfile.
- Sie verwenden den Befehlszeilenschalter -H.

Der Compiler wird die eingeladenen Header-Dateien nur einmal kompilieren und die symbolischen Informationen in einer .SYM-Datei speichern. Ein erneutes Kompilieren ist nur notwendig, wenn eine der Header-Dateien oder die Header-Include-Liste verändert wird. Die Kompilierung kann also durch folgendes beschleunigt werden:

```
#pragma hdrfile
  #include <iostream.h>
  #imclude <conio.h>
  #include <string.h>
  #include <stdlib.h>
#pragma hdrstop
```

Kapitel 8

Fortgeschrittene Techniken

Zeiger auf Nicht-Elementfunktionen

In C++ haben Zeiger auf Funktionen mehr Implikationen als in C. Um das Funktionen-Overloading zu ermöglichen, wird der Compiler zu jedem Bezeichner einer Funktion ArgumentInformationen hinzufügen. Darum müssen wir die Anzahl und den Typ der Argumente der Funktion, zu der wir einen Zeiger definieren wollen, angeben. Das folgende Beispiel definiert einen neuen Typ funcPtr, der ein Zeiger auf eine Funktion ohne Rückgabewert und mit den Argumenten int, double und char* ist:

```
   // Funktionsprototyp
void Func1(int,double,char*);
void Func2(int,double);

   // Definiere funcPtr-Typ
typedef void (*funcPtr)(int,double,char*);

  // Definiere Variable p vom Typ fooPtr
funcPtr p = Func1;   // Ok
funcPtr q = Funkc2;  // Fehler
```

Einmal definiert, kann ein Zeiger auf eine Funktion entweder mit dem Zeiger-Dereferenz-Operator oder als ein regulärer Funktionsaufruf benutzt werden:

```
(*p) (4, 5.12, "Hello" );    // Dereferenz-Operator benutzt
p( 6, 1.823, "World" );    // regulärer Funktionsaufruf
```

Ein Zeiger auf eine C-Funktion kann definiert werden, indem man dieselbe Notation benutzt.

```
int (*fPtr) (char*) = puts;
```

Da () in C++ (void) bedeutet und nicht (...), können Sie die folgende Konstruktion nicht benutzen:

```
int (*fPtr)() =puts;
// Fehler: Kann "int(near*)(const char near*)"
// nicht "int(near*)()" zuweisen
```

Eine mögliche Lösung des Problems ist die Definition eines Funktionszeigertyps, der eine willkürliche Anzahl von Argumenten nimmt. Dazu muß jedoch eine Umwandlung erfolgen:

```
typedef int (*ifPtr)(...);
ifPtr putsPtr = ifPtr(puts);
```

Zeiger auf statische Elementfunktionen

Da statische Elementfunktionen effektiv nichts mit den Objekten der Klassen, in denen sie definiert werden, zu tun haben, ist das Definieren von Zeigern auf sie ebenso einfach wie reguläre Funktionszeiger. Lediglich der Scope-Operator :: wird bei Zeigern auf statische Elemente verwendet:

```
class Test
{
  public:
    static void Func(int);
};

  // Definiere Zeiger auf Funktion
void (*p)(int) = Test::Func;

p( 3 ); // Ruft Test::Func( 3 ) auf
```

Zeiger auf nicht-statische Elementfunktionen

Die Definition von Zeigern auf nicht-statische Elemente kann so erfolgen:

```
class X
{
  public:
    void F(int);
};

void (X::*fPtrX)(int);
```

Nun ist fPtrX ein Zeiger auf eine Elementfunktion der Klasse X, der void zurückgibt und eine Integer als Argument hat. Wir können ihm X::F() mit folgender Anweisung zuweisen:

```
fPtrX = &X::F;
   // oder:
fPtrX = X::F;
```

Da fPtrX auf eine Elementfunktion einer Klasse zeigt, kann es lediglich im Zusammenhang mit einem Objekt benutzt werden.

```
  // Definition eines Objektes
X x;
  // fPtrX wird für das Objekt aufgerufen
(x.*fPtrX)(55);
```

Die Notation kann folgendermaßen gelesen werden: Dereferenziere fPtrX, und rufe diese Funktion für das Objekt x mit 55 als Argument auf. Wir können nicht (x.fPtrX)(55) schreiben, da fPtrX kein Element der Klasse X ist. Der .*-Operator ist für Zeiger auf Elementfunktionen reserviert.

Zeiger auf Elementfunktionen können auch im Zusammenhang mit einem Zeiger auf eine Klasse benutzt werden, wenn der ->*-Operator benutzt wird:

```
X *px = //...
(xp->*fPtrX)(44);
```

Wie bei Zeigern auf reguläre Funktionen können Sie auch eine abgeleitete Routine schreiben, die einen Zeiger auf eine Elementfunktion als Argument hat:

```
class Y
{
  public:
    int One(double);
    int Two(double);
    int Three(double);
};
typedef int (Y::*fPtrY)(double);

void Generic( Y& yArg, fPtrY theFunc )
{
  double d = 1.2345;
```

```
  int f = (yArg.*theFunc) (d);
}

Y y;
Generic( y, Y::One );
Generic( y, Y::Two );
Generic( y, Y::Three );
```

Es ist auch möglich, eine virtuelle Funktion über einen Zeiger auf eine Elementfunktion wie üblich aufzurufen. Das folgende Beispiel zeigt, daß der Compiler mehr Informationen in einem solchen Zeiger speichert als in regulären Funktionenzeigern:

```
class Z;
void (*fPtr)();
void (Z::*fPtrZ)();

printf("Sizeof fPtr = %i\n",
       sizeof( fPtr ) );
printf("Sizeof fPtrZ = %i\n",
       sizeof( fPtrZ ) );

   // Resultat (bei Borland C++):
Sizeof fPtr  = 2
Sizeof fPtrZ = 8
```

Zeiger auf Datenelemente

Datenelemente einer Klasse sind auch indirekt zugänglich über einen Zeiger. Wenn eine Klasse Int mit einer public-Variablen i vom Typ int vorhanden ist, können wir einen Zeiger auf sie wie folgt definieren:

```
  // Definiere iPtr als Zeiger auf Int::int-Element
int Int::*iPtr;

   // Lasse iPtr auf das Element i der Klasse Int zeigen
iPtr = &Int::i;
```

Wie bei Zeigern auf Elementfunktionen können sie nur mit einem vorhandenen Objekt benutzt werden:

```
Int t ( 7 );
int Test = t.*iPtr;
   // Test == 7;
```

Somit kann iPtr als der Offset von i in einem Int-Objekt betrachtet werden. Dabei kann sich iPtr auf jedes Datenelement vom Typ int beziehen, solange dieses Element public ist. Das folgende Beispiel wird verdeutlichen, wie Zeiger auf Datenelemente gehandhabt werden:

```
class Info
{
  public:
    int i;
};

int Info::*ip = &Info::i;
  // ip hat den Wert 1.

class Info2
{
  public:
    char s[40];
    int i;
};
int Info2::*ip2 = &Info2::i;
  // ip2 hat den Wert 41.
```

Vertrauen Sie dieser Technik nicht! Sie wird hier nur vorgestellt, um Ihnen einen besseren Einblick in die Technik der Definition eines Zeigers auf Datenelemente zu geben.

Natürlich können wir einen regulären Zeiger definieren und ihn auf ein zugängliches Datenelement eines Objektes zeigen lassen:

```
Int t( 4 );
int *ip = &t.i;
   // *ip == 4
```

Globale Objekte

Wenn globale Objekte in derselben Datei wie main() definiert werden, werden sie erstellt, bevor die Programmausführung beginnt. Beachten Sie, daß dies nicht allgemein für alle globalen Objekte gilt; es ist lediglich erforderlich, daß jedes globale Objekt konstruiert ist, bevor irgendeine Funktion, die in derselben Datei definiert ist, zum ersten Mal benutzt wird.

Normalerweise werden globale Objekte in der umgekehrten Reihenfolge, in der sie konstruiert wurden, zerstört. Dies geschieht, wenn Sie von Ihrer Main-Funktion zurückkehren oder exit explizit aufgerufen wird. Die exit-Funktion wird allerdings Destruktoren für lokale Objekte in aktuellen Bezugsrahmen aufrufen. Wenn abort benutzt wird, um Ihr Programm zu beenden, werden Destruktoren für globale Objekte auch nicht aufgerufen.

Template und Generizität

Generizität ist die Technik, Klassen und Funktionen mit parameterisierten Typen zu definieren. Dies bedeutet, daß ein Template gegeben ist, das einen ungeschriebenen Parameter T benutzt, für den andere Typen eingesetzt werden können. C++ kennt die Generizität ab Version 3.0. Die Implementation ist jedoch nur in Borland C++ ab Version 3.0 zu finden. Im Kapitel "Abstrakte Datentypen" aus Teil 3 dieses Buches wird der Preprozessor verwendet, um die Generizität zu simulieren. In diesem Kapitel sind auch Template-Versionen enthalten.

Im Annotated Reference Manual (ARM) definiern Ellis und Stroustrup ein Template-Konstrukt. Für unsere Klasse List, die eine gelinkte Liste darstellt, werden die spezifischen Instanzen folgendermaßen definiert:

```
List<int> a;     // Erstellt eine gelinkte Liste von Integern
List<double> b; // Erstellt eine gelinkte Liste von Doubles
```

Nun können mit den Objekten a und b alle Funktionen verwendet werden, die für die generische Klasse List definiert wurden.

Die Definition der generischen Klasse List lautet folgendermaßen:

```
template<class T> class List
{
  protected:

      // Link-Klasse
    class sLink
    {
        // Das Element
      T e;
        // Zeiger auf das folgende sLink
      sLink *Next;
```

```
        // Konstruktor mit Element
        sLink(T v) { e = v; Next = 0 }
        friend class List<T>;
      };
        // Last zeigt auf das letzte sLink
      sLink *Last;

   public:
        // Standard-Konstruktor
      List( ) { Last = Cursor = 0; nElem = 0; }
      ~List();

        // Elemente hinzufügen
      void AddHead( T& p );
      void AddTail( T& p );

        // Elemente löschen
      T GetHead();
      T GetTail();
};
```

Das Konstrukt template<class T> bedeutet, daß für T in der Definition der Klasse List Objekte beliebigen Typs substituiert werden können.

Funktionen-Templates

Zusätzlich zum Funktionen-Overloading können auch Funktionen-Templates definiert werden. Unser Beispiel der Funktion Abs aus Kapitel 3 in diesem Teil könnte unter Benutzung von Templates in einer Funktion geschrieben werden. Die Funktion kann dann für jeden Datentyp benutzt werden, für den der monadische Operator — und der Vergleichsoperator > definiert sind:

```
template<class T> T Abs (T v)
{
   return v > 0 ? v : -v
}
```

Diese Operatoren sind für alle integrierten Datentypen definiert. Die Funktion ist auf diese Weise auch für Integer-, Double- und Long-Werte geeignet:

```
int i = Abs( -100);
double d = Abs( -3.14);
long l = Abs( -0xf544AL);
```

C von C++ aufrufen

Wir haben gesehen, daß wir Funktionen, die mit einem C-Compiler kompiliert wurden, mit dem externen "C"-Konstrukt aufrufen können. Wenn Sie beispielsweise eine C-Funktion namens Analyze(char*,int) haben, dann kann in C++ der folgende Prototyp benutzt werden:

```
   // Prototyp: Analyze ist eine C-Funktion
extern "C" void Analyze(char*,int);
```

Der Grund dafür, daß wir nicht einfach einen Standard-Prototyp verwenden, ist der, daß alle Funktionsbezeichner vom C++-Compiler in ein spezielles internes Format gebracht werden, während der C-Compiler lediglich einen Unterstrich vor den Bezeichnern von C-Funktionen hinzufügt:

```
   // Funktionsdefinition
void Analyze( char *Buffer, int nA )
{
   /* ... */
}

   // Bezeichner, von einem C-Compiler erstellt:
_Analyze

   // Bezeichner, von einem Borland C++-Compiler erstellt:
@Analyze$qpzci
```

C++ von C aufrufen

Wenn Sie möchten, daß eine C++-Funktion von C aus aufgerufen wird, müssen Sie diese Funktion auch unter Verwendung des externen "C"-Bezeichners deklarieren. Die Funktion kann dann C++-Funktionen aufrufen, -C++-Objekte verwenden usw. Nur eine Funktion aus einer Reihe überladener Funktionen kann als externes "C" angegeben werden. Die Standard-Argumente können natürlich nur mit C++ benutzt werden. Das folgende Beispiel zeigt, wie sich eine Funktion von C aufrufen läßt:

```
  // Funktionendefinition in dem C++-Programm
extern "C" void CallFromC(char *s)
{
  String Str( s );

  cout << "Der String ist: " << Str << "\n";
}
  /* C-Programm */
  /* Der Prototyp: */
void CallFromC(char*);

main()
{
  char *p = "Test";
  CallFromC( p );
}
```

Normalerweise sollten Sie nicht versuchen, einen Struct-Zeiger von C an eine C++-Funktion, die einen Zeiger auf ein Objekt erwartet, zu übergeben. Die folgende Problemlösung ermöglicht Ihnen dies jedoch:

```
  // Klassen-Definition in C++;
class String
{
  private:
    // ...
  public:
    // ...
    String& ToUpper();
};

extern "C" void StringToUpper( String *sp )
{
  sp->ToUpper();
}

  /* C-Funktion, welche die C++-Funktion aufruft */
struct String;
  /* C-Prototyp */
void StringToUpper( String* );

void AnyFunction( String *sp )
{
  sp->ToUpper();
}
```

Teil 2

Das Nachschlagewerk zu Borland C++

Kapitel 9

Der C++ Compiler

Einleitung

In diesem Teil besprechen wir die Eigenschaften der Compiler Turbo C++ und Borland C++ und die Klassen-Bibliotheken ObjectWindows und TurboVision. Da das ausgezeichnete Hilfesystem der integrierten Entwicklungsumgebung (IDE) Informationen zu fast allen Themen enthält, werden wir die meisten Themen nur kurz ansprechen, wenn überhaupt.

Die integrierte Entwicklungsumgebung

Borland liefert seine Compiler immer mit einem integrierten Entwicklungssystem, in dem Editor und Compiler kombiniert sind. Ab Turbo Pascal Version 6.0 und der ersten Version von Turbo C++ wurde diese Umgebung (die wir von jetzt an als IDE — Integrated Development Environment — bezeichnen) entscheidend erweitert. Es kann nun die Maus verwendet werden, und es sind mehrere Fenster gleichzeitig möglich, die sich verschieben und in der Größe ändern lassen. Der Editor von Borland C++ bietet nun eine vollständige Undo/Redo-Funktion. Nun lassen sich auch Makros definieren. Sehr praktisch ist auch die Möglichkeit, eigene Anwendungen in das Systemmenü einzufügen, denen dann beim Aufruf Informationen über die gerade bearbeitete Datei als Argumente übergeben werden.

Die IDEs von Turbo C++ für Windows und Borland C++ 3.0 bieten die Wahlmöglichkeit zwischen dem CUA-Befehlssatz und dem Standard-Borland-Befehlssatz. Der CUA-Befehlssatz verwendet anstelle von Alt X "Windows-kompatible" Befehle, wie etwa Alt F4, um eine Anwendung zu schließen. Die Umgebung der Windows-Version (Turbo C++ für Windows) ist der DOS-Version (Borland C++ 2.0 oder 3.0) sehr ähnlich. Der Hauptunterschied ist, daß die Windows-Version kein Debug-Menü enthält, dafür aber ein Browse-Menü.

Die Verwendung der Fenster der IDE

Bevor wir den Inhalt der Menüs erläutern, besprechen wir zunächst den Umgang mit den Fenstern in der IDE. Ein Fenster sieht im allgemeinen wie in Abbildung 9.1 gezeigt aus.

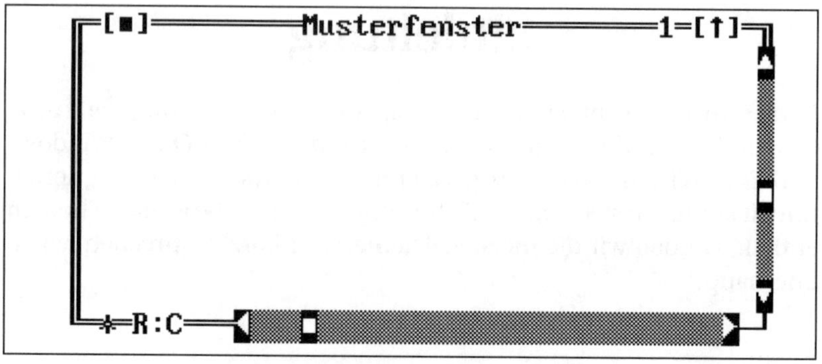

Abb. 9.1: Ein allgemeines Fenster

Oben in der Mitte stehen Informationen über den Fensterinhalt. Bei der Bearbeitung von Dateien wird an dieser Stelle der Dateiname angezeigt. Mit dem ausgefüllten Kasten in der Ecke oben links (der von eckigen Klammern umgeben ist) kann man das Fenster schließen. Die Zahl (in diesem Falle eins) rechts vom Fenstertitel ist die Identifikation des Fensters. Durch [Alt] in Verbindung mit dieser Zahl (eins bis neun) läßt sich das Fenster aktivieren (zum obersten Fenster im System machen). Das Symbol im Kasten oben rechts kann entweder ein Pfeil nach oben oder ein zweiseitiger Pfeil sein. Im ersten Fall läßt sich das Fenster auf maximale Größe bringen, indem man den Pfeil mit der Maus anklickt. Hat das Fenster maximale Größe, so erscheint der Doppelpfeil. Wenn man diesen Pfeil anklickt, erhält das Fenster wieder seine ursprüngliche Größe.

Die Anzeige R:C steht für die Zeile bzw. Spalte der aktuellen Cursorposition im Fenster. Wenn die Datei im Fenster geändert, aber seither nicht gespeichert wurde, so erscheint ein Schneeflockensymbol. Dieses Symbol verschwindet, sobald die Datei abgespeichert ist.

Außerdem hat ein Fenster gewöhnlich zwei Bildlaufleisten, mit denen man durch den Text blättern kann. Die Bildlaufleisten lassen sich nur mit der Maus verwenden. Der ausgefüllte Block zeigt die aktuelle relative Position des Fensters an.

Wie schon erwähnt, lassen sich Fenster bewegen und in der Größe verändern. Dies kann mit der Maus sehr einfach erfolgen: Sie bewegen ein Fenster über den Bildschirm, indem Sie den Mauszeiger irgendwo in der Titelleiste des Fensters plazieren, die linke Maustaste drücken und das Fenster an eine andere Stelle ziehen. Ebenso läßt sich die Größe eines Fensters ändern, indem man die Maus in einer Ecke des Fensters ansetzt und sie dann bewegt.

Es kann immer nur ein Fenster aktiv sein. Dabei handelt es sich um das oberste Fenster, das niemals von einem anderen Fenster überlagert wird. Außerdem hat das aktuelle Fenster einen Rahmen aus doppelten Linien, während inaktive Fenster einen Rahmen aus einer einfachen Linie haben.

Die meisten Fensteroperationen lassen sich mit der Tastatur ausführen, was später im Abschnitt über das Window-Menü erläutert wird.

Die Anwendung der IDE

Nach dem Aufruf der IDE mit einem der Befehle aus der Tabelle 9.1 erscheint die IDE mit einer Menüleiste und einer Statuszeile auf dem Bildschirm. Diese Statuszeile informiert uns im allgemeinen über die wichtigsten Aktionen, die gegenwärtig ausgeführt werden können. Diese Aktionen kann man aufrufen, indem man die entsprechende Taste drückt, die Option aus einem Menü auswählt oder mit der Maus die Option in der Statuszeile anklickt.

IDE	Startbefehl
Turbo C++	TC
Borland C++ 2.0	BC oder BCX (Protected-Modus)
Turbo C++ für Windows	(WIN) TCW
Borland C++ 3.0	BC (Protected-Modus)

Tab. 9.1: Die Startbefehle für die verschiedenen IDEs

Die Menüleiste enthält elf Menüs, die sich auf zwei Arten öffnen lassen. Erstens natürlich durch Anklicken des gewünschten Menünamens mit der Maus; zweitens durch Drücken von [Alt] in Verbindung mit dem entsprechenden Buchstaben. Das erste Menü heißt Systemmenü und läßt sich durch [Alt][ ] aktivieren. Zunächst besprechen wir kurz den Inhalt dieses Menüs. Einige interessante Optionen der Menüs bedürfen genauerer Erläuterung.

Die Menüs der IDE

Die Menüleiste der IDE enthält die folgenden Optionen:

≡	Desktop löschen oder neu färben; externe Programme aufrufen
File	Dateioperationen; Verzeichnis wechseln; aktuelle Datei ausdrucken (als ganzes!); Informationen über verfügbaren Speicher und letzte Kompilation; DOS-Shell; die IDE verlassen
Edit	Blockoperationen; Zugriff auf die Zwischenablage; Optionen zum Wiederholen und Rückgängigmachen (nur Borland C++)
Search	Suchen und ersetzen
Run	Das aktuelle Programm ausführen; schrittweise Ausführung (Trace); zu verwendende Argumente definieren
Compile	Programm oder Projekt kompilieren und/oder linken
Debug	Einfache Debug-Möglichkeiten: eine Variable einsehen; den Wert einer Variablen ändern; den Call-Stack betrachten; Watch- und Breakpoints definieren
Project	Projektdateien öffnen, ändern und schließen
Options	Optionen für Compiler, Linker, Make, Debugger setzen; Verzeichnisse einstellen; Präferenzen für die Umgebung einstellen
Window	Fenster bewegen und ihre Größe ändern; Fenster neu anordnen; Systemfenster öffnen; Liste aller geöffneten und geschlossenen Fenster anzeigen
Help	Index-Hilfesystem; Themensuche

In Dialogfeldern sind Wahlmöglichkeiten oft in unterschiedlicher Weise dargestellt. Sie wechseln mit [Tab] und [⇧][Tab] zwischen den verschiedenen Gruppen mit Optionen. Die Pfeiltasten verwenden Sie, um sich zwischen den Optionen selbst zu bewegen. Wenn aus einer Liste möglicher Optionen genau eine Wahl zu treffen ist, werden Optionsschaltknöpfe verwendet:

```
(*) Vorwärts
( ) Rückwärts
```

In diesem Beispiel wurde "Vorwärts" gewählt. Zur Auswahl einer Option kann die Maus oder können die Pfeiltasten verwendet werden. Es kann auch die Alt-Taste in Verbindung mit dem hervorgehobenen Buchstaben verwendet werden.

Wenn in einer Reihe mehrere Optionen gewählt werden können, werden Kontrollfelder verwendet:

```
[X] Groß-/Kleinschreibung beachten
[ ] Nur Wort
[ ] Regulärer Ausdruck
[X] Mit Bestätigung
```

Einem Feld, in das Text eingegeben werden kann, folgt oft ein Kasten mit einem Pfeil nach unten. Wenn man diesen Kasten anklickt (oder die Taste ↓ drückt), wird eine Liste der früher eingegebenen Werte (die History-Liste) angezeigt.

Wie auch in den Borland-Handbüchern werden wir oft die Option Y im Menü X als X|Y bezeichnen (wie etwa File|Open für die Option Open... aus dem Menü File).

Das Systemmenü

Dieses Menü besteht aus zwei Teilen, von denen der erste die Optionen About..., Clear desktop und Repaint desktop enthält. Die letzte Option zeichnet den Bildschirm neu, wenn er irgendwie durcheinandergekommen ist. Wenn Ihr Mauszeiger nach einem Programmlauf plötzlich verschwunden ist, kann diese Option auch weiterhelfen (eventuell müssen Sie dann Ihren Maustreiber auswechseln).

Der zweite Teil dieses Menüs enthält externe Programme und kann vom Anwender erweitert werden. Dies erläutern wir später bei der Besprechung der Transfer-Option der IDE.

Das File-Menü

Dieses Menü enthält die folgenden Optionen:

Open...	F3
New	
Save	F2

Save as...
Save all
Change dir...
Print
Get info...
DOS shell
Quit Alt X

Wählt man File|Open, so erscheint ein Dialogfeld, das wie Abbildung 9.2 aussieht:

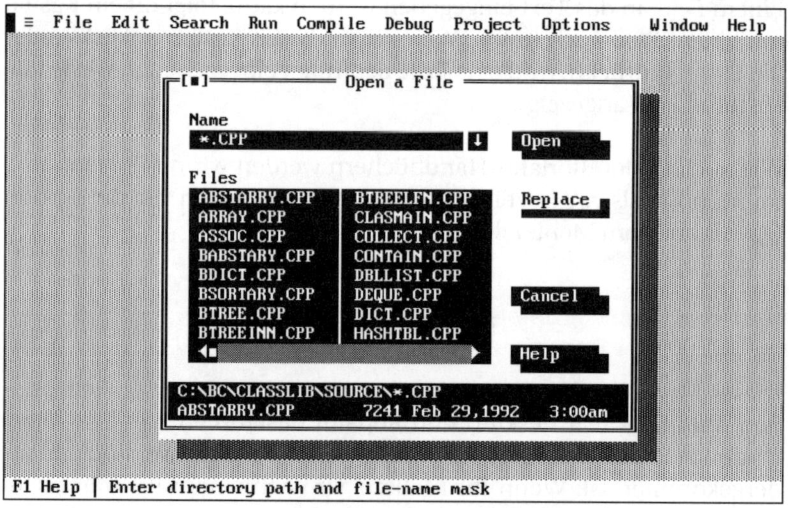

Abb. 9.2: Dialogfeld zu Open File

Die Schaltflächen rechts im Dialogfeld geben die möglichen Optionen an. Eine Datei läßt sich auf verschiedene Weise laden, nämlich mit der Tastatur, der Maus oder einer Kombination von beiden. Am schnellsten ist ein Doppelklick auf die zu ladende Datei. Sie wird dann in ein neues Fenster geladen. Sie blättern mit den Bildlaufleisten durch eine Dateiliste.

Die Option File|New wird verwendet, um ein neues Fenster anzulegen. Dieses Fenster heißt bis zum Speichern NONAME%d.CPP oder NONAME%d.C, wobei "%d" für eine Zahl steht. Sobald ein unbenanntes Fenster abgespeichert wird, wird der Anwender nach dessen endgültigem Namen gefragt. Ein praktischer Weg, eine neue Datei anzulegen und ihr direkt einen Namen zu geben, besteht darin, F3 zu drükken und einen neuen Dateinamen einzugeben.

Die Option File|Save verwenden wir, um die Datei im aktuellen Fenster abzuspeichern. Die Tastenkombination für diese Option ist F2; es ist eine gute Angewohnheit, diese Taste regelmäßig zu drücken, besonders wenn das Programm noch nicht ganz fehlerfrei ist und es den Computer nach seinem Ablauf in einen unvorhersehbaren Zustand beläßt. Die Option File|Save kann verwendet werden, um die Datei im aktuellen Fenster unter einem anderen Namen abzuspeichern.

Die Option File|Save all kann nützlich sein, wenn auf dem Desktop gerade viele Fenster geöffnet sind. Die IDE läßt es zu, daß mehrere Fenster dieselbe Datei enthalten; beim Schließen einer Datei wird normalerweise gefragt, ob die Änderungen auf der Platte gespeichert werden sollen. Wenn jedoch ein Fenster geschlossen wird, von dem noch eine Kopie vorhanden ist (vielleicht unsichtbar, weil andere Fenster sie überlagern), wird diese Frage nicht gestellt. Wenn ein Anwender ein Fenster schließt, könnte er den Eindruck bekommen, daß die Datei auf der Platte sicher abgespeichert ist. Wenn sich dann der Compiler aufgrund eines Fehlers in Ihrem Programm aufhängt, geht jedoch die letzte Version dieser Datei für immer verloren. Verwenden Sie in solchen Fällen daher die Option File|Save all.

Verzeichnisse kann man mit der Option File|Change directory wechseln. Ausdrucken läßt sich die aktuelle Datei mit der Option File|Print. Dadurch wird die ganze Datei ausgedruckt, auch wenn gerade ein Block markiert ist! Sie können einen Block mit Strg K-P ausdrucken.

Die Option File|Get info liefert Informationen über das aktuelle Verzeichnis, die aktuelle Datei, den verfügbaren Speicherplatz im Extended oder Expanded Memory, Informationen über den letzten Compilerlauf und den verfügbaren konventionellen Speicherplatz.

Mit der Option File|DOS Shell können Sie zeitweise zur DOS-Befehlsaufforderung gehen. Der Compiler versucht dabei, möglichst viel konventionellen Speicher bereitzustellen. In vielen Fällen wird auf der Platte eine Auslagerungsdatei (mit der Endung .SWP) angelegt. Abhängig von Ihrer Konfiguration kann dies eine Weile dauern. Wenn genug Erweiterungsspeicher zur Verfügung steht, wird stattdessen dieser verwendet.

Die letzte Option, File|Quit, dient dem Verlassen der IDE. Zu diesem Zweck kann man auch die Tastenkombination [Alt][X] verwenden. Für alle Dateien, die seit der letzten Änderung nicht auf der Platte gespeichert wurden, wird eine Bestätigung zum Speichern verlangt. Auch der aktuelle Zustand der IDE (zum Beispiel der Inhalt und die Position der Fenster) wird auf der Platte gespeichert und beim nächsten Start der IDE rekonstruiert.

Das Edit-Menü

Dieses Menü enthält die folgenden Optionen:

Restore line	[Alt][⇦]	(Turbo C++)
Undo	[Alt][⇦]	(Borland C++)
Redo		(Borland C++)
Cut	[⇧][Entf]	
Copy	[Strg][Entf]	
Paste	[⇧][Einfg]	
Copy example		
Show clipboard		
Clear	[Strg][Entf]	

Mit "Restore line" läßt sich die zuletzt geänderte Zeile wiederherstellen. Dies kann nur einmal erfolgen, so daß sich eine wiederhergestellte Zeile nicht wieder in den vorherigen Zustand versetzen läßt. In der Borland IDE wurde diese Option durch die Optionen "Undo" und "Redo" ersetzt. Die Option Undo (die sich auch durch Drücken von [Alt][⇦] aktivieren läßt) macht fast alles rückgängig, einschließlich Cursorbewegungen, Blockoperationen und so weiter. Mit Redo (für das standardmäßig keine Abkürzungstaste definiert ist) läßt sich dieser Vorgang wieder umkehren.

Blockoperationen

Blöcke können auf verschiedene Weise markiert werden: durch Drükken der Taste [⇧] und Bewegen mit den Cursortasten oder durch Auswählen eines Bereiches mit der Maus (wobei die linke Maustaste gedrückt wird). Auch die Wordstar-Methode, an die viele Programmierer gewöhnt sind, wird unterstützt (die Tasten [Strg][K]-[B] und [Strg][K]-[K]).

Nachdem ein Block markiert ist, kann er ausgeschnitten (Edit|Cut oder ⇧ Entf), kopiert (Edit|Copy oder Strg Einfg) oder gelöscht werden (Edit|Clear oder Strg Entf). Die ersten beiden Optionen setzen eine Kopie des Blocks in die Zwischenablage, so daß der Block wiederhergestellt werden kann, mit der letzten Option ist der Block für immer verloren. Zumindest gilt dies in der Turbo-C++-Umgebung. In der IDE von Borland C++ kann man mit der Undo-Option Alt ⇦ diese Operation rückgängig machen.

Wenn ein Block mit Cut oder Copy in der Zwischenablage gespeichert wird, kann er mit Edit|Paste oder Strg Einfg zurückgeholt werden. Die Zwischenablage enthält alle Blöcke, die im Laufe der Zeit kopiert oder ausgeschnitten werden, also wächst sie immer weiter. Mit der Option Edit|Show clipboard erscheint das Fenster der Zwischenablage auf dem Bildschirm.

Mit der Option Edit|Copy example kann man das Beispiel aus dem aktuellen Hilfefenster in die Zwischenablage kopieren. Danach läßt sich das Beispiel in ein Dateifenster kopieren.

In Tabelle 9.2 sehen Sie, welche Strg K-Optionen sich für Blockoperationen verwenden lassen.

Tastenkombination	Wirkung
Strg K-B	Blockanfang markieren
Strg K-K	Blockende markieren
Strg K-T	Das aktuelle Wort markieren
Strg K-C	Den Block in die Zwischenablage kopieren
Strg K-Y	Block löschen
Strg K-V	Block verschieben
Strg K-R	Datei als Block laden
Strg K-W	Aktuellen Block in eine Datei schreiben
Strg K-I	Block einrücken
Strg K-U	Block ausrücken

Tab. 9.2: Strg K-Blockoperationen

Die letzten beiden Optionen sind besonders interessant: Mit Strg K-I wird jede Zeile des Blocks eine Spalte nach rechts versetzt. Mit Strg K-U wird jede Zeile eine Spalte nach links versetzt. Erfahrene

C-Programmierer wissen, wie oft so etwas vorkommt. Ein Beispiel ist das Einfügen von Programmcode in eine Schleife.

Das Search-Menü

Die folgenden Optionen befinden sich in diesem Menü:

Find...	
Replace...	
Search again	
Go to line number...	
Previous error	Alt F7
Next error	Alt F8
Locate function...	

Die Optionen aus diesem Menü können verwendet werden, um in einem Text nach einer bestimmten Zeichenfolge zu suchen. Die Option Search|Find öffnet ein Dialogfeld, in das man den zu suchenden Text und eine Anzahl von Optionen eingeben kann. Die Option "Regular expression" kann man anwählen, um Platzhalter im Suchbegiff zu verwenden. Die Syntax entspricht im ganzen der GREP-Syntax; Hilfe bekommt man durch Drücken von F1, wenn die Option gewählt ist.

Die Optionen Search|Previous error (Alt F7) und Search|Next error (Alt F8) können nach dem Compilerlauf verwendet werden, um zu den Zeilen zu springen, wo Fehler gefunden wurden. Natürlich kann man mit diesen Optionen nicht zu Linker-Fehlern springen. Die Option Search|Locate function findet beim Debuggen schnell die Definition einer Funktion. Diese Suchoption ist leistungsfähiger als die gewöhnliche Suchfunktion, weil alle Funktionsaufrufe übergangen werden und nur die Funktionsdefinition gesucht wird.

Das Run-Menü

Dieses Menü enthält die folgenden Optionen:

Run	Strg F9
Program Reset	Strg F2

Go to cursor Strg F4
Trace into Strg F7
Step over Strg 8
Arguments...

Verwenden Sie dieses Menü zum Ausführen von Programmen, nachdem diese kompiliert sind. Wenn ein Programm seit seiner letzten Kompilierung geändert wurde, wird es neu kompiliert. Die Optionen Run|Trace into (F7) und Run|Step over (F8) verwenden Sie, um ein Programm Schritt für Schritt ausführen zu lassen. Die erste Option leistet dies bei jedem Funktionsaufruf, dessen Quelltext verfügbar ist, die letztere überspringt diese Aufrufe. Mit einer Kombination dieser beiden Möglichkeiten kann man ein Programm genau bis zu dem Punkt ausführen lassen, an dem etwas schiefgegangen ist, wobei man die sicheren Funktionen übergeht und den Ablauf der verdächtigen Funktionen verfolgt.

Die Option Run|Go to cursor (F4) führt das Programm bis zu der Zeile aus, in der sich der Cursor gerade befindet. Während des Arbeitens mit F7 oder F8 startet die Option Run|Program reset (Strg F2) die Programmausführung neu.

Das Compile-Menü

In diesem Menü finden Sie folgende Optionen:

Compile to OBJ Alt F9
Make EXE file F9
Link EXE file
Build all
Remove messages

Die Option Compile|Compile to OBJ (Alt F9) kompiliert die Datei im aktuellen Fenster in eine OBJ-Datei. Die Option Compile|Make EXE file (F9) erzeugt aus dem Programm im aktuellen Edit-Fenster oder dem aktuell geladenen Projekt eine .EXE-Datei.

Der Unterschied zwischen Compile|Make EXE file und Compile | Link EXE file besteht darin, daß letztere Option nicht prüft, ob die Quelldateien nach der letzten Kompilation geändert wurden. Die letzte Option Compile|Remove messages löscht das Message-Fenster.

Das Debug-Menü

Dieses Menü besteht aus den folgenden Optionen:

Inspect...	Alt F4
Evaluate/modify...	Strg F4
Call stack...	Strg F3
Watches	>
Toggle breakpoints	Strg F8
Breakpoints...	

Mit diesem Menü lassen sich sowohl bedingte als auch unbedingte Breakpoints (Unterbrechungspunkte) setzen. Man kann auch Watchpoints (Beobachtungspunkte) definieren und den Wert eines Objektes einsehen oder ändern. Der eingebaute Debugger kann verwendet werden, um "einfache" Fehler zu beseitigen, während der externe Debugger für schwerere Fälle verwendet werden kann. Das Debuggen mit dem eingebauten Debugger oder mit der eigenständigen Version, TD.EXE, wird später in diesem Teil besprochen.

Das Options-Menü

Dieses Menü besteht aus den folgenden Optionen:

Full menus On/Off		
Compiler	>	
Transfer...		
Make...		
Linker...		
Application...		(Borland C++)
Debugger...		
Directories...		
Environment	>	
Save...		

Die erste Option in diesem Menü ist Options|Full menus. Wenn diese Option auf "Off" gesetzt wird, werden nur die Hauptoptionen der Menüs angezeigt.

Das restliche Menü ist wichtig für die Einstellungen des Compilers, des Linkers und der Hilfsprogramme. Fast alle Optionen, die auf der Befehlszeile übergeben werden können, lassen sich auch in diesen Menüs definieren.

Mit den Optionen Compiler|C++ kann man vorgeben, wie virtuelle Funktionen zu behandeln sind. Wenn Sie unabhängig von der Dateierweiterung immer den C++-Compiler verwenden möchten, dann schalten Sie die Optionsschaltfläche "C++ always" ein. Wie in Teil Eins erläutert, werden Inline-Funktionen zum Zeitpunkt ihres Aufrufs ersetzt, so daß sie während des Debuggens nicht sichtbar sind. Die Option "Out-of-line inline functions" kann gewählt werden, um Inline-Funktionen als echte Funktionen zu implementieren.

Die Option Compiler|Source ist von Bedeutung, wenn C-Programme zu kompilieren sind, die ursprünglich nicht für Turbo C geschrieben wurden, oder wenn "portable" Programme zu schreiben sind. Das Verschachteln von Befehlen ist in Turbo C erlaubt, aber nicht in ANSI C. Die maximale Länge von Bezeichnern läßt sich ändern, wenn Programme für ältere Compiler zu schreiben sind, zum Beispiel für solche, die nur acht signifikante Zeichen in Bezeichnern unterstützen. In Turbo und Borland C++ ist die Länge von Bezeichnern nicht eingeschränkt.

Mit Options | Directories kann man die Verzeichnisse angeben, in denen sich Include-Dateien und Bibliotheken befinden, wie auch die Ausgabeverzeichnisse für OBJ- und EXE-Dateien. Setzt man das Ausgabeverzeichnis auf eine RAM-Disk, so kann man vermeiden, daß die Festplatte sich mit OBJ- und EXE-Dateien füllt, allerdings müssen Projekte nach jedem Booten des Computers völlig neu aufgebaut werden, da keine OBJ-Dateien vorhanden sind.

Die Option Options|Environment zeigt ein Untermenü mit den folgenden Optionen an:

Preferences...
Editor...
Mouse...
Desktop... (Borland C++)

Mit Options|Environment|Preferences kann man die Zeilenzahl definieren (25 Zeilen, oder 43 oder 50 Zeilen für EGA oder VGA). Auch läßt sich angeben, ob Fehler im ursprünglichen oder in einem anderen Fenster gesucht und welche Teile der Umgebung automatisch gespeichert werden sollen.

Die folgenden Einstellungen lassen sich mit Options|Environment| Editor ändern:

Create backup files	Legt eine .BAK-Datei zur Aufnahme einer Datei an.
Insert mode	Setzt die Standardeinstellung des Editors auf "Insert" oder "Overwrite".
Autoindent mode	Wählt man diese Option, so beginnt der Editor eine neue Zeile automatisch an der ersten nichtleeren Stelle der vorigen Zeile.
Use Tab character	Legt fest, ob Tabulatoren durch ein "echtes" Tab-Zeichen (ASCII-Code 9) oder durch Leerzeichen dargestellt werden.
Cursor Through Tabs	Der Cursor läuft durch Tabulatoren, als ob sie Leerzeichen wären.

Außerdem kann man in diesem Dialogfeld die Tabulatorgröße und die Standarderweiterung einstellen.

Farbliche Hervorhebung der Syntax

Ab der Version 3.1 finden Sie sowohl in der DOS-, als auch bei der Windows-Version des Compilers einen zusätzlichen Eintrag im Menü Optionen/Oberfläche. Es ist nun möglich, einzelne Bestandteile eines C-/C++-Programms durch unterschiedliche Farbgestaltung hervorzuheben. Diese Funktion kann im Dialog Optionen/Editor... ein- und ausgeschaltet werden. Die jeweilige Zuordnung der Farben zu einzelnen Syntax-Elementen wird in einem separaten Dialog eingestellt. Sie können dabei sowohl die Schrift-, als auch die Hintergrundfarbe ändern. Für Kommentare, Variablennamen, reservierte Wörter, Stringkonstanten, numerische Konstanten, einzelne Zeichen, Präprozessor-Anweisungen oder auch fehlerhafte Ausdrücke lassen sich verschiedene Farbkombinationen verwenden.

Im Dialogfeld finden Sie im unteren Teile einen Beispieltext, der entsprechend der gemachten Einstellungen farblich gestaltet ist. Wählen Sie einen Eintrag aus der Liste und klicken in eines der nebenstehenden Farbflächen. Mit der linken Maustaste wird die Vordergrundfarbe, mit der rechten die Hintergrundfarbe eingestellt. Zusätzlich können noch Schriftattribute (kursiv, fett, unterstrichen) vergeben werden.

Der Quell-Code kann auf die Weise kunterbunt gestaltet werden. Es empfiehlt sich aber, nicht alle Möglichkeiten auszuschöpfen. Kommentare, Strings und fehlerhafte Ausdrücke bieten sich allerdings zur Hervorhebung an.

Das Window-Menü

Mit diesem Menü kann man Fensteroperationen ausführen. Es enthält die folgenden Optionen:

Size/Move	Strg F5
Zoom	F5
Tile	
Cascade	
Next	F6
Close	Alt F3
Message	
Output	
Watch	
User Screen	Alt F5
Register	
Project	
Project notes	
List	Alt 0

Die Optionen Size/Move, Zoom und Close kann man auch einfach mit der Maus ausführen. Die Option Window|Zoom macht das aktuelle Fenster so groß wie möglich. Dazu können Sie auch F5 drücken oder die Titelleiste des Fensters doppelklicken. Wenn Sie diese Operation wiederholen, werden die ursprüngliche Größe und Position des Fensters wiederhergestellt.

Die nächsten beiden Optionen Windows|Tile und Windows|Cascade verwenden wir, um Fenster übersichtlich anzuordnen. Tile erstellt eine Matrix aus den gegenwärtig geöffneten Fenstern, während Cascade sie überlappen läßt.

Mit Window|Next läßt sich das nächste Fenster aktivieren. Man kann auch mit den Tastenkombinationen Alt 1 bis Alt 9 eines der ersten neun Fenster aktivieren.

Mit den nächsten sieben Optionen lassen sich die Systemfenster aktivieren. Das Message-Fenster enthält normalerweise die Fehlermeldungen des letzten Compilerlaufs. Das Output-Fenster enthält die Textausgabe vom letzten Lauf des Anwenderprogramms. Das Watch-Fenster enthält die gegenwärtig gesetzten Watches, über die Sie später noch mehr erfahren. Window|User screen zeigt den Inhalt des MS-DOS-Bildschirms an, und zwar immer im Vollbild. Das Register-Fenster zeigt den gegenwärtigen Zustand der Register der CPU an, und die letzten beiden Fenster werden bei Projekten verwendet.

Die Option Windows|List zeigt eine Liste aller verfügbaren Fenster an. Hierunter fallen sowohl geöffnete als auch geschlossene Fenster. Mit einem Mausklick kann man Fenster in der Vordergrund holen oder erneut öffnen.

Das Help-Menü

Die folgenden Optionen sind in diesem Menü verfügbar:

Contents	
Index	⇧ F1
Topic search	Strg F1
Previous topic	Alt F1
Help on help	

Mit Help|Contents wird das Hauptinhaltsverzeichnis des Hilfesystems angezeigt. Die Option Help|Index öffnet ein Fenster mit einer alphabetischen Liste aller verfügbaren Hilfe-Stichworte. Help|Topic search (Strg F1) zeigt eine Hilfe zu einem Wort an der Cursorposition im Editor an. Mit Help| Previous topic wird der vorige Hilfe-Bildschirm noch einmal angezeigt.

Spezielle Eigenschaften der IDE

Wir besprechen nun einige interessante Optionen des Editors, wie das Definieren von Makros und die Anwendung der Transfer-Funktion.

Die Makrosprache des Turbo Editors

Mit dem Turbo Editor Macro Compiler (TEMC, im BIN-Verzeichnis) ist es möglich, Editor-Makros zu definieren. Diese Makros können die meisten Editor-Befehle ausführen und auch Menüs aufrufen. Sie lassen sich leicht Tastenkombinationen wie etwa [Alt][B] oder [Strg][U] zuordnen. Die Makros werden nicht in den Handbüchern der Compiler besprochen, sondern in der speziellen Textdatei UTILS.DOC, die sich im DOC-Verzeichnis befindet.

Makros werden in einer Makro-Skriptdatei mit der Erweiterung .TEM gespeichert. Für die Makrodefinition gibt es zwei Möglichkeiten. Wenn Sie ein allgemeines Makro schreiben, das in anderen Makros verwendet wird, können Sie es explizit mit der folgenden Syntax benennen:

```
MACRO <Makroname>
  /* Makrobefehle */
END;
```

Ein Makro, das mit einer Tastenkombination verbunden ist, kann wie folgt definiert werden:

```
<Tastenkombination> : BEGIN
  /* Makrobefehle */
END;
```

Gültige Makrobefehle sind in UTILS.DOC aufgeführt und können Aktionen wie Cursorbewegung, Einfügen und Löschen von Text oder Aufrufen von Menüs ausführen. Die Makrosprache beachtet die Groß- und Kleinschreibung nicht. Beispiele für integrierte Makrobefehle sind:

CursorUp	Bewegt den Cursor eine Zeile nach oben.
InsertText	Fügt Text an der aktuellen Cursorposition ein.
DeleteLine	Löscht die aktuelle Zeile.
HelpMenu	Ruft das Hilfesystem auf.

Tastenkombinationen lassen sich wie folgt angeben:

Ctrl-R	Die Tastenkombination [Strg][R]
Alt-I	Die Tastenkombination [Alt][I]

Ein Makro, das durch [Strg][A]-[B] aufgerufen wird, definieren wir wie folgt:

```
Ctrl-A-^B: BEGIN
  /* Makro kann mit <Strg><A>-<b>,
     <Strg><A>-<B> oder <Strg><A>-<Strg><B>
     aufgerufen werden.*/
  /* Makrobefehle */
END;
```

Um ein in macro.tem gespeichertes Makro zu kompilieren, verwenden Sie den folgenden Befehl:

```
TEMC macro.tem <Konfigurationsdatei>
```

Der Parameter Konfigurationsdatei ist der Dateiname Ihrer Konfigurationsdatei, zum Beispiel C:\BC\BIN\TCCONFIG.TC. Wenn das Makro fehlerfrei kompiliert ist, wird die Definition in der Konfigurationsdatei abgespeichert und ab dem nächsten Start der IDE wirksam.

Pair-Matching

Eine weitere nützliche Funktion des Editors ist das Pair-Matching. Mit den Tastenkombinationen Strg Q-[und Strg Q-] können Sie zusammengehörige runde, eckige und geschweifte Klammern sowie Anführungszeichen und Kommentarmarkierungen suchen. Wenn die Suche in zwei Richtungen ausgeführt werden kann (wie bei einfachen oder doppelten Anführungszeichen), dann sucht Strg Q [vorwärts und Strg Q] rückwärts. In anderen Fällen haben beide Tastenkombinationen die gleiche Wirkung.

Übertragung der Kontrolle an andere Programme

Wenn Sie das Systemmenü öffnen (Alt Leertaste), sehen Sie eine Anzahl Programme in der unteren Hälfte des Menüs. Diese Programme sind anwenderdefiniert und lassen sich mit Hilfe des Dialogfelds Options/Transfer einfügen. Nehmen wir an, wir haben ein Hilfsprogramm namens FREE, das den freien Plattenplatz anzeigt und auf einen Tastendruck wartet. Dieses Programm läßt sich mit den folgenden Schritten in das Systemmenü einfügen:

1. Öffnen Sie das Dialogfeld Options/Transfer.
2. Bewegen Sie den Cursor an die unterste Stelle in der Liste.
3. Betätigen Sie die Schaltfäche Edit.

4. Geben Sie Free als Programmtitel ein, und schreiben Sie FREE.EXE in die Eingabezeile.
5. Betätigen Sie die Schaltfläche New und die Schaltfläche Ok im Dialogfeld.

Wenn Sie das Systemmenü öffnen, sehen Sie, daß eine Zeile mit dem neuen Programm hinzugefügt wurde. Wählen Sie diese Zeile an, so wird Free ausgeführt. Das Dialogfeld, in das wir gerade die Programminformationen eingegeben haben, zeigt alle verfügbaren Tastenkombinationen, die dem Programm zugeordnet werden können. Wenn Sie dem Buchstaben F eine Tilde voranstellen, kann dieser Buchstabe vom aktivierten Systemmenü aus gedrückt werden.

Mit der Eingabezeile Command Line kann man dem Programm Befehlszeilenargumente übergeben, aber auch Einstellungen zur Programmausführung, wie etwa den aktuellen Dateinamen. Praktisch ist, daß auch die aktuelle Konfigurationsdatei einem Programm übergeben werden kann. Wenn diese Datei verändert wird, wird sie wieder in den Editor eingelesen, so daß die Änderungen aktiviert werden. So kann man mit der in Abbildung 9.3 gezeigten Dialogfeldeingabe den Makro-Compiler in das Systemmenü einfügen.

Wir haben gesehen, daß der Makro-Compiler eine Makro-Skript-Datei als erstes Argument und die zu aktualisierende Konfigurationsdatei als zweites Argument erwartet. Die vordefinierten Transfermakros $EDNAME und $CONFIG übergeben diese Information an das Programm. Wenn Sie eine .TEM-Datei bearbeiten, wählen Sie einfach "Macro Compiler" aus dem Systemmenü oder drücken ⇧ F10. Der Makro-Compiler kompiliert das Makro dann und fügt die Definition in die aktuelle Konfigurationsdatei ein, die bei Rücksprung in die IDE erneut eingelesen wird.

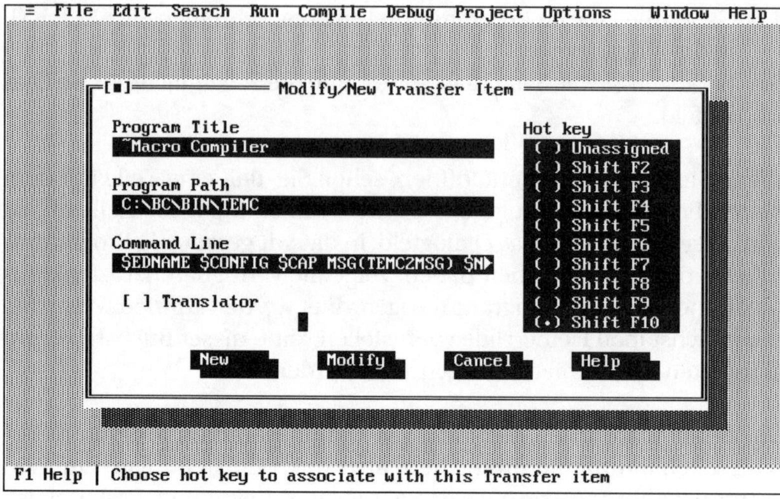

Abb. 9.3: Einfügen des Makro-Compilers in das Systemmenü

Transfer-Makros können verwendet werden, um einem Programm den Status der IDE oder den aktuellen Dateinamen zu übergeben oder die IDE vor oder nach einem Programmlauf bestimmte Aktionen ausführen zu lassen. Die folgenden Transfer-Makros stehen zur Verfügung:

Makro	**Erklärung**
$COL	Aktuelle Spaltennummer
$LINE	Aktuelle Zeilennummer
$ERRCOL	Spaltennummer des aktuellen Fehlers
$ERRLINE	Zeilennummer des aktuellen Fehlers
$DRIVE(f)	Laufwerksbuchstabe des Dateinamens f
$DIR(f)	Pfadname des Dateinamens f
$NAME(f)	Stamm des Dateinamens f
$EXT(f)	Erweiterung des Dateinamens f, einschließlich des Punktes
$ERRNAME	Dateiname, auf den sich die aktuelle Meldung im Message-Fenster bezieht
$EDNAME	Dateiname des aktuellen Edit-Fensters
$EXENAME	Dateiname der resultierenden .EXE- oder .DLL-Datei

Makro	Erklärung
$PRJNAME	Dateiname des aktuellen Projekts
$OUTNAME	Ausgabedateiname, der in der Eingabezeile Project/Local Options/Output Path angegeben wurde
$CONFIG	Dateiname der aktuellen Konfigurationsdatei, zum Beispiel TCCONFIG.TC
$INC	Die Verzeichnisse, in denen Include-Dateien zu finden sind
$LIB	Die Verzeichnisse, in denen Bibliotheken zu finden sind
$DEF	Der Inhalt des Feldes Options/Compiler/Code Generation/Defines
$NOSWAP	Die Programmausgabe ist nicht direkt auf dem Bildschirm sichtbar, sondern es erscheint ein Popup-Fenster mit der Meldung, daß das Programm läuft.
$MEM(k)	Gibt an, wie viele Kilobytes für das Programm reserviert werden sollen.
$CAP EDIT	Leitet die Ausgabe in ein spezielles Fenster namens "Transfer Output".
$CAP MSG(f)	Bringt die Ausgabe unter Verwendung eines speziellen Filterprogramms f in ein Format, das das Message-Fenster erkennt.
$SAVE ALL	Speichert alle Dateien, bevor die Kontrolle an das Transferprogramm übergeben wird.
$SAVE CUR	Speichert das Programm, das gerade bearbeitet wird.
$SAVE PROMPT	Speichert alle Dateien, aber verlangt eine Bestätigung für jede nicht gespeicherte Datei.
$PROMPT	Zeigt eine Eingabezeile an, in die der Anwender Argumente eintippen kann. Wenn $PROMPT von Argumenten gefolgt ist, werden diese in der Eingabezeile angezeigt.

Drei vordefinierte Makros stehen zur Verfügung:

Makro	Erklärung
$TASM	Für den Turbo Assembler
$RC	Für den Resource Compiler*
$IMPLIB	Für die Import Librarian*

* Nur in Borland C++

Ein weiterer nützlicher Programmtyp, der sich in die IDE einbinden läßt, ist ein Übersetzer, der am Kompilierungsvorgang beteiligt ist. Der Turbo Assembler wurde zum Beispiel als Übersetzer in das Systemmenü eingefügt. Übersetzer können in Verbindung mit Projekten verwendet werden, indem man für einen Bestandteil aus dem Projekt Project|Local Options auswählt. Die Ausgabe des Übersetzers kann im Linkprozeß verwendet werden, außer wenn Sie die Option "Exclude from link" aktivieren. Wenn Sie eine Assemblerdatei in Ihrem Projekt haben, markieren Sie sie im Project-Fenster, und wählen Sie "Options". Wählen Sie dann den Turbo Assembler als Übersetzer. Die von TASM erzeugte .OBJ-Datei wird automatisch in Ihr entstehendes Programm eingebunden.

Wenn Sie ein Assemblerprogramm auf diese Weise kompilieren, werden Sie sehen, daß Fehler auf die übliche Weise angezeigt werden, d.h. in einem Fenster mit Zeilennummern und Fehlerbeschreibungen. Das Filterprogramm für TASM heißt TASM2MSG; seine Quelldatei befindet sich im Unterverzeichnis EXAMPLES. Der Filter funktioniert so, als würde man ihn von der Befehlszeile aus wie folgt aufrufen:

```
TASM test.asm | TASM2MSG | Message-Fenster
```

Ein Filter wird mit dem Transfermakro $CAP MSG(Filter) in der Eingabezeile Command Line des Dialogfeldes aus Abbildung 9.1 angegeben. Vier selbständige Filter stehen zur Verfügung: GREP2MSG für das Hilfsprogramm GREP zur Textsuche, TASM2MSG für den Turbo Assembler, RC2MSG für den Resource Compiler* und IMPL2MSG für die Import Librarian* (*Nur für Borland C++). Gibt Ihre Anwendung Fehlermeldungen und Warnungen beispielsweise im IMPLIB- oder einem ähnlichen Format aus, können Sie den vorhandenen Meldungsfilter verwenden, in diesem Fall IMPL2MSG. Die Ausgabe des Makrocompilers sieht wie folgt aus:

```
Warning Quelldatei Zeilennummer: Meldung
Error Quelldatei Zeilennummer: Meldung
```

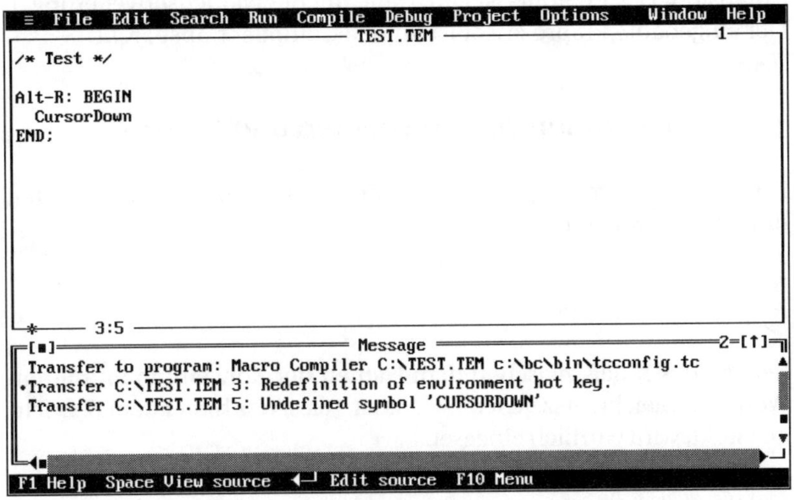

Abb. 9.4: Fehlermeldungen für den Makrocompiler

Zur Verwendung des Filters mit TEMC schreiben Sie einfach folgendes in die Eingabezeile Command Line des zugehörigen Dialogfeldes:

```
$CAP MSG(IMPL2MSG) $NOSWAP
```

Wenn wir eine .TEM-Datei kompilieren, die einen Fehler enthält, wird ein Message-Fenster wie in Abbildung 9.4 angezeigt.

Der Compiler

In diesem Kapitel besprechen wir einige Elemente der Compiler Turbo C++ und Borland C++ wie etwa den Präprozessor, globale Variablen und einige Bibliotheksfunktionen.

Der Präprozessor

Turbo C++ und Borland C++ haben einen eingebauten Präprozessor, aber auch eine eigenständige Version. Dieses Programm heißt CPP.EXE und befindet sich im Verzeichnis BIN des jeweiligen Compilers. CPP.EXE wird meistens zur Untersuchung des Ergebnisses der Makroexpansion. Das Ergebnis ist eine Datei mit der Namenserweiterung .I. Der eingebaute Präprozessor ist für den Compiler transparent.

Definition von Konstanten und Makros

Die #define-Anweisung wird zur Definition symbolischer Konstanten und Makros verwendet:

```
#define DEBUG_MODE
#define PI  3.1415926
```

Beachten Sie, daß zwischen dem Namen der Konstanten und ihrem Wert kein Gleichheitszeichen ("=") steht. Alles, was hinter dem Bezeichner steht, wird wörtlich eingesetzt:

```
#define PURE = 0
// 'PURE' wird zu '= 0' expandiert
```

In der IDE lassen sich Konstanten auch mit Hilfe der Option Options|Compiler| Code Generation definieren. In die Eingabezeile Defines können Sie die Definitionen symbolischer Konstanten eingeben. Sie könnten zum Beispiel die folgende Zeile eingeben:

```
DEBUG_MODE; PI=3.1415926
```

Das hat dieselbe Wirkung wie die vorherigen expliziten #define-Direktiven. Beachten Sie, daß das Gleichheitszeichen ("=") in diesem Fall verwendet wird.

Wenn Sie mit der Befehlszeilenversion des Compilers kompilieren, können Sie Konstanten mit der Befehlszeilenoption -D definieren:

```
TCC -DDEBUG_MODE;PI=3.1415926 file.cpp
```

Mit #define können Sie Makros oder Pseudofunktionen wie diese definieren:

```
#define ABS(x) ((x)<0?-(x) : (x))
```

Während der Kompilierung wird jeder Aufruf dieses Makros expandiert. In C++ werden hierzu meist Inline-Funktionen verwendet. Makros mit Argumenten lassen sich nur mit der #define-Anweisung definieren, nicht mit dem Befehlszeilenschalter oder dem IDE-Menü.

Der #-Operator (String-Präfix) läßt sich auch dazu verwenden, das Argument bei der Expansion als String zu verwenden. Das folgende Beispiel zeigt, wie auf diese Weise sowohl der Name als auch der Wert einer Variablen in der Funktion DUMP ausgegeben wird:

```
#define DUMP(x)  cout  << "Der Wert von " << #x      \
                        << "ist " << "\n"

int i = 219;
DUMP( i );
  // Ausgabe
  // Der Wert von i ist 219.
```

Der Rückstrich am Ende der ersten Zeile von DUMP dient zur Erzeugung von mehrzeiligen Makros. Verkettung von Strings erreicht man durch ##, so daß x##y zu xy wird.

Vordefinierte Konstanten

Die folgenden Konstanten sind während der Kompilierung eines C++ Programms stets definiert:

Konstante	Bedeutung
__MSDOS__	Das aktuelle Betriebssystem.
__TURBOC__	Definiert, wenn TC++ oder BC++ verwendet wurde.
__BORLANDC__	Definiert, wenn BC++ verwendet wurde.
__FILE__	Definiert als der Name der aktuellen Datei.
__DATE__	Enthält das Datum der Kompilierung im Format mmmm tt yyyy.
__TIME__	Enthält die Uhrzeit der Kompilierung im Format hh:mm:ss.
__LINE__	Definiert als die aktuelle Zeilennummer in der Kompilierung.

Wenn C++-Programme kompiliert werden, sind die folgenden Konstanten definiert:

Konstante	Bedeutung
__cplusplus	Diese symbolische Konstante sollte von jedem C++-Compiler definiert werden, um eine portable Prüfung auf C++-Kompilierung zu ermöglichen.
__TCPLUSPLUS	Definiert, wenn TC++ oder BC++ zur Kompilierung eines C++-Programms verwendet wurde.
__BCPLUSPLUS	Definiert, wenn BC++ zur Kompilierung eines C++-Programms verwendet wurde.

Für die Windows-Kompilierung werden die folgenden Konstanten definiert:

Konstante	Bedeutung
__DLL__	Definiert, wenn die Option -WD (BCC) oder die Option Options|Application|Windows DLL (BC und TCW) zur Codeerzeugung für Windows DLLs verwendet wurde.
_Windows	Immer definiert.

Ansonsten können die folgenden Konstanten vorhanden sein:

Konstante	Bedeutung
__CDECL__	Definiert, wenn die C-Aufrufkonvention verwendet wird.
__PASCAL__	Definiert, wenn die Pascal-Aufrufkonvention verwendet wird.
__TINY__	Definiert, wenn das Speichermodell Tiny verwendet wird.
__SMALL__	Definiert, wenn das Speichermodell Small verwendet wird.
__MEDIUM__	Definiert, wenn das Speichermodell Medium verwendet wird.
__COMPACT__	Definiert, wenn das Speichermodell Compact verwendet wird.
__LARGE__	Definiert, wenn das Speichermodell Large verwendet wird.
__HUGE__	Definiert, wenn das Speichermodell Huge verwendet wird.

Konstante	Bedeutung
__OVERLAY__	Definiert, wenn Overlays gegenwärtig unterstützt werden.
__STDC__	Definiert, wenn die aktuelle Kompilation sich nach dem ANSI-Standard richtet.
__MSC	Läßt sich zur Kompilierung von Microsoft C-Programmen definieren, die manchmal etwas andere Namen als Borland C++ verwenden.

Mit #undef kann man die Definition einer Konstanten aufheben.

Einfügen von Dateien

Mit der #include-Direktive können Quelldateien (typischerweise Header-Dateien) zur Kompilierung eingefügt werden. Eine Einfügung hat das folgende Format:

```
#include <string.h>
#include "filename.h"
```

Der Präprozessor sucht die Datei string.h in den angegebenen Include-Verzeichnissen und die Datei filename.h zunächst im aktuellen Verzeichnis, dann in den Include-Verzeichnissen. Die Include-Verzeichnisse werden in der IDE mit dem Dialogfeld Options|Directories oder mit dem Befehlszeilenschalter -I angegeben.

Ein Makro ist als Include-Datei zulässig:

```
#define HDRFILE "string.hpp"
  // ...
#include HDRFILE
```

Bedingte Kompilierung

Es gibt mehrere Direktiven, die zur bedingten Kompilierung von Quellcodeabschnitten verwendet werden können. Nehmen wir an, Sie haben ein Programm, das sich abhängig vom verwendeten Prozessor unterschiedlich verhalten soll:

```
#ifdef i80x86
  // Funktionen für den 80x86-Prozessor
#else
  // Funktionen für andere Prozessoren
#endif
```

Man sollte dazu besser den defined-Operator verwenden, der 1 liefert, wenn ein Makro definiert ist, sonst 0, und der zusammen mit der #if-Anweisung verwendet werden kann:

```
#if defined(i80x86)
  // ...
#else
  // ...
#endif
```

Sie können auch mehrere Bedingungen wie folgt kombinieren:

```
#if defined (__LARGE__) || defined(__HUGE__)
  // ...
#endif
```

Der !-Operator kann auch in Verbindung mit defined verwendet werden:

```
#if !defined LANG_USA
  // ...
#endif
```

Die #error-Direktive kann die Kompilierung anhalten, wenn eine bestimmte Bedingung erfüllt ist:

```
#if !define __cplusplus
  #error Diese Datei kann nur mit C++ kompiliert werden.
#endif
```

Pragmata

Pragmata sind spezielle Präprozessoranweisungen, die zur Implementierung compilerspezifischer Elemente dienen. Es werden einige häufig verwendete Pragamta von Turbo C++ und Borland C++ besprochen:

```
#pragma argsused
```

Dieses Pragma kann die Warnung "Parameter never used" unterdrükken, wenn eine Funktion ein Argument in ihrem Anweisungsteil nicht verwendet. Es gilt nur für die darauffolgende Funktion, so daß es für alle Funktionen wiederholt werden sollte, bei denen Argumente deklariert, aber nicht verwendet werden. Beachten Sie, daß in C++ Argumente unbenannt bleiben können, was die Warnung auch unterdrückt und mit anderen Implementationen kompatibel ist.

```
void f( int i )
{       // Gibt die folgende Warnung:
}       // Parameter i is never used in function f
#pragma argsused
void g( int i )
{       // Unterdrückt die Warnung
}

void h( int )
{       // Unterdrückt die Warnung ebenfalls
}
```

Das nächste Pragma ist inline, was nichts mit Inline-Funktionen zu tun hat, sondern ein Hinweis für den Compiler ist, daß Ihr Programm Inline-Assembler verwendet. Dadurch läßt sich der Compilerlauf beschleunigen, denn wenn der Compiler auf Inline-Assembler-Anweisungen stößt, startet er erneut mit aktiver Option -B. Wenn Ihr Programm Inline-Assembler verwendet, setzen Sie #pragma inline an seinen Anfang.

Warnungen lassen sich mit #pragma warn ein- und ausschalten. Dieser Anweisung folgen ein Steuerzeichen und die Warnungskennung. Das Steuerzeichen kann "+" sein, um die Warnung einzuschalten, "-", um die Warnung abzuschalten oder "." für das Standardverhalten des Compilers. Die Warnungskennung besteht aus drei Buchstaben. Es folgen Beispiele:

`rvl`	Warnung	"Function should return a value"
`nod`	Warnung	"No declaration for function"
`pia`	Warnung	"Possible incorrect assignment"

Sie können diese Warnungen lokal abstellen, zum Beispiel wird im folgenden Programmausschnitt die Warnung "pia" abgestellt und auf das Standardverhalten zurückgesetzt:

```
#pragma warn -pia
  if ( c=getch() )
#pragma warn .pia
```

Ein- und Ausgangscode läßt sich mit den Pragmata startup und exit steuern. Als Argument übergibt man diesen eine Funktion ohne Rückgabewert und Argumente, auf die optional ein Prioritätscode folgt. Die bei startup angegebenen Funktionen werden dann vor der Ausführung von main aufgerufen und die exit-Funktionen direkt vor dem Aufruf von _exit. Die Priorität ist optional und kann zur Steuerung der Aufrufreihenfolge der Funktionen verwendet werden. Standardmäßig ist die Priorität 100, aber sie kann jeden Wert zwischen 64 und 255 annehmen. Verwenden Sie keine kleineren Werte als 64, da diese von einigen Funktionen in der Standardbibliothek von C verwendet werden. Je kleiner der Wert des Prioritätsparameters, desto eher wird die Funktion aufgerufen. Beachten Sie, daß Sie die ANSI-kompatible Funktion atexit anstelle von #pragma exit verwenden können.

Globale Variablen

Die folgenden globalen Variablen sind in den Standard-Bibliotheken definiert:

Deklariert in dos.h:

Variable	**Erklärung**
_argc, _argv	Enthalten Informationen über die Befehlszeilenparameter, auch wenn argc und argv nicht als Argumente der Funktion main angegeben sind.
environ	Enthält die DOS-Umgebungsvariablen ebenso wie ein drittes Argument char *env[] der Funktion main.
_heaplen	Enthält die Größe des Near-Heaps in Bytes (nur bei den Modellen Tiny, Small und Medium).
_stklen	Enthält die Größe des Stacks in Bytes (bei allen Speichermodellen). Der Standardwert ist 4K.
_osmajor, _osminor	Enthalten die Haupt- und Nebennummer der DOS-Version. Zum Beispiel _osmajor==3 und _osminor==30 für DOS-Version 3.30.
_version	Enthält die DOS-Versionsnummer mit der Hauptnummer im niedrigen und der Nebennummer im hohen Byte.
_ovrbuffer	Hiermit kann man die Größe des Overlay-Puffers verändern.

Variable	Erklärung
_psp	Enthält die Segmentadresse des Programmsegmentpräfix (PSP) für das aktuelle Programm.
_8087	Enthält Informationen über das Vorhandensein eines numerischen Coprozessors: 1 für einen 8087er, 2 für einen 80287er und 3 für einen 80387er. Wenn kein Coprozessor vorhanden ist, wird _8087 auf 0 gesetzt.

Deklariert in conio.h:

Variable	Erklärung
directvideo	Wenn diese Variable auf 1 gesetzt ist, wird die Bildschirmausgabe (zum Beispiel von cprintf) direkt in den Bildschirmspeicher geschrieben. Um die Verwendung des BIOS zu erzwingen, kann man directvideo auf 0 setzen.
_wscroll	Wenn diese Variable auf 0 gesetzt ist, wird das von Ein-/Ausgabefunktionen verursachte Bildschirmrollen unterdrückt. Der Standardwert ist 1.

Deklariert in time.h:

Variable	Erklärung
daylight	Gibt an, ob Sommerzeit berücksichtigt wird.
timezone	Enthält den Unterschied (in Sekunden) zwischen der Ortszeit und Greenwich Mean Time (GMT).
tzname	Dies ist ein Feld von Zeigern auf Zeitzonennamen.

Deklariert in errno.h:

Variable	Erklärung
errno	Enthält den Fehlertyp; kann als Index für das Array sys_errlist verwendet werden.
_doserrno	Enthält den Fehlercode eines DOS-Systemaufrufs, der zu einem Fehler führte.

Variable	Erklärung
sys_nerr	Die Anzahl der Einträge im Array sys_errlist der Fehlerbeschreibungen.
sys_errlist	Ein Array von sys_nerr Zeigern auf Zeichen, die Fehlermeldungen enthalten.

Andere globale Variablen:

Variable	Erklärung
_ctype	Diese Variable ist ein Array von Zeichen, das Zeichenattributinformationen enthält und hauptsächlich von isdigit, isprint und so weiter verwendet wird. Deklariert in ctype.h.
_fmode	Diese Variable kann auf O_BINARY gesetzt werden, wenn der Standardmodus zur Dateiübersetzung der binäre sein soll. Der Standardwert ist O_TEXT. Deklariert in fcntl.h.
_new_handler	Dies ist ein Zeiger auf eine Funktion, die von dem Operator new() aufgerufen werden soll, wenn die Speicherreservierung nicht vorgenommen werden konnte. Deklariert in new.h.
_openfd	Ein Array von Zugriffsmodi für den Zugriff auf Dateien und Geräte.

Die Bibliotheksfunktionen

In diesem Abschnitt diskutieren wir einen Teil der Bibliotheksfunktionen von Turbo C++ und Borland C++.

Die Bibliotheken

Turbo C++ beinhaltet folgende Bibliotheken:

CS.LIB	C/C++ Bibliothek, Modelle Tiny und Small
CM.LIB	C/C++ Bibliothek, Modell Medium
CC.LIB	C/C++ Bibliothek, Modell Compact
CL.LIB	C/C++ Bibliothek, Modell Large

CH.LIB	C/C++ Bibliothek, Modell Huge
MATHS.LIB	C/C++ Mathematische Bibliothek, Modelle Tiny und Small
MATHM.LIB	C/C++ Mathematische Bibliothek, Modell Medium
MATHC.LIB	C/C++ Mathematische Bibliothek, Modell Compact
MATHL.LIB	C/C++ Mathematische Bibliothek, Modell Large
MATHH.LIB	C/C++ Mathematische Bibliothek, Modell Huge
OLDSTRMS.LIB	C++ V. 1.x Stream-Bibliothek, Modelle Tiny und Small
OLDSTRMM.LIB	C++ V. 1.x Stream-Bibliothek, Modell Medium
OLDSTRMC.LIB	C++ V. 1.x Stream-Bibliothek, Modell Compact
OLDSTRML.LIB	C++ V. 1.x Stream-Bibliothek, Modell Large
OLDSTRMH.LIB	C++ V. 1.x Stream-Bibliothek, Modell Huge
EMU.LIB	Bibliothek mit Code für 87er-Emulation
GRAPHICS.LIB	Bibliothek mit Grafikroutinen
FP87.LIB	Bibliothek mit 87er-Code
OVERLAY.LIB	Bibliothek mit Code für Overlays

Außerdem bietet Borland C++ die folgenden Windows-Bibliotheken:

CWINS.LIB	Windows-Bibliothek, Modell Small
CWINM.LIB	Windows-Bibliothek, Modell Medium
CWINC.LIB	Windows-Bibliothek, Modell Compact
CWINL.LIB	Windows-Bibliothek, Modell Large
IMPORT.LIB	Windows-Import-Bibliothek

Die Bibliothek TurboVision heißt TV.LIB und befindet sich im Unterverzeichnis TVISION\LIB des Compiler-Verzeichnisses. Die ObjectWindows-Bibliotheken befinden sich im Unterverzeichnis OWL\LIB.

Die Grafik-Bibliothek

Turbo C++ und Borland C++ bieten eine recht vollständige Grafik-Bibliothek, die man durch Laden von <graphics.h> und Einbinden von GRAPHICS.LIB verwenden kann. Sie können GRAPHICS.LIB mit allen Speichermodellen außer mit Tiny verwenden.

Einstellung der Grafikmodi

Die Grafik-Bibliothek verwendet Grafiktreiber mit der Erweiterung .BGI (für Borland Graphics Interface). Diese Dateien befinden sich im BGI-Unterverzeichnis des Compiler-Verzeichnisses. Die folgenden BGI-Treiber sind vorhanden:

BGI-Treiber	Grafikkarte	Höchste Auflösung
CGA	CGA-Karte	640x200x2
HERC	Hercules-Karte	720x348x2
EGAVGA	EGA/VGA-Karte	640x350x16 (EGA)
		640x480x16 (VGA)
ATT	AT&T-400-Zeilen-Grafikkarte	640x400x2
PC3270	3270-PC-Grafikkartc	720x350x2
IBM8514	IBM-8514-Grafikkarte	1024x768x256

EGAVGA.BGI unterstützt keinen der erweiterten VGA-Modi (zum Beispiel 800x600), die auf manchen Karten verfügbar sind. Es gibt jedoch spezielle BGI-Treiber für solche Karten als Public Domain-Programme oder im kommerziellen Software-Vertrieb.

Jedes Programm, das Grafikinformationen anzeigt, muß das Grafiksystem mit initgraph initialisieren. Normalerweise werden Sie den aktuellen Grafikadapter von dieser Funktion automatisch bestimmen lassen, indem Sie ihr die Adresse einer Integer-Zahl mit dem Wert DETECT übergeben. Das zweite Argument ist ein Zeiger auf einen Integer-Wert, in dem initgraph den gewählten Bildschirmmodus speichert. Das dritte Argument ist ein String, der den Pfad enthält, wo sich die BGI-Treiber befinden.

Im typischen Fall sieht also die Initialisierung des Grafiksystems wie folgt aus:

```
int Driver = DETECT, Mode;
initgraph( &Driver, &Mode, "C:\\TC\\BGI\\" );
```

Wenn die BGI-Dateien im angebenen Pfad nicht zu finden sind (C:\TC\BGI im Beispiel), sucht initgraph sie im aktuellen Verzeichnis. Wenn sie auch dort nicht sind, bricht das Programm mit einer Fehlermeldung ab. Bei einem leeren String als Suchpfad sucht initgraph nur im aktuellen Verzeichnis. Nach dem Aufruf von initgraph können Sie mit der Funktion graphresult prüfen, ob die Initialisierung erfolgreich war:

```
int ErrorCode = graphresult();
```

Wenn der Wert von ErrorCode nicht gleich der vordefinierten Konstanten grOk ist, so ist ein Fehler aufgetreten. Mit Hilfe der Funktion grapherrormsg kann man eine Beschreibung des Grafikfehlers erhalten:

```
if ( ErrorCode != grOk )
  cout << " Grafikfehler: " <<
    grapherrormsg( ErrorCode );
```

Sie können bei der Grafikinitialisierung auch einen bestimmten Treiber suchen. In diesem Fall übergeben Sie nicht DETECT als erstes Argument, sondern eine der folgenden Konstanten:

Wert für den Treiber	**Grafikkarte**
CGA	CGA-Karte
HERCMONO	Hercules-Karte
MCGA	MCGA-Karte
EGA	EGA-Karte
EGA64	EGA mit 64 KB Speicher
EGAMONO	EGA monochrom
VGA	VGA-Karte
ATT400	AT&T-400-Zeilen-Karte
PC3270	PC-3270-Karte
IBM8514	IBM-8514-Grafikadapter

Das zweite Argument von initgraph ist undefiniert, wenn Sie DETECT verwenden, und kann sonst auf den gewünschten Grafikmodus der zu initialisierenden Karte gesetzt werden. Eine Liste der Grafikmodi kann man erhalten, indem man die Hilfe zur Funktion initgraph abruft. (Geben Sie im Editor initgraph ein, und drücken Sie Strg F1).

Wenn die Initialisierung erfolgreich beendet wurde, können Sie die grafischen Funktionen verwenden. Zum Schließen des Grafiksystems verwenden Sie closegraph().

Einbinden von BGI-Treibern in ein Programm

Obwohl Sie die .BGI-Treiberdateien zusammen mit Ihrer Anwendung vertreiben können, möchten Sie vielleicht eine .EXE-Datei haben, die alle notwendigen Informationen enthält. Dies können Sie erreichen, indem Sie die .BGI-Dateien in .OBJ-Dateien umwandeln und diese in Ihre Anwendung einbinden. Der Vorteil ist, daß Sie eine .EXE-Datei haben und zum Laden keine zusätzlichen Plattenzugriffe nötig sind. Der Nachteil ist, daß die .EXE-Datei größer wird.

Zur Umwandlung von BGI-Dateien in OBJ-Dateien wird das Hilfsprogramm BGIOBJ aus dem Verzeichnis BIN verwendet. Wenn Sie IBM8514.BGI in IBM8514.OBJ umwandeln wollen, geben Sie zum Beispiel folgendes ein:

```
BGIOBJ IBM8514.BGI
```

Interne Grafiktreiber (d.h. in Ihr Programm eingebundene Objektdateien) unterscheiden sich in ihrer Anwendung etwas von eigenständigen .BGI-Dateien. Sie rufen nun registerbgidriver vor initgraph auf. Einer der folgenden symbolischen BGI-Treibernamen wird als Argument an registerbgidriver übergeben:

```
CGA_driver
EGAVGA_driver
Herc_driver
ATT_driver
PC3270_driver
IBM8514_driver
```

Die Funktion registerbgidriver liefert einen Wert kleiner als Null, wenn Fehler aufgetreten sind. Nachdem ein Grafiktreiber registriert ist, können Sie wie üblich initgraph mit DETECT als erstem Argument aufrufen.

Das BGI-Koordinatensystem

Das BGI verwendet ein Koordinatensystem mit (0,0) als linke obere Ecke. Sie erhalten die aktuelle Auflösung mit den Funktionen getmaxx() und getmaxy(). Die Abbildung 9.5 zeigt den Grafikbildschirm.

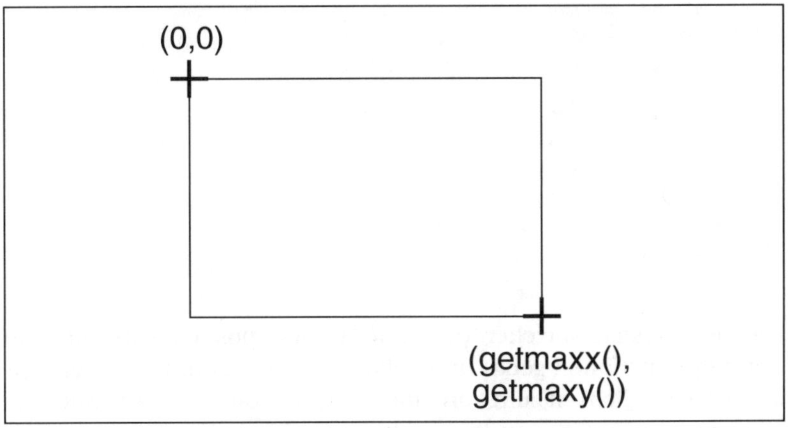

Abb. 9.5: Der Grafikbildschirm

Die aktive Seite läßt sich mit setactivepage setzen, die sichtbare Seite mit setvisualpage. Die Hercules-, EGA- und VGA-Karten unterstützen mehrere Grafikseiten.

Die aktive Grafikseite ist die Seite, auf der sämtliche Grafikausgaben stattfinden. Die sichtbare Seite ist die Seite, die gerade auf dem Bildschirm sichtbar ist. Durch abwechselnde Verwendung der zwei Seiten sieht die grafische Ausgabe so aus, als sei sie sofort da.

Verwendung von Farben

Abhängig davon, welchen Adaptertyp Sie haben, können Sie eine Anzahl Farben einstellen. Die Vordergrundfarbe ist die Farbe, in der alle Zeichnungen erscheinen; sie läßt sich mit setcolor einstellen. Die Hintergrundfarbe läßt sich mit setbkcolor einstellen. Die entsprechenden get...-Funktionen liefern die aktuellen Farben. Den maximalen auf Ihrem System verfügbaren Farbwert liefert getmaxcolor.

Pixel

Pixel lassen sich mit der Funktion putpixel zeichnen. Ihre Argumente sind die horizontale und die vertikale Position des zu zeichnenden Pixels. Der folgende Programmausschnitt zeichnet 1000 Pixel zufällig verteilt auf Ihren Bildschirm, wobei alle verfügbaren Farben verwendet werden:

```
//Initialisierungscode
int Color = 0, MaxColor = getmaxcolor();
int MaxX = getmaxx(), MaxY = getmaxy();
randomize();
for ( int i=0; i<1000; i++ )
{
  setcolor( Color++ );
  if ( Color > MaxColor )
    Color = 0;
  putpixel( rand( MaxX ), rand( MaxY ) );
}
```

Das Grafiksystem speichert die aktuelle Cursorposition (CP), die man mit den Funktionen getx() und gety() erhalten kann. Unter Verwendung der Möglichkeit zum Funktionen-Overloading in C++ können Sie wie folgt eine Funktion putpixel schreiben, die ein Pixel an der aktuellen Position zeichnet:

```
inline void putpixel()
{
  putpixel( getx(), gety() );
}
```

Die aktuelle Position läßt sich mit moveto(x,y) in absoluten Koordinaten oder mit moverel(dx,dy) in relativen Koordinaten ändern.

Linien

Eine Linie von (x0,y0) nach (x1,y1) läßt sich mit line(x0,y0,x1,y1) zeichnen. Wenn Sie eine Linie von der aktuellen Position zu einem Punkt (x,y) zeichnen wollen, verwenden Sie lineto(x,y). Eine Linie von der aktuellen Position zu einem Punkt relativ zur CP kann man mit linerel(dx,dy) zeichnen.

Voreingestellt wird eine durchgezogene Linie gezeichnet, doch das läßt sich durch Aufruf von setlinestyle ändern. Dieser Funktion werden drei Argumente übergeben: die neue Linienart, das Zeichenmuster (falls zutreffend) und die Breite in Pixeln. Die Abbildung 9.6 zeigt die Linienarten.

Wenn die Linienart auf USERBIT_LINE gesetzt ist, enthält das zweite Argument das Muster in einem 16-Bit-Wort. Mit Hilfe der Binary-Klasse, die in Teil 3 erläutert wird, können Sie leicht neue Linienmuster definieren.

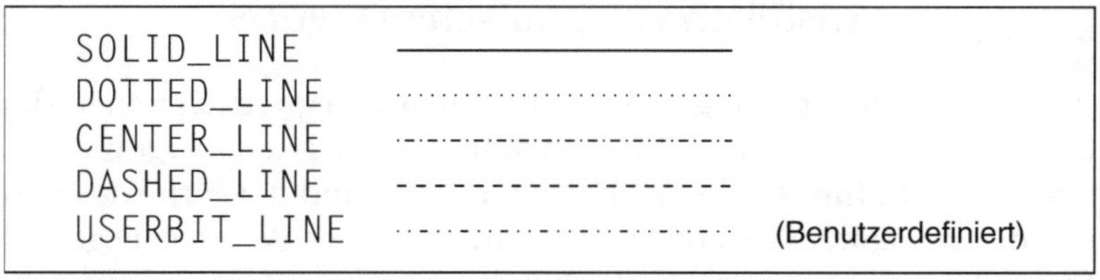

Abb. 9.6: Gültige Linienarten

Die Linienbreite kann entweder NORM_WIDTH (ein Pixel) oder THICK_WIDTH (3 Pixel) sein.

Man kann die Funktion getlinestyle aufrufen, um die aktuellen Einstellungen zur Linienart zu erhalten. Ihr Argument muß ein Zeiger auf eine Struktur struct linesettingstype sein, die die folgenden Elemente hat:

```
int linestyle;
unsigned upattern;
int thickness;
```

Rechtecke

Die Funktion rectangle hat vier Argumente, die die linke obere Ecke und die rechte untere Ecke des zu zeichnenden Rechtecks enthalten. Zum Zeichnen von Rechtecken wird die aktuelle Linienart und -breite verwendet.

Polygonzüge

Polygonzüge lassen sich mit der Funktion drawpoly zeichnen, die die Anzahl der Punkte als erstes Argument und ein Integer-Feld, das die Punkte des Polygons enthält, als zweites Argument hat. Das folgende Beispiel zeigt, wie sich ein Polygonzug mit vier Punkten zeichnen läßt:

```
int PolyPoints[] = { 0, 0,
                     50, 425,
                     600, 22,
                     330, 271 };
drawpoly( 4,          // 4 Punkte
          PolyPoints  // Array von Punkten
        );
```

Ausfüllen von grafischen Figuren

Es gibt verschiedene Wege, einen mit Linien abgegrenzten Bereich auf dem Bildschirm zu füllen. Die Funktion floodfill hat als Argument einen Punkt im Inneren der zu füllenden Figur und die Farbe des Randes dieser Figur. Wenn der Punkt außerhalb des Bereichs liegt, füllt floodfill das Äußere aus. Das Füllmuster und die Füllfarbe kann man mit der Funktion setfillstyle einstellen:

```
setfillstyle( int pattern, int color )
```

Um alle verfügbaren Füllmuster zu sehen, können Sie sich die Hilfe zu setfillstyle ansehen, das Beispiel in die Zwischenablage kopieren, es in ein neues Edit-Fenster einfügen und [Strg][F9] drücken. Anders als es die Bezeichnung USER_FILL vermuten läßt, können Sie mit diesem Wert kein eigenes Muster definieren. Dazu können Sie die spezielle Funktion setfillpattern verwenden. Diese Funktion hat zwei Argumente, das erste davon ist ein Zeiger auf ein Feld mit acht Zeichen, das das Muster enthält, und das zweite enthält die Farbe. Das folgende Beispiel zeigt, wie man die Binary-Klasse (die in Kapitel 15 definiert wird) zur Definition eines Füllmusters verwenden kann.

```
#include <Binary\Binary.h>

Binary Pattern[8] =
{
  "00000000" "11100000",
  "00000000" "10010000",
  "00000000" "11100000",
  "00000000" "10010111",
  "00000000" "11101000",
  "00000000" "00001000",
  "00000000" "00000111",
  "00000000" "00000000"
};
  // Grafik initialisieren...
char Pat[8];
  // Array mit Muster füllen
for ( int i=0; i<8; i++)
  Pat[i] = char(Pattern[i]);
  // Das Füllmuster setzen
setfillpattern( Pat, getmaxcolor() );
```

Das Array Pat wird mit den Elementen des Arrays Pattern von Binary-Objekten gefüllt. Dabei wird char als cast-Operator für die Binary-Klasse verwendet.

Ein Polygon läßt sich mit der Funktion fillpoly ausfüllen, die dieselben Argumente wie drawpoly hat. Ellipsen und Kreise lassen sich mit der Funktion fillellipse ausfüllen.

Gefüllte grafische Objekte

Die BGI-Bibliothek enthält eine Anzahl von Funktionen für gefüllte grafische Objekte wie etwa Rechtecke, dreidimensionale Balken und Tortenstücke. Alle Objekte werden mit dem aktuellen Füllmuster gefüllt.

Ein ausgefülltes Rechteck läßt sich mit der Funktion bar zeichnen, die dieselben Argumente wie rectangle() hat. Die Funktion bar zeichnet jedoch nicht den Rand des Rechtecks.

Mit der Funktion bar3d(), die die folgenden Zusatzargumente hat, kann man dreidimensionale Balken zeichnen:

int depth	Enthält die Tiefe des Balkens in Pixeln.
int topflag	Ungleich Null, wenn auch die Oberfläche gezeichnet werden soll.

Um ein Rechteck *mit* Rand zu zeichnen, können Sie die folgende Funktion definieren:

```
  // bbar - Balken mit Rand
inline void bbar( int Left, int Top,
                  int Right, int Bottom )
{
    // Aufruf von bar3d mit depth 0
    // und topflag 0
  bar3d( Left, Top, Right, Bottom, 0, 0 );
```

Weitere ausgefüllte grafische Objekte sind Tortenstücke (mit der Funktion pieslice), mit denen man zum Beispiel Tortendiagramme zeichnen kann. Mit der Funktion sector kann man ein elliptisches Tortenstück zeichnen.

Text

Sie können mit printf() Text im Grafikmodus ausgeben, doch Sie sind dann auf eine Farbe und einen Schriftgrad beschränkt. Die BGI-Bibliothek unterstützt verschiedene Schriftarten, die hier aufgeführt sind:

Fontcode	Dateiname
DEFAULT_FONT	-
GOTHIC_FONT	gott.chr
SMALL_FONT	litt.chr
SANS_SERIF_FONT	sans.chr
TRIPLEX_FONT	trip.chr

Borland C++ 3.0 bietet die folgenden neuen Zeichensätze:

Fontcode	Dateiname
SCRIPT_FONT	scri.chr
SIMPLEX_FONT	simp.chr
TRIP_SCR_FONT	tscr.chr
COMPLEX_FONT	lcom.chr
EURO_FONT	euro.chr
BOLD_FONT	bold.chr

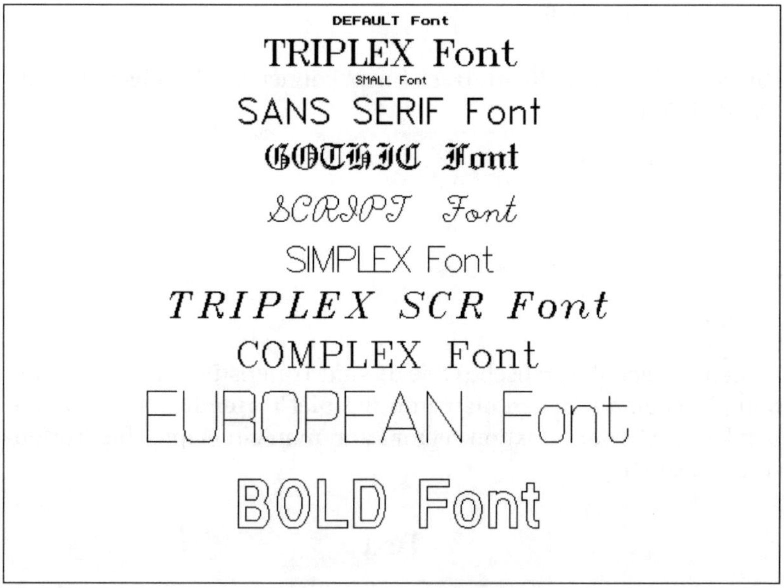

Abb. 9.7: Die BGI-Zeichensätze

Die .CHR-Zeichensatzdateien werden ähnlich wie die .BGI-Dateien zur Zeit der Programmausführung (dynamisch) geladen. Der Standardzeichensatz ist in das Grafiksystem eingebaut und braucht nicht von der Platte geladen zu werden. Der Nachteil bei der Verwendung der anderen Zeichensätze ist, daß bei jedem Zeichensatzwechsel der neue Zeichensatz von der Platte geladen werden muß. Um dies zu vermeiden, können Sie die Zeichensatzdateien in Objektdateien umwandeln und in Ihr Programm einbinden. Die geschieht ähnlich wie das Umwandeln und Einbinden von BGI-Dateien.

Mit der Funktion settextstyle kann man den Zeichensatz wechseln. Außerdem läßt sich mit dieser Funktion die Druckrichtung (horizontal oder vertikal) und die Schriftgröße angeben. Das erste Argument von settextstyle ist einer der oben angegebenen Zeichensatzcodes (wie etwa SMALL_FONT). Das zweite Argument gibt die Richtung an und kann entweder HORIZ_DIR oder VERT_DIR lauten. Das letzte Argument ist ein Faktor, mit dem jedes Zeichen vergrößert wird.

Text kann mit der Funktion settextjustify links- oder rechtsbündig ausgerichtet oder zentriert werden. Dieser Funktion werden zwei Argumente übergeben, das erste für die horizontale Ausrichtung, das zweite für die vertikale Ausrichtung. Die Breite und die Höhe eines Strings, bezogen auf den aktuellen Zeichensatz und die aktuelle Schriftgröße kann man mit den Funktionen textwidth() und textheight() bestimmen. Schließlich können Sie die aktuellen Texteinstellungen mit gettextsettings abfragen. Informationen über den aktuellen Zeichensatz, die Druckrichtung, Schriftgröße und Ausrichtung werden in der Variablen textsettingstype gespeichert, auf die das Argument zeigt.

Debugging

In diesem Abschnitt besprechen wir das Debuggen von Programmen mit dem in die IDE integrierten Debugger. Mit diesem Debugger lassen sich Breakpoints und Watches setzen und der Wert von Variablen ermitteln oder ändern. Der Turbo Debugger bietet wesentlich mehr Möglichkeiten. Soll Ihr Programm Debug-Informationen enthalten, wählen Sie Options|Compiler|Code generation, klicken die Schaltfläche More an und markieren die Option Debug info in OBJs. Das ist sowohl für den integrierten Debugger als auch für den Turbo Debugger erforderlich.

Um Ihr Programm Zeile für Zeile ausführen zu lassen, können Sie F7 (Trace Into) oder F8 (Step Over) verwenden. Wenn Sie F7 verwenden, wird die Ausführung bei jedem Funktionsaufruf in dieser Funktion fortgesetzt, sofern Ihr Quellcode verfügbar ist. Mit F8 werden alle Funktionsaufrufe übersprungen mit Ausnahme von main, wo die Programmausführung beginnt. Im Debug-Modus können Sie die Werte Ihrer Variablen untersuchen und verändern. Wenn das Programm endet oder Sie Strg F2 (Program reset) drücken, endet der Debug-Modus. Beachten Sie, daß Sie im Debug-Modus aufgrund von Speichermangel eventuell nicht zu DOS wechseln oder andere Programme ausführen können.

Breakpoints

Ein Breakpoint (auch Halte- oder Unterbrechungspunkt genannt) ist eine Stelle in Ihrem Programm, an der die Ausführung stoppt, bedingt oder unbedingt. Breakpoints setzt man oft vor einem suspekten Programmabschnitt. Wenn Sie Strg F9 drücken, läuft das Programm bis zu einem Breakpoint. Dann wird die Ausführung unterbrochen, und Sie haben die Möglichkeit, die Werte Ihrer Variablen einzusehen. Danach können Sie die Ausführung mit Strg F9 wiederaufnehmen oder Ihr Programm schrittweise mit F7 oder F8 durchlaufen. Unbedingte Breakpoints kann man mit Strg F8 oder mit der Option Debug|Toggle breakpoints setzen, die als Schalter funktioniert. Die Zeile, die den Breakpoint enthält, wird dann in einer anderen Farbe angezeigt.

Bedingte Breakpoints

Einen bedingten Breakpoint kann man setzen, indem man Debug|Breakpoints|Edit anwählt. Es wird ein Dialogfeld mit Eingabezeilen für die Bedingung, den Durchlaufzähler, den Dateinamen und die Zeilennummer angezeigt. In den meisten Fällen setzt man für die letzten beiden den aktuellen Dateinamen und die aktuelle Zeilennummer ein.

Eine Bedingung kann fast jeder zulässige C++-Ausdruck sein, wie etwa c==0 oder a>5 && !IsEmpty. Sobald die Bedingung erfüllt ist und die Breakpoint-Zeile zur Ausführung ansteht, wird die Programmausführung angehalten. Mit der Eingabezeile Pass Count kann man angeben, wie oft der Breakpoint passiert werden soll, bevor die Programmausführung anhält.

Watches

Mit einem Watch oder Watchpoint kann man den Wert einer Variablen oder eines Ausdrucks zur Laufzeit einsehen. Sie können einen Watch mit [Strg][F7] oder mit Debug|Watches|Add watch setzen. Alle Watches erscheinen in einem speziellen Fenster, dem Watch-Fenster, das sich mit Window|Watch öffnen läßt. Wenn dieses Fenster aktiv ist, können Sie leicht Watches hinzufügen, bearbeiten und löschen.

Daten inspizieren und ändern

Mit Debug|Inspect können Sie den Inhalt von einfachen oder zusammengesetzten Datentypen in einem speziellen Fenster namens Inspect-Fenster anzeigen lassen. Zu diesem Zweck dient auch die Tastenkombination [Alt][F4]. Der Vorteil von Inspect gegenüber Watch besteht darin, daß Inspect leistungsfähiger und flexibler ist, während Watch weniger Bildschirmplatz beansprucht. Wenn Sie den Cursor auf den zu inspizierenden Ausdruck setzen und Debug|Inspect anwählen, erscheint ein Dialogfeld Data Inspect. Die Eingabezeile füllt sich automatisch mit dem Ausdruck, wenn Sie die Taste [↓] drücken. Drücken Sie [Alt][F4], während Sie auf einen Ausdruck zeigen, wird sofort ein neues Inspect-Fenster mit dem Inhalt des Ausdrucks geöffnet, sofern es sich um einen zulässigen, inspizierbaren Ausdruck oder eine ebensolche Variable handelt. Beim Durchlaufen eines Programms werden die Inspect-Fenster aktualisiert, was die Programmausführung verlangsamt.

Ein spezieller Vorteil der Inspektion von Objekten besteht in der Art ihrer Anzeige. Das Inspect-Fenster wird in zwei Teile aufgeteilt, ein Teil für die Datenelemente des Objektes und ein Teil für die Elementfunktionen. Inline-Funktionen werden mit *inline* markiert. Andere Funktionen werden mit ihren Speicheradressen angezeigt. Das kann zum Beispiel beim Inspizieren von Klassen mit virtuellen Funktionen nützlich sein. Statische Klassenelemente werden wie gewöhnliche Elemente angezeigt.

Sie können die Elemente eines Objekts inspizieren, indem Sie sie markieren und [↵] drücken. Es wird dann ein neues Fenster mit dem Inhalt des Datenelementes erzeugt, dessen Elemente wiederum inspiziert werden können.

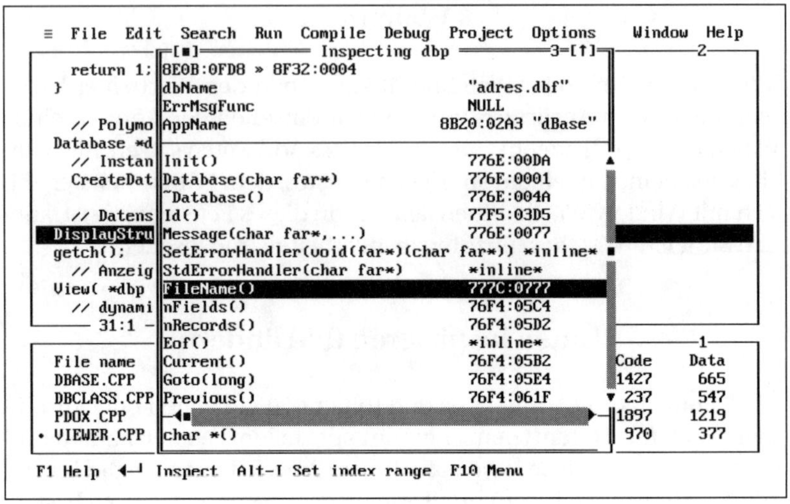

Abb. 9.8: Inspektion eines Objekts

Wenn Sie zum Beispiel ein Objekt inspizieren, das ein Element vom Typ String hat, und Sie dieses Element inspizieren, bekommen Sie ein neues Inspect-Fenster für das String-Objekt. Wenn Sie dann das char*-Element des String-Objekts inspizieren, bekommen Sie noch ein Inspect-Fenster. Schließlich können Sie die Werte der Zeichen des char* inspizieren.

Die Inspektion von Funktionen liefert ein Inspect-Fenster, das die Adresse der Funktion sowie ihren Prototyp und ihren Rückgabewert enthält. Wenn Sie [↵] drücken, wenn die Adresse eines Funktionsarguments markiert ist, erscheint ein Fenster, das die Quelldatei enthält, und der Cursor wird auf die entsprechende Funktion gesetzt.

Sie können auch Klassen, Unionen und Strukturen inspizieren; das nennt man Typinspektion. In diesem Fall werden die Namen aller Datenelemente und Elementfunktionen angezeigt. Klassenvariablen und -funktionen (Elemente, die in der Klasse als static deklariert sind) werden wie gewöhnliche Elemente angezeigt.

Wenn Sie ein Array inspizieren, wird sein Inhalt und sein Datentyp in der unteren Hälfte des Inspect-Fensters angezeigt. Mit [Alt][I] kann man den Indexbereich setzen, was von Nutzen sein kann, wenn Sie nur einen Teil eines Arrays inspizieren möchten. Inspizierte Variablen oder

Felder lassen sich mit Alt M (Modify) ändern. Ein Dialogfeld wird angezeigt, und man kann einen neuen Wert eingeben. Nach Änderung des Wertes können Sie mit F7, F8 oder Strg F9 die Programmausführung mit dem neuen Wert fortsetzen.

Daten auswerten und modifizieren

Noch einen anderen Weg zur Überprüfung des Wertes einer Variablen oder eines Ausdrucks bietet der Befehl Debug|Modify, für den die Tastenkombination Strg F4 zur Verfügung steht. Wenn Sie eine Variable markieren und Strg F4 drücken, wird ein Dialogfeld mit drei Eingabezeilen angezeigt: Expression, Result und New value. Expression enthält den Ausdruck, die Variable oder die Funktion, die auszuwerten ist.

Drücken Sie ↵, oder klicken Sie "Evaluate" an, um den Ergebniswert des Ausdrucks anzeigen zu lassen. Wenn Sie eine Funktion auswerten, wird ihr Prototyp angezeigt. Nur die Werte von Variablen lassen sich mit der Schaltfläche "Modify" ändern. Betätigen Sie diese Schaltfläche, wenn Sie die neuen Daten in die Eingabezeile "New value" geschrieben haben.

Den Call-Stack anzeigen

Der Call-Stack ist eine Liste der Funktionsaufrufe, die zu dem aktuellen Programmstatus geführt haben. Die unterste Funktion in der Liste ist die zuerst aufgerufene Funktion, typischerweise main. Sie können das "Call stack"-Fenster aufrufen, indem Sie Strg 3 drücken oder Debug|Call stack anwählen. Wenn Sie eine Funktion aus der Liste auswählen und ↵ drücken oder diese doppelklicken, wird die Quelldatei angezeigt, die diese Funktion enthält.

Kapitel 10

Die Klassenbibliothek ObjectWindows

Die Windows-Umgebung erfreut sich auf PCs zunehmender Beliebtheit. Windows bietet dem Anwender eine relativ einfach verwendbare Arbeitsumgebung, die eine attraktive Alternative zum berüchtigten DOS-Prompt darstellt. Windows ist eine grafische Benutzeroberfläche, die Merkmale wie Symbole, Fenster und Schaltflächen mit dreidimensionalem Aussehen bietet. Auch lassen sich Windows-Anwendungen recht einheitlich bedienen: Die meisten Windows-Programme verwenden standardisierte Fenster, Dialogfelder und Menüs.

Für den Programmierer ist jedoch die Programmierung für Windows viel schwieriger als die DOS-Programmierung. Windows-Anwendungen laufen in einer grafischen Multitasking-Umgebung mit mehrfachen Fenstern und verwenden Windows-Konventionen und Windows-Ressourcen. Außerdem ist Windows eine ereignisgesteuerte Umgebung. Das heißt, daß Programme in der Lage sein müssen, jederzeit auf Mausklicks, Tastendrücke und so weiter zu reagieren. Bei der traditionellen Windows-Programmierung verwendet man einen C-Compiler und das Microsoft Windows Software Development Toolkit (SDK). Dieses Toolkit bietet eine Schnittstelle für Anwendungsprogramme (API = Application Program Interface) mit ungefähr 500 Funktionen. Selbst erfahrene C-Programmierer brauchen mehrere Monate, um das Windows-API mit konventionellen Programmiermethoden zu beherrschen.

Windows 3.x hat als Vorteile, daß es Geräteunabhängigkeit, viele Funktionen für Text und Grafik, mehr verfügbaren Speicher für Anwendungen, Multitasking und Intertask-Kommunikation anbietet.

Das Windows-API wird manchmal als "objektorientiert" bezeichnet, aber das trifft nur auf die Struktur des zugrundeliegenden Systems zu. Das API ist in keiner Hinsicht objektorientiert, wie wir es von C++ gewohnt sind. Da das API in C geschrieben ist, unterstützt es die Kapselung, die Vererbung und den Polymorphismus nicht.

ObjectWindows kann als revolutionäres Produkt bezeichnet werden, da es die objektorientierten Merkmale von C++ mit der Stärke des Microsoft Windows SDK vereint. Aber es ist nicht vergleichbar mit existierenden C++-Klassenbibliotheken für Windows wie etwa CommonView oder C++/Views. Borland hat seinen C++-Compiler (und den von ihm unterstützten C++-"Dialekt") so geändert, daß man virtuelle Funktionen definieren kann, die automatisch aufgerufen werden, wenn

Windows eine Botschaft schickt. Das erspart Ihnen das Schreiben von langen Routinen zum Umgang mit den Botschaften. Das Versenden von Botschaften werden wir später besprechen.

Systemanforderungen und Systemkonfiguration

Um ObjectWindows verwenden zu können, benötigen Sie Borland C++ (Version 2.0 oder Version 3.0) oder Turbo C++ für Windows. Außerdem brauchen Sie mindestens einen 80286-Rechner und 2 MB Hauptspeicher oder mehr. Die Bibliothek ObjectWindows benötigt die Borland Class Library, die automatisch zusammen mit ObjectWindows installiert wird (im Verzeichnis CLASSLIB).

Windows-Programmierung

Bei der Programmierung von Anwendungen, die unter der Windows-Umgebung laufen sollen, muß man sich nach den Anforderungen richten, die Windows an Anwendungen stellt. In dieser Umgebung können Sie mehrere überlappende Fenster für eine Anwendung haben, außerdem Schaltflächen, Bildlaufleisten, Optionsfelder, Kontrollfelder und andere Steuerelemente. Ein- und Ausgabe geschehen unter Windows anders, als Sie es von DOS-Anwendungen gewohnt sind. Wo Sie normalerweise getchar aufrufen würden, erhalten Sie unter Windows eine Botschaft, daß eine Taste gedrückt wurde. Windows empfängt jeden Tastendruck, entscheidet, für welche Anwendung er bestimmt ist und schickt eine Botschaft zum Fenster der Anwendung, die gerade aktiv ist.

Weitere Ereignisse, die Botschaften auslösen, sind Mausaktionen, der Befehl "Fenster schließen" und Speicherüberlauf. ObjectWindows definiert Botschaften durch Codes, wie etwa WM_LBUTTONDOWN für die Botschaft, die geschickt wird, wenn die linke Maustaste gedrückt wurde.

Es gibt keine andere Möglichkeit der Ereignisbehandlung, als auf die Botschaften zu reagieren, die Windows Ihren Anwendungen schickt.

Zum Glück enthält ObjectWindows besondere Elemente, die als Botschaftsantwortfunktionen (message response functions) bezeichnet werden. Das heißt, daß Sie keine Funktion mit einer langen switch-Anweisung zu schreiben brauchen, sondern eine Funktion einer Botschaft zuordnen können. Wenn die Botschaft dann von der Anwendung empfangen wird, wird diese Funktion automatisch aufgerufen. Der Sprachstandard von C++ unterstützt jedoch keine Funktionen zur Beantwortung von Botschaften, so daß Borland C++ geringfügig geändert werden mußte. Borland C++ 3.0 und Turbo C++ für Windows verfügen über eine eingebaute Unterstützung solcher Funktionen; das Installationsprogramm für ObjectWindows kann Borland C++ Version 2.0 so ergänzen, daß diese Elemente unterstützt werden.

Die Syntax einer Botschaftsantwortfunktion gleicht der einer reinen virtuellen Funktion. Die folgende virtuelle Funktion antwortet auf eine Botschaft SomeMessage:

```
virtual void RespondFunction() = [ SomeMessage ];
```

Für SomeMessage kann eine beliebige Integer-Konstante eingesetzt werden. Diese Integer heißt Dispatch-Index. In ObjectWindows können Sie die vordefinierten Botschaftskonstanten verwenden. Sie müssen die vordefinierte Offset-Konstante WM_FIRST verwenden:

```
virtual void WMMouseMove(...) =
          [ WM_FIRST + WM_MOUSEMOVE ];
```

Dadurch wird die Funktion WMMouseMove deklariert, die automatisch aufgerufen wird, wenn die Botschaft WM_FIRST + WM_MOUSEMOVE empfangen wird (was der Fall ist, wenn die Maus bewegt wird).

Das Argument, das allen Botschaftsantwortfunktionen übergeben wird, ist vom Typ RTMessage. Die Struktur von TMessage wird später erläutert.

Die Struktur von ObjectWindows

Die Abbildung 10.1 zeigt die Klassenhierarchie von ObjectWindows für C++. Wie Sie sehen können, ist jedes Objekt von Object abgeleitet, das in der Klassenbibliothek von Borland enthalten ist (die sich im Verzeichnis CLASSLIB befindet). Das ist auch der Grund dafür, daß dieser Klassenname nicht mit dem Buchstaben T beginnt. Die Abbildung zeigt auch, daß die Mehrfachvererbung zum Erstellen der Klassen TWindowsObject und TScroller angewandt wird, die sowohl von Object als auch von TStreamable abgeleitet sind.

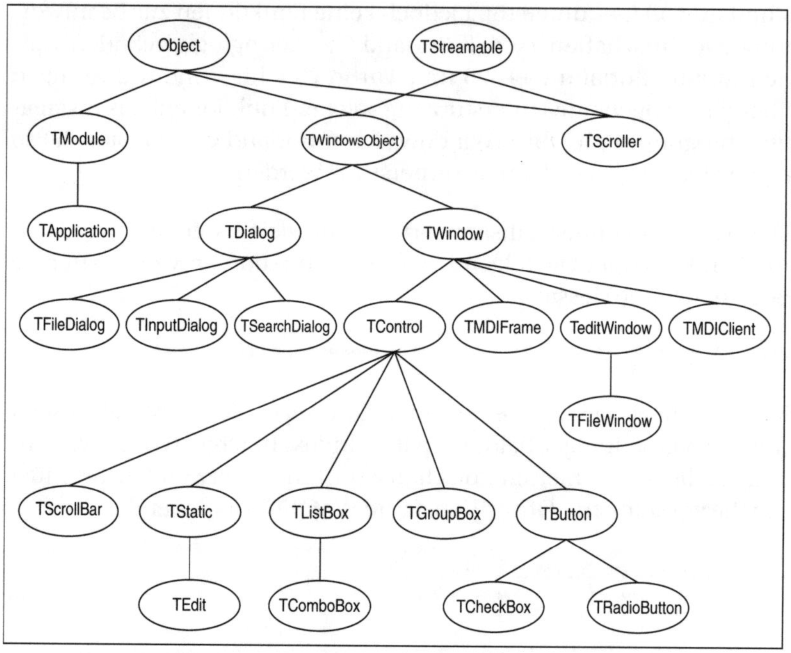

Abb. 10.1: Die Klassenhierarchie von ObjectWindows

Die Klasse TApplication bildet das Grundgerüst für eine Anwendungsklasse, die jede ObjectWindows-Anwendung definieren muß. Sie können eine eigene Anwendungsklasse von TApplication ableiten und ihr Funktionen hinzufügen. Das Programm definiert dann eine Instanz dieses Typs, die bewirkt, daß alle Initialisierungen korrekt vorgenommen werden. Die Anwendungsklasse sorgt für die Ereignisbehandlung und für die Erzeugung des Hauptfensters und kann als Motor Ihres Programms angesehen werden.

Das folgende Programm zeigt, wie ein einfaches ObjectWindows-Programm eine Anwendungsklasse von TApplication ableitet. Die Funktion InitMainWindow initialisiert das Hauptfenster (dargestellt durch das Datenelement MainWindow). Für gewöhnlich hat jede Anwendung ein Hauptfenster, das Kindfenster aufnehmen und verwalten kann.

```
  // Laden der Header-Datei von ObjectWindows
#include <owl.h>

  // Die Anwendungsklasse dieses Programms
class DemoApp : public TApplication
{
  public:
    DemoApp( LPSTR AppName,
             HANDLE hInstance,
             HANDLE hPrevInstance,
             LPSTR LPCmdLine,
             int nCmdShow )
    : TApplication( AppName,
        hInstance, hPrevInstance,
        lpCmdLine, nCmdShow )
    { }
        // Hauptfenster initialisieren
    void InitMainWindow()
    {
      MainWindow = new TWindow( NULL, Name );
    }
};
```

Die Argumente, die dem Konstruktor der Anwendungsklasse übergeben werden, haben die folgende Bedeutung:

AppName	Der Name der Anwendung. Dieser String erscheint als Überschrift (Titelleiste) des Hauptfensters.
hInstance	Der Instanz-Handle der Anwendung
hPrevInstance	Wenn bereits eine weitere Instanz desselben Programms läuft, enthält hInstance den Handle dieser Instanz, sonst NULL.
lpCmdLine	Die Befehlszeile als nullterminierter String
nCmdShow	Dieses Argument gibt an, ob die Anwendung als Symbol oder im Fenster laufen soll.

Diese Argumente werden unverändert an die Elternanwendungsklasse TApplication übergeben. InitMainWindow instantiiert ein neues Objekt vom Typ TWindow und ordnet seine Adresse dem Datenelement MainWindow zu.

Nachdem die Anwendungsklasse definiert worden ist, kann die Hauptroutine Ihres Programms wie folgt geschrieben werden. Das Format, der Name und die Argumente der Windows-Hauptfunktion werden von Windows benötigt.

```
  // Windows-Hauptfunktion
int PASCAL WinMain( HANDLE hInstance,
                    HANDLE hPrevInstance,
                    LPSTR lpCmdLine,
                    int nCmdShow )
{
    // Das Anwendungsobjekt erstellen
  DemoApp d( "ObjectWindows Demo-Anwendung",
             hInstance,
             hPrevInstance,
             lpCmdLine,
             nCmdShow );
    // Run()-Methode aufrufen
  d.Run();

    // Rückgabewert
  return d.Status;
}
```

Die Argumente von WinMain werden vom Windows-System geliefert und können dem Konstruktor der Anwendungsklasse übergeben werden.

Im nächsten Schritt werden dem Hauptfenster Funktionen hinzugefügt. Das geschieht wie üblich durch Ableitung einer neuen Klasse von der Standardklasse. Anstelle von TWindow wird dann eine Instanz dieser abgeleiteten Klasse in der Funktion InitMainWindow erstellt. Wir definieren unser eigenes Fenster namens DemoWindow, das die Schablone für das Hauptfenster unserer Anwendung sein soll. In der Anwendungsklasse wird dann die Funktion InitMainWindow wie folgt definiert:

```
void DemoApp::InitMainWindow()
{
  MainWindow = new DemoWindow( NULL, Name );
}
```

Die Fensterklasse hat eine Botschaftsantwortfunktion, die auf die Botschaft "linke Maustaste gedrückt" antwortet (WM_LBUTTONDOWN). Diese Funktion zeigt ein Meldungsfeld an (mit der Funktion Message-

Box), welches besagt, daß die linke Maustaste gedrückt wurde. Die Klassendefinition lautet wie folgt:

```
class DemoWindow : public TWindow
{
  public:
    DemoWindow( PTWindowsObject WindowsParent,
                LPSTR WindowsTitle )
    : TWindow( WindowsParent, WindowsTitle )
    {
    }

    virtual void WMLButtonDown( RTMessage Msg )
      = [WM_FIRST + WM_LBUTTONDOWN]
    {
      MessageBox( HWindow,
        "Linke Maustaste gedrückt",
        "WMLButtonDown aufgerufen",
        MB_OK );
    }
};
```

Wenn Sie dieses Programm kompilieren, laufen lassen und die linke Maustaste im Hauptfenster der Anwendung drücken, erscheint das Meldungsfeld. Zum Schließen der Anwendung wählen Sie Schließen aus dem Systemmenü, oder drücken Sie [Alt][F4].

Die Variable HWindow, die an MessageBox übergeben wird, ist der eindeutige Handle des Fensters. MessageBox ist eine Windows-API-Funktion, die einen Fenster-Handle erwartet, doch in den meisten Fällen verwenden die Klassen von ObjectWindows diesen Handle nur intern. Normalerweise werden Sie HWindow nur verwenden, wenn Sie eine Windows-API-Funktion direkt aufrufen.

Menüs

Die Definition von Menüs für Ihre Anwendung erfolgt nicht in Ihrem C++-Programm, sondern in einer eigenen Datei, die Ressourcen-Script-Datei genannt wird. Das ist eine ASCII-Datei mit der Erweiterung .RC, und es gibt zwei Möglichkeiten, eine Menüdefinition mit einer solchen Script-Datei zu erstellen. Erstens kann man die Menüdefinition direkt in der Ressourcen-Script-Sprache schreiben. Zweitens kann man Menüs visuell mit einem Ressourcen-Editor erstellen, was wir später besprechen werden. Borland C++ 2.0 enthält das Whitewater Resource Toolkit, wohingegen Version Borland C++ 3.0 und Turbo C++ für Windows das schnellere Resource Workshop beinhalten.

Ein Menü verwendet Konstanten für die Menüpunkte. Eine Header-Datei (mit der Erweiterung .H) muß diese Konstanten definieren und in die Ressourcen-Datei (.RC) und Quelldatei (.CPP) geladen werden. Für unser Beispiel sieht die Header-Datei so aus:

```
/* MenuDemo.h
 * Header-Datei mit Menükonstanten
 */
#define CM_FILEEXIT  101
#define CM_ABOUT     102

/* Eof MenuDemo.h */
```

Die Ressourcen-Script-Datei lädt diese Header-Datei und ist wie folgt definiert:

```
; MenuDemo.RC
; Ressourcen-Datei zur Menüdemonstration

  // Windows- und OWL-Ressourcen-Header laden
#include <windows.h>
#include <owlrc.h
  // Header-Datei MenuDemo.h laden
#include "MenuDemo.h"

; Zwei Menüs auf oberster Ebene definieren: Datei und Über
; Datei hat Untereinträge Neu, Öffnen, Speichern und Beenden
; Über hat keine Untereinträge

MENUEXAMPLE MENU
Begin
  POPUP "&Datei"
  Begin
    MENUITEM "&Neu", CM_FILENEW
    MENUITEM "&Öffnen", CM_FILEOPEN
    MENUITEM "&Speichern", CM_FILESAVE
    SEPERATOR
    MENUITEM "&Beenden", CM_FILEEXIT
  End
  MENUITEM "&Über", CM_ABOUT
End

; Eof MenuDemo.RC
```

Dieser Script-Code definiert das in Bild 10.2 gezeigte Menü.

Um die Menüdefinition in Ihre Anwendung einzubinden, fügen Sie einfach die Datei MenuDemo.Rc in die Projektdatei ein.

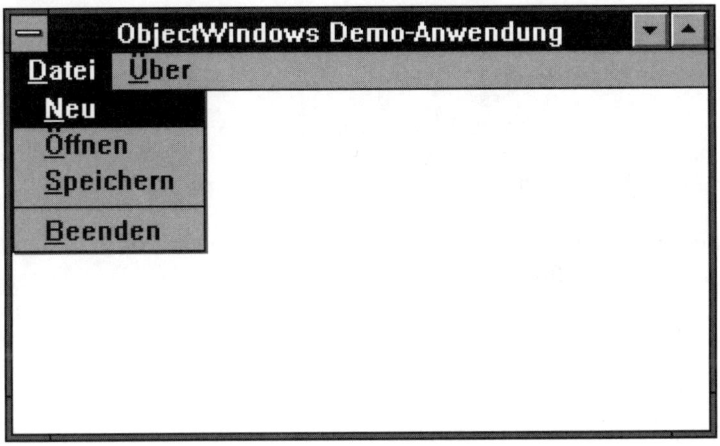

Abb. 10.2: Menüs

Das Menü in die Anwendung laden

Das Menü in der Ressourcen-Datei muß mit der Funktion AssignMenu, die eine Methode von TWindow ist, in die Anwendung geladen werden. Der oben angegebene Titel der Menüdefinition lautet "MENUEXAMPLE", so daß wir dieses Menü mit dem folgenden Befehl laden können:

```
AssignMenu( "MENUEXAMPLE" );
```

Dies geschieht im allgemeinen im Konstruktor Ihrer Hauptfensterklasse, die von TWindow abgeleitet ist.

Auf eine Menüauswahl antworten

Wenn der Anwender einen Menüpunkt markiert, schickt das Windows-System eine Botschaft an Ihre Anwendung. Diese Botschaften werden durch die oben erwähnten Konstanten CM_XXX dargestellt. Wie bei

Fensterbotschaften (WM_XXX) können Sie eine Botschaftsantwortfunktion für jeden Befehl definieren. Die folgenden Funktionen sind virtuelle Methoden der Hauptfensterklasse und behandeln die Befehle CM_FILENEW und CM_ABOUT:

```
  // Deklaration von Botschaftsantwortfunktionen
  // Antwort auf die Botschaft CM_FILENEW
virtual void CMFileNew(RTMessage)
  = [CM_FIRST + CM_FILENEW];
  // Antwort auf die Botschaft CM_ABOUT
virtual void CMAbout(RTMessage)
  = [CM_FIRST + CM_ABOUT];
```

Unter anderem sind die folgenden gängigen Befehlscodes in der Datei owlrc.h vordefiniert:

```
CM_FILENEW
CM_FILEOPEN
CM_FILESAVE
CM_FILESAVEAS
CM_EXIT
```

Eingaben vom Anwender bekommen

Bevor wir besprechen, wie man Informationen in ein Fenster schreibt, zeigen wir zunächst, wie man mit dem Anwender kommuniziert. Eine Möglichkeit, Eingaben vom Anwender zu bekommen, besteht in der Verwendung eines Dialogfelds.

Das Meldungsfeld

Am einfachsten kann man mit dem Anwender kommunizieren, indem man die Windows API-Standardfunktion MessageBox verwendet. Diese Funktion zeigt ein Meldungsfeld an, das verschwindet, wenn eine seiner Schaltflächen betätigt wird. Der Prototyp dieser Funktion ist:

```
int MessageBox( hWndParent, lpText,
                lpCaption, wType );
```

Das Argument hWndParent ist der Handle des Fensters, zu dem das Meldungsfeld gehört, HWindow. Das Argument lpText stellt den Text dar, der in dem Feld als nullterminierter String angezeigt werden soll.

Das Argument lpCaption enthält den Titel des Meldungsfeldes. Wenn es NULL ist, wird der Standardtitel "Error" verwendet. Schließlich gibt das Argument wType den Inhalt des Dialogfeldes an.

Das folgende Beispiel erstellt ein Meldungsfeld mit zwei Schaltflächen, die mit "Ja" und "Nein" bezeichnet sind, und mit dem angezeigten Text "Abbrechen?". Das Ergebnis des Dialogs wird in Result gespeichert:

```
int Result = MessageBox(
  HWindow,
  "Abbrechen?",
  "Bestätigen",
  MB_YESNO | MB_ICONQUESTION );
```

Das Ergebnis dieser Aktion zeigt die Abbildung.

Abb. 10.3: Muster eines Meldungsfelds

Das letzte Argument gibt den Inhalt des Feldes an. Unter anderem können ihm die folgenden Konstanten übergeben werden, die sich mit dem |-Operator (ODER) kombinieren lassen:

Konstante	**Bedeutung**
MB_OK	Schaltfläche OK
MB_OKCANCEL	Schaltflächen OK und Abbrechen
MB_YESNO	Schaltflächen Ja und Nein
MB_YESNOCANCEL	Schaltflächen Ja, Nein und Abbrechen
MB_ICONEXCLAMATION	Symbol Ausrufezeichen
MB_ICONINFORMATION	Symbol für Information (kleines i)
MB_ICONQUESTION	Symbol Fragezeichen

Der Rückgabewert von MessageBox ist eine Konstante, die mit den Buchstaben ID anfängt. Unter anderem sind die folgenden Konstanten definiert:

Konstante	Bedeutung
IDCANCEL	Schaltfläche Abbrechen betätigt
IDNO	Schaltfläche Nein betätigt
IDOK	Schaltfläche Ok betätigt
IDYES	Schaltfläche Ja betätigt

Also läßt sich das Ergebnis des obigen Dialogbeispiels wie folgt untersuchen:

```
if (Result == IDYES)
{
  // Anwendung verlassen...
}
```

Die Standard-Dialogfelder

Ein Dialogfeld ist ein vielseitiges Instrument, um Eingaben vom Anwender zu erhalten. Es kann Optionsschaltflächen, Kontrollfelder und viele andere Elemente enthalten. Bevor wir besprechen, wie man eigene Dialogfelder erstellt, besprechen wir zunächst einige von den Standard-Dialogfeldern, die ObjectWindows vorsieht.

Die Klasse TInputDialog stellt ein einfaches Dialogfeld zur Texteingabe bereit. Um das Eingabedialogfeld anzuzeigen, erstellen Sie zunächst eine Instanz des Typs TInputDialog. Das können Sie beispielsweise in einer der Botschaftsantwortfunktionen Ihrer Hauptfensterklasse tun:

```
void DemoWindow::WMLButtonDown(RTMessage)
{
  char Name[30];
  Name[0] = 0;

    // Eingabe-Dialogobjekt erstellen
  TInputDialog *d = new TInputDialog( this,
    "Geben Sie Ihren Namen ein", "Name: ",
    Name, 30);
```

```
    // Dialogfeld anzeigen und "ausführen"
  int Result = GetApplication()->ExecDialog( d );

    // Wenn der Anwender "OK" betätigt hat
  if ( Result == IDOK )
  {
    char Text[80];
    sprintf( Text, "Ihr Name ist %s: ", Name );
    MessageBox( HWindow, Text,
      "Information", MB_OK | MB_ICONINFORMATION );
  }
}
```

Die Abbildung 10.4 zeigt das Eingabezeilendialogfeld.

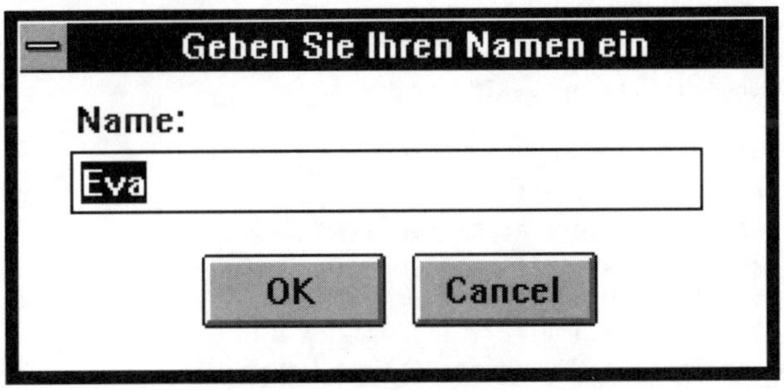

Abb. 10.4: Eingabe-Dialogfeld

Zur Verwendung von Standarddialogen müssen Sie die richtigen Definitionen in Ihre Ressourcen-Datei (mit der Erweiterung .RC) einfügen. Das Erstellen von Ressourcen und Ressourcen-Dateien wird später besprochen.

Das Dialogfeld wird durch Aufruf der Methode ExecDialog desjenigen Objektes angezeigt, auf das GetApplication() zeigt. Diese Funktion springt erst dann zurück, wenn der Dialog beendet ist, zum Beispiel nach Betätigung der Schaltfläche OK.

Ein weiteres Standarddialogfeld ist TFileDialog, das ein Dialogfeld darstellt, von dem aus der Anwender einen Dateinamen eingeben oder eine Datei auswählen kann. Der Konstruktor in dieser Klasse sieht wie folgt aus:

```
TFileDialog( PTWindowsObject WindowsParent,
             int ResourceId,
```

```
LPSTR TheFilePath,
PTModule TheModule = NULL );
```

Je nach der Bedeutung des Dateidialogs kann das Argument ResourceId die folgenden Werte haben:

SD_FILEOPEN	Dialogfeld "Datei öffnen"
SD_FILESAVE	Dialogfeld "Datei speichern"

Der Pfad, auf den TheFilePath zeigt, wird als Anfangspfad für das Dateilistenfeld verwendet. Der folgende Programmcode erstellt einen Dateidialog zum Öffnen einer Datei. Dieser Code gehört zu der Elementfunktion FileOpen einer Hauptfensterklasse namens DemoWindow.

```
void DemoWindow::FileOpen( RTMessage )
{
  char Filename[13];
  strcpy( FileName, "*.CPP" );
    // Datei-Dialogobjekt erstellen
  TFileDialog *t = new TFileDialog(
    this, SD_DILEOPEN; FileName );
    // Dialog ausführen
  if ( GetApplication->ExecDialog(t) == IDOK)
    MessageBox(HWindow, "Nur ein Beispiel", "Datei öffnen", MB_OK );

}
```

Die Abbildung 10.5 zeigt, wie das Dialogfeld aussieht.

Eigene Dialogfelder

Ein eigenes Dialogfeld kann man leicht erstellen, indem man den richtigen Code in die Ressourcen-Datei schreibt oder mit einem Ressourcen-Editor ein Dialogfeld visuell erstellt. Wir besprechen hier die erste Methode, während zwei gängige Ressourcen-Editoren später besprochen werden.

Eine Ressourcen-Datei für Dialogfelder hat die Erweiterung .DLG. Eine einfache Ressourcen-Datei und eine Header-Datei für ein Dialogfeld können so aussehen:

```
/* SimpDlg.h
 * Header-Datei für SimpDlg.Dlg
 */

#define CM_DIALOG   101
#define CM_ABOUT    102
#define ID_NUMOFWIN 201
#define ID_MIN      202
#define ID_MAX      203
#define ID_DEFAULT  204

/* Eof SimpDlg.h */
```

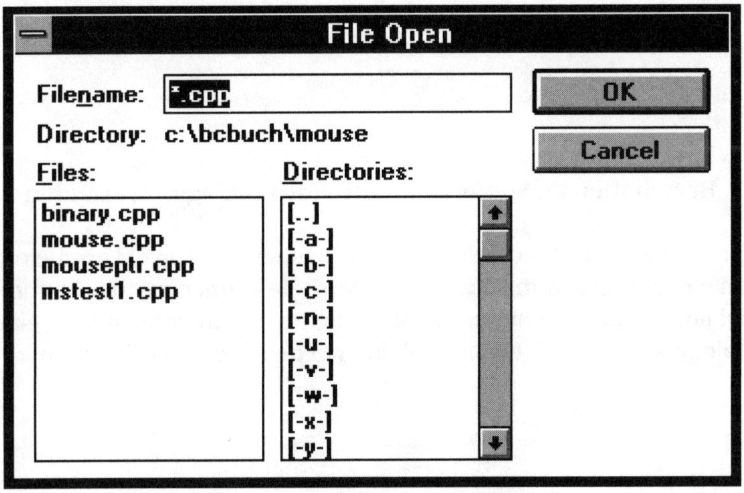

Abb. 10.5: Standard-Dialogfeld "Datei öffnen"

Das Dialogfeld selbst wird in der Ressourcen-Datei SimpDlg.Dlg definiert:

```
; SimpDlg.Dlg

; Header-Dateien zur Definition von Konstanten laden
#include <windows.h>
#include <owl.h>
#include "SimpDlg.Dlg"

DialogExample DIALOG 30, 30, 130, 100
STYLE WS_POPUP | WS_DLGFRAME | WS_SYSMENU
CAPTION "Dialogbeispiel"
```

```
Begin
  LTEXT "An&zahl der Fenster" -1, 10, 5, 70, 8
  EDITTEXT ID_NUMOFWIN, 10, 20, 55, 12, ES_AUTOHSCROLL
  CHECKBOX "Feld m&inimieren" ID_MIN, 10, 40, 55, 8, BS_AUTOCHECKBOX
  CHECKBOX "Feld m&aximieren" ID_MAX, 10, 52, 55, 8, BS_AUTOCHECKBOX
  DEFPUSHBUTTON "OK"          IDOK, 15, 75, 100, 20
  PUSHBUTTON "Standard"       ID_DEFAULT, 75, 30, 40, 15
  PUSHBUTTON "Abbrechen"      IDCANCEL, 75, 50, 40, 15
End
; Ende von SimpDlg.Dlg
```

Dieses Dialogfeld kann man nun mit folgendem Programmcode anzeigen und ausführen lassen:

```
  // Innerhalb einer Methode der Fenster-Klasse
GetApplication()->ExecDialog( new
  TDialog( this, "Musterdialog", "Dialogbeispiel" ));
```

Botschaften an Steuerelemente eines Dialogfeldes senden

Es ist möglich, die Steuerelemente, die in einem Dialogfeld erscheinen, von einem Programm aus zu verändern. Sie können mit der Methode TDialog::SendDlgItemMsg Botschaften an die Steuerelemente eines Dialogfeldes senden. Diese Funktion hat den folgenden Prototyp:

```
DWORD SendDlgItemMsg( int DlgItemId,
                      WORD AMsg,
                      WORD WParam,
                      DWORD LParam );
```

Eine Windows-Botschaft zur Steuerung (control-message AM) wird an das Steuerelement mit der Kennung DlgItemId geschickt. WParam und LParam sind die Parameter dieser Botschaft. Der Rückgabewert ist der Wert, den das Steuerelement liefert, oder Null, wenn die Kennung ungültig war. Die Methode SendDlgItemMsg sieht der API-Funktion SendDlgItemMsg sehr ähnlich, aber sie benötigt kein Dialogfeld-Handle, da sie von einen Dialogfeld-Objekt heraus aufgerufen wird.

Steuerelemente

Wir haben den Begriff Steuerelemente einige Male verwendet. Steuerelemente oder Controls können Sie sich als spezialisierte Fenster vorstellen. Die Klasse TControl ist daher abgeleitet von TWindow.

TControl

Das Control-Objekt wird als Ableitung von TControl instanziiert. In Abbildung 10.6 ist zu sehen, daß TControl eine direkte abstrakte Basisklasse (ABC) von TButton, TScrollBar, TStatic, TRadioButton, TListBox, TGroupBox, TEdit, TComboBox und TCheckBox ist.

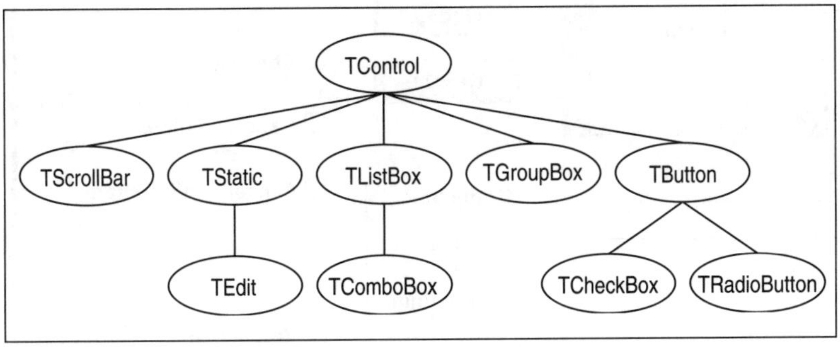

Abb. 10.6: Die Control-Hierarchie

Diese Klassen stellen die folgenden Steuerelemente dar:

Klasse	Steuerelement
TListBox	Eine Liste von Elementen, die durchgeblättert werden kann
TScrollBar	Eine Bildlaufleiste
TButton	Eine Schaltfläche mit zugehörigem Text
TCheckBox	Ein Kontrollfeld, das angekreuzt werden kann
TRadioButton	Eine Optionschaltfläche; diese Schaltflächen sind in einer Gruppe angeordnet, wobei immer nur eine davon ausgewählt werden kann
TGroupBox	Ein Rechteck mit zugehörigem Text und einer Gruppe anderer Steuerelemente, in der Regel Kontrolfelder oder Optionsschaltflächen
TEdit	Ein Feld zur Eingabe durch den Anwender
TStatic	Ein Feld mit konstantem (statischem) Text
TComboBox	Eine Kombination von TListBox und TEdit

Diese Steuerelemente sind in Abbildung 10.7 zu sehen.

Das folgende Beispiel zeigt, wie Steuerelemente in einem Fenster definiert werden. Es wird ein Button-Objekt (Schaltfläche) erstellt und eine virtuelle Funktion Button1Press(RTMessage), die nach dem Drükken der Schaltfläche aufgerufen wird.

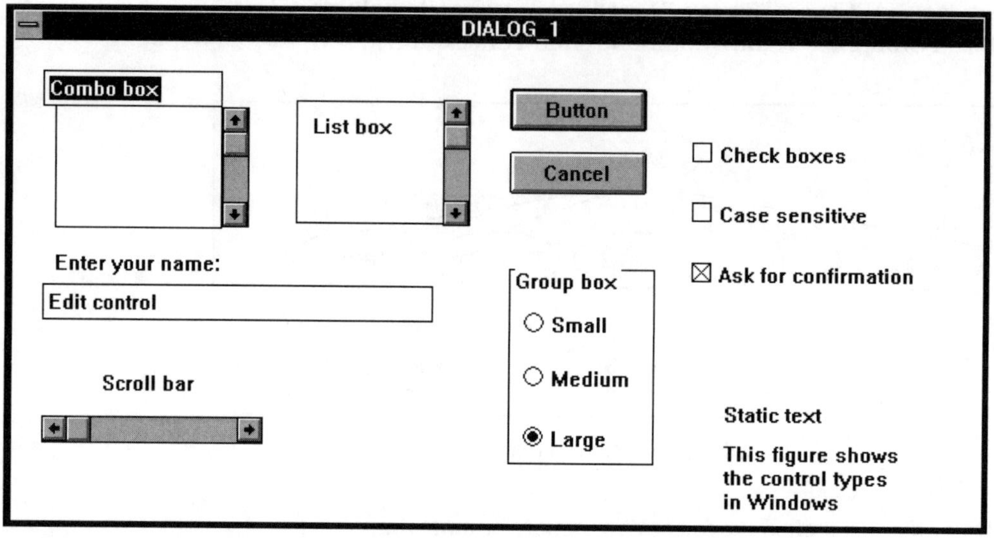

Abb. 10.7: Verschiedene Steuerelemente

```
const WORD ID_BUTTON1 = 101;

class ControlWindow : public TWindow
{
  private:
    PTButton aButton;
  public:
    ControlWindow( PTWindowsObject WindowsParent,
                   LPSTR WindowsTitle )
    : TWindow( WindowsParent, WindowsTitle )
    {
      aButton = new TButton( this, ID_BUTTON1,
        "Sample button", 10, 10, 200, 15, TRUE );
    }
    virtual void Button1Press(RTMessage) =
      [ID_FIRST + ID_BUTTON]
    {
      MessageBox( HWindow, "Button pressed",
        "Button info", MB_OK );
    }
};
```

Abbildung 10.8 zeigt die Ausgabe dieses Programms.

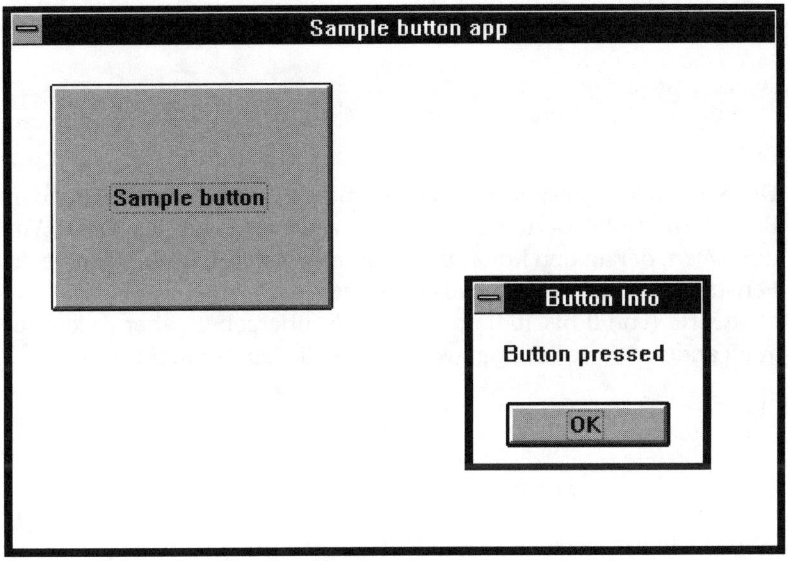

Abb. 10.8: Ausgabe des Beispielprogramms

ObjectWindows erweitern

Objektorientierte Bibliotheken haben unter anderem den Vorteil, daß sie sich relativ einfach erweitern lassen. Dies erfolgt zum Beispiel durch das Ableiten neuer Klassen von bereits vorhandenen Klassen. Es folgt ein Beispiel für eine solche Erweiterung.

Die Klasse aus diesem Kapitel wird verwendet, um ein Fenster mit einem Prozentbalken zu zeichnen. Das Fenster wird zum Beispiel während des Kopierens oder Konvertierens von Dateien angezeigt, um den Anwender über den Fortgang der Arbeiten zu unterrichten. Der folgende Programmausschnitt zeigt, wie ein Objekt vom Typ TPercentageBar innerhalb einer Methode der Fenster-Klasse angewendet wird:

```
  // TPercentageBar-Objekt instanziieren
TPercentageBar *p = new TPercentageBar( HWindow );

// Anfang einer bestimmten Handlung
for ( int i=0; i<100; i++ )
```

```
{
   // ...
   // Den Prozentbalken aktualisieren
   p->update( i );
}

  // Das Fenster vom Bildschirm löschen
delete p;
```

Der Konstruktor plaziert das Fenster mit dem Prozentbalken auf dem Bildschirm, wobei p->update(i) den Prozentwert hinzufügt. Der HWindow-Wert, der an den Konstruktor übergeben wird, ist der Handle des Fensters mit dem Prozentbalken. In diesem Beispiel werden die Prozentwerte (von 0 bis 100) an das Objekt übergeben, aber es können auch andere Werte benötigt werden, wie die Länge einer Datei:

```
FILE *f = fopen( "c:\\config.sys", "r");
TPercentageBar *p = new
  TPercentageBar( HWindow, "% fertig",
                  filelength(f) );
int i = 0;
while ( !feof(f) )
{
  // ..
  p->update( ++i );
}
delete p;
```

In diesem Beispiel wird die Länge der Datei CONFIG.SYS als Maximumwert für den internen Zähler des Percentage-Objektes verwendet. Die Variable i geht von 0 bis zu diesem Wert und wird an das update-Element übergeben. Das zweite Argument an den Konstruktor ist der Titel des Fensters. Abbildung 10.9 zeigt ein TPercentageBar-Objekt in Aktion.

Abb. 10.9: Ein Percentage-Fenster auf dem Bildschirm

Die TPercentageBar-Klasse ist abgeleitet von TWindow und erbt daher alle Eigenschaften von dieser Klasse.

Attr ist der Stil und die Position des Fensters; es handelt sich um eine Struktur mit den folgenden Elementen:

DWORD Style;	der Window-Stil
DWORD ExStyle	der erweiterte Stil
int X, Y, W, H;	die X- und Y-Position sowie Breite und Höhe des Fensters
LPSTR-Menü;	der Ressourcen-Bezeichner des Fensters
int Id;	der Bezeichner des Fensters
LPSTR Param;	wird von TMDIClient verwendet
FocusChildHandle	der Handle des Kind-Fensters des aktuellen Fensters
Scroller	zeigt auf ein TScroller-Objekt, wenn das Fenster eine Bildlaufleiste hat.

Das Element Attr.Style wird für ein TPercentageBar-Objekt auf WS_POPUP | WS_CAPTION | WS_VISIBLE gesetzt. Das bedeutet, daß ein solches Fenster anfangs sichtbar ist (WS_VISIBLE) und eine Titelleiste sowie einen Rahmen hat (WS_CAPTION). Die X- und Y-Elemente des Attr-Argumentes werden gleich den Werten gesetzt, die an den Konstruktor übergeben wurden. Falls diese Werte nicht angegeben werden, werden Standard-Werte verwendet. Die Breite und Höhe sind voreingestellt auf 240 und 100.

Zur Einstellung und Anzeige des Fensters wird die Funktion MakeWindow() für das aktuelle Objekt (GetApplication()) aufgerufen.

Neben den genannten geerbten Elementen enthält TPercentageBar die folgenden Elemente:

long total	die Summe
long current	der Zähler

Der Prozentsatz wird nach der Formel current/total*100 berechnet. Das Zeichnen des Balkens übernimmt die Methode redraw, die wie folgt aussieht:

```
void TPercentageBar::redraw()
{
      InvalidateRect( HWindow, 0, FALSE );
      int percentage = double(current)/double(total)*100;
      if ( percentage > 100 )
        percentage = 100;
      HDC aDC = GetDC( HWindow );
      Rectangle( aDC, 10, 25, 210, 40);
      RECT r = { 10, 25, 10+percentage*2, 40 };
      LOGBRUSH lBrush = { BS_SOLID, RGB( 0,0,0 ), 0 };
      HBRUSH aBrush = CreateBrushIndirect( &lBrush );
      SelectObject( aDC, aBrush );
      FillRect( aDC, &r, aBrush );
      char string[50];
      sprintf( string, "%d%%", percentage );
      TextOut( aDC, 40, 5, string, strlen( string ) );
      ReleaseDC( HWindow, aDC );
      DeleteObject( aBrush );
}
```

Die API-Funktion InvalidateRect sorgt dafür, daß der Client-Bereich des Fensters neu gezeichent wird. Dies erfolgt durch Aufruf der Methode Paint.

Die Methode TPercentageBar::update(long newValue) wird verwendet, um den Zähler anzupassen. Die Methode ruft die Funktion redraw auf, um den neuen Wert auf dem Bildschirm anzuzeigen. Der Konstruktor sorgt dafür, daß percentage gleich 100 wird, und ruft zum Löschen des Fensters nochmals die redraw-Methode auf.

Der Quellcode

PERCENT.H

```
// Percent.h

#include <windows.h>
#include "owl.h"
#include <string.h>
#include <stio.h>

class TPercentageBar : public TWindow
```

```
{
  private:
    long total, current;

  public:
    TPercentageBar( PTWindowsObject parent,
      LPSTR caption ="% fertig",
      long totalValue =100,
      WORD xPos =100,
      WORD yPos =100
       )
  : TWindow( parent, caption )
  {
    Attr.Style = WS_POPUP | WS_CAPTION | WS_VISIBLE;
    Attr.X = xPos;
    Attr.Y = yPos;
    Attr.W = 240;
    Attr.H = 100;

    total = totalValue;
    if ( !total )
      total = 1;
    current = 0;
    GetApplication()->MakeWindows( this );
    redraw();
  }

  ~TPercentageBar()
  {
    current = total;
    redraw();
  }
  void update( long newValue )
  {
    current = newValue;
    redraw();
  }

  void redraw()
  {
    InvalidateRect( HWindow, 0, FALSE );
    int percentage = double(current)/double(total*100;
    if ( percentage > 100 )
      percentage = 100;
    HDC aDC = GetDC( HWindow );
    Rectangle( aDC, 10, 25, 210, 40 );
    RECT r = { 10, 25, 10+percentage*2, 40 };
    LOGBRUSH lBrush = { BS_SOLID, RGB( 0,0,0 ), 0 };
    HBRUSH aBrush = CreateBrushIndirect( &lBrush );
```

```
        SelectObject( aDC, aBrush );
        FillRect( aDC, &r, aBrush );

        char string[50];
        sprintf( string, "%d%%", percentage );
        TextOut( aDC, 40, 5, string, strlen( string ) );

        ReleaseDC( HWindow, aDC );
        DeleteObject( aBrush );
    }
};
// Eof Percent.h
```

Kapitel 11

Die Bibliothek Turbo Vision

Turbo Vision ist eine sehr leistungsfähige objektorientierte Bibliothek zur Programmierung von Anwenderschnittstellen für DOS-Anwendungen. Sie wurde ursprünglich für Turbo Pascal 6.0 geschrieben und steht nun auch für Turbo und Borland C++ zur Verfügung. Programme, die mit Turbo Vision geschrieben sind, haben eine einheitliche Anwenderschnittstelle mit Pull-Down-Menüs, mehreren Fenstern variabler Größe, Dialogfeldern und Schaltflächen. Mausunterstützung ist ebenfalls in die Bibliothek eingebaut.

In diesem Kapitel werden wir die Komponenten der Bibliothek Turbo Vision besprechen und sehen, wie schnell man den Umgang mit einer objektorientierten Klassen-Bibliothek beherrscht.

Turbo-Vision-Anwendungen

Turbo-Vision-Programme sind ereignisgesteuert. Das heißt, daß man angibt, welcher Programmcode als Resultat welchen Ereignisses auszuführen ist, anstatt eine Reihe von auszuführenden Funktionen anzugeben. Demnach kann eine Funktion auf ein bestimmtes Ereignis (Event) beschränkt sein. Zum Beispiel können Sie angeben, daß die Funktion aboutBox() aufgerufen werden soll, wenn das Ereignis mit dem Code cmAbout eintritt. Dieses Ereignis könnte eintreten, wenn der Anwender die Option About... aus dem Systemmenü wählt. Der tatsächliche Vorgang ist vollständig in die Turbo-Vision-Klassen eingekapselt. Wir werden sehen, daß die Angabe einer Verbindung zwischen Funktionen und Ereignissen in Turbo Vision ganz einfach ist.

Turbo-Vision-Anwendungen arbeiten in den meisten gängigen DOS-Textmodi; sie arbeiten sogar im 40-Spalten-Modus. Sie brauchen sich keine Gedanken zu machen über den Bildschirmtyp, die Adresse des Bildschirmspeichers oder ob eine Maus an das System angeschlossen ist. Turbo Vision kümmert sich um all das. Außerdem haben Turbo-Vision-Anwendungen eine wirklich schnelle Anwenderschnittstelle. Es gibt praktisch keine Verzögerung, wenn ein Fenster vergrößert oder verschoben wird, ganz im Gegensatz etwa zur Integrierten Entwicklungsumgebung von C++, die im 50-Zeilen-Modus sogar auf einem 386er-Rechner recht langsam sein kann. Es ist vielleicht interessant zu erfahren, daß die IDE von Turbo Pascal 6.0 vollständig in Turbo Vision für Pascal geschrieben wurde.

Auch die Speicherverwaltung ist effizient. Ein Programm kann problemlos mehr als 1000 Fenster erzeugen und anzeigen.

Das Laden der Header-Dateien von Turbo Vision

In den ersten Zeilen eines typischen Turbo-Vision-Programms werden Sie viele #defines und nur wenige #includes sehen. Eine Anwendung, welche die Turbo-Vision-Klassen TX, TY und TZ verwendet, muß folgendes enthalten:

```
#define Uses_TX
#define Uses_TY
#define Uses_TZ

#include <tv.h>
```

In tv.h werden die nötigen Header-Dateien geladen. Zum Erstellen eines .EXE-Programms muß die Bibliotheksdatei tv.lib in Ihr Programm eingebunden werden.

Allgemeine Begriffe von Turbo Vision

In Turbo Vision ist der Bildschirm im allgemeinen in drei Elemente aufgeteilt: die Menüleiste, den Desktop und die Statuszeile. Die Abbildung 11.1 zeigt, an welcher Stelle sich diese Elemente befinden.

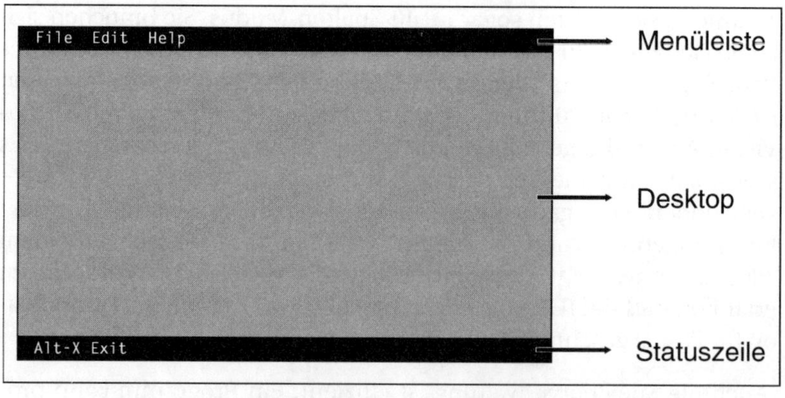

Abb. 11.1: Bildschirmelemente eines Turbo-Vision-Programms

Die Menüleiste ist dort, wo Ihre Pull-Down-Menüs erscheinen. In den meisten Fällen befindet sich die Menüleiste in der obersten Bildschirmzeile. Der Desktop ist der Bereich, in dem Fenster und Dialogfelder angezeigt werden, und befindet sich normalerweise zwischen der Menüleiste und der Statuszeile. Die Statuszeile dient zur Anzeige der jeweils geltenden Tastenkombinationen (wie etwa [Alt][X] zum Beenden des Programms) und zur Anzeige von Informationen über den gegenwärtigen Zustand des Programms. Sie können zum Beispiel in der Statuszeile zusätzliche Informationen zu jedem Menüpunkt anzeigen.

Turbo Vision für C++ enthält viele Klassen. Die Hierarchie der Basisklassen wird in der Abbildung 11.2 gezeigt.

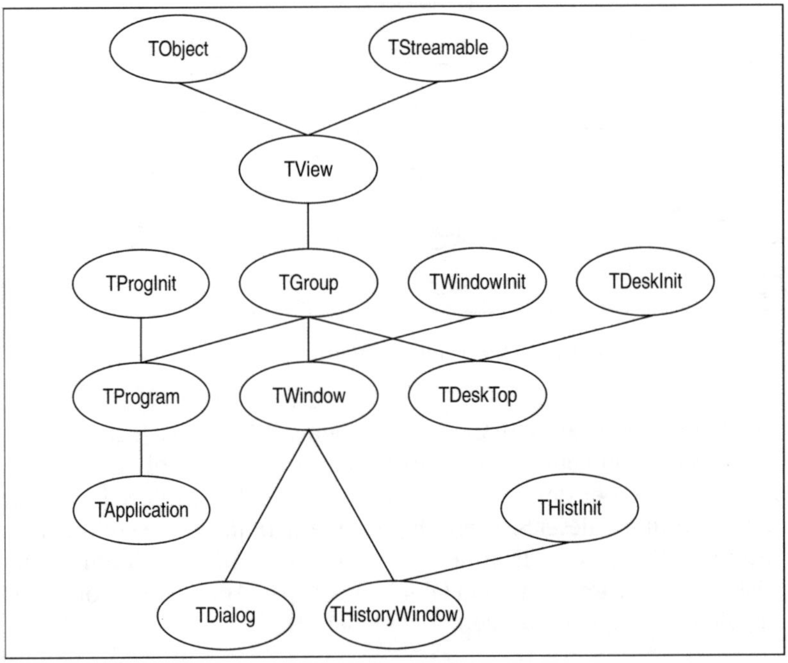

Abb. 11.2: Die Hierarchie der Basisklassen von Turbo Vision

Jede Turbo-Vision-Klasse erbt letzten Endes sowohl von TObject als auch von TStreamable. Jede Klasse beginnt mit dem Buchstaben T. Wenn Sie Turbo Vision erweitern wollen, sollten Ihre Klassen am besten auch mit diesem Buchstaben beginnen.

Obwohl es vielleicht den Anschein hat, daß nur eine Klasse direkt von TView abgeleitet ist, folgen noch viele andere. Ein TView (Sicht) ist im Grunde alles, was als sichtbarer rechteckiger Bildschirmbereich dargestellt werden kann. Fenster, Dialogfelder und Menüs sind Beispiele für TViews. Wir werden diese Typen im Rest dieses Kapitels besprechen und Beispiele für einige davon sehen. Die Abbildung 11.3 zeigt die Hierarchie der TView-Klasse und der abgeleiteten Klassen.

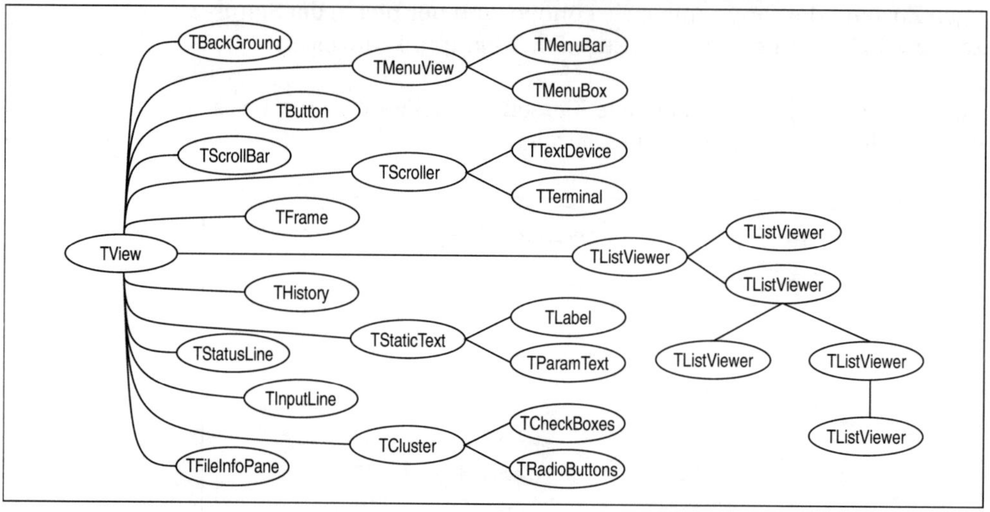

Abb. 11.3: Die Klasse TView und ihre Ableitungen

Mit einer TGroup kann man mehrere TViews hierarchisch gruppieren, so daß sie wie ein einzelnes TView funktionieren. Das "oberste" TView heißt Eigentümer der anderen Sichten. Jedes TView mit Subviews ist der Eigentümer dieser Sichten. Die oberste Sicht Ihrer Anwendung wird durch die Klasse TApplication dargestellt; Sie werden in einem Turbo-Vision-Programm immer ein Objekt des Typs TApplication oder einer abgeleiteten Klasse erzeugen (instanziieren).

Ein TApplication-Objekt erstellt Ihre Menüs sowie die Statuszeile und steuert das Desktop. Das TApplication-Objekt weiß, welche Aktion als Folge von Ereignissen vorzunehmen ist, die beispielsweise nach Auswahl einer Menüoption eintreten. Die Programmsteuerung wird dann zeitweilig an eine andere Funktion oder ein anderes Objekt übergeben.

Die Abbildung 11.4 zeigt die Objektstruktur einer aktiven Turbo-Vision-Anwendung; das Objekt TApplication (das selbst nicht auf dem

Bildschirm sichtbar ist) ist Eigentümer der Objekte TMenuBar, TDesktop und TStatusline. Das Objekt TDesktop ist Eigentümer der Fenster und Dialogfelder, die während der Programmausführung erzeugt werden. Das Dialogfeld rechts oben in der Abbildung 11.4 ist Eigentümer der Schaltflächen, die in ihm angezeigt sind.

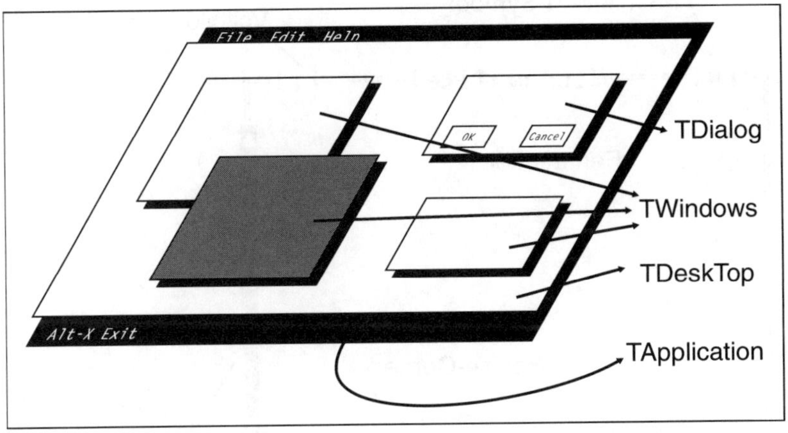

Abb. 11.4: Eigentumsverhältnisse in Turbo-Vision-Anwendungen

TViews

Die Abbildung 11.4 zeigt auch einige allgemeine TViews. Ein Fenster wird durch die Basisklasse TWindow dargestellt und kann die in Abbildung 11.5 dargestellten Komponenten haben.

Die Bildlaufleisten sind optional und dienen zum Durchlaufen des Fensterinhalts. Es muß immer einen Fenstertitel geben, der in der obersten Zeile des Fensterrahmens angezeigt wird. Wenn der Anwender die Schaltfläche Close anklickt, wird das Fenster geschlossen. Das gleiche kann man mit der Tastenkombination Alt F4 erreichen. Mit der Schaltfläche in der rechten Ecke kann zwischen dem aktuellen Zustand des Fensters und dem Vollbild umgeschaltet werden. Das gleiche tut die Taste F5. Die Resize-Ecke ist die einzige Stelle, an der man die Größe eines Fensters mit Hilfe der Maus ändern kann. Ein Fenster kann man bewegen, indem man die oberste Zeile des Rahmens anklickt und die Maus bewegt. Normalerweise hat ein Fenster auch einen Schatten am rechten und am unteren Rand. Die Turbo-Vision-Klassen bieten alle hier erwähnten Funktionen, die für jedes Fenster zur Verfügung stehen. Sie können jedoch die Eigenschaften eines Fensters jederzeit ändern, indem Sie eine Elementfunktion aufrufen oder eine Elementvariable ändern.

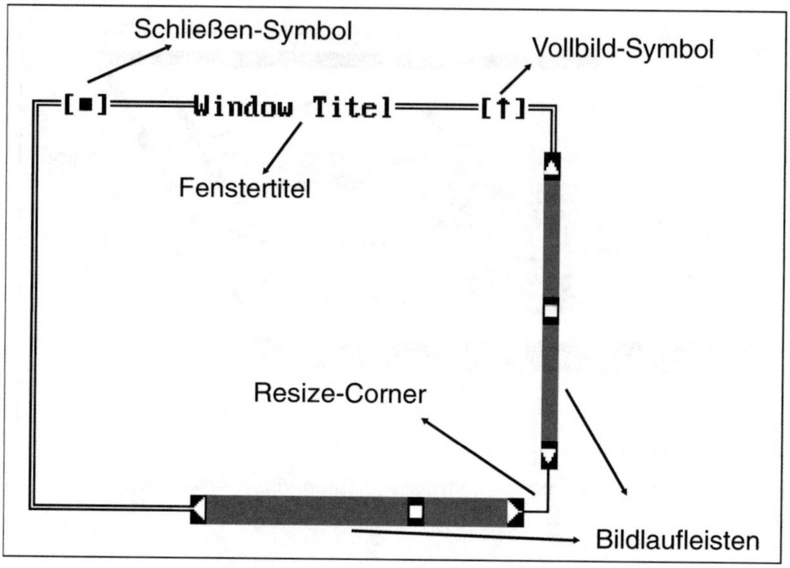

Abb. 11.5: Ein Turbo-Vision-Fenster

Wenn sich mehrere TViews gleichzeitig auf dem Bildschirm befinden, ist das oberste (oder aktive) Fenster immer als ganzes sichtbar. An dieser Stelle geschieht die Interaktion mit dem Anwender (wie zum Beispiel Ausdruck von Daten oder Einlesen von Anwendereingaben). Sobald der Anwender ein Fenster anklickt, wird das Fenster in den Vordergrund geholt.

Ein Dialogfeld ist ein spezielles Fenster, dessen Größe sich meistens nicht ändern läßt und das keine Vollbild-Schaltfläche besitzt. Außerdem ist ein Dialogfeld in den meisten Fällen modal, das heißt, daß der Anwender den Dialog abschließen muß, bevor er etwas anderes tun kann. Wenn ein Fenster oder ein Dialogfeld moduslos ist, braucht der Anwender es nicht zu schließen, bevor er andere Fenster anwählt. Das kann bei Fenstern nützlich sein, die Informationen über das aktuelle Fenster anzeigen, so daß die Information verfügbar bleibt, während man in dem Fenster arbeitet.

Es wird eine Unterscheidung zwischen *terminalen* und *nichtterminalen* Sichten getroffen. Eine nichtterminale Sicht ist eine Sicht, die andere Sichten (Subviews) enthalten kann (und somit von TGroup abgeleitet ist). Beispiele für nichtterminale Sichten sind TWindows und TDialogs. Terminale Sichten können keine Subviews besitzen, und man kann sie deshalb als Endpunkte in einer Kette von Sichten ansehen. Beispiele für terminale Sichten sind TScrollBars und TButtons.

Ereignisse

Die Event-Verwaltung macht Turbo Vision zu einer sehr leistungsstarken Bibliothek. Ereignisse können dadurch verursacht werden, daß Anwender eine Menüoption wählen, die Maus bewegen, eine Maustaste oder eine Taste drücken. Sie können auch explizit ein Ereignis in Ihrem Programm verursachen (etwa eine Botschaft an das oberste Fenster schicken). Um die Verbindung zwischen Ereignissen und Funktionen herzustellen, definieren Sie einen Event-Handler wie zum Beispiel in dem Objekt TApplication. Aber auch andere TViews können Event-Handler haben.

Die Struktur TRect

Die meisten TViews verwenden eine spezielle Struktur namens TRect, um ihre Position und ihre Größe zu definieren. Diese Struktur hat die folgende Definition, wobei Elementfunktionen ausgelassen sind:

```
struct TRect
{
  TPoint a, b;
};
```

Ein TPoint ist eine Struktur mit zwei Elementen x und y:

```
struct TPoint
{
  int x, y;
};
```

Turbo-Vision-Anwendungen

Um eine Vorstellung von der Struktur einer typischen Turbo-Vision-Anwendung zu bekommen, geben wir ein Beispielprogramm an, das "nichts" tut. Das Programm zeigt die Standard-Funktionen von Turbo Vision. Wenn Sie dieses Programm laufen lassen, sehen Sie, daß eine leere Menüleiste, ein leeres Desktop und eine Statuszeile mit der Option "Alt-X Exit" angezeigt werden. Hier ist der Quellcode:

```
#define Uses_TApplication
#include <tv.h>

class DemoApp : public TApplication
{
  public:
    DemoApp();
};

int main()
{
  DemoApp d;
  d.run();
  return 0;
}
```

In einer Turbo-Vision-Anwendung müssen Sie immer eine Klasse von TApplication ableiten. Diese Klasse initialistiert die Bildschirmelemente, und die run-Methode startet die Ausführung. Die obige main-Funktion ist typisch für Turbo-Vision-Programme; Sie erzeugen eine Instanz einer von TApplication abgeleiteten Klasse und rufen die run-Methode für dieses Objekt auf.

Der Konstruktor für DemoApp ist wie folgt definiert:

```
DemoApp::DemoApp()
  : TProgInit(
      &initStatusLine,
      &initMenuBar,
      &initDeskTop )
{
}
```

Die Menüleiste

Zur Definition Ihrer eigenen Menüleiste überschreiben Sie einfach die Funktion initMenuBar in der Klasse DemoApp. Das folgende Beispiel zeigt die Definition einer Menüleiste. Da wir in diesem Beispiel neue Klassen verwenden, müssen wir vor dem Laden von tv.h einige Definitionen einfügen:

```
#define Uses_TApplication
#define Uses_TMenuBar
#define Uses_TSubMenu
#define Uses_TMenuItem
#define Uses_TKeys
#define Uses_TRect

#include <tv.h>

class DemoApp : public TApplication
{
  public:
    DemoApp()
    : TProgInit(
        &initStatusLine,
        &initMenuBar,
        &initDeskTop
      ) { }
      // Zur Initialisierung der Menüleiste
    static TMenuBar *initMenuBar( TRect );
};

TMenuBar *DemoApp::initMenu( TRect r )
{
  r.b.y = r.a.y + 1;
  return new TMenuBar( r,
      // Menü "File" hinzufügen
    *new TSubMenu( "~F~ile", kbAltF ) +
        // Menüoption "Open" hinzufügen
      *new TMenuItem( "~O~pen", cmFileOpen,
        kbF3, hcNoContext, "F3" ) +

        // Menüteiler hinzufügen
      newLine() +

        // Menüoption "Exit" hinzufügen
      *new TMenuItem("~E~xit", cmQuit,
        kbAltX, hcNoContext, "Alt-X" )
    );
}
```

Die Klassen TMenuBar, TSubMenu und TMenuItem sind zur Definition einer Menüleiste, von Menüs für diese Menüleiste und von Menüpunkten für ein Menü vorgesehen. Wie bei den meisten Sichten ist das erste Argument des Konstruktors von TMenuBar sein Randbereich. Das TRect, das an initMenu übergeben wird, enthält die Koordinaten und die Größe des Bildschirms. Für einen Bildschirm der Größe 80x25 enthält dieses TRect (0,0,80,25). Die unterste Zeile (r.b.y) wird auf eins unter der obersten Zeile (r.a.y) gesetzt, so daß die Menüleiste die erste Bildschirmzeile füllt.

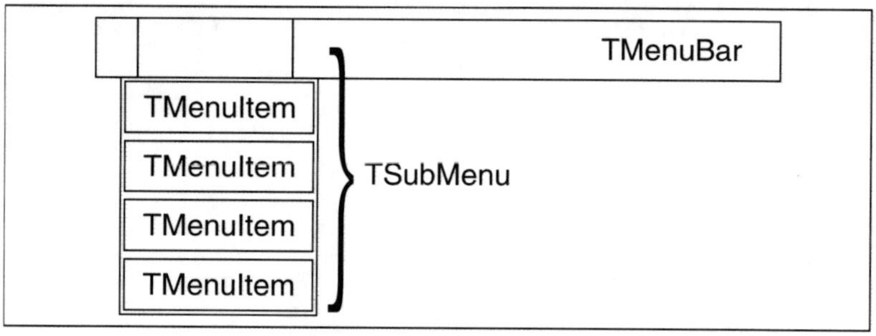

Abb. 11.6: TMenuBar, TSubMenu und TMenuItem

Das nächste Argument des Konstruktors von TMenuBar ist eine Folge von Ausdrücken, die mit dem umdefinierten Operator + verknüpft sind. Mit dem Konstruktor von TSubMenu wird ein neues Menü mit dem Titel "File" erstellt und dafür die Tastenkombination [Alt][F] definiert. Da der Buchstabe F in dem Wort "File" von Tilden ("~") umgeben ist, wird dieser Buchstabe hervorgehoben. Das Menü File wird also geöffnet, wenn wir mit [F10] die Menüleiste aktivieren und dann den Buchstaben F drücken. Das zweite Argument des Konstruktors von TSubMenu ist die Tastenkombination [Alt][F] für das Menü File, die durch die Konstante kbAltF bezeichnet wird. Wenn Ihr Programm Tastaturcodes wie kbAltF verwendet, muß es Uses_TKeys definieren, so daß die richtige Header-Datei geladen wird.

Nachdem ein neues Menü (vom Typ TSubMenu) in die Menüleiste eingefügt worden ist, können Sie anfangen, Menüoptionen (vom Typ TMenuItem) einzufügen. Das Beispielprogramm fügt die zwei Menüoptionen Open und Exit ein. Die Argumente, die dem Konstruktor von TMenuItem übergeben werden, lauten für den Menüpunkt Open:

"~O~pen"	Der Name des Menüpunkts. In diesem Fall wird der Buchstabe O hervorgehoben.
cmFileOpen	Der Code des Befehlsereignisses, das Turbo Vision bei Wahl dieser Option erzeugt. Die Konstante cmFileOpen ist vordefiniert, aber in den meisten Fällen werden Sie Ihre eigenen Befehlskonstanten definieren.
kbF3	Der Hotkey für diesen Menüpunkt. In diesem Fall wird die Taste [F3] mit dem Menüpunkt File|Open verbunden.
hcNoContext	Mit dieser Option kann man dem Menüpunkt eine eindeutige Zahl zuordnen, die in einem kontextbezogenen Hilfesystem verwendet wird.
"F3"	Die Stringdarstellung des Hotkey für diesen Menüpunkt. Dieser String wird in dem Menü angezeigt.

Mit der speziellen Funktion newLine() kann man einen Menüteiler unter dem zuletzt eingefügten Menüpunkt einfügen. Das heißt, daß die vor bzw. nach newline() eingefügten Menüpunkte durch eine Linie getrennt werden.

Die main-Funktion für die Anwendung DemoApp ist die gleiche wie die main-Funktion des ersten Beispiels:

```
int main()
{
  DemoApp app;
  app.run();
  return 0;
}
```

Die Abbildung 11.7 zeigt das Menü, das wir gerade erzeugt haben.

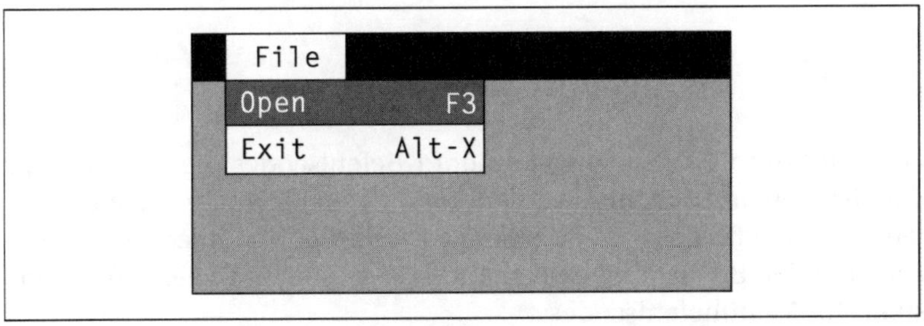

Abb. 11.7: Einfaches Turbo Vision-Menü

Wenn Sie für einen Menüpunkt keinen Hotkey definiert haben, können Sie dem Konstruktor kbNone übergeben und die letzten beiden Argumente auslassen:

```
const ushort kbNone = 0;
// ...
  *new TMenuItem( "~I~nformation",
    cmFileInfo, kbNone ) +
// ...
```

Alle Menüelemente werden mit Hilfe des new-Operators auf dem Heap erzeugt. Das ist bei Turbo Vision allgemein üblich; jedes Objekt, dem neue Objekte hinzugefügt werden, muß die Zuordnung dieser Objekte selbst wieder aufheben.

Wie schon erwähnt, werden die mit cm beginnenden Konstanten im Event-Handler-Mechanismus verwendet. Es ist sowohl cmFileOpen als auch cmQuit in Turbo Vision vordefiniert. Wir werden später besprechen, wie Sie eigene Konstanten definieren und auf Ereignisse reagieren können.

Hier folgt eine Übersicht über die Konstruktoren der Klassen TMenuBar, TSubMenu und TMenuItem, die in den vorigen Beispielen verwendet wurden:

```
TMenuBar( TRect bounds, TSubMenu& menuList );

TSubMenu( const char *menuTitle, ushort kbKey,
          ushort helpContext =hcNoContext );

TMenuItem( const char *itemText, ushort cmCommand,
           ushort kbKey, ushort helpContext =hcNoContext,
           const char *keyString =0);
```

Befehlscodes definieren

Obwohl Turbo Vision einige Standard-Befehlscodes bietet (wie etwa cmFileOpen und cmQuit), werden Sie in vielen Fällen Ihre eigenen Befehlscodes definieren. Es ist eine gute Angewohnheit, jeden Befehlscode mit den Buchstaben cm anfangen zu lassen. Es folgen einige Beispiele für Menübefehlscodes:

```
const ushort
  cmFileSave = 112,
  cmEditCopy = 123,
  cmHelpAbout = 199
```

Die letzte Ziffer gibt die Nummer der Option im Menü an. Die Nummer des Menüs in der Menüleiste gibt die mittlere Ziffer an. Die folgende Tabelle zeigt, welche Befehlscodes vom Turbo Vision-System reserviert sind und welche dem Programmierer zur Verfügung stehen:

Befehlscodebereich	Reserviert?
0 bis 99	Ja
100 bis 255	Nein
256 bis 999	Ja
1000 bis 65535	Nein

Umgang mit Ereignissen

Nachdem wir nun gelernt haben, wie man Menüs definiert und Menüoptionen mit Befehlscodes verbindet, wird es Zeit, etwas mit ihnen zu tun. Wenn eine Menüoption gewählt wird, erzeugt das Turbo-Vision-System ein Ereignis (Event) mit dem entsprechenden Befehlscode. Dies ist die *ereignisgesteuerte* Architektur von Turbo Vision: Sie definieren eine Funktion (zum Beispiel openFile()), die als Resultat eines bestimmten Ereignisses aufgerufen werden soll (zum Beispiel cmFileOpen).

Diese Koppelung erfolgt in einer speziellen Elementfunktion tun, die als Event-Handler bezeichnet wird. Die Anwendungsklasse (die von TApplication abgeleitet ist) kann eine Funktion void handleEvent(TEvent& e) definieren, die automatisch aufgerufen wird, wenn ein Ereignis eintritt. Informationen über das aufgetretene Ereignis werden als Parameter e übergeben, der unter anderem die folgenden Elemente enthält:

what	Der Typ des Ereignisses. Wenn das Ereignis durch einen Befehl ausgelöst wurde, ist e.what gleich evCommand.
message	Der Inhalt der Aktion, die das Ereignis ausgelöst hat. Wenn das Ereignis ein Befehl war, können wir mit e.message.command den Befehlscode erhalten.

Bevor handleEvent irgendwelche Aktionen unternimmt, sollte der EventHandler von der Basisklasse, TApplication::handleEvent aufgerufen werden. Damit ist sichergestellt, daß alle Standardereignisse korrekt behandelt werden; zum Beispiel die Tastenkombination Alt X, die das Programm beendet.

Wir wollen eine neue Klasse EventDemoApp definieren, für die wir einen EventHandler definieren.
Die Funktion EventDemoApp::initMenuBar ist hier nicht angegeben, sondern ist dieselbe wie DemoApp::initMenuBar.

```
#define Uses_TEvent
#define Uses_TApplication
// ...
#include <tv.h>

class EventDemoApp : public TApplication
{
  public:
    EventDemoApp()
    : TProgInit(
        &initStatusLine,
        &initMenuBar,
        &initDeskTop
      )
    { }
       // Menüleiste initialisieren
    static TMenuBar *initMenuBar( TRect r )
    {
      // Siehe oben (DemoApp::initMenuBar)
    }

      // Event-Handler
    void handleEvcnt(TEvent& );
};

void EventDemoApp::handleEvent( TEvent& e )
{
    // Aufruf des Basis-Event-Handlers
  TApplication::handleEvent( e );

    // Hat ein Befehl das Ereignis verursacht?
  if ( e.what == evCommand )
  {
    // Welcher Befehl?
    switch ( e.message.command )
    {
```

```
        case cmFileOpen:
          // Öffnen einer Datei
          break;

        default:
          return;
      }
    }
    clearEvent( e );
}
```

Die Funktion clearEvent wird aufgerufen, wenn der Event-Handler das Ereignis akzeptiert hat.

Fenster

Fenster sind natürlich ein wichtiger Bestandteil von Turbo Vision. Die Grundfunktionen eines Fensters sind schon in der Klasse TWindow vorgesehen. Die folgende Funktion erstellt ein Fenster an einer beliebigen Position und ist eine Elementfunktion einer Anwendungsklasse (zum Beispiel DemoApp). Die Funktion kann im Event-Handler als Folge einer Menüauswahl aufgerufen werden.

```
void WinDemoApp::openWindow()
{
  static int winCounter = 1;

    // Definieren der Fenstergröße
  TRect r( 0, 0, 36, 8 );

    // Verschieben des Fensters an
    // eine zufällige Position
  r.move( random(43), random(15) );

    // Erstellen eines neuen TWindow-Objektes
  TWindow *w = new TWindow( r,
    "WinDemoApp Musterfenster",
    Counter++ );

    // Fenster auf dem Desktop einfügen
  deskTop->insert( w );
}
```

Das Objekt r enthält die Größe des Fensters, das 36 Zeichen breit und 8 Zeichen hoch ist. Die Elementfunktion move von TRect addiert Zufallszahlen zu den Koordinaten von r.

Dann wird ein neues TWindow-Objekt erzeugt. Der folgende Konstruktor von TWindow wird aufgerufen:

```
TWindow::TWindow( TRect bounds,
                  const char *winTitle,
                  ushort winNumber );
```

Das Argument bounds gibt die Position und die Größe des Fensters an. Das nächste Argument enthält den Titel des Fensters, der in der obersten Zeile des Fensters angezeigt wird. Das Argument winNumber enthält die Nummer des Fensters; wenn diese im Bereich 1..9 liegt, wird sie in der oberen rechten Ecke des Fensters angezeigt, und das Fenster kann durch Drücken von Alt 1 bis Alt 9 angewählt werden. Zahlen größer als 9 werden nicht angezeigt. Für unnumerierte Fenster kann man die Konstante wnNoNumber übergeben.

Nachdem das neue Fenster-Objekt erstellt ist, wird es mit deskTop->insert auf dem Desktop eingefügt. DeskTop ist eine Elementvariable von TApplication. Das Desktop wird dadurch der Eigentümer des Fensters und ist verantwortlich dafür, daß die Events durchgereicht werden und beim Schließen des Fensters der Speicher freigegeben wird.

Dialogfelder

Ein Dialogfeld wird verwendet, um Informationen vom Anwender zu erhalten oder um ihn bestimmte Aktionen vornehmen zu lassen. Das Standard-Dialogfeld TDialog ist ein Fenster mit fester Größe und hat eine andere Farbe als ein gewöhnliches Fenster.

Ein Dialogfeld erzeugen

Da TDialog von TWindow abgeleitet ist, das wiederum von TGroup abgeleitet ist, kann ein Dialogfeld verschiedene Subviews beinhalten. Beispiele hierfür sind Schaltflächen, Kontrollfelder, Optionsschaltflächen und Eingabezeilen. Im Gegensatz zur Klasse TWindow, von der man in den meisten Fällen eine neue Klasse ableitet, werden Sie für Dialogfelder fast immer die Standard-Klasse TDialog verwenden. Der folgende Programmausschnitt definiert ein neues Dialogfeld:

```
TRect r( ... );
TDialog *d = new TDialog( r,
  "Musterdialogfeld" );
```

Nachdem d in das deskTop eingefügt ist, wird es als ein nicht numeriertes leeres Fenster unveränderlicher Größe mit dem Titel "Musterdialogfeld" angezeigt. Subviews können in das Dialogfeld mit der Funktion insert eingefügt werden.

Ein Dialogfeld kann auf zwei verschiedenen Wegen auf dem Desktop eingefügt werden: mit der bereits besprochenen insert-Methode und mit der execView-Methode. In den meisten Fällen werden Sie die zweite Methode bevorzugen, da diese das Dialogfeld immer modal macht. Dies sieht so aus:

```
deskTop->execView( new TDialog(
                    Trect(...),
                    "Modales Dialogfeld" ));
```

Mögliche Subviews

Ein Dialogfeld kann die folgenden Subviews beinhalten, die in der folgenden Tabelle aufgeführt sind:

Subview	Bedeutung
TButton	Schaltfläche
TCheckBoxes	Kontrollfelder
TRadioButtons	Optionsschaltflächen
TStaticText	Statischer Text
TInputLine	Eingabezeile
TLabel	Bezeichnung für eine Subview
TListViewer	Eine Liste von Elementen mit einer oder mehreren Spalten
TListBox	Ein Feld mit Einträgen, die sich auf- und abrollen lassen
THistory	Eine spezielle Liste, die die vorigen Eingaben enthält

Teil 3

Vollständige Beispiele

Kapitel 12

Vector- und Matrix-Klassen

Das Operator-Overloading hat bestimmte Vorteile beim Aufbau neuer Datentypen, die sich wie eingebaute Datentypen verhalten und in diese integriert werden können. In diesem Kapitel werden die Klassen Vector und Matrix entwickelt, in denen die meisten Operatoren umdefiniert sind. Ohne Operator-Overloading wird Matrixmultiplikation typischerweise von einer Funktion wie MatMult ausgeführt, die zwei Argumente vom Typ Zeiger auf eine Struktur Matrix hat und einen Zeiger auf eine neu erzeugte Matrix liefert:

```
   /* B und C sind Matrizen */
Matrix *A = MatMult( &B, &C );
```

Unter Verwendung des Operator-Overloading läßt sich dieser Ausdruck viel naheliegender schreiben:

```
   // B und C sind Matrizen
Matrix A = B * C;
```

Das Operator-Overloading macht den Programmcode lesbarer und läßt den Datentyp Matrix wie einen eingebauten Typ aussehen. Ein weiterer Vorteil der Verwendung von Klassen ist, daß man nicht mehr mit Zeigern und Adressen arbeiten muß. Da MatMult eine neue Matrix auf dem Heap angelegt hat, muß sich der Anwendungsprogrammierer um die Aufhebung der Zuweisung kümmern (free(A) im ersten Beispiel). Bei der Verwendung von Klassen macht der Destruktor dies für uns.

Die Verwendung von Klassen hat eine Reihe von Vorteilen. Der Indexoperator [] ist umdefiniert und gibt eine Fehlermeldung aus, wenn ein Index nicht im zulässigen Bereich liegt. Die Operatoren >> und << sind umdefiniert worden, so daß sie Matrizen aus istream lesen und sie in ostream schreiben. Da Dateistreams von istream und ostream abgeleitet sind, kann man Matrizen auch aus Dateien lesen und in Dateien schreiben.

Ein Großteil der Implementation der Matrix-Klasse beruht auf der Vector-Klasse. Die Relation “enthält” und die Codewiederverwendung werden in dem Matrix-Abschnitt erläutert.

Die Vector-Klasse

Die Vector-Klasse speichert eine Anzahl von Elementen. Der Typ der Elemente wird am Anfang von Vector.h definiert. Dort ist Type definiert.

Die Klasse Vector hat die folgenden Datenelemente, die alle private sind:

Element	Zweck
Type *a;	Zeiger auf die Elemente.
int Size;	Anzahl der Elemente.
static char ErrFlag;	Wird auf 1 gesetzt, wenn die letzte Operation nicht erfolgreich war.
static void (*ErrHdlr)(char*);	Zeiger auf eine Fehlerbehandlungsroutine.

Die letzten beiden Elemente sind statisch, das heißt, daß sie allen Objekten gemeinsam sind; statische Elemente werden manchmal als Klassenvariablen und normale Elemente als Objektvariablen bezeichnet. Die Fehlerbehandlung werden wir in einem eigenen Abschnitt besprechen.

Ein Vector-Objekt kann man mit einem Argument vom Typ int erzeugen, das die Anzahl der Elemente des Vektors enthält:

```
Vector p( 8 );
```

Dies erzeugt einen Vektor p mit acht Elementen, auf die man mit p[0] bis p[7] zugreifen kann. Die Elemente werden mit Null initialisiert. Ein Vector-Objekt kann man ausgehend vom Inhalt eines existierenden Vektors mit dem Copy-Konstruktor erzeugen:

```
Vector q( p );
// oder: Vector q = p;
```

Da Vektoren mit zwei oder drei Elementen recht häufig sind, gibt es für diese eigene Konstruktoren:

`Vector v(3, 7);`	Erstellt einen Vektor v mit zwei Elementen: 3 und 7.
`Vector w(9, 4, 6);`	Erstellt einen Vector w mit drei Elementen: 9, 4 und 6.

Der Destruktor gibt den Speicherplatz von Vector-Objekten automatisch frei, wenn ein Vektor den Bezugsrahmen verläßt oder er vom delete-Operator aufgerufen wird. Die einzige andere Elementfunktion, die explizit dynamische Speicherzuweisung vornimmt, ist der Zuweisungsoperator.

Der Umgang mit konstanten Vektoren

In vielen Fällen ist es nützlich, konstante Vector-Objekte zu haben. Zum Beispiel sind viele Argumente als const Vector& deklariert. Auch wenn Sie einen Vektor haben, dessen Inhalt im voraus bekannt ist und sich während der Programmausführung nicht ändern sollte, ist es sinnvoll, diesen als const Vector zu definieren:

```
const Vector Factors( 2, 7, 19 );
```

Dadurch wird sichergestellt, daß im ganzen Programm dieselben Werte verwendet werden. Die Eigenschaften von konstanten Vector-Objekten sind:

1. Sie können einer Funktion nur per Referenz übergeben werden, wenn die Funktion ein Argument vom Typ const Vector& erwartet.
2. Nur Elementfunktionen, die als const deklariert sind (mit einem Suffix const), können von konstanten Objekten aus aufgerufen werden.

Das ist ein Grund dafür, daß die meisten Vector-Elementfunktionen einen const Vector& als Argument haben: Es stellt sicher, daß auch konstante Objekte übergeben werden können. Zwar gibt der Compiler bloß eine Warnung, wenn Sie ein konstantes Objekt an eine Funktion übergeben, die einen Vector& erwartet, aber das wird sich in zukünftigen Implementationen ändern.

Die Funktionen, die ein Suffix const haben, ändern das Objekt, aus dem sie aufgerufen werden, nicht. Ein Beispiel ist die Funktion Max, die das Maximum aller Elemente liefert, aber keine internen Daten ändert.

Aber auch viele Operatoren sind const, wie etwa +. Nehmen wir an, Sie schreiben:

```
// p und q sind Vektoren.
Vector v = p + q;
```

Der Elementoperator + wird für das Objekt p mit q als (konstantem) Vector&-Argument aufgerufen. Weder p noch q ändern sich hier, und es wird ein neues Objekt erstellt, das die Summe dieser beiden Vektoren ist.

Die Vector-Operatoren

Eine Anzahl Operatoren ist überladen worden. Die erste Gruppe besteht aus den Operatoren, die eine Operation mit einer Zuweisung kombinieren, wie etwa += und *=. Da diese Operatoren das Objekt, aus dem sie aufgerufen werden, ändern, haben sie nicht das Suffix const. Außerdem liefern sie eine Referenz auf *this, so daß Ausdrücke einen Wert haben können. Sie könnten ebensogut einen Vektor liefern, aber es ist effektiver, wenn sie eine Referenz liefern.

Die zweite Gruppe enthält Operatoren, die mit dem aktuellen Objekt arbeiten, aber seinen Wert nicht ändern. Stattdessen wird ein neues Objekt mit dem Ergebniswert erstellt, und deswegen wird in den meisten Fällen ein Vector und kein Vector& geliefert. Der unäre Minusoperator erzeugt zum Beispiel einen neuen Vector mit den negierten Komponenten des aktuellen Objekts und liefert dieses als Ergebnis. Der Copy-Konstruktor muß definiert sein, damit alle Elemente korrekt kopiert werden. Da diese Operatoren die Objekte, aus denen sie aufgerufen werden, nicht ändern, können sie auch in Verbindung mit konstanten Objekten verwendet werden. Wenn Sie zum Beispiel den konstanten Vektor Factors von oben verwenden, können Sie schreiben:

```
Vector v = Factors * 10
  // Aufruf des Elementoperators *
```

Beachten Sie, daß der Multiplikationsoperator zwei Versionen hat: eine Elementversion und eine Nicht-Elementversion. Die Elementversion (die im vorigen Beispiel für Factors aufgerufen wird) verwendet man, wenn ein Vector-Objekt auf der linken Seite des Ausdrucks steht. Für Ausdrücke wie 10 * Factors ist der Nicht-Elementoperator vorgesehen:

```
Vector v = 10 * Factors;
  // Aufruf des Nicht-Elementoperators *
```

Auch konstante Objekte sind bei diesem Operator erlaubt, da sein zweites Argument vom Typ const Vector& ist. Der Nicht-Elementoperator braucht kein friend zu sein; er ruft nur den entsprechenden Elementoperator mit den richtigen Argumenten auf. Da er kein friend ist, kann er nicht in der Klasse definiert werden und wird stattdessen getrennt in der Datei Vector.cpp definiert.

Es gibt zwei Möglichkeiten, eine Komponente eines Vektors zu erhalten: den Indexoperator, der Ausdrücke wie v[4] zuläßt, und die Elementfunktion Elem. Der Unterschied ist, daß man mit [] Elemente sowohl lesen als auch schreiben kann (was also nur bei nicht-konstanten Objekten möglich ist), während man mit Elem nur Elemente lesen kann. Eine andere Möglichkeit wäre, den Funktionsaufrufoperator () zum Nur-Lese-Zugriff zu verwenden. Wenn Sie auf die Elemente eines const Vector-Objekts zugreifen wollen, müssen Sie die Funktion Elem verwenden.

Die Vektorfunktionen

Für Vektorobjekte stehen die folgenden Elementfunktionen zur Verfügung:

Min	Liefert das Element mit dem minimalen Wert.
Max	Liefert das Element mit dem maximalen Wert.
Mean	Liefert den Durchschnitt der Elemente.
nElems	Liefert die Anzahl der Elemente in dem Vector-Objekt.

Sie haben alle das Suffix const und können deshalb auch bei konstanten Vector-Objekten verwendet werden.

Ein- und Ausgabe

Die Strategie, die Operatoren >> und << für die Ein- und Ausgabe zu definieren, wurde in Kapitel 7 besprochen. Der Operator << wird wie folgt umdefiniert:

```
ostream& operator<<(ostream& os, const Vector& v)
{
  os << '(';
  int n = v.nElems()-1;
  for ( int i=0; i<n; i++)
    os << v.Elem(i) << ' ';
  os << v.Elem(i) << ')';
  return os;
}
```

Da dieser Operator seine Aufgabe mit den öffentlichen Methoden von Vector erledigt, braucht er kein friend zu sein. Er sendet einen Vektor wie folgt zum Ausgabestream:

```
Vector v( 1, 2, 3 );
cout << v;

// Ergebnis:
(1 2 3)
```

Der Grund, warum Elem und nicht [] zum Zugriff auf die Elemente verwendet wird, ist, daß das Argument als const deklariert ist. Dies reflektiert die Idee, daß das Senden eines Vectors in einen Stream den Inhalt des Vectors nicht ändern sollte.

Der Operator >> wird verwendet, um einen Vektor aus einem Eingabe-Stream zu lesen. Das Format des Vektors muß dasselbe wie oben sein, also von Klammern umgeben. Der folgende Programmausschnitt speichert die Werte 1, 2 und 3 in dem Vektor v, wenn Sie (1 2 3) eingeben:

```
Vector v( 3 ); //Vektor mit 3 Elementen
cin >> v;
```

Der Vorteil bei der Verwendung von Streams ist, daß die beiden Operatoren für alle Streams passen, die von istream und ostream abgeleitet sind. Die Matrix-Klasse gibt ein Beispiel, wie diese Operatoren in Verbindung mit Dateien verwendet werden können.

Wenn Sie die Elemente eines Vektors initialisieren wollen, können Sie die Daten im richtigen Format in einem Speicherpuffer ablegen und einen Eingabe-String-Stream wie folgt erstellen:

```
Vector v( 6 );  //Vektor mit 6 Elementen
char *Values = "(1 2 3 4 5 6)";
istrstream istr( Values );
istr >> v;
cout << v;  // Ausgabe: (1 2 3 4 5 6)
```

Zur Verwendung von String-Streams muß die Datei strstream.h in Ihr Programm geladen werden. Die dritte Zeile erstellt einen Eingabe-String-Stream istrstream namens istr, der seine Eingaben aus dem Speicherpuffer erhält, auf den Values zeigt. Die nächste Zeile liest die Daten mit dem Operator >> für Vektoren.

Fehlerbehandlung

Wenn Sie versuchen, zwei Vektoren verschiedener Größe zu addieren oder zu multiplizieren, tritt ein Fehler auf, und die Variable ErrFlag wird auf Eins gesetzt. Diese Variable ist statisch in der Klasse Vector. Mit der Elementfunktion Error kann man prüfen, ob ein Fehler aufgetreten ist:

```
// v, p und q sind Vektoren
v = p * q;
if ( Vector::Error() )
{
  // Irgendwas ist schiefgegangen,
  // wahrscheinlich weil p und q
  // unterschiedlich groß sind.
  // (p.nElems() != q.nElems())
}
```

Die Funktion Error liefert den Wert des Fehlerflags. Wenn dieses auf Eins gesetzt ist, setzt Error es auf Null zurück.

Außerdem wird beim Auftreten eines Fehlers die Funktion aufgerufen, auf die Vector::ErrHdlr verweist. Die Standardfunktion ist Vector::DefaultErrHdlr, was sich aber mit SetErrHdlr ändern läßt. Ruft man SetErrHdlr ohne Argumente auf, so werden Fehlermeldungen unterdrückt.

Viele Operatoren, wie etwa der operator+, erledigen ihre Aufgabe mit Hilfe eines vorhandenen Operators, wodurch doppelter Programmcode vermieden wird. Die Fehlerbehandlung übernimmt dann der vorhandene Operator.

Die Matrix-Klasse

Die Matrix-Klasse wird als Array von Zeigern auf Vektoren dargestellt. Wenn Sie eine Matrix mit M Zeilen und N Spalten haben, haben Sie in Wirklichkeit ein Array von M Zeigern auf Vektoren der Größe N. Die Klasse hat ein Datenelement v vom Typ VectorPtr*, oder "Zeiger auf Zeiger auf Vector":

```
VectorPtr *v;
int Size;      //Anzahl der Zeilen
```

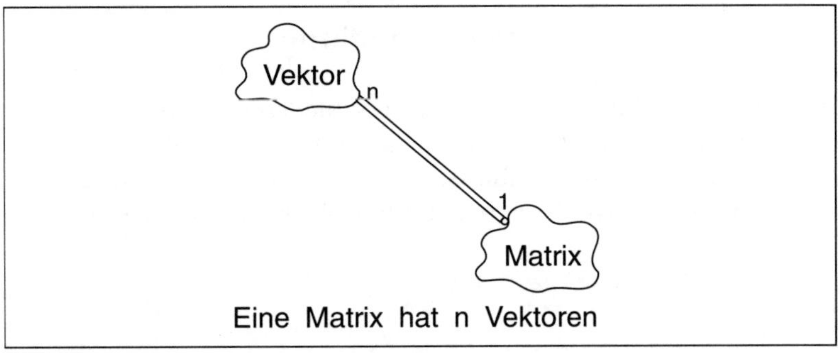

Abb. 12.1: Die Vector-Klasse

Die Speicherplatzreservierung geschieht in den Konstruktoren und besteht aus den folgenden Schritten:

1 Es wird Platz für M Zeiger auf Vector reserviert.
2. Für jeden Zeiger wird ein Vector der Länge N reserviert.

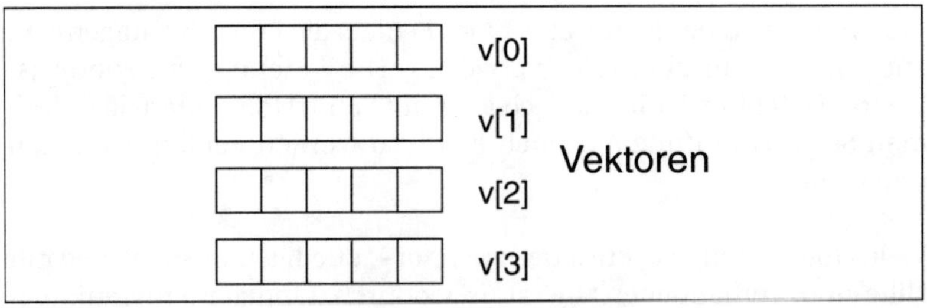

Abb. 12.2: Eine Matrix besteht aus Vektoren v[i]

Der Destruktor kehrt diesen Vorgang um: Zunächst werden alle Vector-Objekte gelöscht und dann das dynamische Array von den Zeigern.

Warum wird so vorgegangen? Zunächst wollen wir in Verbindung mit Matrizen die Notation [][] zum Zugriff auf ihre Elemente verwenden. Dies ist möglich, weil der Matrix::operator[] eine Referenz auf die entsprechende Zeile (vom Typ Vector) liefert, für die der zweite Indexoperator aufgerufen wird. Der Vector::operator[] liefert dann das richtige Element.

Die Abbildung illustriert den Zugriff auf Matrixelemente; das erste Element ist A[0][0], und bei einer mxn-Matrix ist das letzte Element A[m-1][n-1].

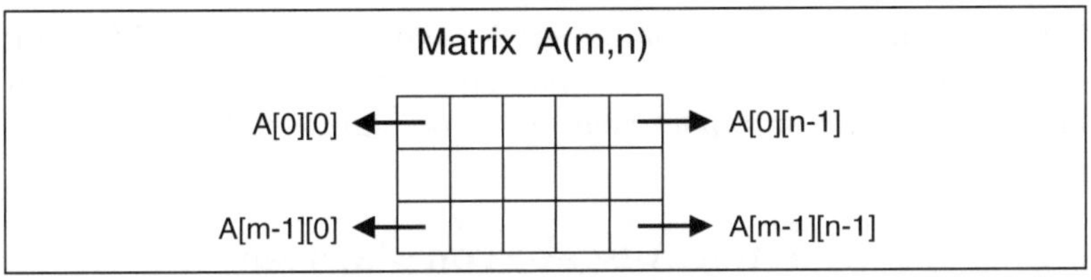

Abb. 12.3: Die Elemente der Matrix

Ein weiterer Grund, die Vector-Klasse zu verwenden, ist, daß eine Matrix natürlich einen Großteil der Implementation der Vector-Klasse verwenden kann. Für Vektoren haben wir die meisten gängigen arithmetischen Operatoren, Ein- und Ausgabeoperatoren sowie mehrere andere Funktionen und eine Fehlerbehandlung definiert. Natürlich erbt Matrix nicht von Vector, da eine Matrix kein Vektor ist, sondern aus einer Anzahl Vektoren gleicher Größe besteht. Ein gutes Beispiel für die vorteilhafte Verwendung bestehender Techniken ist der Operator >>, mit dem man ein Matrix-Objekt aus einem Stream liest. Da die Vector-Klasse einen Eingabeoperator hat, brauchen wir nur diesen Operator für alle Vektoren aufzurufen, aus denen die Matrix besteht. Wenn sich die Darstellung eines Vektors ändert (zum Beispiel, wenn wir keine Klammern mehr zum Einlesen eines Vektors verwenden), ändert sich automatisch auch die Matrix-Darstellung.

Eine Matrix läßt sich mit den Argumenten M und N konstruieren, die die Anzahl der Zeilen bzw. Spalten enthalten. Sie kann auch als Kopie einer vorhandenen Matrix mit dem Copy-Konstruktor erstellt werden.

Dieser reserviert zunächst hinreichend viele Zeiger und ordnet dann jedem Zeiger mit dem Copy-Konstruktor von Vector ein neues Vector-Objekt zu:

```
Matrix::Matrix( const Matrix& m )
{
  Size = m.Size;
    // Zeiger zuweisen
  v = new VectorPtr[ Size ]
    // Vector( m.Elem(i) ) ruft den Copy-
    // Konstruktor von Vector auf
    // m.Elem(i) ist der i-te Vektor von m
  for ( int i=0; i<Size; i++)
    v[i] = new Vector( m.Elem(i) );
}
```

Der Zuweisungsoperator kombiniert die Aktionen des Destruktors mit denen des Copy-Konstruktors. Unabhängig von der Größe der jeweiligen Matrix wird ihr Inhalt freigegeben und neu zugewiesen.

Ein- und Ausgabe von Matrizen

Da in der Vector-Klasse die Rechts- und Links-Shift-Operatoren für die Stream-Eingabe und Stream-Ausgabe definiert sind, lassen sich diese direkt auch für Matrizen definieren. Wir können viele Vector-Techniken verwenden, und Matrix-Ein- oder Ausgabe ist bloß M-fache Vector-Ein- oder Ausgabe, wobei M für die Anzahl der Zeilen (Vektoren) der Matrix steht.

Die Eingabe aus einem Stream ist wie folgt definiert:

```
istream& operator>>(istream& is, Matrix& m)
{
  for ( int i=0; i<Size; i++ )
    is >> m[i];
  return is;
}

Matrix m( 3, 3 );
cin >> m;
```

Damit kann man eine Matrix im folgenden Format von der Standardeingabe, aus dem Speicher oder aus einer Datei einlesen:

```
(1 2 3)
(4 5 6)
(7 8 9)
```

Dateien kann man wie folgt als Eingabe-Stream verwenden:

```
FILE *f = fopen( "Matrix.In", "r" );
ifstream ifs( fileno(f) );
Matrix m( 3, 3 );
ifs >> m;
```

Wenn der Inhalt von Matrix.In eine zulässige 3x3-Matrix darstellt, werden die Elemente von m mit den entsprechenden Werten gefüllt. Ganz ähnlich kann man in eine Ausgabedatei schreiben oder einen Speicherpuffer verwenden.

Die Matrix-Operatoren

Viele Matrix-Operatoren sind aufbauend auf den entsprechenden Vector-Operatoren definiert. Zum Beispiel besteht die Multiplikation einer Matrix mit einem Skalar in der N-fachen (=Zeilenzahl) Multiplikation ihrer Zeilen mit diesem Skalar:

```
Matrix& Matrix::operator*=(const Type& r)
{
  for ( int i=0; i<Rows(); i++)
    *(v[i]) *= r;
  return *this;
}
```

Der Ausdruck *(v[i]) bedeutet: Hebe die Zuweisung des i-ten Zeilenzeigers auf. Dies ergibt einen Vector, auf den der Vector::operator*= angewendet wird. Man kann dies auch in der Form (*this)[i] schreiben, wodurch der Matrix::operator[] für die aktuelle Matrix aufgerufen wird. Dieser Operator liefert die i-te Zeile, ebenso wie *(v[i]).

Nachdem wir nun die grundlegenden Matrixoperationen ausführen können, können wir die meisten anderen Operatoren durch diese Grundoperatoren ausdrücken. Zum Beispiel ist der operator* wie folgt definiert:

```
Matrix Matrix::operator*(const Matrix& m2) const
{
    // Die aktuelle Matrix kopieren
  Matrix Result = *this;
    // 'Result' mit 'm2' multiplizieren
  Result *= m2;
    // Die Ergebnismatrix zurückgeben
  return Result;
}
```

Der Hauptvorteil dieses Ansatzes ist natürlich die Wiederverwendung von Programmcode, aber auch die Isolation von Programmcode: Wir müssen nur einen Codeabschnitt debuggen und optimieren.

Die Matrix-Funktionen

Mit der Funktion EqualSize kann man prüfen, ob zwei Matrizen von gleicher Größe sind. Diese Funktion ist ein statisches Element der Matrix-Klasse. Die Zeilenzahl erhält man durch Aufruf der Funktion Rows(), die lediglich das Element Size liefert. Die Funktion Cols() liefert die Spaltenzahl, die im Grunde die Anzahl der Elemente jedes Vektors der Matrix ist.

Die Funktionen Min, Max und Mean rufen in einer Schleife ihre Vector-Entsprechungen für alle Vektoren der Matrix auf. Matrix::Identity erstellt eine Einheitsmatrix, d.h. eine quadratische Matrix, bei der die Diagonaleinträge Eins und alle anderen Einträge Null sind. Um eine konstante 5x5-Einheitsmatrix namens I5 zu erzeugen, verwenden Sie die folgende Konstruktion:

```
const Matrix I5 = Matrix::Identity(5);
```

Das Beispielprogramm

Das folgende Beispielprogramm VMTest.cpp zeigt die Verwendung von Vektoren und Matrizen durch einen Anwendungsprogrammierer.

```
// VMTest.cpp
// Testprogramm für Vector/Matrix

#include <Vector/Vector.h>
#include <Matrix/Matrix.h>
```

```
#include <iostream.h>
#include <strstream.h>
#include <fstream.h>
#include <conio.h>

int main()
{
  char c;

  cout << "Start des Demoprogramms\n";
  Vector v( 1, 2, 3 );
  cout << "v ist: " << v << '\n';
  for ( int i=0; i<v.nElems(); i++ )
    cout << "v[" << i << "] ist " << v[i] << "  ";
  cout << '\n';

    // Daten aus Speicher lesen
  Vector w( 8 );
  char *InputBuf = "(8 7 6 5 4 3 2 1)";
  istrstream istr = InputBuf;
  istr >> w;
  cout << "w ist: " << w << '\n';

    // Daten von Standardeingabe lesen
  Vector p( 3 );
  cout << "Eingabe (x y z): ";
  cin >> p;
  cout << "p ist: " << p << '\n';

    // Vektor und Daten kopieren
  Vector q( w );
  cout << "q ist: " << q << '\n';
  q = p;
  cout << "q ist: " << q << '\n';

    // *=, /=, +=, -=
  p += q;
  cout << "p ist: " << p << '\n';
  p *= 9;
  cout << "p ist: " << p << '\n';
  p /= 3;
  cout << "p ist: " << p << '\n';
  p -= q;
  cout << "p ist: " << p << '\n';

    // *, /, +, -, !=
  p = q * 7;
  cout << "p ist: " << p << '\n';
  q = p / 3;
```

```
    cout << "q ist: " << q << '\n';
    q = -q;
    cout << "q ist: " << q << '\n';
    p = v + Vector( 9, 8, 7 );
    cout << "p ist: " << p << '\n';
    if ( p != v )
      cout << "p != v\n";
    if ( p == Vector( 10, 10, 10 ) )
      cout << "p == (10 10 10)\n";

    cout << "w ist: " << w << '\n';
    cout << "Min w = " << w.Min() << '\n';
    cout << "Max w = " << w.Max() << '\n';
    cout << "Mittelwert w = " << w.Mean() << '\n';
    cout << "Größe von w = " << w.nElems() << '\n';
    cout << "Ende des Demoprogramms. Bitte Eingabetaste drücken";
    getch();

    Matrix M( 2, 2 );
    M[0][0] = 1; M[0][1] = 2;
    M[1][0] = 3; M[1][1] = 4;
    cout << "M ist:\n" << M << '\n';

    Matrix P( 1, 2 );
    Matrix Q( 2, 1 );
    char *Values = "(1 2) (5)(6)";
    istrstream ist2( Values );
    ist2 >> P >> Q;
    cout << "P ist: \n" << P;
    cout << "Q ist: \n" << Q;
    cout << "P * Q ist:\n" << P*Q;
    cout << "Q * P ist:\n" << Q*P;

    Matrix A = M;
    const Matrix I2 = Matrix::Identity(2);

    cout << "-A ist:\n" << -A;
    cout << "A*A ist:\n" << A*A;
    cout << "2*A ist:\n" << 2*A;
    cout << "A+I(2) ist:\n" << A + I2;
    cout << "A*=2 ist:\n" << (A*=2);
    cout << "A - A*A ist:\n" << A - A*A;
    cout << "P *  A ist:\n" << P*A;
    cout << "A *= Q ist:\n" << (A*=Q);

}

// eof VMTest.cpp
```

Die Quellcodes

Die Klassen bestehen aus den folgenden Quelldateien:

Vector.h	Definition der Vektor-Klasse
Vector.cpp	Quellcode der Vector-Methoden
Matrix.h	Definition der Matrix-Klasse
Matrix.cpp	Quellcode der Matrix-Methoden.

VECTOR.H

```
// Vector.h
// Vector Klassendefinition

#if !defined VECTOR_H
#define VECTOR_H

#include <iostream.h>

typedef int Type;
extern Type ZERO;

class Vector
{
  private:
    Type *a;
    int Size;

      // Statische (Klassen-) Variablen
      // ------------------------------

      // Zeiger auf Funktion zur Fehlerbehandlung
    static void (*ErrHdlr)(char*);

      // Default-Fehlerbehandlung
    static void DefaultErrHdlr(char*);

      // Fehler Flag: 1 = letzte Operation fehlerhaft
    static char ErrFlag;

  public:
      // Erzeugen eines Vektors mit 'n' Elementen
    Vector( int n );

      // Konstruktor kopieren
    Vector(const Vector&);
```

```
  // Erzeugen eines Vektors mit 2 Elementen
Vector( Type x1, Type x2  )
{
  Size = 2;
  a = new Type[ Size ];
  a[0] = x1; a[1] = x2;
}
  // Erzeugen eines Vektors mit 3 Elementen
Vector( Type x1, Type x2, Type x3 )
{
  Size = 3;
  a = new Type[ Size ];
  a[0] = x1; a[1] = x2; a[2] = x3;
}
  // Destruktor
~Vector()
{
  delete [Size] a;
}
  // Zuweisungs-Operator
Vector& operator=(const Vector&);

  // Index Operator
Type& operator[]( int n )
{
  if ( n>=0 && n<Size )
    return *(a+n);
  else
  {
    Error( "ungültiger Index" );
    return ZERO;
  }
}
  // Nur-Lese Index Operator, für konstante Objekte (const)
const Type& Elem( int n ) const
{
  if ( n>=0 && n<Size )
    return a[n];
  else
  {
    Error( "ungültiger Index" );
    return ZERO;
  }
}

  // Operatoren, die das Objekt modifizieren
  // --------------------------------------
  // Multiplikation mit Skalar: v *= r
Vector& operator*=(const Type&);
```

```
  // Division durch Skalar: v /= r
Vector& operator/=(const Type&);

  // Addition eines Vektors: v += w
Vector& operator+=(const Vector&);

  // Subtraktion eines Vektors: v -= w
Vector& operator-=(const Vector&);

  // Konstante Operatoren
  // --------------------

  // Unäres Minus: -v
Vector  operator-() const;

  // Vektor*Skalar: v * r
Vector  operator*(const Type&) const;

  // Vektor/Skalar: v / r
Vector  operator/(const Type&) const;

  // Vektor*Vektor: v*w
Type    operator*(const Vector& w) const;

  // Vektor+Vektor: v+w
Vector  operator+(const Vector& w) const;

  // Vektor-Vektor: v-w
Vector  operator-(const Vector& w) const;

  // Vergleich zweiter Vektoren: v==w
int operator==(const Vector& w) const;
int operator!=(const Vector& w) const
  { return ! (*this==w); }

  // Prüfen ob die letzte Operation zu einem Fehler führte
static int Error()
{
  int Result = ErrFlag;
  ErrFlag = 0;
  return Result;
}
  // Fehlermeldung ausgeben
static void Error( char *Msg )
{
  ErrFlag = 1;
  if ( ErrHdlr && Msg )
  ErrHdlr( Msg );
}
```

```
    // Routine zur Fehlerbehandlung setzen
  static void SetErrHdlr( void (*Hdlr)(char*) =0 ) const
  {
    ErrHdlr = Hdlr;
  }

    // Rückgabe des Minimums aller Elemente
  Type Min() const;

    // Rückgabe des Maximus aller Elemente
  Type Max() const;

    // Rückgabe des Mittelwertes aller Elemente
  float Mean() const;

    // Rückgabe der Anzahl der Elemente
  int nElems() const { return Size; }
};

typedef Vector *VectorPtr;

  // Ausgabe zu einem ostream
ostream& operator<<(ostream& os, const Vector& v);

  // Eingabe von einem istream
istream& operator>>(istream& is, Vector& v );

Vector operator*(const Type& t,
                 const Vector& v);
#endif
// eof Vector.h
```

VECTOR.CPP

```
// Vector.cpp
// Definition der Elementfunktionen von Vector
#include <Vector/Vector.h>
#include <stdio.h>

  // ErrHdlr ist eine statische Elementfunktion
  // zu einer void Funktion mit char* Argument
void (*Vector::ErrHdlr)(char*) = Vector::DefaultErrHdlr;
char Vector::ErrFlag = 0;
Type ZERO;

Vector::Vector( int n )
```

```
{
  if ( n <= 0 )
  {
    Error( "Vektor muß größer 0 sein" );
    n = 0;
  }
  Size = n;
  a = new Type[ Size ];
  for ( int i=0; i<Size; i++ )
    a[i] = 0;
}

Vector::Vector(const Vector& v)
{
  Size = v.Size;
  a = new Type[Size];
  for ( int i=0; i<Size; i++ )
    a[i] = v.a[i];
}

Vector& Vector::operator=(const Vector& v)
{
  if ( Size < v.Size )
  {
    delete [Size] a;
    a = new Type[v.Size];
  }
  Size = v.Size;
  for ( int i=0; i<Size; i++ )
    a[i] = v.a[i];
  return *this;
}

ostream& operator<<(ostream& os, const Vector& v)
{
  os << '(';
  int n = v.nElems() - 1;
  for (int i=0; i<n; i++ )
    os << v.Elem(i) << ' ';
  os << v.Elem(i) << ')';
  return os;
}
istream& operator>>(istream& is, Vector& v)
{
  char c;
  int n = v.nElems();
  is >> c;  // lese '('
  for (int i=0; i<n; i++ )
    is >> v[i];
```

```
  is >> c;  // lese ')'
  return is;
}

Vector& Vector::operator*=(const Type& r)
{
  for ( int i=0; i<Size; i++ )
    a[i] *= r;
  return *this;
}

Vector& Vector::operator/=(const Type& r)
{
  for ( int i=0; i<Size; i++ )
    a[i] /= r;
  return *this;
}

Vector& Vector::operator+=(const Vector& v)
{
  if ( v.Size != Size )
    Error( "Vektoren verschiedener Größe können nicht " \
           "addiert werden" );
  else
    for ( int i=0; i<Size; i++ )
      a[i] += v.a[i];
  return *this;
}

Vector& Vector::operator-=(const Vector& v)
{
  if ( v.Size != Size )
    Error( "Vektoren verschiedener Größe können nicht " \
           "subtrahiert werden" );
  else
    for ( int i=0; i<Size; i++ )
      a[i] -= v.a[i];
  return *this;
}

Vector Vector::operator-() const
{
  Vector Result( Size );
  for ( int i=0; i<Size; i++ )
    Result.a[i] = -a[i];
  return Result;
}

Type Vector::operator*(const Vector& v) const
```

```
{
  Type Result = 0;
  if ( Size != v.Size )
    Error( "Vektoren verschiedener Größe können nicht " \
           "multipliziert werden" );
  else
    for ( int i=0; i<Size; i++ )
      Result += a[i]*v.a[i];
  return Result;
}

Vector Vector::operator*(const Type& t) const
{
  Vector Result = *this;
  Result *= t;
  return Result;
}
Vector operator*(const Type& t,
                 const Vector& v)
{ return v * t; }

Vector Vector::operator/(const Type& t) const
{
  Vector Result = *this;
  Result /= t;
  return Result;
}

Vector Vector::operator+(const Vector& v) const
{
  Vector Result = *this;
  Result += v;
  return Result;
}

Vector Vector::operator-(const Vector& v) const
{
  Vector Result = *this;
  Result -= v;
  return Result;
}

int Vector::operator==(const Vector& v) const
{
  int Result = 1;
  if ( Size != v.Size )
  {
    Error( "Vektoren verschiedener Größe können nicht " \
           "verglichen werden" );
    Result = 0;
```

```
    }
    else
      for ( int i=0; i<Size && Result; i++ )
        if ( a[i] != v.a[i] )
          Result = 0;
    return Result;
}

Type Vector::Min() const
{
  Type Result = a[0];
  for ( int i=1; i<Size; i++ )
    if ( a[i] < Result )
      Result = a[i];
  return Result;
}

Type Vector::Max() const
{
  Type Result = a[0];
  for ( int i=1; i<Size; i++ )
    if ( a[i] > Result )
      Result = a[i];
  return Result;
}

float Vector::Mean() const
{
  float Result = 0;
  for ( int i=0; i<Size; i++ )
    Result += a[i];
  return Result / float(Size);
}

  // Standard-Fehlerbehandlung
void Vector::DefaultErrHdlr( char *Msg )
{
  cout << "Vektor Fehler: " << Msg << endl;
}
```

MATRIX.H

```
// Matrix.h
// Matrix Klassendefinitionen

#if !defined MATRIX_H
#define MATRIX_H
#include <Vector/Vector.h>
```

```
class Matrix
{
  private:
    VectorPtr *v;
    int Size;

      // Statische (Klassen-) Variablen
      // ------------------------------

    static char ErrFlag;
    static void (*ErrHdlr)(char*);
    static void DefaultErrHdlr(char*);
    static int EqualSize(const Matrix& m1,
                         const Matrix& m2);

  public:
      // Anlegen einer Matrix mit M Zeilen (Rows)
      // und N Spalten (Cols)
    Matrix( int M, int N );
      // Copy Konstruktor
    Matrix( const Matrix& );
      // Destruktor
    ~Matrix();

      // Zuweisungs-Operator
    Matrix& operator=(const Matrix& m2);

      // Index Operator, für Schreib- und Lesezugriffe
    Vector& operator[](int row)
    {
      if ( row >= 0 && row < Size )
        return *v[row];
      else
      {
        Error( "ungültiger Zeilen-Index" );
        return **v;
      }
    }
      // Nur-Lese Index Operator
    const Vector& Elem(int row) const
    {
      if ( row >= 0 && row < Size )
        return *v[row];
      else
      {
        Error( "ungültiger Zeilen-Index" );
        return **v;
      }
    }
```

```
  // Operatoren, welche die aktuelle Matrix verändern
  // ----------------------------------------------
  // Multiplikation mit Skalar: m *= r
Matrix& operator*=(const Type& r);
  // Division durch Skalar: m /= r
Matrix& operator/=(const Type& r);
  // Matrix addieren: m1 += m2
Matrix& operator+=(const Matrix& m2);
  // Matrix subtrahieren: m1 -= m2
Matrix& operator-=(const Matrix& m1);
  // Multiplikation mit Matrix: m1 *= m2
Matrix& operator*=(const Matrix& m2);
  // Multiplikation mit Vektor: m *= v
Vector& operator*=(const Vector& v);

  // konstante Operatoren
  // --------------------
  // Multiplikation mit Skalar: m * r
Matrix operator*(const Type&) const;
  // Multiplikation mit Skalar: r * m
friend Matrix operator*(const Type& r,
                        const Matrix& m)
{ return m * r; }
  // Division durch Skalar: m / r
Matrix operator/(const Type&) const;
  // Matrix addieren: m1 + m2
Matrix operator+(const Matrix& m2) const;
  // Matrix subtrahieren: m1 - m2
Matrix operator-(const Matrix& m2) const;
  // Multiplikation mit Matrix: m1 * m2
Matrix operator*(const Matrix& m2) const;
  // Unäres minus: -m
Matrix operator-() const;

int Rows() const { return Size; }
int Cols() const { return v[0]->nElems(); }

static int Error()
{
  if ( ErrFlag )
  {
    ErrFlag = 0;
    return 1;
  }
  else
    return Vector::Error();
}
static void Error( char *Msg )
{
  ErrFlag = 1;
```

```
      if ( ErrHdlr && Msg )
        ErrHdlr( Msg );
    }
    static void SetErrHdlr( void (*Hdlr)(char*) =0 )
    {
      ErrHdlr = Hdlr;
    }

    Type Min() const;
    Type Max() const;
    Type Mean() const;
    int nElems() const { return Cols() * Rows(); }

      // Einheits-Matrix erzeugen
      // statische Funktion: Aufruf mit 'Matrix::Identity(n)'
    static Matrix Identity(int n);

};

  // Stream Ausgabe
ostream& operator<<(ostream& os, const Matrix& m);

  // Stream Eingabe
istream& operator>>(istream& is, Matrix& m);
#endif
// Eof Matrix.h
```

MATRIX.CPP

```
// Matrix.cpp
// Definition der Elementfunktionen von Matrix

#include <Matrix/Matrix.h>
#include <stdio.h>

  // Statische Elementfunktionen
void (*Matrix::ErrHdlr)(char*) = Matrix::DefaultErrHdlr;
char Matrix::ErrFlag = 0;

  // Konstruktor:
  // Matrix anlegen mit M Zeilen und N Spalten
Matrix::Matrix( int M, int N )
{
  if ( M <= 0 )
  {
    Error( "Anzahl der Matrixzeilen muß größer 0 sein" );
    M = 0;
  }
  Size = M;
```

```
  v = new VectorPtr[ Size ];
  for (int i=0; i<Size; i++)
    *(v+i) = new Vector( N );
}

  // Konstruktor: Matrix kopieren
Matrix::Matrix( const Matrix& m )
{
  Size = m.Size;
  v = new VectorPtr[ Size ];
  for ( int i=0; i<Size; i++ )
    *(v+i) = new Vector( m.Elem(i) );
}

  // Destruktor
Matrix::~Matrix()
{
  for (int i=0; i<Size; i++)
    delete *(v+i);  // Vektoren löschen
  delete v;         // Zeiger löschen
}

Matrix& Matrix::operator=( const Matrix& m2 )
{
  for ( int i=0; i<Size; i++ )
    delete *(v+i);
  delete v;

  Size = m2.Size;
  v = new VectorPtr[ Size ];
  for ( i=0; i<Size; i++ )
    v[i] = new Vector( m2.Elem(i) );
  return *this;
}

// I/O stream Operatoren
ostream& operator<<(ostream& os, const Matrix& m)
{
  for ( int i=0; i<m.Rows(); i++ )
    os << m.Elem(i) << endl;
  return os;
}
istream& operator>>(istream& is, Matrix& m)
{
  for ( int i=0; i<m.Rows(); i++ )
    is >> m[i];
  return is;
}
// mathematische Operatoren
```

```
Matrix& Matrix::operator*=(const Type& r)
{
  for ( int i=0; i<Size; i++ )
    *(v[i]) *= r;
  return *this;
}

Matrix& Matrix::operator/=(const Type& r)
{
  for ( int i=0; i<Size; i++ )
    *(v[i]) /= r;
  return *this;
}

Matrix& Matrix::operator+=(const Matrix& m2)
{
  if ( !EqualSize(*this,m2) )
    Error( "verschiedene Matrixgrößen in operator+" );
  else
    for ( int i=0; i<Rows(); i++ )
      (*this)[i] += m2.Elem(i);
  return *this;
}

Matrix& Matrix::operator-=(const Matrix& m2)
{
  if ( !EqualSize(*this,m2) )
    Error( "verschiedene Matrixgrößen in operator-" );
  else
    for ( int i=0; i<Rows(); i++ )
      (*this)[i] -= m2.Elem(i);
  return *this;
}

Matrix& Matrix::operator*=(const Matrix& m2)
{
  if ( Cols() != m2.Rows() )
    Error( "Fehler bei (A * B): A.Cols != B.Rows" );
  else
  {
    Matrix Result( Rows(), m2.Cols() );
    for ( int i=0; i<Rows(); i++ )
      for ( int j=0; j<m2.Cols(); j++ )
      {
        Type Sum = 0;
        for ( int k=0; k<Cols(); k++ )
        Sum += (*v[i])[k] * m2.Elem(k).Elem(j);
        Result[i][j] = Sum;
      }
    *this = Result;
```

```
  }
  return *this;
}

  // Konstanten
Matrix Matrix::operator*(const Type& r) const
{
  Matrix Result = *this;
  Result *= r;
  return Result;
}

Matrix Matrix::operator/(const Type& r) const
{
  Matrix Result = *this;
  Result /= r;
  return Result;
}

Matrix Matrix::operator+(const Matrix& m2) const
{
  Matrix Result = *this;
  Result += m2;
  return Result;
}

Matrix Matrix::operator-(const Matrix& m2) const
{
  Matrix Result = *this;
  Result -= m2;
  return Result;
}

Matrix Matrix::operator*(const Matrix& m2) const
{
  Matrix Result = *this;
  Result *= m2;
  return Result;
}

Matrix Matrix::operator-() const
{
  Matrix Result = *this;
  for ( int i=0; i<Rows(); i++ )
    for ( int j=0; j<Cols(); j++ )
      Result[i][j] = -((*v[i])[j]);
  return Result;
}
  // Verschiedene Funktionen und Operatoren
void Matrix::DefaultErrHdlr( char *Msg )
```

```
{
  cout << "Matrix Fehler: " << Msg << "\n";
}

int Matrix::EqualSize(const Matrix& m1, const Matrix& m2)
{
  return m1.Cols() == m2.Cols()
      && m1.Rows() == m2.Rows();
}

Type Matrix::Min() const
{
  Type Result = v[0]->Min();
  for ( int i=1; i<Size; i++ )
  {
    Type Temp = v[i]->Min();
    if ( Temp < Result )
      Result = Temp;
  }
  return Result;
}

Type Matrix::Max() const
{
  Type Result = v[0]->Max();
  for ( int i=1; i<Size; i++ )
  {
    Type Temp = v[i]->Max();
    if ( Temp > Result )
      Result = Temp;
  }
  return Result;
}

Type Matrix::Mean() const
{
  Type Result = 0;
  for ( int i=0; i<Size; i++ )
    Result += v[i]->Mean();
  Result /= Type(nElems());
  return Result;
}

Matrix Matrix::Identity( int n )
{
  Matrix Result( n, n );
  for ( int i=0; i<n; i++ )
    Result[i][i] = 1;
  return Result;
} // EoF
```

Kapitel 13

Bildschirmklassen

In diesem Kapitel schreiben wir mit Hilfe von Polymorphismus und Laufzeit-Bindung eine abstrakte Bildschirmklasse, die als Basis für Klassen für spezielle Bildschirmgeräte dient. Programme, die diese Klassen verwenden, können PC-Bildschirme einheitlich adressieren, unabhängig davon, welches Gerät tatsächlich verwendet wird. Die Bildschirmzugriffsmethode ist transparent und kann BIOS-Aufrufe, DOS-Aufrufe oder den ANSI-Bildschirmtreiber verwenden oder direkt in das Video-RAM schreiben. Der Vorteil der Laufzeit-Bindung ist dabei, daß die entsprechende Zugriffsmethode zur Laufzeit gewählt werden kann. Diese Methode läßt sich zum Beispiel in einer Konfigurationsdatei speichern.

Die Bildschirmklassen

Die Basisklasse Screen deklariert mehrere reine virtuelle Funktionen, die in den abgeleiteten Klassen umdefiniert werden und die öffentliche Schnittstelle von Bildschirmobjekten bilden. Diese Funktionen werden als rein deklariert, weil sie in jeder Klasse, die direkt von Screen abgeleitet ist, umdefiniert werden müssen. Anders gesagt gibt es kein Standardverhalten für diese Funktionen.

Die Schnittstelle besteht aus den folgenden Funktionen:

Funktion	Bedeutung
ClrScr	Löscht den Bildschirm.
ClrEol	Löscht bis zum Zeilenende.
MoveTo	Bewegt den Cursor.
GetCursor	Liest die aktuelle Cursorposition.
ScrOk	Liefert 1, wenn der Bildschirm erfolgreich initialisiert wurde.
PutCh	Gibt ein einzelnes Zeichen aus.
PutS	Gibt einen nullterminierten String aus.
DrawBox	Zeichnet einen Rahmen.

Die einzigen virtuellen Funktionen, die nicht rein sind, sind ScrOk und DrawBox. Die erste Funktion liefert standardmäßig den Wert 1, was bedeutet, daß alles OK war. Wenn eine Klasse gewisse Einstellungen überprüfen soll, kann ScrOk überschrieben werden. Dies geschieht in der Klasse AnsiScreen, wo das Vorhandensein des Gerätetreibers ANSI.SYS überprüft wird.

Die Funktion DrawBox ist nicht rein, da sie vollständig in Abhängigkeit von anderen (reinen) virtuellen Funktionen definiert ist. Tatsächlich hätten wir sie als normale, nicht virtuelle Funktion definieren können, aber wir wollen die Möglichkeit offen lassen, sie in einer abgeleiteten Klasse umzudefinieren. Das kann zum Beispiel nützlich sein, wenn eine bestimmte Zugriffsmethode eine eingebaute Funktion zum Zeichnen von Rahmen bietet.

Die Funktion GetCursor hat zwei Argumente vom Typ int& (Referenz auf Integer), in denen die aktuelle Cursorposition gespeichert wird. Die Funktion DrawBox zeichnet einen Rahmen mit der oberen linken Ecke an der aktuellen Cursorposition. Das zweite und dritte Argument enthalten die Breite und die Höhe des Rahmens. Das erste Argument enthält den Typ des Rahmens und kann einen der folgenden Werte annehmen:

Wert	Bedeutung
0	Doppelte Linien
1	Einfache Linien
2	Ausgefüllter Block
3	Horizontal einfache, vertikal doppelte Linien
4	Horizontal doppelte, vertikal einfache Linien
5	Sterne
6	Standard-ASCII-Zeichen

Die abgeleiteten Klassen

Die folgenden abgeleiteten Klassen sind vorgegeben:

Klasse	Bedeutung
BiosScreen	Verwendet das BIOS.
DirectScreen	Schreibt direkt in den Bildschirmspeicher.
DosScreen	Verwendet DOS-Aufrufe.
AnsiScreen	Verwendet das ANSI-Protokoll.

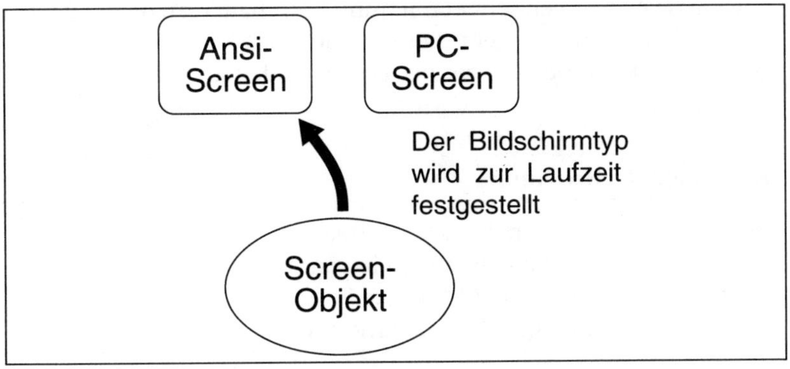

Abb. 13.1: Die Klasse Screen und ihre Ableitungen

Die Klasse BiosScreen, die in BiosScreen.h definiert ist, verwendet die in CONIO.H deklarierten Funktionen. Da alle Funktionsimplementationen einfach sind und aus wenigen Befehlen bestehen, sind sie alle inline definiert, und es gibt keine zugehörige Quelldatei BiosScreen.cpp. Um zu erzwingen, daß die conio-Funktionen das BIOS verwenden und nicht direkt auf die Hardware zugreifen, wird die Variable directvideo im BiosScreen-Konstruktor auf Null gesetzt. Der BIOS-Bildschirmzugriff wird besonders dann verwendet, wenn der Computer, auf dem das Programm läuft, nur auf der BIOS-Ebene kompatibel ist oder wenn das Programm in einem DESQview-Fenster auf einem 286er Rechner laufen soll.

Die Klasse DirectScreen ist von BiosScreen abgeleitet und setzt lediglich in ihrem Konstruktor directvideo auf Eins. Die in BiosScreen definierten Funktionen werden bei allen Objekten vom Typ DirectScreen verwendet. Da der direkte Bildschirmzugriff sehr schnell ist, ist dies in den meisten Fällen die bevorzugte Zugriffsmethode.

DosStream verwendet die Standardausgabe über den DOS-Interrupt 0x21. Da dieser Interrupt nicht die Möglichkeit bietet, die Cursorposition zu ändern oder abzufragen oder den Bildschirm (teilweise) zu löschen, haben in Verbindung mit DosScreen-Objekten nur die Funktionen PutCh und PutS einen Sinn. Alle anderen Funktionen einschließlich DrawBox werden durch einen leeren Funktionsrumpf umdefiniert. Beachten Sie: Wäre DrawBox nicht umdefiniert, so würde die Funktion Screen::DrawBox verwendet, so daß alle Zeichen des Rahmens in einer Zeile erscheinen würden.

Die Klasse AnsiScreen sendet mit printf Botschaften an den ANSI-Treiber. Allen Botschaften geht die spezielle ANSI-Sequenz "\x1B[" (ESC plus eckige Klammer auf) voraus. Die folgenden ANSI-Befehle werden verwendet:

ANSI-Befehl	**Bedeutung**
2J	Löschen des Bildschirms.
K	Löschen bis zum Zeilenende.
x;yH	Gehen an die Stelle (x,y).
6n	Abfragen der Cursorposition.

Wir senden dem ANSI-Treiber Botschaften über die DOS-Standardausgabe und erhalten von ihm Informationen über den Tastaturpuffer. Die Funktion GetCursor ermittelt zum Beispiel die aktuelle Cursorposition, indem sie den String ESC[yy;xxR von der Tastatur liest, wobei xx die aktuelle Cursorspalte und yy die aktuelle Cursorzeile enthält. Die normale Ausgabe auf einen ANSI-Bildschirm wird mit den DOS-Funktionen putchar und puts vorgenommen. Beachten Sie, daß ANSI die Cursorposition im Format (Zeile, Spalte) erwartet, während wir das Format (Spalte, Zeile) verwenden.

Mit der Funktion AnsiInstalled prüft man, ob der Treiber ANSI.SYS geladen ist. Diese Funktion verwendet die Funktion 0x1A00 des Vielfach-Interrupts 0x2F, die nicht offiziell dokumentiert, aber in "Undocumented DOS" (siehe Bibliographie), beschrieben ist. Nach Aufruf des Interrupts enthält das Register AL den Wert 0xFF, wenn ANSI.SYS geladen ist. Die Klasse AnsiScreen ist die einzige, in der die Funktion ScrOk umdefiniert ist. Diese Funktion ruft die oben erwähnte Funktion AnsiInstalled auf. Durch Verwendung des ANSI-Bildschirmtreibers erhält man sehr portablen Programmcode, aber nicht die schnellste Bildschirmausgabe.

Anwendung der Klassen

Nachdem wir nun über die Interna der Klassen Bescheid wissen, wird es Zeit, daß wir uns ihre Verwendung anschauen. Natürlich können wir, wenn wir den Bildschirmtyp im voraus kennen, einfach Objekte des entsprechenden Typs definieren:

```
AnsiScreen s;

s.ClrScr();
s.MoveTo( 4, 2 );
s.PutS( "ANSI-Befehle verwenden" );
```

Wenn wir später beschließen, den Bildschirmtyp zu ändern, dann ersetzen wir einfach AnsiScreen durch den Namen einer anderen abgeleiteten Klasse.

Der Vorteil bei der Verwendung von Klassen ist, daß wir einen Zeiger auf einen Screen deklarieren können, der dynamisch auf ein Objekt einer Unterklasse von Screen verweist.

```
Screen *sp;

sp = new DirectScreen;
sp->ClrScr();
sp->MoveTo( 6, 8 );
sp->PutS( "Direkter Zugriff auf Bildschirm-RAM" );
```

Man kann dies auch mit Referenzen tun, aber dann muß man die Initialisierung gleichzeitig mit der Definition der Referenzvariablen durchführen:

```
Screen& s = *new BiosScreen;

s.ClrScr();
s.MoveTo(10,15);
s.PutS( "BIOS-Aufrufe verwenden" );
```

Ein Initialisierungsmodul Ihres Programms könnte den Anwender nach der bevorzugten Bildschirmzugriffsmethode fragen und dazu eine Funktion der folgenden Art verwenden:

```
Screen *UserSelectScreen()
{
  Screen *Result;
  char c;

  do
  {
    printf("Geben Sie 'A' für ANSI, 'B' für BIOS"
           "oder 'D' für direkt ein: ");
    c = getchar();
  } while (!strchr( "ABD", toupper(c) ) );
```

```
  switch ( toupper(c) )
  {
    case 'A':
      return new AnsiScreen;
    case 'B':
      return new BiosScreen;
    case 'D':
      return new DirectScreen;
  }
}

Screen& s = *UserSelectScreen();
s.ClrScr();
s.MoveTo( 5, 9 );
s.PutS( "Funktioniert in allen drei Modi" );
  // ...
delete &s;  // Das Objekt beseitigen
```

Wir haben in diesem Beispiel DosScreen deshalb ausgelassen, weil es ClrScr und MoveTo nicht unterstützt, so daß diese Klasse für Vollbildanwendungen nutzlos ist.

Die globale Schnittstelle

Um die Verwendung der Klassen noch zu vereinfachen, ist eine globale Schnittstelle vorgegeben, die einen Screen-Zeiger namens CurScr verwendet. Dieser Zeiger ist in Screen.cpp definiert und in Screen.h deklariert. Die Inline-Funktionen xxxSCREEN(), die in der Quelldatei jeder abgeleiteten Klasse definiert sind, erzeugen ein neues Objekt und lassen CurScr darauf zeigen:

Funktion	Bedeutung
BIOSSCREEN()	Erstellt ein BiosScreen-Objekt.
DIRECTSCREEN()	Erstellt ein DirectScreen-Objekt.
DOSSCREEN()	Erstellt ein DosScreen-Objekt.
ANSISCREEN()	Erstellt ein AnsiScreen-Objekt.

Die in Screen.h definierten Inline-Funktionen arbeiten mit CurScr und haben dieselben Namen wie die entsprechenden Elementfunktionen. Mit der Funktion PrintF kann man formatierte Daten auf dem Bildschirm des aktuellen Typs ausgeben. Wenn Sie mit der Bildschirmausgabe fertig sind, dann rufen Sie CLEANUPSCREEN() auf, um das Bildschirmobjekt zu löschen.

Die Anwendung der globalen Schnittstelle

Das folgende Beispielprogramm demonstriert die Verwendung dieser globalen Schnittstelle:

```
// Datei   : ScrDemo.cpp
// Zweck   : Demonstration der von "Screen" abgeleiteten Klassen

#include <SCREEN/ansiscr.h>
#include <SCREEN/directsc.h>
#include <SCREEN/biosscr.h>

#include <ctype.h>
#include <stdio.h>
#include <conio.h>

  // Benutzer nach dem gewünschten Zugriffsverfahren fragen
  // und installieren.
void Install()
{
  printf("\nEingabe (A)nsi, (B)ios oder (D)irekt: ");

  char c = getchar();
  if ( toupper(c) == 'A' )
    ANSISCREEN();
  else if ( toupper(c) == 'B' )
    BIOSSCREEN();
  else
    DIRECTSCREEN();
}

int main()
{
  Install();
  ClrScr();

    // linke obere Ecke ist (1,1)
  MoveTo( 1,1 );

    // Rechteck um Bildschirm zeichnen
  DrawBox( 3, 80, 24 );

    // Verschiedene Rechtecke zeichnen
  for ( int j=0; j<7; j++ )
```

```
    {
      MoveTo( j+2, j+2 );
      DrawBox( j, 70-j*2, 20-j*2 );
    }

      // Text ausgeben
    int k = 0;
    for ( int i=j+3; i<15; i++ )
    {
      MoveTo( i*2, i );
      PrintF( "Test %i", ++k );
    }
    getch();
    ClrScr();

    CLEANUPSCREEN();
}
// eof ScrDemo.cpp
```

Achten Sie darauf, SCREEN.CPP zusammen mit diesem Programm zu kompilieren und zu binden.

Die Quelldateien

Die Bildschirmklassen sind in den folgenden Dateien definiert:

Datei	Bedeutung
Screen.h	Header-Datei der Screen-Klasse.
Screen.cpp	Quelldatei der Screen-Klasse.
BiosScr.h	Header-Datei der BiosScreen-Klasse.
DirectSc.h	Header-Datei der DirectScreen-Klasse.
DosScr.h	Header-Datei der DosScreen-Klasse.
AnsiScr.h	Header-Datei der AnsiScreen-Klasse.

SCREEN.H

```
// Datei:  screen.h
// Zweck:  Grundmodell der abstrakten Klasse Screen

#if !defined SCREEN_H
#define SCREEN_H

#include <stdio.h>
```

```
#include <stdarg.h>

class Screen
{
  public:

    // Die folgenden Funktionen sind virtuell
    // und müssen in der abgeleiteten Klasse
    // definiert werden!

    virtual void ClrScr() = 0;
    virtual void ClrEol() = 0;
    virtual void MoveTo(int x, int y) = 0;
    virtual void GetCursor(int& x, int& y) = 0;

    virtual void PutCh( char C ) = 0;
    virtual void PutS( char *s ) = 0;

    // Falls die abgeleitete Klasse prüfen kann,
    // ob die erforderlichen Hardware vorhanden ist,
    // sollte die folgende Funktion neu definiert werden

    virtual int ScrOk() { return 1; }

    // Die Funktion "DrawBox" zeichnet an der aktuellen
    // Position einen Rahmen mit den Maßen "Horiz" und "Vert".
    // Diese Funktion besteht aus Termen anderer Funktionen.
    // Falls erforderlich können Sie diese Funktion neu definieren.
    virtual void DrawBox( int Type, int Horiz, int Vert );
};

  // Deklaration des Zeigers auf das globale
  // polymorphe Objekt Screen
extern Screen *CurScr;

  // Die folgenden Funktionen definieren das globale
  // Interface und verwenden 'CurScr':
inline void ClrScr()
  { CurScr->ClrScr(); }

inline void ClrEol()
  { CurScr->ClrEol(); }

inline void PutCh(char C)
  { CurScr->PutCh(C); }

inline void PutS(char *S)
  { CurScr->PutS(S); }

  // Funktionen zur formatierten Ausgabe
```

```
static char Buffer[ 256 ];
inline void PrintF( char *Fmt, ... )
{
  va_list ArgP;
  va_start( ArgP, Fmt );
  vsprintf( Buffer, Fmt, ArgP );
  va_end( ArgP );
  CurScr->PutS( Buffer );
}

inline void MoveTo( int x, int y )
  { CurScr->MoveTo( x, y ); }

inline void GetCursor( int& x, int& y )
  { CurScr->GetCursor( x, y ); }

inline void DrawBox( int Type, int Horiz, int Vert )
  { CurScr->DrawBox( Type, Horiz, Vert ); }

inline int ScrOk()
  { return CurScr->ScrOk(); }

  // Rufen Sie diese Funktion auf, wenn Ihr
  // Programm beendet ist.
inline void CLEANUPSCREEN()
  { delete CurScr; }

#endif
// eof Screen.h
```

SCREEN.CPP

```
// Datei : Screen.cpp

#include <SCREEN\screen.h>

  // Array der Zeichen für die
  // Darstellung von Rahmen
static unsigned char LineChars[7][7] =
{
  201, 205, 187,  186,  200, 205, 188,
  218, 196, 191,  179,  192, 196, 217,
  219, 219, 219,  219,  219, 219, 219,
  213, 205, 184,  179,  212, 205, 190,
  214, 196, 183,  186,  211, 196, 189,
  '*', '*', '*',  '*',  '*', '*', '*',
  '+', '-', '+',  '|',  '+', '-', '+'
};
```

```
void Screen::DrawBox( int Type,
          int Horiz, int Vert )
{
    // Offset ins Array
  unsigned char *p = *(LineChars+Type);

  int tRow, lCol;
  GetCursor( lCol, tRow );
  int bRow, rCol;
  bRow = tRow + Vert - 1;
  rCol = lCol + Horiz - 1;

  PutCh( p[0] );
  for ( int i=0; i<rCol-lCol-1; i++ )
    PutCh( p[1] );

  PutCh( p[2] );

  for ( i=tRow+1; i<bRow; i++)
  {
    MoveTo( lCol, i );
    PutCh( p[3] );
    MoveTo( rCol, i );
    PutCh( p[3] );
  }

  MoveTo( lCol, bRow );
  PutCh( p[4] );

  for ( i=lCol+1; i<rCol; i++ )
    PutCh( p[5] );
  PutCh( p[6] );
}

  // Das polymorphe Object Screen
Screen *CurScr;
// eof Screen.cpp
```

BIOSSCR.H

```
// Datei   :  biosscr.h
// Zweck   :  Klasse zur Bildschirmsteuerung per Video-BIOS

#if !defined BIOSSCR_H
#define BIOSSCR_H

#include <SCREEN/screen.h>
#include <stdarg.h>
```

```
#include <stdio.h>
#include <conio.h>

class BiosScreen : public Screen
{
  public:
    BiosScreen() { _wscroll = directvideo = 0; }

    void ClrScr() { clrscr(); }

    void ClrEol() { clreol(); }

    void MoveTo( int x, int y )
      { gotoxy( x, y ); }

    void GetCursor( int& x, int& y )
      { x = wherex(); y = wherey(); }

    void Update() { }

    void PutCh( char C )
      { putch(C); }

    void PutS( char *S )
    {
      cputs(S);
    }
};

  // "BiosScreen"-Objekt anlegen
inline void BIOSSCREEN()
  { CurScr = new BiosScreen; }
#endif
// eof BiosScr.h
```

DIRECTSC.H

```
// Datei   :  directsc.h
// Zweck   :  Klasse für direkten Zugriff auf den Bildschirm

#if !defined DIRECTSC_H
#define DIRECTSC_H

#include <Screen/BiosScr.h>

  // Ein "DirectScreen" ist ein "BiosScreen"
  // mit dem "directvideo"-Flag = 1
class DirectScreen : public BiosScreen
```

```
{
  public:
    DirectScreen()
      { directvideo = 1; }
};

// Objekt anlegen
inline void DIRECTSCREEN()
  { CurScr = new DirectScreen; }

#endif
// eof DirectSc.h
```

DOSSCR.H

```
// Datei   : dosscr.h
// Zweck   : Klasse zur Bildschirmsteuerung mit DOS

#if !defined DOSSCR_H
#define DOSSCR_H

#include <SCREEN/screen.h>
#include <stdio.h>

class DosScreen : public Screen
{
  public:

      // Die meisten Funktionen können per DOS nicht
      // angesprochen werden.
    void ClrScr() {}
    void ClrEol() {}
    void MoveTo(int,int) {}
    void GetCursor(int&,int&) {}
    void Update() {}
    void DrawBox(int,int,int) { }

      // Die einzigen mit DOS verwendbaren
      // Funktionen:
    void PutCh( char c ) { putchar(c); }
    void PutS( char *s ) { puts(s); }
};

  // Instanziierung des Objektes DosScreen
inline void DOSSCREEN()
  { CurScr = new DosScreen; }
#endif
// eof DosScr.h
```

ANSISCR.H

```
// Datei   :  AnsiScr.h
// Zweck   :  Klasse zur Bildschirmsteuerung mit ANSI

#if !defined ANSISCR_H
#define ANSISCR_H

#include <Screen/Screen.h>
#include <stdarg.h>
#include <stdio.h>

#include <conio.h>
#include <dos.h>                          // für "geninterrupt"

// Jedes ANSI-Kommando beginnt mit dieser
// speziellen Sequenz:
const char *AnsiSeq = "\x1B[";

inline int AnsiInstalled()
{
    // Prüfen, ob ANSI.SYS installiert ist.
    // Dies erfolgt durch Funktion 0x1A00 des
    // Multiplex-Interrupts (siehe Text)
    //
    // Anm. d. Übersetzers:
    // Diese Methode prüft nur, ob der DOS-ANSI-Treiber geladen ist.
    // Die erweiterten ANSI-Treiber, die den meisten Super-VGA-Karten
    // beiliegen, antworten mit einem anderen Wert als 0xFF im
    // AL-Register!
  _AX = 0x1A00;
  geninterrupt( 0x2F );
  return _AL == 0xFF;
}

class AnsiScreen : public Screen
{
  public:
    AnsiScreen()
    {
      if ( !AnsiInstalled() )
      {
        printf("ANSI-Treiber nicht installiert\n");
        printf("Eingabetaste drücken");
        getchar();
      }
    }

    int ScrOk() { return AnsiInstalled(); }
```

```
    void ClrScr()
      { printf( "%s%s", AnsiSeq, "2J"); }

    void ClrEol()
      { printf( "%s%s", AnsiSeq, "K" ); }

    void MoveTo( int x, int y )
      { printf( "%s%d;%dH", AnsiSeq, y, x ); }

    void GetCursor( int& x, int& y )
      {
        printf( "%s%s", AnsiSeq, "6n" );
        getch(); getch();

        y = 10 * (getch() - '0');
        y += getch() - '0';

        getch();                          // Zeichen ';' ignorieren

        x = 10 * (getch() - '0');
        x += getch() - '0';

        getch(); getch();
      }

    void Update() { }

    void PutCh( char C ) { putchar(C); }

    void PutS( char *S ) { puts( S ); }
};

  // Objekt anlegen
inline void ANSISCREEN()
  { CurScr = new AnsiScreen; }

#endif
// eof AnsiScr.h
```

Kapitel 14

Eine Klasse für Konfigurationsdateien

Ein gutes Programm kann großenteils an die Anforderungen des Anwenders angepaßt werden. Dazu ist es zuvor notwendig, daß die Farben, der Monitortyp, Verzeichnisse für die Datendateien usw. eingestellt werden können. Häufig erfolgt dies über Konfigurationsdateien, wobei die Werte über ein Menü oder ein besonderes Konfigurationsprogramm verändert werden können.

Wer schon einmal die Einstellungen von Windows verändern mußte, wird schnell gemerkt haben, daß Windows für seine Konfigurationsbestände ein Standardformat hat. Diese Bestände haben die Namenserweiterung .INI und sind gewöhnliche ASCII-Dateien, in denen die Parameter in der folgenden Weise eingetragen sind:

```
Parameter=Wert
```

Während des Starts von Windows werden diese Dateien (WIN.INI und SYSTEM.INI) eingelesen. Der Vorteil dieser Vorgehensweise besteht darin, daß sich die Konfigurationsdateien mit einem ASCII-Editor ändern und ohne großen Aufwand ansehen und ausdrucken lassen.

Die Klassen, die hier entwickelt werden sollen, bieten vergleichbare Möglichkeiten. Es werden Konfigurationsparameter von einer .INI-Datei eingelesen und der Standardwert eines Parameters, der sich in dieser Konfigurationsdatei befindet, verändert.

Dabei wird vielfältiger Gebrauch von den objektorientierten Möglichkeiten von C++ gemacht. Es entsteht so eine Sammlung vielseitig einsetzbarer C-Funktionen in diesem Werk. Zusammen mit Vererbung und Polymorphie bilden sie einen wichtigen Bestandteil der Klassen. Zugleich wird von der Möglichkeit Gebrauch gemacht, Referenzen auf Variablen zu definieren.

Anwendung der Klassen

Kommen wir zuerst zu der Anwendung der Klassen. Die allgemeine Vorgehensweise sieht so aus:

1. Definieren Sie eine Variable vom Typ Configuration, und übergeben Sie den aktuellen Programmnamen als Argument an den Konstruktur.

2. Fügen Sie mit Hilfe der Funktion add globale Variablen hinzu.
3. Lesen Sie die Daten mit der read-Methode ein.

Stellen Sie sich vor, wir hätten ein Programm Demo und wollten die Variablen screenType (vom Typ char*) und level (vom Typ int) konfigurierbar machen. Dazu lassen sich in der Datei Demo.ini die folgenden Einstellungen vornehmen:

```
screenType=VGA
level=10
```

Wir definieren diese Variablen dann im Hauptprogramm als global:

```
char screenType[50] = "MONO";
int level = 1;
```

Danach definieren wir eine Funktion, welche die Daten aus einer Konfigurationsdatei einliest:

```
void configure()
{
  Configuration cfg( "DEMO" );
  if ( !cfg.isValid() )
    return;
  cfg.add( "screenType", screenType );
  cfg.add( "level", level );
  cfg.read()
}
```

Diese Funktion liest die Werte aus der Datei Demo.ini und ersetzt die Standardwerte ("MONO" und 1), wenn die Parameter in der Datei vorkommen. In diesem Beispiel erhält screenType auf diese Weise den Wert "VGA" und level den Wert 10. Falls die Konfigurationsdatei nicht gefunden wird (und isValid() daher 0 zurückgibt), werden die Standardwerte verwendet. Eine Änderung tritt also nur ein, wenn der betreffende Parameter in der .INI-Datei angegeben ist.

Die Funktion add wird für beide Variablen angepaßt, indem vom Funktionen-Overloading Gebrauch gemacht wird. In C und C++ werden für Werte vom Typ Boolean meistens Integer verwendet. Da das Funktionen-Overloading nur bei unterschiedlichen Argumenten möglich ist, kann add nicht auf Boolean-Variablen angewendet werden. Zu diesem Zweck gibt es eine spezielle Elementfunktion mit der Bezeichnung addAsBoolean:

```
cfg.addAsBoolean( "color", color );
```

Nun soll color den Wert 1 wie in der .INI-Datei erhalten, wobei folgende Regeln angenommen werden:

```
color = True
color = Yes
color = 1
```

Es ist eine gute Angewohnheit, zunächst im aktuellen Verzeichnis nach einer .INI-Datei zu suchen und nachfolgend nach einer solchen Datei im Verzeichnis mit der .EXE-Anwendung. Dadurch kann ein Programm eine Standarddatei erstellen, derweil für spezielle Aufgaben im aktuellen Verzeichnis eine separate .INI-Datei angelegt wird. Der folgende Programmausschnitt zeigt eine Konfigurationsfunktion mit solchen Möglichkeiten:

```
  // Konfigurationsfunktion des
  // DEMO-Programms
void configure()
{
    // Suche im aktuellen Verzeichnis
  Configuration cfg( "DEMO" );
    // Nicht im aktuellen Verzeichnis?
  if ( !cfg.isValid() )
    cfg.reAssign( _argv[0] );
    // Auch nicht im .EXE-Verzeichnis?
  if ( !cfg.isValid() )
    return;
  // ...
}
```

Die Variable _argv speichert die Argumente aus der Befehlszeile, und _argv[0] speichert den Programmnamen einschließlich Pfad. Die reAssign-Methode schlägt einen neuen Dateinamen vor.

Die Implementierung

Wie bereits gesagt wurde, wird viel Gebrauch von den objektorientierten Eigenschaften von C++ gemacht. Natürlich können auch C-Funktionen definiert werden, die dasselbe tun, wie die hier vorgestellten Klassen. Die Klassen haben diesen gegenüber jedoch einen großen Vorteil. Der Gebrauch einer Klasse ist sehr einfach. Der belegte Speicherplatz wird von der Konfigurationsfunktion nach deren Ende automatisch freigegeben. Auch von großer Bedeutung ist die Erweiterungsfähigkeit von Klassen. Da jeder unterstützte Typ als Klasse dargestellt ist, kann ein neuer Typ einfach durch Definition einer neuen Klasse hinzugefügt werden.

Die Basis-Klasse, die eine Definition darstellt, heißt Def. Dabei handelt es sich um eine abstrakte Klasse, die wie folgt aussieht:

```
  // Abstrakte Basis-Klasse
  // für Definitionen
class Def
{
  private:
      // Name des Parameters
    char name[50];
  public:
    Def( const char *nm )
      { strcpy[ name, nm ); }
      // Zuweisen eines Wertes
    virtual void assign( const char* ) = 0;
      // Rückgabe des Namens
    const char *getName() { return name; }
};
```

Der private-Teil enthält den Namen der Variablen, die den Namen des Parameters enthält. Diese Namen sind in den vorstehenden Beispielen "screenType", "level" usw. Der Konstruktor Def::Def empfängt einen String als Argument und kopiert den String nach name. Die Funktion getName() gibt den Namen zurück.

Eine andere wichtige Funktion ist assign. Diese Funktion wird durch das Einlesen einer Zeile aus der Konfigurationsdatei aufgerufen. Stellen Sie sich vor, daß die Zeile lautet:

```
level = 3
```

Nun erhält name den Wert "level", und die Funktion assign wird mit dem Argument "3" aufgerufen. Die exakte Implementation wird über den Typ in einer abgeleiteten Klasse gelöst; hier geht es nur um die abstrakte Definition.

Die eigentliche Arbeit wird von den Klassen verrichtet, die von Def abgeleitet wurden. Es handelt sich dabei um die folgenden Klassen:

Klasse	**Bedeutung**
IntDef	eine Variable vom Typ integer
LongDef	eine Variable vom Typ long integer
StringDef	eine Variable vom Typ string
BoolDef	eine Variable vom Typ boolean
DoubleDef	eine Variable vom Typ double
CharDef	eine Variable vom Typ char
RangeDef	ein Bereich, der aus zwei Variablen besteht (zum Beispiel Minimum und Maximum)

Abbildung 14.1 zeigt die Hierarchie der Definitionsklassen.

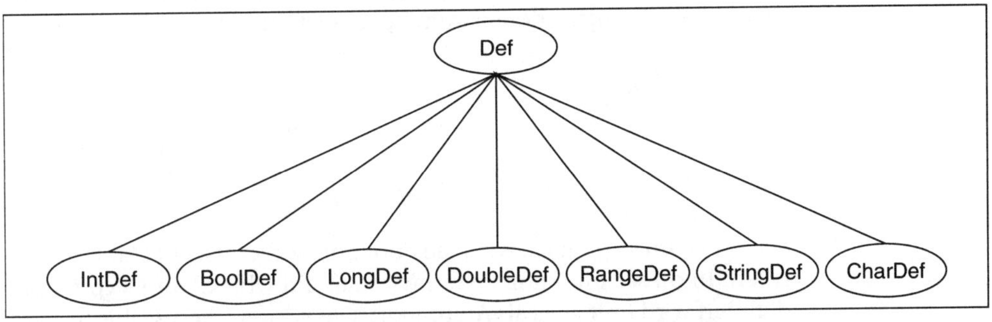

Abb. 14.1: Hierarchie der Definitionsklassen

Hier wird vielfältiger Gebrauch von der Vererbung gemacht: Die Basis-Klasse Def beinhaltet die gemeinsamen Elemente (die Variable name) und definiert das abstrakte Verhalten (die Funktion assign), das für jede abgeleitete Klasse gilt. Die genaue Implementation über den Typ wird aber in die abgeleiteten Klassen verlagert.

Die Configuration-Klasse beinhaltet ein Array aus MAXDEFS-Zeigern auf eine Definition. Während Variablen (mit der add-Methode) zugefügt werden, wird bestimmt, welcher Typ oder Wert hinzugefügt wird. Es wird dann ein Objekt der entsprechenden Klasse installiert und nachfolgend dem Array hinzugefügt. Aus diesem Grund nennen wir das Array d ein *polymorphes* Array: Obwohl der deklarierte Typ eines Elementes Def* ist, speichert das Array zur Zeit der Programmausführung die Adressen von Objekten nach abgeleiteten Typen (zum Beispiel IntDef* von RangeDef*).

Der Vorteil dieses Ansatzes wird an der Funktion Configuration::read deutlich, welche die Konfigurationsdaten aus der Datei einliest. Jedesmal, wenn eine Zeile mit einer Definition eingelesen wird, wird der Name (vor dem Gleichheitszeichen) getrennt von dem Wert (nach dem Gleichheitszeichen). Dann wird im Array mit der Funktion getName() das Objekt mit dem Namen gesucht.

Sind erst einmal der Name und Wert als String-Variablen bekannt und ein Objekt mit dem Namen gefunden, dann ist der Rest einfach. Es wird die virtuelle Funktion assign mit dem String-Wert als Argument für dieses Objekt aufgerufen. Und ein in die Sprache eingebauter Mechanismus sorgt dafür, daß die richtige Funktion aufgerufen wird.

Lassen Sie uns ansehen, was geschieht, wenn die Variable level (vom Typ int) als Konfigurationsparameter eingeführt wird:

```
int level = 1;

// ...

cfg.add( "level", level );
```

Da level vom Typ int ist, wird die Funktion add(const char*,int) aufgerufen. In dieser Funktion sehen wir, daß ein Objekt vom Typ IntDef definiert wird (mit level als Argument). Die Adresse dieses Objekts wird nachfolgend an das Array zurückgegeben, und numDefs wird um Eins erhöht.

Stellen Sie sich vor, daß die Konfigurationsdatei die folgende Zeile enthält:

```
level = 10
```

Nun wird in die Funktion read als Name “level” und als Wert “10” eingelesen. Nachfolgend wird in dem Array d nach einem Objekt gesucht, dessen Element name den Inhalt “level” hat. Nachdem dieses Objekt gefunden ist, wird die virtuelle Funktion assign aufgerufen. Dies erfolgt mit der Funktion IntDef::assign(const char*), und das Argument ist “10”. Innerhalb dieser Funktion wird “10” mit Hilfe der Standardfunktion atoi in die Integer 10 umgewandelt, die nachfolgend (indirekt per Referenz) level zugeordnet wird.

Die Listings

Die Datei Config.h definiert alle Klassen und viele der inline-Elementfunktionen. In Config.cpp werden die größeren Elementfunktionen definiert. Merken Sie sich, daß es bei größeren Projekten notwendig sein kann, eine Anzahl Funktionen aus der Header- in die Quell-Datei zu verlegen. Das kann auch erforderlich sein, wenn ein anderer Compiler für C++ als der von Borland verwendet wird. Das Programm ConfTest.cpp zeigt Ihnen, wie die Klassen in der Praxis für die gegebenen Datentypen verwendet werden.

CONFIG.H

```
// Datei : config.h

#if !defined CONFIG_H
#define CONFIG_H

#include <string.h>
#include <stdio.h>
#include <stdlib.h>
#include <io.h>
#include <assert.h>
#include <ctype.h>

  // Dateierweiterung der Konfigurationsdatei
#define configExtension ".INI"
  // Maximale Anzahl erlaubter Definitionen
const int MAXDEFS = 512;

  // Zugehörige isSpace-Routine
  // Prüft nur auf Leerzeichen und Tabulator
inline int isSpace( char c )
{
  return c == ' ' || c == '\t';
}

  // Abstrakte Basisklasse für Definitionen
class Def
{
  public:
    Def( const char *nm )
      { strcpy( name, nm ); }
      // Zuweisung eines Wertes
    virtual void assign( const char* ) = 0;
```

```
        // Rückgabe des Namens
      const char *getName() { return name; }
    private:
        // Der Name des Parameters
      char name[50];

};

    // Integer-Definition
class IntDef : public Def
{
    public:
      IntDef( const char *nm, int& i )
      : Def(nm), value(i)
      { }

        // Zuweisung eines Wertes
      void assign( const char *str )
      { if ( *str ) value = atoi( str ); }

    private:
        // *Referenz* auf einen Integer
      int& value;
};

    // Long-Definition
class LongDef : public Def
{
    public:
      LongDef( const char *nm, long& ld )
      : Def(nm), value(ld)
      { }

      void assign( const char *str )
      { if (*str) value = atol( str ); }

      private:
      long& value;
};

    // Spezielle String-Kopie
    // Kopiert 'src' nach 'dest', jedoch werden
    // keine doppelten Anführungszeichen kopiert,
    // es seidenn, vor diesen steht ein '\'-Zeichen.
    // Aus "String" wird also String.
static void specialStrCpy( char *dest,
                           const char *src )
{
```

```
  while ( *src )
  {
    if ( *src != '"' )
    {
      if ( *src == '\\' )
        *dest++ = *++src;
      else
        *dest++ = *src;
    }
    src++;
  }
  *dest = 0;
}

  // String-Definition
class StringDef : public Def
{
  public:
    StringDef( const char *nm, char*& s )
    : Def(nm), value( s )
    {
    }

    void assign( const char *str )
    { if (str) specialStrCpy( value, str ); }

  private:
      // Referenz auf einen Char-Zeiger
    char*& value;
};

  // Boolean-Definition
  // Kennung 1, 0, True, False, Yes und No
class BoolDef : public Def
{
  public:
    BoolDef( const char *nm, int& v )
    : Def(nm), value(v)
    {
    }

    void assign( const char *str )
    {
      if ( *str == '1' ||
           stricmp( str, "TRUE" )==0 ||
           stricmp( str, "YES" )==0 )
      {
        value = 1;
      }
```

```
        else if ( *str == '0' ||
             stricmp( str, "FALSE" )==0 ||
             stricmp( str, "NO" )==0 )
        {
          value = 0;
        }
      }

  private:
    int& value;
};

  // Double-Definition
class DoubleDef : public Def
{
  public:
    DoubleDef( const char *nm, double& f )
    : Def(nm), value(f)
    { }

    void assign( const char *str )
    { if ( *str ) value = atof( str ); }

  private:
    double& value;
};

  // Char-Definition
class CharDef : public Def
{
  public:
    CharDef( const char *nm, char& c )
    : Def(nm), value(c)
    { }

    void assign( const char *str )
    { if (*str) value = *str; }

  private:
    char& value;
};

  // Bereichs-Definition
  // wie : Range=1..100
  // oder: Range=1-100
class RangeDef : public Def
{
  public:
    RangeDef( const char *nm, int& a, int& b )
```

```
    : Def(nm), min(a), max(b)
    {
    }

    void assign( const char *str );

  private:
    int& min;
    int& max;
};

  // Die Konfigurationsklasse
class Configuration
{
  public:
      // Konstruktor mit Dateiname ...
    Configuration( const char *exeFileName,
                   // ... und Fehler-Routine
                   int (*f)(const char*)
                       = ::puts )
    {
      init( exeFileName );
      numDefs = 0;
      errorPrint = f;
    }

    ~Configuration();

      // Prüfung, ob die Konfigurations-
      // datei besteht.
    int isValid()
    {
      return access(fileName,0) == 0;
    }

      // Zuweisen eines neuen Namens
    void reAssign( const char *newFileName )
    {
      init( newFileName );
    }

      // Ausgabe einer Fehlermeldung
    void error( const char *msg )
    {
      if ( errorPrint )
        errorPrint( msg );
    }

      // Prüfung der Definitionsanzahl
```

```
int checkNumDefs()
{
  if ( numDefs >= MAXDEFS )
  {
    error( "Configuration definition "
           "limit reached" );
    return 1;
  }
  else
    return 0;
}

  // Hinzufügen einer int-Definition
void add( const char *name, int& val )
{
  if ( checkNumDefs() )
    return;
  d[numDefs++] = new IntDef( name, val );
}

  // Hinzufügen einer double-Definition
void add( const char *name, double& val )
{
  if ( checkNumDefs() )
    return;
  d[numDefs++] = new DoubleDef( name, val );
}

  // Hinzufügen einer long-Definition
void add( const char *name, long& val )
{
  if ( checkNumDefs() )
    return;
  d[numDefs++] = new LongDef( name, val );
}

  // Hinzufügen einer char-Definition
void add( const char *name, char& val )
{
  if ( checkNumDefs() )
    return;
  d[numDefs++] = new CharDef( name, val );
}

  // Hinzufügen einer String-Definition
void add( const char *name, char*& val )
{
  if ( checkNumDefs() )
    return;
```

```
      d[numDefs++] = new StringDef( name, val );
    }

      // Hinzufügen eines Integer *als boolean*
    void addAsBoolean( const char *name,
                       int& val )
    {
      if ( checkNumDefs() )
        return;
      d[numDefs++] = new BoolDef( name, val );
    }

      // Hinzufügen einer Bereichsdefinition
    void add( const char *name, int& min,
                                int& max )
    {
      if ( checkNumDefs() )
        return;
      d[numDefs++] = new
          RangeDef( name, min, max );
    }
      // Einlesen von Werten aus der Konfigurationsdatei
    void read( const char *groupName =0 );

  private:
      // Name der Konfigurationsdatei
    char fileName[ 80 ];
      // Zeiger auf Definitionen
    Def *d[MAXDEFS];
      // aktuelle Anzahl der Definitionen
    int numDefs;
      // String für Fehlermeldung
    char errorMessage[80];
      // Funktion für Fehlermeldung
    int (*errorPrint)(const char*);

      // Initialisieren der Datei und Erweiterung
    void init( const char *exeFileName )
    {
      strcpy( fileName, exeFileName );
      char *s = strchr( fileName, '.' );
      if ( s )
        strcpy( s, configExtension );
      else
        strcat( s, configExtension );
    }
};
#endif
// eof Config.h
```

CONFIG.CPP

```
// Datei : Config.cpp
#include "Config.h"

  // Die Konfigurationsdatei wird eingelesen
  // und die Werte der Definitionen werden eingetragen.
  // Der 'groupName' ist optional. Falls er vorhanden ist,
  // wird nur die betreffende Gruppe eingelesen.
  //
void Configuration::read( const char *groupName )
{
    // Prüfung, ob die Konfigurations-
    // datei vorhanden ist.
  if ( !isValid() )
    return;

  FILE *f = fopen( fileName, "rt" );
    // Enthält eine Zeile aus der .INI-Datei
  char buffer[160];

    // Enthält den Namen (links vom Gleichheitszeichen)
  char name[50];
  int done = 0, inGroup = 0;

  if ( !groupName )
    inGroup = 1;

  while ( !feof(f) && !done )
  {
    char *test = fgets( buffer, 160, f );
    if ( test == 0 )
      break;  // Dateiende erreicht
    char *bufPtr = buffer;

      // Entfernen von Leerzeichen
    while ( isSpace(*bufPtr) )
      bufPtr++;

      // Prüfung auf Kommentar oder leere Zeile
    if ( *bufPtr == ';' || *bufPtr == '\n' )
      continue;

    if ( *bufPtr == '[' )
    {
        // Wenn wir alles einer Gruppendefinition
        // eingelesen haben, hören wir auf.
      if ( inGroup )
      {
```

```
      done = 1;
      continue;
    }
      // Erste Gruppendefinition: Suche nach der
      // Gruppe und 'inGroup' setzen.
    if ( groupName )
      do {
        bufPtr++;
        while ( isSpace(*bufPtr) && *bufPtr )
          bufPtr++;
        char *s = bufPtr;
        while ( *s != ']' && *s )
          s++;
        *s = 0;
          // bufPtr enthält nun den Gruppennamen
        if ( stricmp( bufPtr, groupName ) == 0 )
        {
            // Nun können wir die
            // Gruppendefinition einlesen
          inGroup = 1;
          continue;
        }
          // Suche nach den Definitionen der
          // nächsten Gruppe
        do {
          fgets( buffer, 160, f );
          bufPtr = buffer;
          while ( isSpace(*bufPtr) && *bufPtr )
            bufPtr++;
        } while ( *bufPtr != '[' );
      } while ( !inGroup );
    else
      continue;
  }

    // Kopieren des Namens
  char *namePtr = name;

    // Suche nach dem Ende des Namens
  while ( *bufPtr && !isSpace(*bufPtr)
          && *bufPtr != '=' )
    *namePtr++ = *bufPtr++;
  *namePtr = 0;    // Name abschneiden

    // Suche nach dem Gleichheitszeichen
  if ( isSpace(*bufPtr) )
    while ( *bufPtr && *bufPtr != '=' )
      bufPtr++;
  if ( *bufPtr == 0 )
```

```
        continue;

        // Leerzeichen und Gleichheitszeichen überspringen
      if ( *bufPtr == '=' )
      {
        bufPtr++;
        while ( isSpace(*bufPtr) )
          bufPtr++;
      }

        // Prüfung auf leere Definition
      if ( *bufPtr == '\n' || *bufPtr == 0 )
        continue;

        // Entfernen von '\n'
      *strchr( bufPtr, '\n' ) = 0;

      #if defined DEBUG
        printf( "Searching {%s}\n", name );
      #endif

      int found = 0;
      for ( int i=0; i<numDefs && !found; i++ )
      {
        if (stricmp( d[i]->getName(), name ) == 0)
        {
          #if defined DEBUG
            printf( "Found {%s}, assigning {%s}\n",
                    d[i]->getName(), bufPtr );
          #endif

            // Aufruf der virtuellen
            // Funktion 'assign'
          d[i]->assign( bufPtr );
          found = 1;
        }
      }
      if ( !found )
      {
        sprintf( errorMessage,
          "config.error: definition of \"%s\""
          " not found\n", name );
        error( errorMessage );
      }
    }
    fclose( f ) ;
  }

    // Destruktor für die Konfigurationsklasse.
```

```
  // Entfernt alle Def-Objekte aus dem Array 'd'.
  //
Configuration::~Configuration()
{
  for ( int i=0; i<numDefs; i++ )
    delete d[i];
}

  // Zuweisungsfunktion für die RangeDef-Klasse
void RangeDef::assign( const char *str )
{
  if ( *str==0 )
    return;
    // Minimum festlegen
  min = atoi( str );
  char *s = strchr( str, '-' );
  if ( s==0 )
    s = strchr( str, '.' );
  if ( s==0 )
    return;
  while ( *s < '0' || *s > '9' && *s )
    s++;
    // Falls vorhanden, Maximum feststellen.
  if ( *s )
    max = atoi( s );
}


// eof Config.cpp
```

CONFTST.CPP

```
// Datei  : ConfTest.cpp
// Zweck  : Testprogramm für die Konfigurationsklasse

#include "config.h"
#include <stdio.h>

  // Deklaration von globalen Variablen
char driveLetter = 'C';
char volumeLabel[15] = "harddisk";
long groesse = 40000000;
double preis = 699.99;
int contrIDE = 1;

void printData()
{
```

```
  printf("Harddisk %c, volume %s\n",
    driveLetter, volumeLabel );
  printf("Kapazität: %ld bytes\n",
    groesse );
  printf("IDE-controller: %s\n",
    contrIDE ? "Ja" : "Nein" );
  printf("Preis: DM %10.2f\n", preis );
}

void configure( const char *groupName =0 )
{
    // Definition des Konfigurationsobjektes
  Configuration c( "CONFIG.EXE" );

    // Hinzufügen von Variablen zu einer Liste
  c.add( "driveLetter", driveLetter );
  c.add( "volumeLabel", volumeLabel );
  c.add( "groesse", groesse );
  c.addAsBoolean( "IDE-controller", contrIDE );
  c.add( "preis", preis );

    // Einlesen der Konfigurationsdaten
  c.read( groupName );

}

int main()
{
  printf("Vor dem Einlesen der Daten:\n");
  printData();

    // Einlesen der Konfigurationsinformationen
    // aus der Gruppe 'Maxtor'
  configure("Maxtor");

  printf("Nach dem Einlesen der Daten:\n");
  printData();
}
```

Kapitel 15

Maus-Klassen

Der Zugriff auf die Maus in DOS-Anwendungen erfordert den Aufruf eines speziellen Interrupt, des Maus-Interrupt. Obwohl die Mehrzahl der kommerziellen Bibliotheken und einige Compiler Mausroutinen beinhalten, tun Turbo und Borland C++ dies nicht; deshalb müssen eigene Routinen geschrieben werden. Hier soll eine Klasse zur Behandlung von Maus-Ereignissen und zur Definition grafischer Mauszeiger angelegt werden. Für die letztgenannte Klasse wird eine Utility-Klasse für binäre Zahlen definiert.

Die Maus-Klasse

Die Maus-Klasse definiert die Mehrzahl der Routinen, welche vom Maus-Interrupt mit der Nummer 0x33 angeboten werden. Typischerweise wird nur ein Maus-Objekt in einem Programm definiert. Die Maus-Klasse hat einige private Variablen: NrButtons enthält die Tastenanzahl der angeschlossenen Maus, das statische Element Status enthält den Status der letzten Anfrage und MOUSE_OK ist ein statisches und konstantes Element, welches den Wert für Status bei fehlerfreier Ausführung enthält.

Die folgenden Methoden sind bei diesem Objekt verfügbar:

Methode	**Funktion**
Ok	Gibt den Status der letzten Aktion zurück.
Hide	Versteckt den Mauszeiger.
Show	Zeigt den Mauszeiger.
SetPos	Bewegt den Mauszeiger an eine neue Position auf dem Bildschirm.
GetPos	Gibt die aktuelle Maus-Position zurück.
Pressed	Gibt einen Wert ungleich 0 zurück, falls eine Taste gedrückt wurde.
Released	Gibt einen Wert ungleich 0 zurück, falls eine Taste nicht mehr gedrückt wird.
LeftPressed	Prüfe, ob linke Taste gedrückt wird.
MidPressed	Prüfe, ob mittlere Taste gedrückt wird.
RightPressed	Prüfe, ob rechte Taste gedrückt wird.
LeftReleased	Prüfe, ob linke Taste nicht mehr gedrückt wird.
MidReleased	Prüfe, ob mittlere Taste nicht mehr gedrückt wird.

Methode	Funktion
RightReleased	Prüfe, ob rechte Taste nicht mehr gedrückt wird.
SetArea	Definieren des Bereichs, in dem Mausbewegungen erlaubt sind.
GetArea	Rückgabe des aktuellen Bereichs, in dem Mausbewegungen erlaubt sind.
SetCursor	Ändern der Form des Mauszeigers im Text- oder Grafikmodus.

Die Coord-Klasse, welche im Kapitel über Grafik-Klassen definiert wurde, wird zum Definieren und Lesen der Mausposition und des gültigen Bewegungsbereichs genutzt. Es werden mit Hilfe des Funktionen-Overloading auch allgemeine Versionen definiert, die Integer-Argumente überwachen.

Die meisten Methoden werden in Mouse.cpp definiert. Es gibt zwei Möglichkeiten zur Kompilierung dieser Datei; entweder durch Inline-Assemblierung (wodurch die Ausführung beschleunigt wird) oder durch die int86-Funktion (welche bei MS-DOS-Compilern portabler ist). Falls die symbolische Konstante NOINLINEASM definiert ist, wird die Inline-Assemblierung nicht benutzt.

Beachten Sie den Gebrauch von konstanten und statischen Variablen in dieser Klasse; Mouse::Status ist ein statisches Element, und dadurch können sich alle Mouse-Objekte (obwohl in den meisten Fällen nur eines da sein wird) diese teilen. Mouse::MOUSE_OK ist ein statisches, konstantes Element mit dem Wert -1. Diese Konstante hat die gleiche Schutzebene wie die Status-Variable, kann aber während der Ausführung des Programms nicht geändert werden. Die Konstante MOUSE_INT enthält die Interrupt-Nummer des Maus-Interrupts; diese Konstante ist aus zwei Gründen nicht Element von Mouse. Erstens wird sie nur in Mouse.cpp genutzt, und der Compiler kann die Konstante durch constant folding in jeden Ausdruck einbinden, in dem sie benutzt wird. Zweitens dürfen im Inline-Assembler-Code keine statischen, konstanten Klassenelemente benutzt werden.

Die Maus wird im Grafikmodus positioniert, indem ein Zeiger auf ein Bitmap sowie die Koordinaten des sogenannten Hotspot übergeben werden. Der Standard-Zeiger ist der allseits bekannte Pfeil, aber die Definition anderer grafischer Mauszeiger ist einfach. Das Bitmap ist eine Struktur von 32 Integern ohne Vorzeichen. Die ersten 16 Integer definieren die Bildschirmmaske, die zweiten 16 Integer definieren die Zeigermaske. Jedes Bit dieser Struktur korrespondiert mit einem Pixel auf dem Bildschirm. Die Darstellung jedes einzelnen Pixel hängt ab von der Kombination der Bit-Werte der jeweiligen Einträge in der Struktur der Bildschirm- und Zeigermaske. Die folgende Tabelle zeigt den Zusammenhang:

Bit in Bildschirmmaske	**Bit in Zeigermaske**	**Pixel**
0	0	Schwarz
0	0	Weiß
1	0	Unverändert
1	1	Invertiert

Der Hotspot ist die Position, welche von GetPos genutzt und relativ zur Ecke oben links des Bildschirms angegeben wird. Der Hotspot-Wert (-1,-1) gibt bei der Bedienung der Maus das Gefühl, sie würde "ferngesteuert".

In C müßte man jetzt ein Array hexadezimaler Ziffern definieren, welches das resultierende Bitmap nicht sofort anzeigt. Die Klasse Binary kann zur Definition von Variablen benutzt werden, indem ihre binäre Darstellung verwendet und so ein Bitmap auf dem Schirm "gezeichnet" wird und das Ergebnis sofort sichtbar ist. Die Datei MousePtr.h deklariert einen neuen Typ MousePtr als ein Array, bestehend aus 32 Binary-Objekten. Diese Datei deklariert auch einige Standard-Mauszeiger, welche in MousePtr.cpp definiert werden.

Die Klasse Binary hat nur ein Datenelement, eine Integer, die den Wert der binären Zahl enthält. Zwei Konstruktoren werden zur Verfügung gestellt, um eine binäre Zahl sowohl mit einer Integer als auch mit einem String, der Nullen und Einsen enthält, zu initialisieren:

```
Binary b1 (456),  // Dezimale Integer
       b2 (0xF4), // Hexadezimale Integer
       b3("101111001"); // String
```

Wird der Binary(char*)-Konstruktor benutzt, müssen nicht genau 16 Bit angegeben werden; führende Nullen können weggelassen werden. Zur Ausgabe werden drei Cast-Operatoren (siehe Kapitel 4) zur Verfügung gestellt, so daß durch eine Angabe des spezifischen Cast ein Binary überall benutzt werden kann, wo ein int, unsigned int oder char* erwartet wird:

```
  // Ausgbae als String
puts(b1);
  // Ausgabe als Integer
printf("Binary b3 ist eine Integer %d\n",int(b));
```

Die Umwandlung von Strings, die binäre Zahlen darstellen, in Integer und umgekehrt ist ziemlich direkt und kann in Binary::Binary(char*) und Binary::operator char*() in der Quelldatei BINARY.CPP nachgelesen werden.

Die Quellcodes

MOUSE.H

```
// Datei : Mouse.h

#if !defined MOUSE_H
#define MOUSE_H

#include <Graphics/Coord.h>

enum
{
  LEFTPRESSED=0x01,
  RIGHTPRESSED=0x02,
  MIDPRESSED=0x04
};

class Mouse
{
  private:
      // Anzahl der Maustasten
    int NrButtons;
      // Status des Maus-Objektes
    static int Status;
      // OK-Wert für Status
    static const MOUSE_OK;

  public:
    Mouse();
```

```
    int Ok() { return Status == MOUSE_OK; }

    void Show();
    void Hide();

    void SetPos( Coord Pos );
    void SetPos( int x, int y )
      { SetPos( Coord(x,y) ); }
    Coord GetPos();

    void SetArea( int MinX, int MaxX,
                  int MinY, int MaxY );
    void SetArea( Coord Min, Coord Max )
    {
      SetArea( Min.GetX(), Max.GetX(),
               Min.GetY(), Max.GetY() );
    }

    int Pressed( int Button =LEFTPRESSED );
    int Released( int Button =LEFTPRESSED );

    int LeftPressed()
      { return Pressed(LEFTPRESSED); }
    int MidPressed()
      { return Pressed(MIDPRESSED); }
    int RightPressed()
      { return Pressed(RIGHTPRESSED); }
    int LeftReleased()
      { return Released(LEFTPRESSED); }
    int MidReleased()
      { return Released(MIDPRESSED); }
    int RightReleased()
      { return Released(RIGHTPRESSED); }

    void SetCursor( unsigned far *BitMap,
                    int HotX =0, int HotY =0 );
    void SetCursor( int Type, int Start, int Stop );
};

#endif

// eof Mouse.h
```

MOUSE.CPP

```
// Datei : Mouse.cpp

// #define NOINLINEASM

 // Dem Compiler mitteilen, daß der Inline-Assembler benutzt wird
#if !defined NOINLINEASM
  #pragma inline
#endif

#include <Mouse/Mouse.h>

#include <dos.h>

// Wenn Sie die (Borland-spezifischen)
// Pseudo-Variablen und den Inline-Assembler nicht
// benutzen wollen, definieren Sie NOINLINEASM. Dies hat zur
// Folge, daß 'union REGS' Veriablen verwendet werden.

  // Statische Variablen
int Mouse::Status = 0;
const int Mouse::MOUSE_OK = -1;

  // Der Maus-Interrupt
const int MOUSE_INT = 0x33;

Mouse::Mouse()
{
  if ( !Status )
  {
    #if !defined NOINLINEASM
      asm {
        xor ax, ax
        mov es, ax
        int MOUSE_INT
      }
        // Status == -1 (MOUSE_OK) wenn alles OK
      Status = _AX;
      NrButtons   = _BX;
    #else
      union REGS r;
      r.x.ax = 0;
      int86(MOUSE_INT,&r,&r);
    #endif
  }
}

  // Anzeigen und verstecken des Mauszeigers
```

```
  // Diese Funktionen können verschachtelt sein.
void Mouse::Show()
{
  if ( Ok() )
  {
  #if !defined NOINLINEASM
    asm {
      mov   ax, 1
      int   MOUSE_INT
    }
  #else
    union REGS r;
    r.x.ax = 1;
    int86(MOUSE_INT,&r,&r);
  #endif
  }
}

void Mouse::Hide()
{
  if ( Ok() )
  {
  #if !defined NOINLINEASM
    asm {
      mov   ax, 2
      int   MOUSE_INT
    }
  #else
    union REGS r;
    r.x.ax = 2;
    int86(MOUSE_INT,&r,&r);
  #endif
  }
}

  // GetPos: aktuelle Position des Mauszeigers ermitteln
  // (sowohl im Textmodus als auch im Grafikmodus)
Coord Mouse::GetPos()
{
  Coord rv;

  if ( Ok() )
  {
    #if !defined NOINLINEASM
      asm {
        mov   ax, 3
        int   MOUSE_INT
      }
      rv = Coord( _CX, _DX );
```

```
    #else
      union REGS r;
      r.x.ax = 3;
      int86(MOUSE_INT,&r,&r);
      rv = Coord( r.x.cx, r.x.dx );
    #endif
  }
  return rv;
}

  // Mausposition setzen
void Mouse::SetPos( Coord Pos )
{
  int x = Pos.GetX(),
      y = Pos.GetY();

  if ( Ok() )
  {
    #if !defined NOINLINEASM
      asm {
        mov   ax, 4
        mov   cx, x
        mov   dx, y
        int   MOUSE_INT
      }
    #else
      union REGS r;
      r.x.ax = 4;
      r.x.cx = x;
      r.x.dx = y;
      int86(MOUSE_INT,&r,&r);
    #endif
  }
}

  // Pressed: prüfen ob eine Maustaste gedrückt ist
  // Der Default-Wert von 'Button' ist LEFTPRESSED
int Mouse::Pressed( int Button )
{
  if ( Ok() )
  {
    #if !defined NOINLINEASM
      asm {
        mov    ax, 5
        mov    bx, Button
        int    MOUSE_INT
      }
      return _AX & Button;
    #else
```

```
      union REGS r;
      r.x.ax = 5;
      r.x.bx = Button;
      int86(MOUSE_INT,&r,&r);
      return r.x.ax & Button;
    #endif
  }
  else
    return 0;
}

  // Released: prüfen ob Maustaste losgelassen
int Mouse::Released( int Button )
{
  if ( Ok() )
  {
    #if !defined NOINLINEASM
      asm {
        mov    ax, 6
        mov    bx, Button
        int    MOUSE_INT
      }
      return _AX & Button;
    #else
      union REGS r;
      r.x.ax = 6;
      r.x.bx = Button;
      int86( MOUSE_INT, &r, &r );
      return r.x.ax & Button;
    #endif
  }
  else
    return 0;
}

  // SetArea: Festlegen des Bereiches, in dem sich
  // der Mauszeiger bewegen kann
void Mouse::SetArea( int MinX, int MaxX,
                     int MinY, int MaxY )
{
  if ( Ok() )
  {
    #if !defined NOINLINEASM
      asm {
        mov    ax, 7
        mov    cx, MinX
        mov    dx, MaxX
        int    MOUSE_INT
        mov    ax, 8
```

```
        mov    cx, MinY
        mov    dx, MaxY
        int    MOUSE_INT
      }
    #else
      union REGS r;
      r.x.ax = 7;
      r.x.cx = MinX;
      r.x.dx = MaxX;
      int86( MOUSE_INT, &r, &r );
      r.x.ax = 8;
      r.x.cx = MinY;
      r.x.dx = MaxY;
      int86( MOUSE_INT, &r, &r );
    #endif
  }
}

  // Mouse::SetCursor
  // Setzt das Aussehen des grafischen Mauszeigers
  // 'BitMap' ist ein Zeiger auf eine 32-Byte Bitmap,
  // die mit dem Typ 'MousePtr' definiert werden kann
  // (siehe 'MousePtr.H' und 'Binary.H').
void Mouse::SetCursor( unsigned far *Bitmap,
                       int HotX, int HotY )
{
  if ( Ok() )
  {
    #if !defined NOINLINEASM
      _DX = FP_OFF(Bitmap);
      _ES = FP_SEG(Bitmap);
      asm {
        mov   ax, 9
        mov   bx, HotX
        mov   cx, HotY
        int   MOUSE_INT
      }
    #else
      union REGS r;
      struct SREGS s;
      r.x.ax = 9;
      r.x.bx = HotX;
      r.x.cx = HotY;
      r.x.dx = FP_OFF(Bitmap);
      s.es   = FP_SEG(Bitmap);
      int86x( MOUSE_INT, &r, &r, &s );
    #endif
  }
}
```

```
  // Mouse::SetCursor
  // Setzt das Aussehen des Mauscursors im Textmodus
  //
  // Argument Software ptr   Hardware ptr
  // ------------------------------------------
  // Type     0              1
  // Start    Screen mask    Starting scan line
  // Stop     Pointer mask   Ending scan line
void Mouse::SetCursor(int Type, int Start, int Stop)
{
  if ( Ok() )
  {
    #if !defined NOINLINEASM
      asm {
        mov   ax, 10
        mov   bx, Type
        mov   cx, Start
        mov   dx, Stop
        int   MOUSE_INT
      }
    #else
      union REGS r;
      r.x.ax = 10;
      r.x.bx = Type;
      r.x.cx = Start;
      r.x.dx = Stop;
      int86( MOUSE_INT, &r, &r );
    #endif
  }
}


// eof Mouse.cpp
```

MOUSEPTR.CPP

```
// Datei : MousePtr.cpp

#include <Mouse/MousePtr.h>

  MousePtr MouseArrow =
  {
    "1111111111111111",        // Bit-Maske
    "1101111111111111",
    "1100111111111111",
    "1100011111111111",
    "1100001111111111",
```

```
  "1100000111111111",
  "1100000011111111",
  "1100000001111111",
  "1100000000111111",
  "1100000000011111",
  "1100000111111111",
  "1101110011111111",
  "1111110011111111",
  "1111111001111111",
  "1111111001111111",
  "1111111111111111",

  "0000000000000000",          // Transparent-Maske
  "0010000000000000",
  "0011000000000000",
  "0011100000000000",
  "0011110000000000",
  "0011111000000000",
  "0011111100000000",
  "0011111110000000",
  "0011111111000000",
  "0011111111100000",
  "0011111000000000",
  "0010001100000000",
  "0000001100000000",
  "0000000110000000",
  "0000000110000000",
  "0000000000000000"
};

MousePtr MouseSandGlass =
{
  "1111111111111111",          // Bit-Maske
  "1000000000000001",
  "1101101111011011",
  "1110110110110111",
  "1111011001101111",
  "1111101001011111",
  "1111101001011111",
  "1111110000111111",
  "1111110000111111",
  "1111101001011111",
  "1111101001011111",
  "1111010110101111",
  "1110101111010111",
  "1101011111101011",
  "1000000000000001",
  "1111111111111111",
```

```
  "0000000000000000",           // Transparent-Maske
  "0111111111111110",
  "0010000000000100",
  "0001000000001000",
  "0000100000010000",
  "0000010000100000",
  "0000010000100000",
  "0000001001000000",
  "0000001001000000",
  "0000010000100000",
  "0000010000100000",
  "0000100000010000",
  "0001000000001000",
  "0010000000000100",
  "0111111111111110",
  "0000000000000000"
};


MousePtr MouseWatch =
{
  "1111111111111111",
  "1110111111110111",
  "1110000000000111",
  "1110111111110111",
  "1110000000000111",
  "1101101111111011",
  "1011110111111101",
  "1011111001111101",
  "1011110111111101",
  "1011101111111101",
  "1101011111111011",
  "1110000000000111",
  "1110111111110111",
  "1110000000000111",
  "1110111111110111",
  "1111111111111111",

  "0000000000000000",
  "0001000000001000",
  "0001111111111000",
  "0001000000001000",
  "0001111111111000",
  "0010010000000100",
  "0100001000000010",
  "0100000110000010",
  "0100001000000010",
  "0100010000000010",
  "0010100000000100",
```

```
    "0001111111111000",
    "0001000000001000",
    "0001111111111000",
    "0001000000001000",
    "0000000000000000",
  };



  MousePtr MouseHand =
  {
    "1111111111111111",
    "1111100100111111",
    "1111011011010011",
    "1111011011101101",
    "1001011011101101",
    "0110011111111101",
    "0111011111111101",
    "1001111111111101",
    "1110111111111011",
    "1111011111111011",
    "1111101111110111",
    "1111110111110111",
    "1111110111110111",
    "1111111111111111",
    "1111111111111111",
    "1111111111111111",

    "0000000000000000",
    "0000011011000000",
    "0000100100101100",
    "0000100100010010",
    "0110100100010010",
    "1001100000000010",
    "1000100000000010",
    "0110000000000010",
    "0001000000000100",
    "0000100000000100",
    "0000010000001000",
    "0000001000001000",
    "0000001000001000",
    "0000000000000000",
    "0000000000000000",
    "0000000000000000"
  };


// eof MousePtr.cpp
```

BINARY.H

```
// Datei : Binary.h

#if !defined BINARY_H
#define BINARY_H

typedef unsigned int uint;

class Binary
{
  private:
    unsigned int v;

  public:
    Binary() { v = 0; }
      // Konstruktor mit Integer-Wert
    Binary( int i ) { v=i; }
      // Konstruktor mit String aus Nullen und Einsen
    Binary( char *s );

      // Typecasting zu int, unsigned und char
    operator int() { return int(v); }
    operator uint() { return v; }
    operator char() { return char(v); }

      // Rückgabe eines Strings mit Nullen und Einsen
    operator char*();
};

#endif
// eof Binary.h
```

Kapitel 16

Abstrakte Datentypen

Listen, Stacks und Queues werden häufig in vielen verschiedenen Anwendungen verwendet. Die Klasse Directory in Kapitel 17 verwendet eine gelinkte Liste mit Verzeichniseinträgen, während der Forth-Interpreter (Kapitel 23) verschiedene Stack-Objekte benutzt. Diese abstrakten Datentypen sind hervorragend geeignet zur Kapselung in Klassen; außerdem können durch Vererbung, den Gebrauch von vorhandenem Wissen mit einem Minimum an Arbeit neue Typen geschaffen werden. Generische Datentypen können ab Version 3.0 von Borland C++ verwendet werden; in älteren Versionen ist dazu der Präprozessor zu verwenden.

In Abbildung 16.1 ist die Klasse List zu sehen, die Basis-Klasse für alle abgeleiteten Klassen. List stellt eine gelinkte Liste von "generischen" Zeigern (void*) dar. Die folgende Klassen werden von dieser Klasse abgeleitet.

Klasse	**Funktion**
gList	Generische, gelinkte Listen
SortedList	Sortierte, gelinkte Liste
gSortedList	Generische, sortierte gelinkte Liste
UniqueSortedList	Sortierte, gelinkte Liste mit eindeutigen Elementen
iList	Gelinkte Liste aus Integern
Queue	Queue
gQueue	Generische Queue
iQueue	Queue aus Integern
Stack	Stack aus Integern
gStack	Generischer Stack
iStack	Stack aus Integern

Die Klasse List

Die Klasse List enthält die Definition der Klasse sLink (single Link):

```
class sLink
{
  void *e;      // Das Element
  sLink *Next;  // Zeiger auf das nächste Link
  // ...
};
```

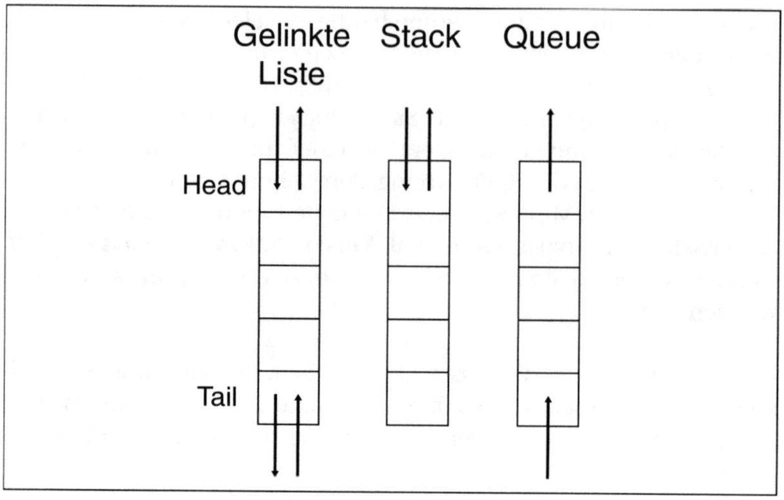

Abb. 16.1: Die abstrakten Datentypen

Jedes Element der Liste ist im Grunde ein Zeiger auf ein sLink. Wenn ein Element bekannt ist, dann kann mit Hilfe der Next-Zeiger durch die Liste gewandert werden. Dieses Element wird Last genannt und zeigt auf das letzte sLink in der Liste. Auf das erste Element kann mit Hilfe von Last->Next zugegriffen werden, wodurch die Liste zirkular wird. Außerdem gibt es ein Element Cursor vom Typ sLink*, das zum Durchlaufen der Liste verwendet wird. Zusammengefaßt hat die List-Klasse die folgenden Datenelemente:

```
class List
{
 protected:
   sLink *Last, *Cursor;
   int nElem;  // Anzahl der Elemente
 // ...
};
```

Das Datenelement hat den Typ void*, der normalerweise auf einem PC zwei Byte groß ist. Obwohl die Klasse List dadurch nicht direkt für die meisten Anwendungen passend ist, hat dies, wie später gezeigt wird, einige Vorteile.

Um durch die ganze Liste ab dem ersten Element zu gehen, kann die folgende Schleife genutzt werden:

```
sLink *cur = Last->Next;
while (cur->Next != Last->Next)
  cur = cur->Next
```

Die Anzahl der Elemente ist in der Variablen nElem abgelegt, so daß die Schleife folgendermaßen neu geschrieben werden kann:

```
sLink *cur = Last->Next;
for (int i=0; i<nElem; i++)
  cur = cur->Next;
```

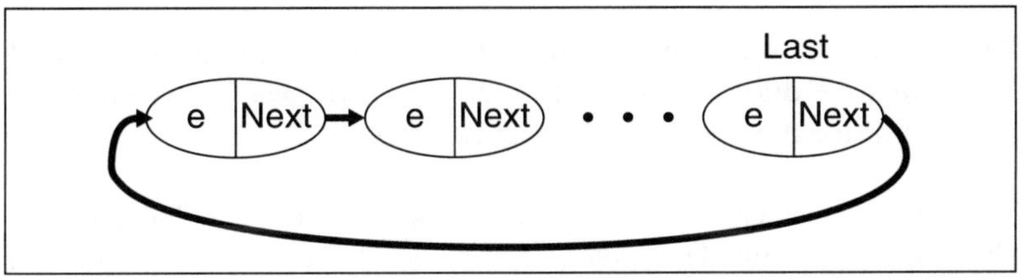

Abb. 16.2: Die Struktur der Klasse List

In einigen Fällen kann First Last->Next gleichgesetzt werden, um die Lesbarkeit des Codes zu verbessern:

```
#define First Last->Next
```

Warum wird hier dieser Ansatz angewendet und ein Zeiger auf das letzte Element der Liste beibehalten? Der Vorteil besteht darin, daß sowohl auf das erste als auch das letzte Element der Liste zugegriffen werden kann, ohne durch die ganze Liste wandern zu müssen, was viel Zeit kosten würde.

Hinzufügen und Entfernen von Elementen

Das Hinzufügen neuer Elemente am Anfang oder Ende der Liste ist auf diese Weise ebenfalls sehr einfach:

```
  // Hinzufügen von 'p' am Kopf einer
  // nicht-leeren Liste
sLink *nw = new sLink(p);
*nw->Next = First;
First = nw;
```

Eine neue Verbindung wird durch den sLink(void*)-Konstruktor erstellt. Wie Sie im Quellcode nachlesen können, weist der Konstruktor das Argument dem Element e des Link zu und setzt Next auf 0. Der nw->Next-Zeiger wird dann auf First (also auf Last->Next, das damit auf das erste Element zeigt) gesetzt, und First wird auf nw gesetzt.

```
  // Hinzufügen von 'p' an das Ende
  // einer nicht-leeren Liste
sLink *nw = new sLink(p);
nw->Next = First;
Last = Last->Next = nw;
```

Das Next-Element von nw wird auf das erste Element gesetzt. Last und Last->Next werden dann auf das letzte Element gesetzt, welches das neue, am Ende der Liste hinzugefügte Element ist.

Die Methode List::GetHead entfernt das erste Element aus der Liste und gibt den Wert seines Datenelements e zurück. Falls die Liste nur ein Element enthält, wird der Last-Zeiger auf Null gesetzt. Andernfalls wird Last->Next auf das erste Element gesetzt. Das delete get in dieser Funktion löscht nur den Platz, den die Verbindung selbst einnimmt, und ändert den Wert des Datenelements nicht, der in p gesichert wird.

Das Entfernen eines Elements vom Ende der Liste ist eine relativ aufwendige Operation. Da nur ein Last-Zeiger vorhanden ist und damit kein direkter Zugriff auf das Link direkt vor dem letzten Element der Liste möglich ist, muß auf der Suche nach diesem Element durch die gesamte Liste gewandert werden. Dies erfolgt mit der while-Schleife innerhalb von List::GetTail.

Falls Sie die Datenwerte des ersten und letzten Elements erhalten möchten, ohne diese aus der Liste zu entfernen, benutzen Sie GetFirst() und GetLast(). Diese Funktionen geben First->e und Last->e zurück.

Eine Liste durchlaufen

Es ist häufig üblich, eine Liste durchzugehen und eine bestimmte Operation mit allen Elementen auszuführen, zum Beispiel die Werte der Datenelemente auszugeben. Der Funktionsaufruf operator() wurde überladen, um dies zu ermöglichen. Diese Funktion gibt bei jedem Aufruf das nächste Element der Liste zurück und, falls das Ende erreicht wird, eine 0. Falls eine Liste mit Elementen gefüllt ist, kann diese folgendermaßen durchlaufen werden:

```
List L;
  // Fülle 'L' mit Elementen ...
void *p = L();  // Erstes Element holen
while (p)
{
    // Beliebiger Vorgang mit p
    p = L();         // Zugriff auf das nächste Element
}
```

Nachdem operator() den Wert 0 geliefert hat, wird beim nächsten Aufruf wiederum das erste Element zurückgegeben. Das Element cursor wird zur Speicherung des zuletzt zurückgebenen Elements verwendet. Falls Sie auf das erste Element zurückspringen wollen, bevor Sie das Ende der Liste erreicht haben, so können Sie Reset() aufrufen, um Cursor auf First zu setzen.

Andere List-Methoden

Sie können mit Find(void*) überprüfen, ob ein Element in einer Liste vorhanden ist. Es vergleicht sein Argument mit den Elementen der Liste und gibt eine 1 beim Finden, ansonsten eine 0 zurück. Die IsEmpty()-Funktion kann benutzt werden, um zu überprüfen, ob die Liste leer ist (in diesem Fall ist nElem==0), während Length() die Anzahl Elemente in der Liste zurückgibt.

Die generische Liste

Durch den Gebrauch von Templates ist es möglich, eine generische, gelinkte Liste zu definieren. Die in diesem Kapitel definierte generische Klasse arbeitet mit dem Datentyp T, der folgende Definition hat:

```
template<class T> class List
{
  // ...
};
```

Dabei bedeutet template<class T>: Ein T kann überall dort, wo es innerhalb einer Klassendefinition von List benutzt wird, durch einen anderen Typ ersetzt werden. Im Gegensatz zu dem, was das Schlüsselwort class innerhalb von <class T> suggeriert, muß dieser Typ keine

Klasse sein, sondern kann genausogut ein Standard-Datentyp oder ein Zeiger sein. Die Klasse wird generell als List<T> angesprochen.

Die meisten List-Methoden wie AddTail, GetHead und Find sind mit dem allgemeinen Typ T definiert. AddTail zum Beispiel akzeptiert ein Argument vom Typ T& (Referenz auf T), und GetHead gibt ein Objekt vom Typ T zurück. Die Deklaration dieser Funktionen ist wie folgt:

```
template<class T> class List
{
  private:
    // ...
  public:
    // ...
    void AddTail ( T& elem );
    T GetHead();
};
```

Elementfunktionen werden auch in der *Header-Datei* definiert. Der Grund dafür ist, daß der Compiler jede einzelne List *instanziieren* und daher Zugriff auf den Quellcode der Methoden haben muß. Die Funktionen sind wie folgt definiert:

```
template<class T>
  void List<T>::AddHead ( T& elem )
{
  // ...
}

template<class T>
  T List<T>::GetHead()
{
  // ...
}
```

Beachten Sie, daß Sie template<class T> jedesmal wiederholen müssen und der Bezugsrahmen der Methoden List<T> und nicht List ist. Sobald template<class T> vom Compiler erkannt wurde, weiß er, daß T ein generischer Typ ist.

Instanziieren von Klassen

Nachdem wir nun eine generische, gelinkte Klasse List definiert haben, kann diese ohne Modifikation für verschiedene Datentypen benutzt werden. Dies wird Instanziierung von Klassen genannt, da der Compiler für jeden Datentyp eine neue Klasse und neue Methoden anlegt (instanziiert).

Lassen Sie uns nun eine gelinkte Liste von Integern anlegen. Die folgende Anweisung definiert ein Objekt IntList des Typs "gelinkte Liste von Integern", also List<int> in C++-Terminologie:

```
List<int> IntList;
```

Da der Compiler das Template der Klasse und die Definition deren Elemente kennt, kann er eine Version für den Datentyp int anlegen. Nach dieser Definition können alle List-Methoden auf IntList angewendet werden. Zum Beispiel sind die folgenden Methoden implizit vorhanden:

```
void List<int>::AddHead ( int& elem )
{
  // ...
}

int List<int>::GetHead()
{
  // ...
}
```

Es ist auch möglich, eine gelinkte Liste von Zeigern zu instanziieren. Das folgende Beispiel definiert eine gelinkte Zeiger-Liste auf Employee:

```
struct Employee
{
  char *Name;
  int Salary;
};
  // Definiere eine gelinkte Liste von Zeigern
  // auf Employee und eine Instanziierung
  // dieses Typs, genannt 'EmpList'
List<Employee*> EmpList;
```

Der Vorteil des Gebrauchs von Templates ist, daß der Compiler automatisch die richtige Version der Klasse und seiner Methoden generiert und eine Template-Definition viele Instanziierungen abdecken kann.

Weiter unten im Kapitel werden Sie sehen, wie generische Klassen auf konventionelle Weise definiert werden. Dieses Verfahren hat den Nachteil, daß ein gListDeclare(T) zur Instanziierung einer bestimmten Klasse für Typ T notwendig ist und nicht gList(Employee*) gesagt werden kann, während List<Employee*> gültig ist.

Klassen aus List ableiten

Wie Sie in der Abbildung sehen können, wird die List-Klasse als Basisklasse für verschiedene abgeleitete Klassen benutzt. Sehen Sie zunächst, wie eine iList genannte List für Integer-Argumente generiert wird.

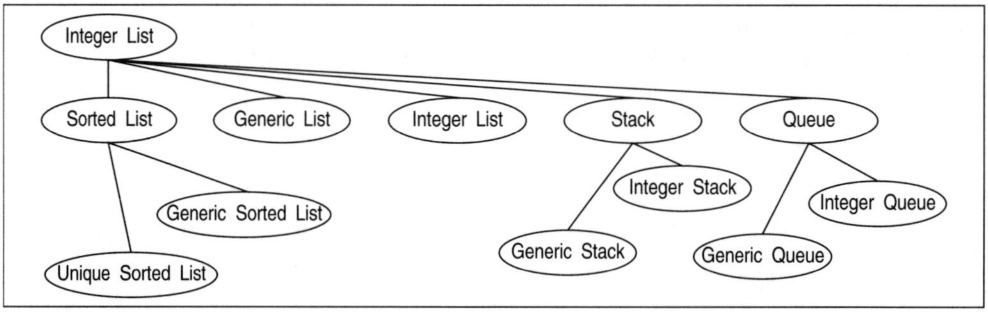

Abb. 16.3: Die List-Klasse und deren Ableitungen

Die Klasse iList

Da normalerweise sowohl Zeiger auf void als auch auf int zwei Bytes auf einem PC belegen, können wir ein int im Element e eines Objekts sLink ablegen. Die Klasse iList erbt die gesamte Funktionalität von List, definiert aber alle Elemente neu, die mit dem Datentyp eines Elements zu tun haben. Die AddHead- und GetHead-Methoden zum Beispiel wurden wie folgt neu definiert:

```
void iList::AddHead( int i )
  { List::AddHead( (void*)i ); }
int iList::GetHead()
  { return int(List::GetHead() ); }
```

Diese Methoden rufen einfach die Basismethoden mit der entsprechenden Umwandlungsroutine (Cast) auf. Beachten Sie, daß Sie dies nicht mit einem Datentyp, der wie zum Beispiel double größer als void* ist, machen können und diese Methode nicht portierbar ist.

Die generische Klasse gList

Die "generische" Klasse gList ist von List abgeleitet und kann verwendet werden, um *Zeiger* auf beliebige Datenstrukturen oder Objekte zu speichern. Nehmen Sie einmal an, daß eine Klasse Employee vorhanden ist und daß mit Hilfe von typedef der "Zeiger auf Employee" pEmployee definiert wurde. Falls Sie eine generische List-Klasse vom Typ pEmployee (diese Klasse wird dann gList(pEmployee) genannt) definieren, so können Zeiger auf vorhandene Employee-Objekte dieser Liste hinzugefügt oder aus ihr entfernt werden.

Zunächst soll der Gebrauch von generischen Listen erklärt werden. Für jeden Typ pT, für den Sie eine generische Klasse definieren möchten, müssen Sie folgende Deklaration, typischerweise auf globaler Ebene, abgeben:

```
gListDeclare(pT);
```

Dies erzeugt eine neue List-Klasse für den Typ pT. Was tatsächlich passiert, ist vergleichbar mit der Definition der Klasse iList: Die neue Klasse definiert die entsprechenden Methoden für den neuen Datentyp neu. Der Unterschied ist, daß der Präprozessor diese Arbeit automatisch durchführt und die Anwendung des gListDeclare-Befehls ausreicht.

Das Anlegen von List-Objekten des neuen Datentyps erfolgt durch gList(pT). Falls zum Beispiel eine gelinkte Liste von Zeigern auf Employee-Objekte (mit gListDeclare(pEmployee)) deklariert wurde, so kann ein Objekt vom Typ gList(pEmployee) wie folgt instanziiert werden:

```
  // Anlegen des Objekts 'EmpList', das vom
  // Typ 'gList (pEmployee)' ist
gList(pEmployee) EmpList;
```

Nun können die Methoden, die im Abschnitt über List beschrieben wurden, auf EmpList angewendet werden, und sie akzeptieren Werte vom Typ Employee und geben ebensolche zurück.

Beachten Sie, daß es nicht möglich ist, ein gList(Employee*) anzulegen; Sie müssen eine typedef-Anweisung (und nicht ein #define) benutzen, um einen neuen Namen als Zeiger auf Employee zu definieren.

```
typedef Employee *pEmployee;
```

Wir können Employee und pEmployee wie folgt definieren:

```
typedef struct Employee
{
  char Name[20];
  int Salary;
} *pEmployee;
```

Da wir Zeiger auf vorhandene Employee-Objekte der gelinkten Liste hinzufügen, müssen wir diese Objekte erstellen:

```
Employee EmplArray[] =
{
  "B. Schwartz", 2000,
  "K. Johnson", 2300,
  "P. McMillan", 1700,
  0 // Markiert das Ende des Array
};
gListDeclare( pEmployee );
```

Das Definieren von gList(pEmployee) und das Einfügen der Elemente ist nun ganz einfach:

```
gList( pEmployee ) EmpList;
for ( int i=0; EmplArray[i].Name[0]; i++ )
  EmpList.AddHead( EmplArray + i );
```

Jede Schleife fügt der Liste die Adresse eines Elements aus EmplArray hinzu. Die Berechnung der Summe aller Gehälter kann nun mit einer der folgenden Schleifen erfolgen:

```
  // Beispiel 1, das die Schleifen-
  // Funktion verwendet, die Elemente,
  // zurückgibt, ohne diese zu entfernen
long Sum = 0;
pEmployee *p = EmpList();
while (p)
{
  Sum += p->Salary;
```

```
  p = EmpList();
}

  // Beispiel 2, das die GetHead-Funktion,
  // verwendet, die ein Element löscht
  // und einen Zeiger auf dessen
  // Element e zurückgibt
long Sum=0;
while ( !EmpList.IsEmpty() )
  Sum += EmpList.GetHead()->Salary;
```

Die Implementation generischer Typen

Die Datei gList.h zeigt, wie generische Typen definiert werden können. Das Instanziieren einer Klasse mit einem neuen Typ erzeugt eine neue Klasse mit dem Namen gList<T>, wobei <T> der Typ ist. Die Klasse gList(pEmployee) wurde also tatsächlich gListpEmployee genannt. Das gList-Makro führt die Verkettung mit dem ##-Operator durch. Das gListDeclare(Type)-Makro erstellt die neue Klasse als Ableitung von List an und führt alle notwendigen Typumwandlungen durch. Das folgende Beispiel zeigt das Ergebnis der Erweiterung für den Typ pDouble:

```
// Ergebnis von gListDeclare(pDouble):
class gListpDouble : public List
{
  public:
    gListDouble(pDouble t) : List((void*)t) { }
    void AddHead(pDouble t) { List::AddHead((void*)t); }
    void AddTail(pDouble t) { List::AddTail((void*)t); }
    pDouble GetHead() { return pDouble(List::GetHead()); }
    pDouble GetTail() { return pDouble(List::GetTail()); }
    pDouble operator() () { return pDouble(List::operator() ()); }
    pDouble GetFirst() { return pDouble(List::GetFirst()); }
    pDouble GetLast() { return pDouble(List::GetLast()); }
    int Find(pDouble t) { return List::Find(void*)t); }
};
```

Obwohl so definierte generische Klassen plump aussehen mögen, so sind sie doch in vielen Anwendungen sehr nützlich. Die Alternative ist, die Ableitung für die neue Klasse selbst vorzunehmen (wie es bei der Klasse iList geschah) oder eine komplett neue List-Klasse, auf den eigenen Datentyp abgestimmt, zu definieren. Einige Klassen und Anwendungen in diesem Buch nutzen die generische List-Klasse, wie zum Beispiel die Directory-Klassen.

Obwohl gList(Type) von List abgeleitet ist, ist es nicht empfehlenswert, polymorphe Routinen zu schreiben, die auf List, aber auch auf eine generische Liste angewendet werden können. Dies ist deshalb in der aktuellen Implementation schwierig, da eine solche Routine in der Lage sein soll, mit unterschiedlichen Datentypen umzugehen. Dies ist nur möglich, wenn Sie eine Klasse List schreiben, die auf einen allgemeinen Datentyp Object zugreift. Die List-Methoden können Sie jedoch nicht virtuell machen, da deren Argumente unterschiedliche Typen annehmen und Rückgabewerte haben können.

Die Klasse SortedList

Die Klasse SortedList stellt eine sortierte, gelinkte Liste bereit, die ebenfalls von List abgeleitet wird. Eine Funktion zum Vergleich zweier Elemente wird an den Konstruktor übergeben. Compare(a,b) gibt 0 zurück, wenn a==b, eine positive Zahl, wenn a>b, und eine negative Zahl, wenn a<b.

Die Find-Funktion wurde wie AddHead und AddTail neu definiert. Beide Methoden rufen die Funktion Add auf, die das Element an der richtigen Position in der Liste einfügt. In allen anderen Methoden werden die List::-Versionen benutzt, welche automatisch geerbt werden.

UniqueSortedList wird von SortedList abgeleitet. Der einzige Unterschied ist, daß die Add-Funktion vor dem Einfügen prüft, ob das Element bereits vorhanden ist. Nur wenn dies nicht der Fall ist, wird es in die Liste eingefügt.

Die Datei gSortLst.h enthält die Definition einer generischen Version der Klasse SortedList. Ähnlich kann ein generisches UniqueSortedList definiert werden.

Die Klasse Queue

Eine Queue kann als eine Liste angesehen werden, in der das gesamte Einfügen am Anfang und das Entfernen am Ende der Liste geschieht. Trotzdem ist eine Queue keine Liste; obwohl sie die versteckte Implementation einer Liste benutzt, sollen doch nicht alle List-Methoden bei

Queue vorhanden sein. C++ bietet die Möglichkeit, das Schlüsselwort private in Verbindung mit der Vererbung zu benutzen. Obwohl alle Merkmale der Basisklasse geerbt werden, so sind die Elemente, die in der Basisklasse public sind, nicht auch in der abgeleiteten Klasse public.

```
class Queue : private List
{
        // ...
};
```

Dadurch wird das gewünschte Ergebnis erhalten: Die Queue-Schnittstelle ist nicht zu der List-Schnittstelle kompatibel, und Sie werden zur Benutzung der Queue-Methoden wie Enqueue (zum Hinzufügen eines Elements) und Dequeue (zum Entfernen eines Elements) gezwungen. Innerhalb dieser Methoden sind jedoch alle List-Elemente, die public oder protected sind, normal zugänglich. Diese Methoden müssen lediglich ihr List-Äquivalent aufrufen.

```
  // Definition der Queue-Methoden mit Hilfe
  // der List-Methoden
void Queue::Enqueue( void *p )
  { AddTail( p ); }
void *Queue::Dequeue()
  { return GetHead(); }
```

Die List-Methoden, welche für Queues zugänglich sein sollen, werden folgendermaßen explizit deklariert:

```
  // Mache die folgenden List-Elemente
  // für Queue public
List::IsEmtpy;
List::Length;
List::Find;
List::operator();
List::Reset;
List::GetFirst;
List::GetLast;
```

Generische und Integer-Versionen der Klasse Queue sind zu finden in den Dateien gQueue.h und iQueue.h.

Die Klasse Stack

Genau wie bei der Klasse Queue so ist auch die Definition der Klasse Stack auf List basierend sehr einfach. Ein Stack hat die Methoden Push und Pop, die wie folgt definiert sind:

```
void Stack::Push( void *p )
  { AddHead( p ); }
void *Stack::Pop()
  { return GetHead(); }
```

Bis auf eine Ausnahme werden die gleichen Zugriffsdeklarationen wie in der Klasse Queue gemacht. Bei Stack spricht man eher von der Tiefe Depth als der Länge Length. Deshalb wurde eine Methode Depth definiert:

```
int Stack::Depth()
  {return Length(); }
```

Die Abbildung 16.4 zeigt ein Diagramm mit der Hierarchie der Klassen List, SortedList und Stack. Die Notation wurde aus dem Buch "Object-Oriented Design" von Grady Booch übernommen. SortedList ist eine Ableitung von List und ein echter Untertyp (oder kompatibler Typ) dieser Klasse. Stack hingegen ist ein neuer Typ, der von List abgeleitet und damit inkompatibel ist.

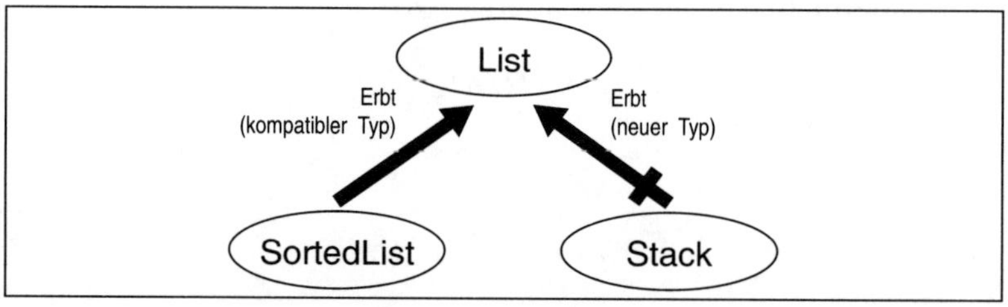

Abb. 16.4: Untertypen und abgeleitete Typen

Die Quellcodes

LIST.H

```
// Datei : List.h
// Zweck : verkettete Liste mit void* Elementen
//

#if !defined LIST_H
#define LIST_H

#include <stdio.h>

class List
{
  protected:
      // Link Klasse
    class sLink
    {
        // das Element
      void *e;
        // Zeiger auf den nächsten sLink
      sLink *Next;
        // Konstruktor mit Element
      sLink(void *p) { e = p; Next = 0; }
        // Zugriff auf die Klassen 'List' und 'SortedList'
        // ermöglichen
      friend class List;
      friend class SortedList;
    };
      // 'Last' zeigt auf das letzte Element der Liste
    sLink *Last;
      // 'Cursor' wird als Iterator für das Durchwandern der Liste
      // verwendet
    sLink *Cursor;

      // Anzahl der Elemente
    int nElem;

  public:
      // Konstruktor ohne Argumente
    List( ) { Last = Cursor = 0; nElem = 0; }
      // Destruktor
    ~List();

      // Elemente hinzufügen
```

```
    void AddHead( void *p );
    void AddTail( void *p );

      // Elemente lesen und entfernen
    void *GetHead();
    void *GetTail();

      // Elemente lesen (ohne löschen)
    void *GetFirst();
    void *GetLast();

      // prüfen ob Element in Liste
    virtual void *Find( void *p );
      // auf leere Liste testen
    int IsEmpty() { return nElem==0; }

    void Remove( void *p );

      // Iterator
    void *operator()();
      // Iterator zurücksetzen
    void Reset();

    int Length() { return nElem; }
};

#endif
// eof List.h
```

LIST.CPP

```
// Datei : List.cpp
// Zweck : Methoden für Klasse List

#include <ADT/List.h>
#include <stdio.h>

#define First Last->Next

  // List Destruktor
  // löscht alle sLink
List::~List()
{
  sLink *cur = First;
  for ( int i=0; i<nElem; i++ )
  {
    sLink *tmp = cur;
    cur = cur->Next;
```

```
    delete tmp;
  }
}

  // List::AddHead
  // Hinzufügen eines neuen Elementes
  // an den Kopf der Liste
void List::AddHead( void *p )
{
  sLink *nw = new sLink(p);
    // Falls Liste nicht leer
    // dann vor 'First' einfügen
  if ( Last )
  {
    nw->Next = First;
    First = nw;
  }
  else   // leere Liste
  {
    Last = nw;
    First = Last;
  }
  nElem++;
  Reset();
}

  // List::AddTail
  // Hinzufügen eines neuen Elementes
  // an das Ende der Liste
void List::AddTail( void *p )
{
  if ( IsEmpty() )
    AddHead(p);
  else
  {
    sLink *nw = new sLink(p);
    nw->Next = First;
    Last = Last->Next = nw;
    nElem++;
    Reset();
  }
}

  // List::GetHead
  // Lesen und Entfernen eines Elementes
  // am Kopf der Liste
void *List::GetHead()
{
  if ( IsEmpty() )
```

```
    return 0;

  sLink *get = First;
  void *p = get->e;

  if ( get == Last )
    Last = 0;
  else
    First = get->Next;

  delete get;

  nElem--;
  return p;
}

void *List::GetTail()
{
  if ( IsEmpty() )
    return 0;

  sLink *cur = First;
  while ( cur->Next != Last )
    cur = cur->Next;

  void *sav = cur->Next->e;
  sLink *tmp = cur->Next;
  cur->Next = First;
  Last = cur;
  delete tmp;
  nElem--;
  return sav;
}

void List::Remove( void *p )
{
  sLink *cur = First;
  sLink *curPrev = Last;
  while ( cur->Next != First && (cur->e != p) )
  {
    curPrev = cur;
    cur = cur->Next;
  }

  if ( cur->e != p )
    return;

  curPrev->Next = cur->Next;
  delete cur;
```

```
  nElem--;
}

  // Lesen des ersten Elementes,
  // aber nicht entfernen
void *List::GetFirst()
{
  return IsEmpty() ? 0 : First->e;
}

  // Lesen des letzten Elementes,
  // aber nicht entfernen
void *List::GetLast()
{
  return IsEmpty() ? 0 : Last->e;
}

  // List::operator()
  // Durchwandern der Liste.
  // Bei jedem Aufruf wird das
  // nächste Elemente zurückgegeben
void *List::operator()()
{
  sLink *p = Cursor;

    // nächsten Iterator ermitteln
  if ( Cursor && Cursor == Last )
    Cursor = 0;
  else if ( Cursor == 0 )
    Cursor = First;
  else
    Cursor = Cursor->Next;

  return p->e;
}

  // List::Reset
  // Iterator zurücksetzen
void List::Reset()
{
  Cursor = First;
}

  // prüfen ob Element in Liste ist.
  // Bei Erfolg Element zurückgeben sonst NULL
void *List::Find( void *p )
{
  sLink *cur = First;
  while ( cur->Next != First && (cur->e != p) )
```

```
    cur = cur->Next;
  return (cur->e == p) ? cur->e : 0;
}

// eof List.cpp
```

TLIST.H

```
// Datei : tList.h
// Zweck : Verkettete Liste mit void* Elementen
//         Version mit Templates (Borland C++ 3.0)

#if !defined TLIST_H
#define TLIST_H

#include <stdio.h>
#include <stdlib.h>
    typedef void (*ErrHdlr_t)(const char*);

template<class T> class List
{
  private:
    static const char *ClassName;
    static ErrHdlr_t ErrorHandler;
    static void DefaultErrorHandler(const char *msg)
    {
      printf("error: %s", msg );
      exit(1);
    }

  protected:
      // Link Klasse
    class sLink
    {
        // Das Element
      T e;
      sLink *Next;
        // Konstruktor mit Element
      sLink(T v) { e = v; Next = 0; }
      friend class List<T>;
    };
      // 'Last' zeigt auf letztes Element
    sLink *Last;
    sLink *Cursor;

      // Anzahl der Elemente
    int nElem;
```

```
  public:
      // Konstruktor ohne Argumente
    List( ) { Last = Cursor = 0; nElem = 0; }
    ~List();

      // Elemente hinzufügen
    void AddHead( T& p );
    void AddTail( T& p );

      // Element lesen und
      // und entfernen
    T GetHead();
    T GetTail();

      // Element lesen (ohne Löschen)
    T GetFirst();
    T GetLast();

      // Prüfen ob Element in Liste
    virtual T Find( T p );
      // Prüfen ob leere Liste
    int IsEmpty() { return nElem==0; }

      // Iterator
    T operator()();
      // Iterator zurücksetzen
    void Reset();

    int Length() { return nElem; }

      // Funktion zur Fehlerbehandlung einrichten
    void SetErrorHandler( ErrHdlr_t f )
    {
      ErrorHandler = f;
    }
      // Fehlerbehandlung aufrufen
    void Error(const char*);
};

#define First Last->Next

  // 'List'-Destruktor
  // löscht alle 'sLink'
template<class T>
  List<T>::~List()
{
  sLink *cur = First;
  for ( int i=0; i<nElem; i++ )
  {
```

```
    sLink *tmp = cur;
    cur = cur->Next;
    delete tmp;
  }
}

  // List::AddHead
  // Hinzufügen eines Elementes am Ende der Liste
template<class T>
  void List<T>::AddHead( T& p )
{
  sLink *nw = new sLink(p);
  if ( Last )
  {
    nw->Next = First;
    First = nw;
  }
  else   // leere Liste
  {
    Last = nw;
    First = Last;
  }
  nElem++;
  Reset();
}

  // List::AddTail
template<class T>
  void List<T>::AddTail( T& p )
{
  if ( IsEmpty() )
    AddHead(p);
  else
  {
    sLink *nw = new sLink(p);
    nw->Next = First;
    Last = Last->Next = nw;
    nElem++;
    Reset();
  }
}

  // List::GetHead
template<class T>
  T List<T>::GetHead()
{
  if ( IsEmpty() )
    Error( "GetHead on empty List" );
```

```
  sLink *get = First;
  T& p = get->e;

  if ( get == Last )
    Last = 0;
  else
    First = get->Next;

  delete get;

  nElem--;
  return p;
}

template<class T>
  T List<T>::GetTail()
{
  if ( IsEmpty() )
  {
    Error( "GetTail on empty List" );
    return 0;
  }

  sLink *cur = First;

  while ( cur->Next != Last )
    cur = cur->Next;
  T& sav = cur->Next->e;

  sLink *tmp = cur->Next;
  cur->Next = First;
  Last = cur;
  delete tmp;
  nElem--;
  return sav;
}

template<class T>
  T List<T>::GetFirst()
{
  return IsEmpty() ? 0 : First->e;
}

template<class T>
  T List<T>::GetLast()
{
  return IsEmpty() ? 0 : Last->e;
}
```

```
  // List::operator()
template<class T>
  T List<T>::operator()()
{
  sLink *p = Cursor;

  if ( Cursor && Cursor == Last )
    Cursor = 0;
  else if ( Cursor == 0 )
    Cursor = First;
  else
    Cursor = Cursor->Next;

  return p->e;
}

  // List::Reset
template<class T>
  void List<T>::Reset()
{
  Cursor = First;
}

template<class T>
  T List<T>::Find( T p )
{
  sLink *cur = First;
  while ( cur->Next != First && (cur->e != p) )
    cur = cur->Next;
  return (cur->e == p) ? cur->e : 0;
}

template<class T>
  const char *List<T>::ClassName = "List<T>";

template<class T>
  ErrHdlr_t
  List<T>::ErrorHandler =
  List<T>::DefaultErrorHandler;

template<class T>
  void List<T>::Error(const char *msg)
{
  static char Buffer[256];
  sprintf( Buffer, "%s %s", ClassName, msg );
  ErrorHandler( Buffer );
}
#endif
// eof tList.h
```

GLIST.H

```
// Datei : gList.h
// Zweck : Generische list Definition

#if !defined GLIST_H
#define GLIST_H

#include <ADT/List.h>

  // Definiere 'gListDeclare' als 'gListdeclare'
#define gListDeclare(T) gListdeclare(T)

#define gListdeclare(Type)                \
  class gList##Type : public List         \
  {                                       \
    public:                               \
      void AddHead(Type t) { List::AddHead((void*)t); }  \
      void AddTail(Type t) { List::AddTail((void*)t); }  \
      Type GetHead() { return Type(List::GetHead()); }   \
      Type GetTail() { return Type(List::GetTail()); }   \
      Type operator()()                                  \
        { return Type(List::operator()()); }             \
      Type GetFirst() { return Type(List::GetFirst()); } \
      Type GetLast()  { return Type(List::GetLast()); }  \
      Type Find(Type t)                                  \
        { return Type(List::Find((void*)t)); }           \
      void Remove(Type t)                                \
        { List::Remove((void*)t); }                      \
  }

#define gList(Type) gList##Type

#endif
// eof gList.h
```

ILIST.H

```
// Datei : iList.h
// Zweck : verkettete Integer-Liste

#if !defined ILIST_H
#define ILIST_H

#include <ADT/List.h>

class iList : public List
```

```
{
  public:
    void AddHead(int i)
      { List::AddHead((void*)i); }

    void AddTail(int i)
      { List::AddTail((void*)i); }

    int GetHead()
      { return int(List::GetHead()); }

    int GetTail()
      { return int(List::GetTail()); }

    int GetFirst()
      { return int(List::GetFirst()); }

    int GetLast()
      { return int(List::GetLast()); }

    int Find( int i )
      { return int(List::Find( (void*)i )); }

    int operator()()
      { return int(List::operator()()); }
};

#endif
// eof iList.h
```

SORTLIST.H

```
// Datei : SortList.h
// Zweck : sortierte verkettete Liste

#if !defined SORTLIST_H
#define SORTLIST_H

#include <ADT\List.h>

  // Vergleichsfunktion
  // Rückgabe:
  //   Null wenn a == b
  //   negative Zahl wenn a < b
  //   positive Zahl wenn a > b
typedef int (*CompareFunc_t)
   (const void *a, const void *b);
```

```
class SortedList : public List
{
  private:
    CompareFunc_t Compare;

  public:
      // Vergleichsfunktion muß an den
      // Konstruktor übergeben werden
    SortedList( CompareFunc_t cf )
    {
      Compare = cf;
    }

      // 'Find' kann effizienter
      // implementiert werden.
    void *Find( void* );

      // Element hinzufügen.
    virtual void Add( void *p );

      // 'AddHead' und 'AddTail' haben bei einer
      // sortierten Liste keine spezielle Funktion
    void AddHead( void *p )
      { Add( p ); }
    void AddTail( void *p )
      { Add( p ); }
};

#endif
// eof SortList.h
```

SORTLIST.CPP

```
// Datei : SortList.cpp

#include <ADT/SortList.h>
#include <stdio.h>

#define First Last->Next

  // Hinzufügen eines neuen Elementes
  // an der richtigen Position
void SortedList::Add( void *p )
{
    // leere Liste?
  if ( Last == 0 )
    List::AddHead( p );
    // am Ende der Liste anhängen?
```

```
    // z.B. wenn p > alle Elemente
  else if ( Compare( p, Last->e ) > 0 )
    List::AddTail( p );
  else
  {
    sLink *Before = First;
    sLink *After = Last;

    while ( Compare( Before->e, p ) < 0 )
    {
      After = Before;
      Before = Before->Next;
    }
    sLink *nw = new sLink( p );
    nw->Next = Before;
    After->Next = nw;
    nElem++;
    Reset();
  }
}

  // Element in der Liste suchen
void *SortedList::Find( void *p )
{
  sLink *Cur = First;

  for ( int i=0; i<nElem; i++ )
  {
    int CompVal = Compare(Cur->e,p);

    if ( CompVal == 0 )  // Gefunden
      return Cur->e;
    if ( CompVal > 0 )   // Alle weiteren Elemente > p
      return 0;          // -> nicht gefunden

    Cur = Cur->Next;
  }
  return 0;
}

// eof SortList.cpp
```

GSORTLIST.H

```
// Datei : gSortLst.h
// Zweck : generische sortierte verkettete Liste

#if !defined GSORTLST_H
```

```
#define GSORTLST_H

#include <ADT\SortList.h>

#define gSortedListDeclare gSortedListdeclare
#define gSortedListdeclare(T)                          \
class T##SortedList : public SortedList                \
{                                                      \
  public:                                              \
    T##SortedList( int (*CompFun)( T a, T b ) )        \
    : SortedList( CompareFunc_t(CompFun) )             \
    { }                                                \
                                                       \
    void Add( T p )                                    \
    { SortedList::Add( (void*)p ); }                   \
    void AddHead( T p ) { Add( p ); }                  \
    void AddTail( T p ) { Add( p ); }                  \
                                                       \
    T GetHead()                                        \
    { return T( SortedList::GetHead() ); }             \
    T GetTail()                                        \
    { return T( SortedList::GetTail() ); }             \
    T GetFirst()                                       \
    { return T( SortedList::GetFirst() ); }            \
    T GetLast()                                        \
    { return T( SortedList::GetLast() ); }             \
    T operator()()                                     \
    { return T( SortedList::operator()() ); }          \
    T Find( T p )                                      \
    { return T(SortedList::Find( (void*)p )); }        \
}

#define gSortedList(T) T##SortedList

#endif
// eof gSortLst.h
```

USORTLIST.H

```
// Datei : uSortLst.h
// Zweck : Sortierte Liste ohne doppelte Elemente

#if !defined USORTLST_H
#define USORTLST_H

#include <ADT/SortList.h>

class UniqueSortedList : public SortedList
```

```
{
  public:
    UniqueSortedList( CompareFunc_t cf )
    : SortedList( cf ) {}

      // Neue Funktion zum Hinzufügen.
      // Ein neues Element wird nur dann hinzugefügt,
      // wenn es noch nicht in der Liste vorhanden ist.
    void Add( void *p )
    {
      if ( !Find(p) )
        SortedList::Add( p );
    }
};

#endif
// eof uSortLst.h
```

STACK.H

```
// Datei : Stack.h

#if !defined STACK_H
#define STACK_H

#include <ADT/List.h>

class Stack : private List
{
  public:
    void Push( void *p ) { List::AddHead(p); }
    void *Pop() { return List::GetHead(); }

      // Definiere 'Depth' anstelle von 'Length'
    int Depth() { return List::Length(); }

      // Zugriff deklarieren
    List::IsEmpty;
    List::GetFirst;
    List::GetLast;
    List::Find;
    List::operator();
    List::Reset;
};

#endif
// eof Stack.h
```

GSTACK.H

```
// Datei : gStack.h
// Zweck : generische Stack Definition

#if !defined GSTACK_H
#define GSTACK_H

#include <ADT/Stack.h>

#define gStackDeclare gStackdeclare

#define gStackdeclare(Type)                        \
  class gStack##Type : public Stack                \
  {                                                \
    public:                                        \
      void Push(Type t)                            \
        { Stack::Push((void*)t); }                 \
      Type Pop()                                   \
        { return Type(Stack::Pop()); }             \
      Type GetFirst()                              \
        { return Type(Stack::GetFirst()); }        \
      Type GetLast()                               \
        { return Type(Stack::GetLast()); }         \
      Type operator()()                            \
        { return Type(Stack::operator()()); }      \
      Type Find(Type t)                            \
        { return Type(Stack::Find( (void*)t )); } \
  }

#define gStack(Type) gStack##Type

#endif
// eof gStack.h
```

ISTACK.H

```
// Datei : iStack.h
// Zweck : Integer Stack Klasse

#if !defined ISTACK_H
#define ISTACK_H

#include <ADT/Stack.h>

class iStack : public Stack
{
```

```
    public:
      void Push(int i)
        { Stack::Push((void*)i);  }

      int Pop()
      {
        if ( Stack::IsEmpty() )
          return 0;
        return int(Stack::Pop());
      }

      int Find(int i)
      { return int(Stack::Find((void*)i)); }

      int GetFirst()
      { return int(Stack::GetFirst()); }

      int GetLast()
      { return int(Stack::GetLast()); }

      int operator()()
      { return int(Stack::operator()()); }
};

#endif
// eof iStack.h
```

QUEUE.H

```
// Datei : Queue.h

#if !defined QUEUE_H
#define QUEUE_H

#include <ADT\List.h>

class Queue : private List
{
  public:
      // Einfügen und Entfernen von Elementen
    void Enqueue( void *p ) { AddTail(p); }
    void *Dequeue() { return GetHead(); }

      // Zugriff deklarieren
    List::IsEmpty;
    List::Length;
    List::GetFirst;
    List::GetLast;
```

```
    List::Find;
    List::operator();
    List::Reset;
};

#endif
// eof Queue.h
```

GQUEUE.H

```
// Datei : gQueue.h
// Zweck : generische Queue Definition

#if !defined GQUEUE_H
#define GQUEUE_H

#include <ADT/Queue.h>
#define gQueueDeclare gQueuedeclare

#define gQueuedeclare(Type)                         \
  class gQueue##Type : public Queue                 \
  {                                                 \
    public:                                         \
      void Enqueue(Type t)                          \
        { Queue::Enqueue((void*)t); }               \
      Type Dequeue()                                \
        { return Type(Queue::Dequeue()); }          \
      Type GetFirst()                               \
        { return Type(Queue::GetFirst()); }         \
      Type GetLast()                                \
        { return Type(Queue::GetLast()); }          \
      Type operator()()                             \
        { return Type(Queue::operator()()); }       \
      Type Find(Type t)                             \
        { return Type(Queue::Find( (void*)t )); } \
  }

#define gQueue(Type) gQueue##Type

#endif
// eof gQueue.h
```

IQUEUE.H

```
// Datei : iQueue.h
// Zweck : Integer Queue Klasse

#if !defined IQUEUE_H
#define IQUEUE_H

#include <ADT/Queue.h>

class iQueue : public Queue
{
  public:
    void Enqueue(int i)
      { Queue::Enqueue((void*)i); }
    int  Dequeue()
      { return int(Queue::Dequeue()); }
    int GetFirst()
      { return int(Queue::GetFirst()); }
    int GetLast()
      { return int(Queue::GetLast()); }
    int Find(int i)
      { return int(Queue::Find( (void*)i )); }
    int operator()()
      { return int(Queue::operator()()); }
};

#endif
// eof iQueue.h
```

Kapitel 17

Datei- und Verzeichnis-Klassen

In diesem Kapitel werden Klassen zur Arbeit mit Dateien und Verzeichnissen entwickelt. Es wird Ihnen gezeigt, wie Sie Datei- und Verzeichnis-Klassen als Basisklassen für andere, spezialisiertere Klassen wie List-Dateien, temporäre Dateien und verschiedene Arten von Verzeichnissen verwenden können.

Die Klasse File

Die Klasse File beinhaltet die gebräuchlichsten Dateioperationen in C. Dazu gehören das Lesen und Schreiben von Zeichen, Strings und Blöcken. Falls Sie eine Datei nicht explizit mit Close() schließen, schließt sie der File-Destruktor automatisch. Außerdem steht eine Umwandlungsfunktion (Cast-Funktion) zum Typ File* zur Verfügung, um File-Objekte in bestehenden Programmcode einzufügen.

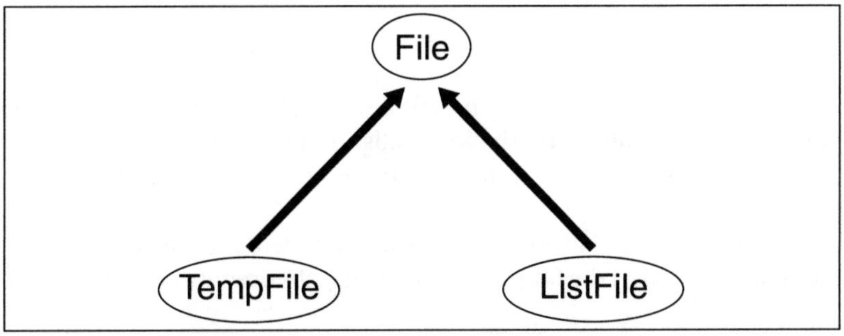

Abb. 17.1: Die Klasse File und ihre Ableitungen

Die Elementvariablen der Klasse File sind:

```
class File
{
  private:
    FILE *f;
    FileName Name;
    char *Mode;
    // ...
}
```

Die Klasse FileName ist eine Ableitung von String und findet sich im Kapitel über die String-Klassen. Ein FileName-Objekt enthält einen Standard-Dateinamen mit Laufwerksangabe, Pfad und Namenserweiterung.

Ein File-Objekt kann auf zwei Arten angelegt werden:

```
  // .\FILE.DAT zum Schreiben öffnen
File f1( "FILE.DAT", "w" );
  // C.\AUTOEXEC.BAT zum Lesen öffnen
File f2( "C:\\AUTOEXEC.BAT" );
```

Der Standard-Modus beim Öffnen einer Datei ist "r" (read) für Lesen.

Nachdem ein File-Objekt (eine Datei) definiert wurde, muß sie mit Open() geöffnet werden:

```
f1.Open();
f2.Open();
```

Sie können die Gültigkeit einer Datei wie folgt prüfen:

```
if ( f1 )
  // f1 ist eine gültige Datei.
```

Der Cast-Operator für FILE* macht dies möglich. Dieser Operator liefert immer die Elementvariable f. Falls die Datei erfolgreich geöffnet wurde, ist diese ungleich Null, andernfalls gleich Null.

Nachdem eine Datei geöffnet wurde, können darauf unter Verwendung der File-Methoden die folgenden Ein-/Ausgabeoperationen ausgeführt werden:

PutChar(char)	Schreibt ein Zeichen (char) in die Datei.
GetChar()	Liest ein Zeichen (char) aus der Datei.
UnGetChar(char)	Legt ein Zeichen (char) wieder im Dateipuffer ab.
PutString(char*)	Schreibt einen String in die Datei.
GetString(char*,int)	Liest einen String aus dem Stream.
Read(void*,size_t,size_t)	Liest eine Anzahl Bytes aus der Datei.
Write(void*,size_t,size_t)	Schreibt eine Anzahl Bytes in die Datei.

Zusätzlich können folgende Methoden benutzt werden, wenn die Datei geöffnet ist:

Ok()	Überprüft, ob die Datei gültig ist.
Eof()	Überprüft, ob das Ende der Datei erreicht wurde.

Close()	Schließt die Datei.
Goto(long)	Verschiebt die aktuelle Position in der Datei.
CurrentPos()	Liefert die aktuelle Position in der Datei.
Flush()	Schreibt den Puffer auf die Platte.
Size()	Liefert die Dateigröße.
Handle()	Liefert das Datei-Handle.

Ein File-Objekt kann dank des Cast-Operators in den Typ FILE* konvertiert werden. Dies ist allerdings nicht empfehlenswert, da dadurch das Prinzip des Implementationsschutzes der Klasse verletzt wird.

Informationen über die Datei können mit den folgenden Methoden erhalten werden:

DriveLetter()	Liefert das Laufwerk der Datei.
Path()	Liefert den Pfad der Datei.
Base()	Liefert den Dateinamen ohne Punkt und Erweiterung.
Extension()	Liefert die Dateinamenserweiterung.
FullName()	Liefert den vollständigen Dateinamen.

Diese Methoden rufen die korrespondierenden Methoden aus der Klasse FileName auf.

Es folgt das vollständige Listing der Header-Datei.

FILE.H

```
// Datei : File.h
// Zweck : Einfache Klasse 'File' zur Demonstration,
//         wie gemeinsame C-Konstruktionen in einer C++
//         Klasse eingekapselt werden.

#if !defined FILE_H
#define FILE_H

#include <String/FileName.h>

#include <string.h>
#include <stdio.h>
#include <io.h>

class File
```

```
{
  protected:
    FILE *f;
    FileName Name;
    char *Mode;

  public:
    File( const char *name, char *md ="r" )
    : Name( name )
    {
      Mode = md;
      f = 0;
    }
    ~File()
    {
      fclose( f );
    }

    int Exists()  { return !access( Name, 0 ); }
    void Open()
    {
      if ( Name )
        f = fopen( Name, Mode );
    }
    void Close()
    {
      if ( f )
        fclose( f );
      f = 0;
    }

    int Ok()  { return f && !Eof(); }
    int Eof()  { return feof(f); }

      // Datei verschieben oder umnennen (Move/Rename)
    int Move( char *To)
    {
      int Err = rename( Name, To );
      if ( !Err )
        Name = To;
      return Err;
    }
    int Delete()
    {
      int Err = unlink( Name );
      if ( !Err )
        f = 0;
      return Err;
    }
```

```
void Goto( long NewPos )
{
  if ( f )
    fseek( f, NewPos, SEEK_SET );
}
long CurrentPos()
{
  return f ? ftell( f ) : 0;
}
void printf( const char *Fmt, ... );

void PutChar( char c )
{
  if ( f )
    putc( c, f );
}
char GetChar( )
{
  return f ?
    getc( f ) : 0;
}
void UnGetChar( char c )
{
  if ( f )
    ungetc( c, f );
}
void puts( const char *s )
{
  if ( f )
    fputs( s, f );
}
char *GetString( char *Dest, int Max )
{
  if ( f && !Eof() )
    fgets( Dest, Max, f );
  return Dest;
}
void Flush()
{
  if ( !f )
    return;
  fflush( f );
  int f2 = dup( fileno(f) );
  close( f2 );
}

  // Dateigröße in Bytes zurückgeben
unsigned long Size()
{ return f ? filelength(fileno(f)) : 0; }
```

```
    int Read( void *ptr,
              size_t size, size_t n =1 )
      { return f ? fread(ptr,size,n,f) : 0; }

    int Write( const void *ptr,
               size_t size, size_t n =1 )
      { return f ? fwrite(ptr,size,n,f) : 0; }

    int operator!() { return f == 0; }

    // Die folgenden Funktionen können definiert werden,
    // damit würde jedoch das Prinzip der unsichtbaren
    // Implementierung verletzt.
      // Konvertierung zu FILE*
      // Kann auch benutzt werden, um zu prüfen ob ein File-Objekt
      // gültig ist
      // File theFile( ... );
      // if ( theFile ) ...
    operator FILE*()
    {
      return Eof() ? 0 : f;
    }
    int Handle()
    {
      return f ? fileno(f) : 0;
    }

      // Die folgenden Funktionen können benutzt werden,
      // um Teile des angegebenen Dateinamens zu erhalten.
    char DriveLetter()  { return Name.DriveLetter(); }
    String Path()  { return Name.Path(); }
    String Base()  { return Name.Base(); }
    String Extension()  { return Name.Extension(); }
    const char *FullName()  { return Name; }
};

  // Ein 'TempFile' ist ein File-Objekt mit einem temporären
  // Namen, das im "w"-Modus geöffnet wird.
class TempFile : public File
{
  public:
    TempFile( char *Md ="w" ) : File( tmpnam(0), Md )
    { }
};

  // Ein 'ListFile' kann verwendet werden, um Kommandozeilen
  // -Argumente
  // zu übergeben. Es ist ein privater Erbe von 'File', weil
  // es nicht wie ein herkömmliches 'File' verwendet werden kann.
```

```
  //
class ListFile : private File
{
  private:
    char Current[128];

    void ReadNext()
    {
      if ( Eof() )
        *Current = 0;
      else
      {
        if ( Ok() )
        {
          if ( fscanf( *this, "%s", Current ) != 1 )
            *Current = 0;
          else if ( *Current == '\r' )
            ReadNext();
        }
      }
    }

  public:
    ListFile( const char *Name ) : File( Name )
    {
      Open();
      *Current = '?';
    }
    ~ListFile()
    {
    }

    File::Eof;

    char *Next()
    {
      if ( *Current==0 || Eof() )
        return 0;
      else
      {
        ReadNext();
        return Current;
      }
    }

    void ForAll( void (*theFunc)(char*) );
    operator const void*()
    { return Eof() ? 0 : f; }
};
```

```
class ObjFile : private File
{
  private:
    long int Counter;
    int ElemSize;

  public:
    ObjFile( const char *n, int ObjSize, char *m ="r" )
    : File( n, m )
    {
      Counter = 0;
      ElemSize = ObjSize;
    }

    int Write( const void *Buf )
    {
      return File::Write( Buf, ElemSize );
    }

    int Read( void *Buf )
    {
      return File::Read( Buf, ElemSize );
    }

    long int CurrentPos()
    {
      return Counter;
    }

    void Goto( long int n )
    {
      File::Goto( n*ElemSize );
    }

    int NumElems()
    {
      return Size() / ElemSize;
    }

      // Zugriffs-Deklarationen
    File::Eof;
    File::Open;
    File::Close;
    File::Size;

};

#define gFileDeclare gFiledeclare
#define gFiledeclare( T )               \
```

```
class T##ObjFile : public ObjFile        \
{                                        \
  public:                                \
    T##ObjFile( const char *n, char *m ="w" ) \
    : ObjFile( n, sizeof(T), m )         \
    { }                                  \
    int Write( const T& tObj )           \
    {                                    \
      return ObjFile::Write( (void*)&tObj );  \
    }                                    \
    int Read( T& tObj )                  \
    {                                    \
      return ObjFile::Read( (void*)&tObj );    \
    }                                    \
};

#define gFile( T ) T##ObjFile
#endif
// eof File.h
```

Abgeleitete Klassen

Wir sehen nun, wie sich aus der allgemeinen Klasse File spezialisierte Klassen ableiten lassen und wie diese Klassen die Datei-Funktionen verwenden.

Temporäre Dateien

Die Standardfunktion tmpnam() erstellt einen eindeutigen Dateinamen, wie zum Beispiel TMP1.$$$. Die Klasse TempFile benutzt diese Funktion, um ein Objekt File mit einem eindeutigen Dateinamen anzulegen und kann benutzt werden, um temporäre Dateien zu erzeugen. Diese Klasse erbt die gesamte Funktionalität der Basisklasse File und ist nachfolgend gezeigt.

TEMPFILE.H

```
// TempFile.h
// Klasse für temporäre Dateien

#include <UTIL/file.h>
class TempFile : public File
```

```
{
  public:
    TempFile( char *Md="w" ) : File( tmpnam(0), Md )
      { }
    ~TempFile()
      { Delete(); }
};

// eof TempFile.h
```

Die besonderen Eigenschaften dieser Klasse sind das automatische Löschen der Datei durch den Destruktor und das Suchen nach einem Verzeichnis oder Laufwerk, das mit der DOS-Umgebungsvariablen TEMP angegeben ist. Ansonsten verhält sich ein TempFile-Objekt genau wie ein File-Objekt.

List-Dateien

List-Dateien sind Textdateien mit Strings, die normalerweise als Argumente in der Befehlszeile an ein Programm übergeben werden. Viele Programme unterstützen List-Dateien, wenn dem Dateinamen ein @-Zeichen in der Befehlszeile vorausgeht. Gehen Sie zum Beispiel davon aus, daß die Datei files.lst die folgenden Einträge enthält:

```
file.a
file.b file.c
```

Dann haben die folgenden zwei Befehle das gleiche Ergebnis, vorausgesetzt, myprog unterstützt List-Dateien:

```
myprog @listfile.lst
myprog file.a file.b file.c
```

Legen Sie nun eine Klasse ListFile an, um den Inhalt einer List-Datei zu untersuchen. Jeder Aufruf der Elementfunktion Next() soll einen neuen *Eintrag* liefern. Im vorigen Beispiel liefert der Aufruf von Next() file.a, file.b und file.c.

ListFile erbt von File nicht mit dem Schlüsselwort public, sondern mit private. Dies erfolgt, damit das ListFile-Objekt nicht als normales File-Objekt verwendet wird. ListFile erbt die interne Implementation von File, hat aber eine andere Schnittstelle. Dadurch können die File-Elemente, die auch in ListFile public sein sollen, mit Hilfe von expliziten

Zugriffsdeklarationen ausgewählt werden. Dies erfolgt unter anderem mit den Methoden Eof() und Exists().

Die Next-Methode liefert das nächste Wort (umgeben von Leerstellen) aus der List-Datei. Die ForAll-Methode kann benutzt werden, um eine Funktion (vom Typ void(*)(char*)) auf alle Einträge der List-Datei anzuwenden. Die folgende Funktion main ruft DoIt() für jedes Argument der Befehlszeile auf und kann auch mit List-Dateien umgehen:

```
void DoIt(char*);
int main( int ArgC, char **ArgV )
{
  for ( int i=i; i<ArgC; i++ )
    if ( *ArgV[i] != '@' )
      DoIt( ArgV[i] ); // Normales Argument
    else
    {
      ListFile f( *ArgV[i]+1 );
      f.ForAll (DoIt );
    }
}

void DoIt( char *s )
{
  printf("Bearbeite %s ... \n", s );
}
```

In dem Quellcode der Methode ListFile::ForAll sehen Sie, daß die ForAll-Funktion rekursiv für ein Element der List-Datei aufgerufen wird, das mit dem Zeichen @ beginnt. Hier wird der Vorteil des Gebrauchs von Klassen offensichtlich: Jedes Objekt ist eine selbständige Einheit, die unabhängig von anderen Objekten arbeiten kann. Rekursive Operationen können durch Anlegen eines neuen Objekts ListFile und der Anwendung der ForAll-Methode darauf auf einfache Weise ausgeführt werden.

Die Quellcodes

LISTFILE.H

```
// Datei : listfile.h

#if !defined LISTFILE_H
#define LISTFILE_H

#include <stdio.h>

class ListFile
{
  private:
    char CurrentFile[80];
    FILE *fd;

    void ReadNext()
    {
      if ( feof(fd) )
        CurrentFile[0] = 0;
      else
      {
        if ( fd )
        {
          if ( fscanf( fd, "%s", CurrentFile ) != 1 )
            CurrentFile[0] = 0;
          else if ( *CurrentFile == '\n' )
            ReadNext();
        }
      }
    }

  public:
    ListFile( char *FileName )
    {
      fd = fopen( FileName, "r" );
      if ( !fd )  // falls '@file.ext' übergeben,
                  // 'file.ext' versuchen
        fd = fopen( FileName+1, "r" );
      CurrentFile[0] = ' ';  // IsEmpty==1 vermeiden
    }
    ~ListFile()
    {
      if ( fd )
        fclose( fd );
```

```
    }

    int IsEmpty() { return CurrentFile[0]==0 || feof(fd); }

    char *Next()
    {
      if ( !IsEmpty() )
        ReadNext();
      return CurrentFile;
    }

    void forAll( void (*theFunc)(char*) )
    {
      while ( !IsEmpty() )
        theFunc( Next() );
    }
};
#endif
```

Die Verzeichnis-Klassen

Die Klasse Directory und die davon abgeleiteten Klassen verwenden eine gelinkte Liste für die Verzeichnisinformationen. Sie werden zur Abfrage von Dateien in einem Verzeichnis verwendet.

Die Struktur DirEntry

Jedes Element in dem Verzeichnis wird als ein Objekt vom Typ DirEntry dargestellt:

```
struct DirEntry
{
  unsigned Time, Date;  // Zeit und Datum der Datei
  long Size;            // Dateigröße
  char Name[13];        // Dateiname
  char *Path;           // Optionaler Pfad

  DirEntry();           // Standard-Konstruktor
    // Konstruktor mit ffblk und optionalem Pfad
  DirEntry(ffblk&,char* =0);
};
```

Der Typ ffblk der Variablen, die an einen der Konstruktoren von DirEntry übergeben wird, wird von den Funktionen findfirst und findnext des C++-Compilers überwacht. Das Path-Element ist optional und wird nur in der abgeleiteten Klasse GlobalDirectory verwendet, in der Path einen Wert für die erste Datei in einem Verzeichnis erhält.

Der Definition von DirEntry folgen die Definitionen zweier Klassen: gList(pDirEntry), eine gelinkte Liste von Zeigern auf ein DirEntry, und gSortedList(pDirEntry), eine sortierte gelinkte Liste von ähnlichen Zeigern. Diese Klassen werden in Directory und SortedDirectory verwendet.

Die Basisklasse DirBase

In der Basisklasse DirBase werden die für alle Verzeichnis-Klassen geltenden Routinen definiert:

```
class DirBase
{
  public:
      // Virtueller Destruktor
    virtual +DirBase() = 0 { };
      // Liefert die erste Datei
    virtual DirEntry* First() = 0;
      // Liefert die letzte Datei
    virtual DirEntry* Last() = 0;
      // Liefert die nächste Datei
    virtual DirEntry* Next() = 0;
      // Findet eine Datei
    virtual int Find(DirEntry&) = 0;
      // Liefert die Dateianzahl
    virtual int Length() = 0;
      // Stellt den Iterator neu ein
    virtual void Reset() = 0;
      // Prüft, ob die Liste leer ist
    int IsEmpty() { return Length() == 0; }
};
```

Die Funktionen First() und Last() liefern das erste und letzte DirEntry aus der Liste. Mit Next() kann die Liste durchlaufen werden.

Die rein virtuellen Funktionen müssen in ihren direkt abgeleiteten Klassen definiert werden. Das DirBase-Template gibt an, wie jedes Directory-Objekt verwendet werden kann. Unabhängig von ihrer Implementation sind die in DirBase genannten Funktionen immer aufrufbar. Der Destruktor muß eine Definition haben, da auch dieser rein virtuell ist. Die Funktion IsEmpty() braucht nicht virtuell zu sein, weil sie vollständig in Begriffen von virtuellen Funktionen definiert ist.

Die Klasse Directory

Die Klasse Directory erbt von DirBase und hat eine Elementvariable List vom Typ gList(pDirEntry). Diese Liste enthält für jede in dem Verzeichnis gefundene Datei einen Zeiger auf ein DirEntry-Objekt. Ein Directory-Objekt wird mit einer optionalen Suchangabe konstruiert:

```
  // Mask == "*.*"
Directory All;
  // Mask == "*.BAK"
Directory Backup( "*.BAK" );
  // Mask == "C:\\ETC\\*.EXE"
Directory Utils( "C:\\ETC\\*.EXE" );
```

Die private definierte Funktion Read füllt die gelinkte Liste mit allen im angegebenen Verzeichnis gefundenen Dateien. Die Funktion findfirst() sucht nach der ersten Datei, die der Dateimaske entspricht, und findnext() findet alle nachfolgenden Dateien. Diese Funktionen liefern den Wert 0, solange Dateien gefunden werden, und -1, wenn keine Datei mehr gefunden wird.

Es wird für jede Datei ein neues DirEntry-Objekt erstellt, von dem die Adresse der gelinkten Liste hinzugefügt wird.

Ein Directory-Objekt kann wie folgt verwendet werden:

```
  // Definiert einen Zeiger p
  // auf ein DirEntry
pDirEntry p;

  // Ausgabe der ersten Datei im
  // aktuellen Verzeichnis
p = All.First();
cout << p->Name << endl;

  // Ausgabe der letzten .BAK-Datei
```

```
p = Backup.Last()
cout << p ->Name << endl;

  // Ausgabe aller .EXE-Dateien in C:\ETC
p = Utils.First();
for ( int i=0; i<Utils.Length(); i++ )
{
  cout << p->Name << endl;
  p = Utils.Next();
}

  // Prüfen, ob DIRTEST.EXE im
  // aktuellen Verzeichnis vorhanden
  // ist
if ( All.Find( "DIRTEST.EXE" ) )
  cout << "Gefunden\n";
else
  cout << "Nicht gefunden\n";
```

Die Klasse SortecDirectory

Die Klasse SortedDirectory ist der Klasse Directory nahezu gleich, verwendet aber anstelle von gList(pDirEntry) ein gSortedList(pDirEntry). Ein weiterer Unterschied ist, daß Directory::Read die Möglichkeit hat, einen Verzeichnisnamen hinzuzufügen, der von der Klasse GlobalDirectory verwendet wird. Sie fragen sich vielleicht, warum SortedDirectory von DirBase und nicht von Directory abgeleitet ist. Das liegt daran, daß gSortedList(pDirEntry) nicht von gList(pDirEntry) abgeleitet ist, sondern von SortedList. Dies wird in Abbildung 17.2 noch deutlicher.

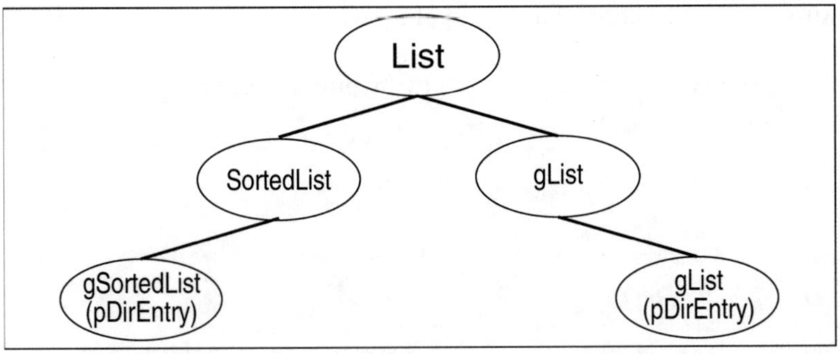

Abb. 17.2: Generische Listen und generische sortierte Listen

Die Klasse GlobalDirectory

Die Klasse GlobalDirectory ist abgeleitet von Directory, hat aber eine andere Read-Funktion. Diese sucht nicht nur in einem Verzeichnis, sondern in allen Verzeichnissen des Laufwerkes. Die Read-Funktion macht das Wurzelverzeichnis zum aktuellen Verzeichnis und ruft dann recRead auf. Diese Funktion ruft für jedes Verzeichnis auf dem Laufwerk Directory::Read auf. Da DirEntry bei normalem Aufruf den Dateinamen ohne Pfad speichert, wird der ersten Datei in einem Verzeichnis ein Pfad hinzugefügt. Die Anwendung kann testen, ob der Pfad ungleich Null ist:

```
GlobalDirectory AllProg( "*.CPP" );
int Len = AllProg.Length();
for ( int i=0; i<Len; i++ )
{
  pDirEntry p = AllProg.Next();
  if ( p->Path )
    cout << p->Path << endl;
  cout << '\t' << p->Name << endl;
```

In Abbildung 17.3 ist die Vererbungsstruktur der Verzeichnis-Klassen zu sehen.

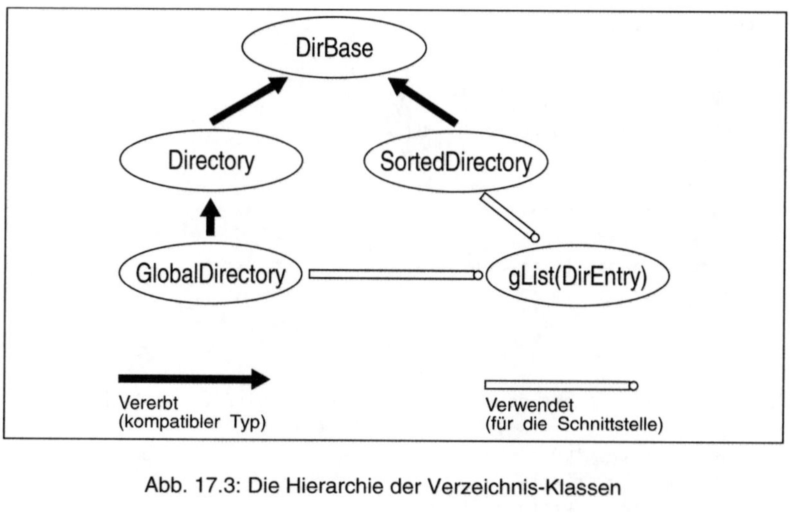

Abb. 17.3: Die Hierarchie der Verzeichnis-Klassen

Die Quellcodes

DIREC.H

```
// Datei : Direc.h
// Zweck : Definition der Klassen Directory, SortedDirectory
//         und GlobalDirectory.

#if !defined DIREC_H
#define DIREC_H

#include <ADT/gList.h>
#include <ADT/gSortLst.h>

#include <dir.h>
#include <dos.h>
#include <string.h>

  // Definition von DirEntry. Enthält Informationen
  // über eine Datei
struct DirEntry
{
  unsigned Time, Date;
  long Size;
  char Name[13];
  char *Path;

  DirEntry() { Path = 0; }
  DirEntry(ffblk& fb, char *p =0)
  {
    Time = fb.ff_ftime;
    Date = fb.ff_fdate;
    Size = fb.ff_fsize;
    memcpy( Name, fb.ff_name, 13 );
    Path = p;
  }
};

  // Definition einer generischen Klasse von DirEntry-Zeigern
  // zur Einführung des Typs 'gList(pDirEntry)'.
typedef DirEntry *pDirEntry;
gListDeclare( pDirEntry );
  // Sortierte verkettete Liste von pDirEntry's
gSortedListDeclare( pDirEntry );

  // DirBase Klasse
```

```
  // Abstrakte Basisklasse für alle Directory Klassen
class DirBase
{
  public:
    // Korrekt für C++ 2.0, aber nicht für 3.0
    // virtual ~DirBase() = 0 { }
    virtual ~DirBase() = 0;
    virtual DirEntry *First() = 0;
    virtual DirEntry *Last() = 0;
    virtual DirEntry *Next() = 0;
    virtual DirEntry *Find( DirEntry& ) = 0;
    virtual int Length() = 0;
    virtual void Reset() = 0;
    int IsEmpty() { return Length() == 0; }
};

  // Directory Klasse
  // Fügt alle zu 'Mask' korrespondierenden Einträge
  // in eine verkettete Liste ein
class Directory : public DirBase
{
  protected:
    gList( pDirEntry ) Lst;
    void Read( char *Mask );

  public:
    Directory( char *Mask ="*.*" )
    {
      if ( Mask )
        Read( Mask );
    }
    ~Directory();

    DirEntry *First() { return Lst.GetFirst(); }
    DirEntry *Last()  { return Lst.GetLast(); }
    DirEntry *Next()  { return Lst(); }
    void Reset()      { Lst.Reset(); }
    int Length()      { return Lst.Length(); }
    DirEntry *Find( DirEntry& d ) { return Lst.Find( &d ); }
};

  // GlobalDirectory Klasse
  // Eine Klasse welche den gesamten Datenträger nach
  // zu 'Mask' passenden Einträgen durchsucht.
class GlobalDirectory : public Directory
{
  protected:
    int FindNext();
    void Read(char*), recRead(char*);
```

```
  public:
    GlobalDirectory( char *Mask ="*.*" )
    : Directory( 0 )
    {
      Read( Mask );
    }
    char *Path(DirEntry&);
};

  // Funktion um zwei Verzeichniseinträge miteinander zu vergleichen.
  // Wird von der sortierten Liste verwendet.
static int Compare( pDirEntry e1, pDirEntry e2 )
{
  return strcmp( e1->Name, e2->Name );
  // Um nach Dateigröße zu sortieren:
  // return e1->Size - e2->Size;
}

  // SortedDirectory Klasse
  // Benutzt die generische sortierte Liste um
  // eine sortierte Liste der Dateinamen zu erzeugen
class SortedDirectory : public DirBase
{
  protected:
    gSortedList( pDirEntry ) Lst;
    void Read( char *Mask );

  public:
    SortedDirectory( char *m ="*.*" )
    : Lst( Compare )
    {
      Read( m );
    }
    ~SortedDirectory() { }

    DirEntry *First() { return Lst.GetFirst(); }
    DirEntry *Last()  { return Lst.GetLast(); }
    DirEntry *Next()  { return Lst(); }
    void Reset()      { Lst.Reset(); }
    int Length()      { return Lst.Length(); }
    DirEntry *Find( DirEntry& d ) { return Lst.Find( &d ); }
};

#endif
// eof Direc.h
```

DIREC.CPP

```
// Datei : Direc.cpp
// Zweck : Methoden für Directory, GlobalDirectory
//         und SortedDirectory.

#include <UTIL/Direc.h>

#include <stdio.h>
#include <conio.h>
#include <alloc.h>
#include <iostream.h>
#include <ctype.h>

static char *GlobalPath = 0;

  // Directory::Read
  // Lesen der Dateiinformationen in
  // die verkettete Liste
void Directory::Read( char *Mask )
{
  ffblk d;
  if ( findfirst( Mask, &d, FA_ARCH ) == -1 )
    return;

    // Ersten Pfad und Dateinamen zur Liste hinzufügen.
  Lst.AddTail( new DirEntry(d,GlobalPath) );
  GlobalPath = 0;

    // Alle weiteren Dateien hinzufügen
  while ( findnext( &d ) == 0 )
    Lst.AddTail( new DirEntry(d) );
}

  // GlobalDirectory::Read
  // Lesen der Dateinamen von allen Verzeichnissen
  // des aktuellen Datenträgers.
void GlobalDirectory::Read( char *Mask )
{
    // Temporär zum Hauptverzeichnis wechseln
  char Buf[128];
  getcwd(Buf,127);
  chdir( "\\" );
    // Alle Dateinamen rekursiv in die Liste einlesen
  recRead( Mask );
    // zurück zum Ursprungsverzeichnis
  chdir(Buf );
}
```

```
  // GlobalDirectory::recRead
  // Rekursive Einlese-Funktion
void GlobalDirectory::recRead( char *Mask )
{
    // aktuelles Verzeichnis ermitteln
  GlobalPath = new char[ 128 ];
  getcwd( GlobalPath, 128 );
    // alle Dateinamen im aktuellen Verzeichnis lesen
  Directory::Read( Mask );

  ffblk d;
    // Sind Unterverzeichnisse vorhanden ?
  if ( findfirst( "*.*", &d, FA_DIREC ) == -1 )
    return;  // Nein

  do  // Aufruf von 'recRead' für jedes Unterverzeichnis
  {
    if ( d.ff_name[0] == '.'
         || !(d.ff_attrib & FA_DIREC) )
      continue;
    chdir( d.ff_name );
      // 'recRead' für das neue Verzeichnis aufrufen
    recRead( Mask );
    chdir( ".." );
  } while ( findnext( &d ) == 0 );
}

  // Directory Destruktor
  // Löscht alle Einträge in der Liste
  // und den Pfad-Puffer.
  // Der List-Destruktor wird automatisch aufgerufen,
  // wenn der Directory-Destruktor beendet wird.
Directory::~Directory()
{
  Reset();
  int Len = Length();
  for ( int i=0; i<Len; i++ )
  {
    pDirEntry p = pDirEntry(Next());
    if ( p->Path )
      delete p->Path;
    delete p;
  }
}

  // SortedDirectory::Read
  // Im Grunde identisch mit 'Directory::Read'
void SortedDirectory::Read( char *Mask )
{
```

```
  ffblk d;
  if ( findfirst( Mask, &d, FA_ARCH ) == -1 )
    return;
  Lst.AddTail( new DirEntry(d) );
  while ( findnext( &d ) == 0 )
    Lst.AddTail( new DirEntry(d) );
}

DirBase::~DirBase() { }

#if defined TEST
int main()
{
  DirBase *p;
  cout << "(S)orted, (G)lobal or (N)ormal directory: ";
  char c = getch();
  if ( toupper(c) == 'S' )
  {
    cout << "Sorted *.*" << endl;
    p = new SortedDirectory;
  }
  else if ( toupper(c) == 'G' )
  {
    cout << "Global *.bak" << endl;
    p = new GlobalDirectory( "*.BAK" );
  }
  else
  {
    cout << "Normal *.*" << endl;
    p = new Directory;
  }

  DirBase& d = *p;

  {
    int i = d.Length();
    while ( i-- )
    {
      DirEntry *e = d.Next();
      if ( e->Path )
        printf("%s\n", e->Path );

      printf("    %s (%ld)\n",e->Name,e->Size);
    }
  }
}
#endif
```

DIRTEST.CPP

```
// DirTest.cpp
// Test der Verzeichnis-Klassen

#include <Util/Direc.h>

int main()
{
  DirBase *p;
  cout << "(S)ortiertes, (G)lobales oder (N)ormales Verzeichnis: ";
  char c = getch();
  if ( toupper(c) == 'S' )
  {
    cout << "Sortiert *.*" << endl;
    p = new SortedDirectory;
  }
  else if ( toupper(c) == 'G' )
  {
    cout << "Global *.bak" << endl;
    p = new GlobalDirectory( "*.BAK" );
  }
  else
  {
    cout << "Normal *.*" << endl;
    p = new Directory;
  }

  DirBase& d = *p;
  {
    int i = d.Length();
    while ( i-- )
    {
      DirEntry *e = d.Next();
      if ( e ->Path )
        printf("%s\n", e->Path );

      printf("    %s (%ld)\n",e->Name,e->Size);
    }
  }
}

// eof DirTest.cpp
```

Kapitel 18

Die grafischen Klassen

Der Gebrauch von Klassen zur Darstellung grafischer Formen ist in C++ üblich. Wie schon in Kapitel 6 besprochen, soll ein Satz an einfachen Grafik-Klassen für Borland C++ entwickelt werden. Der compilerabhängige Code ist in einer einzigen Header-Datei zusammengefaßt, so daß sich die Klassen einfach auf andere Compiler portieren lassen. Es soll auch eine Klasse zum Speichern grafischer Objekte in einer gelinkten Liste und zum Speichern grafischer Objekte auf der Platte entwikkelt werden.

Die Klasse Coord

Die Klasse Coord repräsentiert eine Koordinate auf dem Grafikbildschirm. Sie hat zwei versteckte Elemente x und y, welche mit den Funktionen GetX() und GetY() gelesen werden können. Coord-Objekte können addiert, subtrahiert und mit einem Skalar multipliziert werden. Mit den Operatoren == und != können zwei Coords verglichen werden. Allen Methoden, die auf konstante Coord-Objekte angewendet werden können, folgt das Schlüsselwort const.

Die Header-Datei Graph.h

In der Header-Datei Graph.h sind die Mehrzahl der Funktionen inline definiert. Alle beginnen mit Graph (zum Beispiel GraphDrawEllipse). Der Vorteil dieser Vorgehensweise liegt darin, daß der gesamte compilerabhängige Code in einer Datei zusammengefaßt ist, so daß nur diese Datei neu geschrieben werden muß, um die grafischen Klassen auf andere Compiler zu portieren. Außerdem besteht der Vorteil des Funktionen-Overloading und der Standard-Argumente. Da die meisten Funktionen inline definiert sind, entsteht kein zusätzlicher Laufzeit-Overhead durch das Aufrufen von Bibliotheksfunktionen.

Die folgenden Funktionen sind in der Header-Datei definiert:

GraphInstall	Initialisieren des Grafikmodus.
GraphLeave	Verlassen des Grafikmodus.
GraphDrawPoint	Zeichnen eines Punktes.
GraphDrawCircle	Zeichnen eines Kreises.
GraphDrawEllipse	Zeichnen einer Ellipse.

GraphDrawLine	Zeichnen einer Linie.
GraphDrawTriangle	Zeichnen eines Dreiecks.
GraphDrawRectangle	Zeichnen eines Rechtecks.
GraphDrawPolygon	Zeichnen eines Vielecks.
GraphDrawBitmap	Zeichnen einer Bitmap-Grafik.
GraphDrawText	Zeichnen eines Text-Strings.
GraphGotoXY	Ändert die aktuelle Position.
GraphSetColor	Wechselt die Zeichenfarbe.
GraphGetColor	Liefert die aktuelle Zeichenfarbe.
GraphSetBkColor	Wechselt die Hintergrundfarbe.
GraphGetBkColor	Liefert die aktuelle Hintergrundfarbe.
GraphClrScr	Löscht den Grafikbildschirm.
GraphMaxX	Liefert die maximale horizontale Position.
GraphMaxY	Liefert die maximale vertikale Position.
GraphFloodFill	Füllt einen umrahmten Bereich.
GraphImageSize	Liefert die Größe eines Bereichs in Byte.
GraphPutImage	Kopiert ein Bild aus dem Speicher auf den Bildschirm.
GraphGetImage	Kopiert ein Bild vom Bildschirm in den Speicher.
GraphVisualPage	Definiert die sichtbare grafische Seite.
GraphActivePage	Definiert die aktive grafische Seite.

Die BGI-Schnittstelle (Borland Graphics Interface) wurde in Teil 2 besprochen. Die Datei Graph.cpp enthält die Definition für GraphInstall.

Die Grafik-Klassen

Die Basisklasse für alle grafischen Klassen ist Shape, die so definiert ist:

```
class shape
{
  public:
    virtual void Draw() const = 0;
    virtual void Save(File *f) const = 0;
    virtual void ReadExtra() {}
};
```

Diese Klasse repräsentiert irgendeine Zeichnung auf dem Bildschirm. Die Draw- und Save-Methoden werden nur als virtual deklariert. Sie müssen daher in jeder Klasse, die direkt von shape erbt, neu definiert werden. Die Funktion Save(FILE *f) kann verwendet werden, um Objekte in eine Plattendatei zu schreiben. Beide reinen Funktionen werden auch als const deklariert, können also von const-Objekten aufgerufen werden. Die Funktion ReadExtra wird benutzt, um zusätzliche Daten von der Platte zu lesen, und wird später beschrieben. Obwohl ein Shape-Objekt normalerweise eine Position auf dem Bildschirm hat, wird die Definition der Variablen-Elemente in die abgeleiteten Klassen verschoben. Es wird also keine "Coord-Position" als Daten-Element von Shape definiert.

Die Hierarchie von Shape wird in der Abbildung 18.1 gezeigt. Es sind nur etwa 11 Klassen definiert, aber es können leicht weitere hinzugefügt werden. Es können auch ohne weiteres mehr Element-Funktionen aufgenommen werden, aber hier werden nur einige wenige definiert, um die Klassen übersichtlich zu halten.

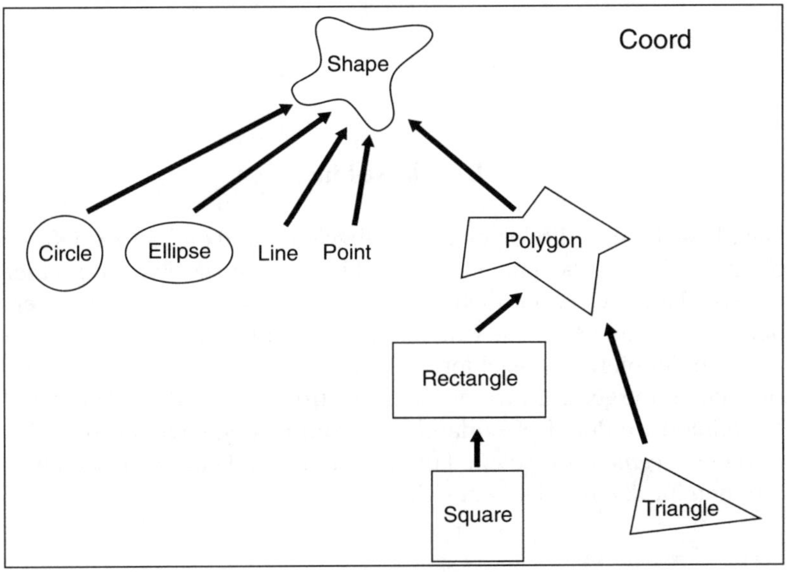

Abb. 18.1: Die Hierarchie von Shape

Die Klassen Point, Line, Circle und Ellipse

Die Klasse Point stellt einen Punkt mit einer (x,y)-Position auf dem Bildschirm dar. Sie ist natürlich abgeleitet von Shape und hat ein Coord-Element p, das die aktuelle Position enthält. Der Operator Coord()

const stellt sicher, daß ein Point immer in ein Coord verwandelt werden kann. Die Definition der Klasse Point sieht folgendermaßen aus:

```
class Point : public Shape
{
  private:
    Coord p;

  public:
    Point() : p(0,0) { }
    Point( int x, int y ) : p( x, y ) { }
    Point( const Point& p2 ) : p( p2 ) { }

    void Draw() const
    {
      GraphDrawPoint( p.GetX(), p.GetY() );
    }
    operator const Coord() const
    {
      return p;
    }
};
```

Die Klasse Line

Die Klasse Line ist direkt von Shape abgeleitet und enthält zwei Koordinaten (Coord) als Datenelemente. Ein Line-Objekt kann mit einer anderen Linie, zwei Coord-Objekten oder vier Integern konstruiert werden. Die Draw-Methode ruft einfach GraphDrawLine auf, das in Graph.h definiert ist. Beachten Sie, daß virtuelle Funktionen, obwohl sie nicht inline gemacht werden können, trotzdem im Rumpf der Klasse definiert werden. Der Borland C++-Compiler erzeugt ein spezielles *virtuelles Segment* für solche Funktionen, damit keine Mehrfachdefinitionen für den Bezeichner erfolgen.

```
class Line : public Shape
{
  protected:
    Coord From, To;

  public:
    Line() {}
    Line( const Coord& f, const Coord& t )
    : From(f), To(t) {}
    Line( int a, int b, int c, int d )
```

```
    : From(a,b), To(c,d) {}
    Line( const Line& l )
    : From( l.From ), to( l.To ) {}

    void Draw() const
    {
      GraphDrawLine( From, To );
    }
};
```

Die Klassen Ellipse und Circle

Beide Klassen, Ellipse und Circle, sind von Shape abgeleitet. Ellipse enthält die folgenden Datenelemente: Coord Ctr für den Mittelpunkt und die zwei Integer r1 und r2 für die beiden Radien.

```
class Ellipse : public Shape
{
  protected:
    Coord Ctr;
    int r1, r2;

  public:
    Ellipse() { r1 = r2 = 0; }
    Ellipse(   const Coord& Mid,
        int Rad1, int Rad2 )
      { Ctr = Mid; r1 = Rad1; r2 = Rad2; }
    Ellipse( int x, int y, int Rad1, int Rad2 )
    : Ctr( x, y )
      { r1 = Rad1; r2 = Rad2; }
    Ellipse( cosnt Ellipse& e )
    : Ctr( e.Ctr )
      { r1 = e.r1; r2 = e.r2; }

    void Draw() const
    {
      GraphDrawEllipse( Ctr, r1, r2 );
    }
};
```

Die Definition von Circle ist der Definition von Ellipse ähnlich.

Die Klasse Text

Die Ausgabe von Text auf einem Grafikbildschirm erfolgt durch Erstellen eines Objekts vom Typ Text. Diese Klasse wird abgeleitet von Shape und zeichnet Text mit einem Standard-Font durch Aufruf der GraphDrawText-Funktion. Diese ruft wiederum die outtextxy-Funktion der Borland BGI-Bibliothek auf. Hier folgt die Definition der Klasse:

```
class Text : public Shape
{
  private:
    char *s;
    Coord Position;
  public:
    Text() { s = 0; }
    Text( char *t, int x, int y )
    {
      s = t;
      Position = Coord(x,y);
    }
    Text( char *t, Coord xy )
    {
      s = t;
      Position = xy;
    }
    void Draw() const
    {
      GraphDrawText(  s,
                      Position.GetX(),
                      Position.GetY() );
    }
};
```

Natürlich würde eine realistischere Version dieser Klasse auch mit Speicherzuordnung, Zuweisungen und so weiter arbeiten.

Die Klasse Polygon und ihre Ableitungen

Ein Polygon wird dargestellt durch eine Folge von Punkten, für die der Platz dynamisch zugewiesen wird. Voreingestellt ist ein Polygon offen, kann jedoch durch die MakeClosed()-Methode geschlossen werden. Das Zeichnen geschieht durch Aufruf der Funktion GraphDrawPolygon(int NumPoints, int *PolyPoints). Falls das Polygon geschlossen wird, wird eine zusätzliche Linie vom letzten zum ersten Punkt gezogen. Hier ist die Definition der Klasse Polygon:

```
class Polygon : public Shape
{
  protected:
    int NumPoints;
    int *PolyPoints;
    int Closed;

  public:
    Polygon()
    {
      NumPoints = 0;
      PolyPoints = 0;
      Closed = 0;
    }
    Polygon( int sz )
    {
      NumPoints = sz;
      PolyPoints = new int[ NumPoints*2 ];
      Closed = 0;
    }
    Polygon( const Polygon& p )
    {
      NumPoints = p.NumPoints;
      PolyPoints = new int[ NumPoints*2 ];
      memcpy( PolyPoints, p.PolyPoints,
              NumPoints*2*sizeof(int) );
      Closed = p.Closed;
    }
    ~Polygon()
    {
      delete PolyPoints;
    }

    Polygon& operator=( const Polygon& p );

    void Draw() const
    {
      GraphDrawPolygon( NumPoints, PolyPoints );
      if ( Closed )
      {
        int i = NumPoints-2;
        GraphDrawLine(
          Coord( PolyPoints[0], PolyPoints[1] ),
          Coord( PolyPoints[i], PolyPoints[i+1] )
        );
      }
    }

    Coord& Elem( unsigned u )
    {
```

```
        if ( u < NumPoints )
        {
          int *p = PolyPoints + 2*u;
          return Coord(p[0],p[1]);
        }
        else
          return Coord(0,0);
      }
};
```

Die Funktion Elem() wird benutzt, um den n-ten Punkt des Polygons als Coord zu erhalten. Beachten Sie, daß diesem Punkt mit Hilfe von Elem() neue Werte zugeordnet werden können, da die Funktion eine Referenz auf Coord liefert.

Von Polygon abgeleitete Klassen

Die Klassen Rectangle und Triangle sind von Polygon abgeleitet. Ein Rechteck wird daher als vier verbundene Punkte dargestellt. Die Klassendefinition sieht folgendermaßen aus:

```
class Rectangle : public Polygon
{
  public:
    Rectangle() : Polygon() { MakeClosed(); }
    Rectangle( const Coord& lt, const Coord& rb )
    : Polygon( 4 )
    {
      Elem(0) = lt;
      Elem(1) = Coord( lt.GetX(), rb.GetY() );
      Elem(2) = rb;
      Elem(3) = Coord( rb.GetX(), lt.GetY() );
      MakeClosed();
    }
    Rectangle( int a, int b, int c, int d )
    : Polygon ( 4 )
    {
      Elem(0) = Coord(a,b);
      Elem(0) = Coord(a,d);
      Elem(0) = Coord(c,d);
      Elem(0) = Coord(c,b);
      MakeClosed();
    }

    Rectangle( const Rectangle& r )
    : Polygon ( r )
```

```
    {
    }
    Rectangle& operator=( const Rectangle& r )
    {
      return (Rectangle&)Polygon::operator=(r);
    }
};
```

Falls ein Rechteck erstellt wird, so wird ein Polygon der Größe 4 instanziiert, und die Punkte werden mit der Polygon::Elem-Methode initialisiert. MakeClosed() wird aufgerufen, um das Polygon zu schließen. Der letzte Konstruktor (der Copy-Konstruktor) ruft seinen Eltern-Konstruktor mit dem Argument r auf. Der Eltern-Konstruktor kann mit demselben Argument aufgerufen werden, da Rechtecke auch Vielecke sind. Square, also Quadrat, wird von Rectangle abgeleitet, ist also auch ein Polygon.

Die Klasse Triangle (Dreieck) ist auch ein Polygon. Der Vorteil dieser Vorgehensweise ist, daß ein Großteil der Funktionalität von Polygon geerbt wird. Das Wichtigste ist dabei das Zeichnen von Vielecken. Der Nachteil ist, daß dadurch natürlich nicht die effizienteste Konstruktion von Dreiecken möglich ist. Dies trifft genauso für Rechtecke und Quadrate zu.

Es gibt viele Möglichkeiten, um grafische Klassen zu definieren. Dies fängt beim extensiven Gebrauch der Vererbung an und führt hin zum "flachen" Design, in dem die Mehrzahl der Klassen direkt von Shape erben. Im allgemeinen ist es am besten eine gemeinsame Basisklasse für alle Klassen mit gemeinsamen Eigenschaften anzulegen. Das von Ihnen benötigte Design hängt ab vom Typ Ihrer Anwendung, ob sie groß oder klein ist, und welchen Ansatz Ihre grafische Anwendung hat. Hier wurde ein recht einfacher Ansatz gezeigt, der zum Gebrauch von Vererbung immer dann neigt, wenn eine Klasse als spezieller Fall einer anderen Klasse angesehen werden kann.

Eine gelinkte Liste für grafische Objekte

Wie im Kapitel über abstrakte Datentypen dargestellt, kann eine gelinkte Liste von Zeigern mit dem gListDeclare-Makro angelegt werden.

Der folgende Programmausschnitt definiert somit eine gelinkte Liste von Zeigern auf Shape und leitet eine neue Klasse ShapeList daraus ab:

```
  // ShpList.h
  // Enthält die Header-Datei der generischen Liste
#include "..\ADT\gList.h"
  //pShape ist ein 'Zeiger auf Shape'
typedef Shape *pShape;
  // Definieren einer neuen List-Klasse
gListDeclare(pShape);

class ShapeList : public gList(pShape)
{
  void DrawAll();
  void SaveAll(FILE*);
}
```

Der Grund zur Ableitung einer anderen Klasse aus der gelinkten Liste pShape ist, daß dadurch neue Methoden hinzugefügt werden können. Grafische Objekte können ShapeList auf zwei Arten hinzugefügt werden (die Funktion AddTail wird von der List-Klasse geerbt):

```
  // Definieren einer ShapeList-Instanz
ShapeList theList;

  // Definieren grafischer Objekte
Circle c( 100, 100, 20);
Point *p = new Point( 500, 250 );

  // 'c' wird der Liste hinzugefügt.
theList.AddTail( &c );
  // 'p' wird der Liste hinzugefügt.
theList.AddTail( p );
```

Da ShapeList mit Adressen auf Objekte vom Typ "abgeleitet von Shape" arbeitet, müssen &c und p übergeben werden. Da eine gelinkte Liste sich nicht um die Objekte, auf welche die in ihr enthaltenen Zeiger verweisen, kümmert, sollte das explizite Löschen von p, also delete p, nicht vergessen werden.

Die Methode ShapeList::DrawAll wendet die Draw-Funktion auf alle Objekte der Liste an. Dabei wird der von ShapeList geerbte Iterator angewendet. Falls Sie der Klasse Shape weitere Methoden hinzufügen möchten, definieren Sie dazu vielleicht eine allgemeine Funktion ShapeList::Apply, die eine Shape::-Methode als Argument benötigt und diese auf alle Shape-Objekte in der Liste anwendet. Eine solche Funktion könnte folgendermaßen definiert werden:

```
class ShapeList : public gList(pShape)
{
  // ...
  void Apply( void (Shape::*method) () )
  {
    ShapeList &me = *this;
    Shape *iter = me();   // Lesen des ersten Elementes
    while (iter)
    {
        //Aufruf der Methode für *iter;
      iter->*method();
        // Lesen des nächsten Elementes
      iter = me();
    }
  }
};
```

Der Operator () wird zum Blättern durch die Liste benutzt. Er liefert bei jedem Aufruf das nächste Element und am Ende der Liste Null. Nach der Rückgabe der Null gibt der nächste Aufruf wieder das erste Element zurück usw. Die Referenz me wird auf das aktuelle ShapeList-Objekt gesetzt, so daß me() anstatt operator() () aufgerufen werden kann. Der Gebrauch von Zeigern auf Elementfunktionen wurde in Kapitel 8 aus Teil 1 vorgestellt. Der Nachteil dieser Vorgehensweise ist, daß nur Elementfunktionen übergeben werden können, die exakt mit dem Prototyp von Apply übereinstimmen, d.h., ShapeList::Save(FILE*) kann nicht übergeben werden. Dies kann durch Definition einer anderen Methode, ShapeList::ForEach, gelöst werden, welche ein Argument vom Typ void(*Function)(pShape) akzeptiert.

Das Sichern von Shapes

Bei der Vorstellung der abstrakten Klasse Shape wurden die virtuellen Methoden Save und ReadExtra kurz erwähnt. Die Funktion Save kann für jedes Objekt mit einem von Shape abgeleiteten Typ aufgerufen werden und speichert ein binäres Abbild des Objekts in der durch das Argument FILE* angegebenen Datei. Die typische Definition eines Save für eine Klasse X, welche von Shape abgeleitet wurde, sieht folgendermaßen aus:

```
void X::Save( FILE *f )
{
    // Überprüfe Gültigkeit der Datei
  assert( f != 0 );
    // Bestimmen der Objektgröße
  size_t Size = sizeof(X);
    // Schreiben der Größe auf Platte
  Putsize t( Size, f );
    // Schreiben von Size-Bytes auf Platte
  fwrite( this, Size, 1, f );
    // Schreiben einer Endemarkierung auf Platte
  putc( 0, f );
}
```

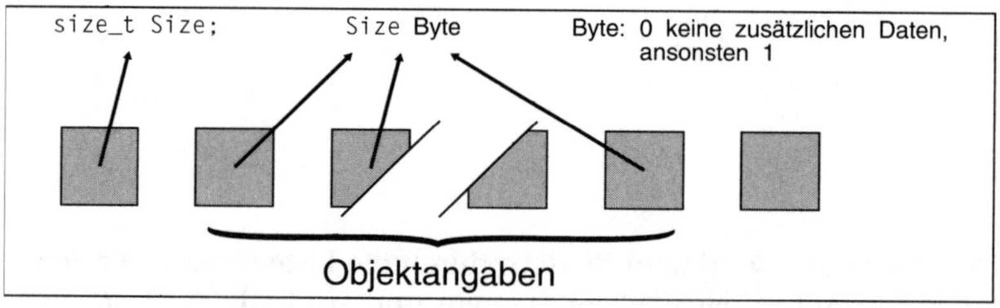

Abb. 18.2: Das Layout der Shape-Objekte in einer Plattendatei

Die Abbildung 18.2 zeigt, wie Objekte auf der Platte gespeichert werden. Zunächst wird die Größe der Daten des Objektes gespeichert (Size), danach die Daten, welche Size Bytes belegen. Das nächste Byte enthält 0, falls keine weiteren Daten folgen, sonst eine 1. Bei Objekten, die keine dynamische Speicherplatzzuweisung vornehmen, ist kein zusätzlicher Speicher notwendig, so daß dieses Byte auf 0 gesetzt werden kann. Lesen kann nun auf eine dem folgenden ähnliche Weise erfolgen:

```
size_t ObjSize = Getsize_t( f );
char *ObjBuf = new Char[ ObjSize ];
pShape p = pShape( ObjBuf );
  // p zeigt nun auf ein grafisches Objekt
```

Die Funktionen Getsize_t und Putsize_t sind den Funktionen getw und putw sehr ähnlich, sie arbeiten aber mit size_t-Variablen und sind portabler. Dieser Ansatz arbeitet bei den meisten einfachen Klassen wie Point, Line, Circle und Ellipse recht gut.

Falls das Objekt Speicherplatz dynamisch zuweist, ist ein anderer Ansatz notwendig. Dies ist zum Beispiel bei der Klasse Polygon der Fall, welche dynamisch Speicherplatz zuweist, um die Punkte des Polygons zu speichern. Um dieses Problem zu lösen, wird das Marker-Byte auf 1 gesetzt, was bedeutet, daß weitere Daten folgen. Beim Lesen von Objekten von der Platte kann dieser Wert geprüft werden. Falls er 1 ist, wird das nächste size_t die Größe des Blocks mit weiteren Zeichen enthalten.

Dann erfolgt etwas, was auf den ersten Blick seltsam anmutet:

```
  // p ist ein Zeiger auf das gerade
  // erstellte Shape-Objekt.
int ExtraData = getc( f );
if ( ExtraData == 1 )
  p->ReadExtra( f );
```

Obwohl das neue Shape-Objekt noch nicht vollständig erstellt ist (nur die Grundelemente sind gelesen), wird die virtuelle Methode ReadExtra für dieses Objekt aufgerufen. Dies kann erfolgen, weil das Grundobjekt, das die Tabelle der virtuellen Methoden enthält, bereits angelegt wurde. Deshalb wird die richtige virtuelle Methode aufgerufen. Innerhalb dieser Methode (zum Beispiel: Polygon::ReadExtra) werden die zusätzlichen Bytes gelesen und die Datenzeiger des Objekts (wie Polygon::PolyPoints) initialisiert.

Beachten Sie, daß die von Polygon abgeleiteten Klassen die Save- und ReadNext-Methode nicht überschreiben. Dies würde dann notwendig werden, wenn Sie Elemente oder virtuelle Funktionen zu diesen Klassen hinzufügen. Objekte, die auf der Platte abgespeichert werden, bezeichnet man auch als *persistente* Objekte.

Das Beispielprogramm

Das Beispielprogramm zeigt, wie Sie die in diesem Kapitel vorgestellten grafischen Klassen anwenden können. Zuerst werden verschiedene grafische Objekte angelegt und durch Aufruf der Draw-Methode für jedes Objekt direkt auf dem Bildschirm angezeigt.

Dann wird eine ShapeList-Liste angelegt und einige Objekte dieser Liste hinzugefügt. Die DrawAll-Methode zeichnet alle Elemente dieser Liste.

Schließlich werden die Objekte mit der ShapeList::SaveAll-Methode auf der Platte gesichert. Nach dem Zurücklesen und dem Senden der Draw-Botschaft an jedes einzelne Objekt sollte auf dem Bildschirm das gleiche Bild wieder erscheinen (siehe Abbildung 18.3).

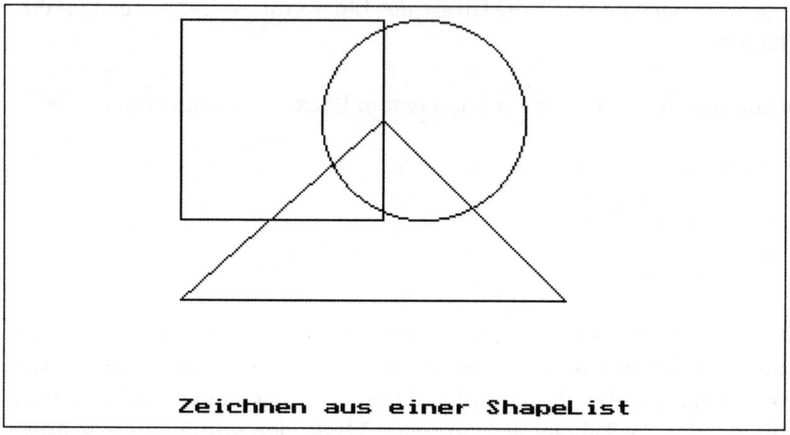

Abb. 18.3: Ausgabe des Beispielprogramms

Es folgen das Listing des Beispielprogramms und die Quellcodes der grafischen Klassen.

GRATEST.CPP

```
// Datei : GrTest.cpp
// Zweck : Test der Grafik-Klassen

#include <Graphics/ShpList.h>
#include <Graphics/Square.h>
#include <Graphics/Triangle.h>
#include <Graphics/Circle.h>
#include <Graphics/Text.h>

#include <conio.h>

int main()
{
    // Objekte direkt zeichnen
  GraphInstall();

    // verkettete Liste von Shapes definieren
  ShapeList theList;
    // einige Shape-Objekte definieren
```

```
  Square s( 10, 10, 100 );
  Circle c( 130, 60, 50 );
  Triangle t( Coord(110, 60),
              Coord(10, 150),
              Coord(200, 150) );
  Text x1( "Einzelne Shapes zeichnen",
           10, 200 ),
       x2( "Zeichnen aus einer ShapeList",
           10, 200 ),
       x3( "(Aus Datei geladene Objekte zeichnen)",
           10, 220 );

  s.Draw();
  c.Draw();
  t.Draw();
  x1.Draw();
  getch();
  GraphClearScreen();

    // Shapes aus der Liste zeichnen
  theList.AddTail( &s );
  theList.AddTail( &c );
  theList.AddTail( &t );
  theList.AddTail( &x2 );
  theList.DrawAll();
  getch();
  GraphClearScreen();

    // Zeichnen der Objekte aus einer Datei
  FILE *f = fopen( "shapes.dat", "wb" );
  theList.AddTail( &x3 );
  theList.SaveAll( f );
  fclose( f );

  f = fopen( "shapes.dat", "rb" );
  do
  {
    pShape p = ReadShape(f);
    if ( p )
    {
      p->Draw();
      delete p;
    }
  } while ( !feof(f) );
  getch();

  GraphLeave();
}

// eof GrTest.cpp
```

Die Quellcodes

GRAPH.H

```
// Datei : Graph.h

#if !defined GRAPH_H
#define GRAPH_H

#include <Graphics/Coord.h>

  // 'graphics' Header-Datei einbinden (Borland)
#include <graphics.h>

#if !defined BGIPATH
  #define BGIPATH  ""
#endif

// Die folgenden Funktionen sind Borland-spezifisch und
// müssen für andere Compiler geändert werden.

  // Init & Exit Funktionen:
  // -----------------------
void GraphInstall(); // Definiert in Graph.cpp
inline void GraphLeave()
  { closegraph(); }

  // Grafikfunktionen zum Zeichnen von Shapes
  // ----------------------------------------
inline void GraphDrawPoint( Coord Loc )
  { putpixel( Loc.GetX(), Loc.GetY(), getcolor() ); }

inline void GraphDrawPoint( int x, int y )
  { putpixel( x, y, getcolor() ); }

inline void GraphDrawCircle( Coord Loc, int Radius )
  { circle( Loc.GetX(), Loc.GetY(), Radius ); }

inline void GraphDrawEllipse( Coord Loc, int xr, int yr )
  { ellipse( Loc.GetX(), Loc.GetY(), 0, 360, xr, yr ); }

inline void GraphDrawLine( Coord From, Coord To )
  { line( From.GetX(), From.GetY(), To.GetX(), To.GetY() ); }

inline void GraphDrawTriangle( Coord p, Coord q, Coord r )
{  GraphDrawLine( p, q );
```

```
   GraphDrawLine( p, r );
   GraphDrawLine( q, r );
}
inline void GraphDrawRectangle( Coord p, Coord q )
  { rectangle( p.GetX(), p.GetY(), q.GetX(), q.GetY() ); }

inline void GraphDrawPolygon( int n, int *p )
  { drawpoly( n, p ); }

inline void GraphDrawBitmap( Coord p, void *b )
  { putimage( p.GetX(), p.GetY(), b, COPY_PUT ); }

inline void GraphDrawText( char *s, int x, int y )
  { outtextxy( x, y, s ); }

  // Andere Grafikfunktionen
  // -----------------------
inline void GraphGotoXY( Coord p )  { moveto( p.GetX(), p.GetY() ); }
inline void GraphSetColor(int Color) { setcolor(Color); }
inline int  GraphGetColor() { return getcolor(); }
inline void GraphSetBkColor(int Color)  { setbkcolor(Color); }
inline int  GraphGetBkColor() { return getbkcolor(); }
inline void GraphClrScr() { cleardevice(); }
inline void GraphClearScreen() { cleardevice(); }
inline int GraphMaxX() { return getmaxx(); }
inline int GraphMaxY() { return getmaxy(); }
inline void GraphFloodFill( Coord p, int c )
  {  floodfill( p.GetX(), p.GetY(), c );  }

inline unsigned GraphImageSize( Coord LeftTop, Coord RightBottom )
{ return imagesize( LeftTop.GetX(), LeftTop.GetY(),
                    RightBottom.GetX(), RightBottom.GetY() );
}

inline void GraphPutImage( Coord At, void *Data, int Mode =XOR_PUT )
  { putimage( At.GetX(), At.GetY(), Data, Mode ); }

inline void GraphGetImage( Coord From, Coord To, void *Data )
  { getimage( From.GetX(), From.GetY(), To.GetX(), To.GetY(), Data );
}

inline void GraphVisualPage( int Page )
  { setvisualpage( Page ); }
inline void GraphSetPage( int Page )
  { setactivepage( Page ); }

#endif
// eof Graph.h
```

GRAPH.CPP

```
// Datei : Graph.cpp

#include <Graphics/Graph.h>
#include <stdio.h>
#include <conio.h>
#include <stdlib.h>

void GraphInstall()
{
  // automatische Erkennung
  int gDriver = DETECT, gMode, ErrorCode;

  // Grafikmodus initialisieren
  initgraph( &gDriver, &gMode, BGIPATH );

  // Ergebnis der Initialisierung lesen
  ErrorCode = graphresult();

  if (ErrorCode != grOk)  // Fehler aufgetreten?
  {
    if ( ErrorCode >= 0 )
      printf("Graphics error: %s\n", grapherrormsg(ErrorCode));
    else
      printf( "Unknown graphics error\n" );
    printf("Please put your BGI files in %s\n",BGIPATH);
    printf("Press any key to halt:");
    getch();
    _exit(1);             // mit Fehlercode beenden
  }
  GraphClearScreen();
}
```

COORD.H

```
// Datei : Coord.h

#if !defined COORD_H
#define COORD_H

class Coord
{
  protected:
    int x, y;

  public:
    Coord() { x = y = 0; }
```

```
Coord( int a, int b ) { x = a; y = b; }
Coord( const Coord& c ) { x = c.x; y = c.y; }

int operator==( const Coord& c ) const
  { return x == c.x && y == c.y; }
int operator!=( const Coord& c ) const
  { return x != c.x || y != c.y; }

int GetX() const { return x; }
int GetY() const { return y; }

Coord& operator=( const Coord& c )
{
  x = c.x; y = c.y;
  return *this;
}

Coord& operator*=( int Factor )
{
  x *= Factor;
  y *= Factor;
  return *this;
}

Coord operator*( int Factor ) const
{
  Coord Result = *this;
  Result *= Factor;
  return Result;
}

Coord& operator+=( const Coord& c )
{
  x += c.x;
  y += c.y;
  return *this;
}

Coord& operator-=( const Coord& c )
{
  x -= c.x;
  y -= c.y;
  return *this;
}

Coord operator-() const
{
  Coord Result( -x, -y );
  return Result;
}
```

```
    Coord operator+( const Coord& c ) const
    {
      Coord Result = *this;
      Result += c;
      return Result;
    }
    Coord operator-( const Coord& c ) const
    {
      Coord Result = *this;
      Result -= c;
      return Result;
    }

};
#endif
// eof Coord.h
```

SHAPE.H

```
// Datei : Shape.h

#if !defined SHAPE_H
#define SHAPE_H

#include <Graphics/Graph.h>
#include <stdio.h>
#include <assert.h>

enum Shape_t
{
  UNDEFINED,
  POINT,
  LINE,
  CIRCLE, ELLIPSE,
  POLYGON, FILLEDPOLYGON,
  RECTANGLE, SQUARE,
  TRIANGLE,
  BITMAP
};

inline void Putsize_t( size_t s, FILE *f )
{
  if ( f )
    fwrite( (void*)&s, sizeof(size_t), 1, f );
}

inline size_t Getsize_t( FILE *f )
{
```

```
  size_t Result = size_t(0);
  if ( f )
    fread( (void*)&Result, sizeof(size_t), 1, f );
  return Result;
}

class Shape
{
  public:
      // Shape zeichnen
    virtual void Draw() const = 0;
      // Shape in Datei speichern
    virtual void Save(FILE*) const = 0;
      // falls vorhanden zusätzliche Bytes lesen
    virtual void ReadExtra(FILE*) { }

};

typedef Shape *pShape;

inline pShape ReadShape( FILE *f )
{
  pShape Result;
  assert( f != (FILE*)0 );
  size_t ObjectSize = Getsize_t( f );
  if ( feof(f) )
    return 0;
  char *ObjBuffer = new char [ObjectSize];
  assert( ObjBuffer != 0 );
  fread( ObjBuffer, ObjectSize, 1, f );
  Result = pShape(ObjBuffer);

  int Extra = getc( f );
  if ( Extra )
  {
    Result->ReadExtra( f );
  }
  return Result;
}
#endif
// eof Shape.h
```

POINT.H

```
// Datei : Point.h
#if !defined POINT_H
#define POINT_H
```

```
#include <Graphics/Shape.h>
#include <Graphics/Coord.h>

class Point : public Shape
{
  private:
    Coord p;

  public:
    Point() : p(0,0) { }
    Point( int x, int y ) : p( x, y ) { }
    Point( const Point& p2 ) : p( p2 ) { }

    void Draw() const
    {
      GraphDrawPoint( p.GetX(), p.GetY() );
    }

    void Save(FILE *f) const
    {
      assert( f != 0 );
      size_t Size = sizeof(Point);
      Putsize_t( Size, f );
      fwrite( this, Size, 1, f );
      putc( 0, f );  // keine weiteren Daten
    }

    operator const Coord() const
    {
      return p;
    }
};
#endif
// eof Point.h
```

LINE.H

```
// Datei : Line.h

#if !defined LINE_H
#define LINE_H

#include <Graphics/Shape.h>

class Line : public Shape
{
  protected:
    Coord From, To;
```

```
  public:
    Line() {}
    Line( const Coord& f, const Coord& t )
    : From(f), To(t) { }
    Line( int a, int b, int c, int d )
    : From(a,b), To(c,d) { }
    Line( const Line& l )
    : From( l.From ), To( l.To ) { }


    void Draw() const
    {
      GraphDrawLine( From, To );
    }

    void Save(FILE *f) const
    {
      assert( f != 0 );
      size_t Size = sizeof(Line);
      Putsize_t( Size, f );
      fwrite( this, Size, 1, f );
      putc( 0, f );
    }
};

#endif
// eof Line.h
```

TEXT.H

```
// Datei : Text.h

#if !defined TEXT_H
#define TEXT_H

#include <Graphics/Shape.h>
#include <Graphics/Graph.h>
#include <string.h>

class Text : public Shape
{
  private:
    char *s;
    Coord Position;

  public:
    Text() { s = 0; }
    Text( char *t, int x, int y )
```

```
    {
      s = t;
      Position = Coord(x,y);
    }
    Text( char *t, Coord xy )
    {
      s = t;
      Position = xy;
    }

    void Draw() const
    {
      GraphDrawText( s,
                     Position.GetX(),
                     Position.GetY() );
    }

    void Save(FILE *f) const
    {
      assert( f!=0 );
      size_t Size = sizeof(Text);
      Putsize_t( Size, f );
      fwrite( this, Size, 1, f );
      if ( s )
      {
        size_t ExtraSize = strlen( s ) + 1;
        putc( 1, f );  // zusätzliche Daten folgen
        Putsize_t( ExtraSize, f );
        fwrite( s, ExtraSize, 1, f );
      }
      else
        putc( 0, f );
    }

    void ReadExtra( FILE *f )
    {
      assert( f != 0 );
      size_t ExtraSize = Getsize_t( f );
      if ( ExtraSize > 0 )
      {
        s = new char[ ExtraSize ];
        fread( s, ExtraSize, 1, f );
      }
      else
        s = 0;
    }
};
#endif
// eof Text.h
```

ELLIPSE.H

```
// Datei : Ellipse.h

#if !defined ELLIPSE_H
#define ELLIPSE_H
#include <Graphics/Shape.h>

class Ellipse : public Shape
{
  protected:
    Coord Ctr;
    int r1, r2;

  public:
    Ellipse() { r1 = r2 = 0; }
    Ellipse( const Coord& Mid, int Rad1, int Rad2 )
      { Ctr = Mid; r1 = Rad1; r2 = Rad2; }
    Ellipse( int x, int y, int Rad1, int Rad2 )
    : Ctr( x, y )
      { r1 = Rad1; r2 = Rad2; }
    Ellipse( const Ellipse& e )
    : Ctr( e.Ctr )
      { r1 = e.r1; r2 = e.r2; }

    void Draw() const
    {
      GraphDrawEllipse( Ctr, r1, r2 );
    }

    void Save( FILE *f ) const
    {
      assert( f );
      size_t Size = sizeof(Ellipse);
      Putsize_t( Size, f );
      fwrite( this, Size, 1, f );
      putc( 0, f );
    }
};
#endif
// eof Ellipse.h
```

CIRCLE.H

```
// Datei : Circle.h

#if !defined CIRCLE_H
#define CIRCLE_H
```

```
#include <Graphics/Shape.h>

class Circle : public Shape
{
  private:
    Coord Mid;
    int Rad;

  public:
    Circle() { }

    Circle( const Coord& m, int r )
    : Mid( m ), Rad( r ) { }

    Circle( int x, int y, int r )
    : Mid( x, y ), Rad( r ) { }

    Circle( const Circle& c )
    : Mid( c.Mid ), Rad( c.Rad ) { }

    void Draw() const
    {
      GraphDrawCircle( Mid, Rad );
    }

    void Save( FILE *f ) const
    {
      assert( f );
      size_t Size = sizeof(Circle);
      Putsize_t( Size, f );
      fwrite( this, Size, 1, f );
      putc( 0, f );
    }
};

#endif
// eof Circle.h
```

POLYGON.H

```
// Datei : Polygon.h

#if !defined POLYGON_H
#define POLYGON_H

#include <Graphics/Shape.h>
#include <Graphics/Coord.h>
#include <mem.h>
```

```
#include <stdlib.h>

class Polygon : public Shape
{
  protected:
    int NumPoints;
    int *PolyPoints;
    int Closed;

  public:
    Polygon()
    {
      NumPoints = 0;
      PolyPoints = 0;
      Closed = 0;
    }
    Polygon( int sz )
    {
      NumPoints = sz;
      PolyPoints = new int[ NumPoints*2 ];
      Closed = 0;
    }
    Polygon( const Polygon& p )
    {
      NumPoints = p.NumPoints;
      PolyPoints = new int[ NumPoints*2 ];
      memcpy( PolyPoints, p.PolyPoints,
              NumPoints*2*sizeof(int) );
      Closed = p.Closed;
    }
    ~Polygon()
    {
      delete PolyPoints;
    }

    Polygon& operator=( const Polygon& p );

    void Draw() const
    {
      GraphDrawPolygon( NumPoints, PolyPoints );
      if ( Closed )
      {
        int i = (NumPoints-1)*2;
        GraphDrawLine(
          Coord( PolyPoints[0], PolyPoints[1] ),
          Coord( PolyPoints[i], PolyPoints[i+1] )
        );
      }
    }
```

```
void setElem( unsigned which, Coord& newValue )
{
  if ( which < NumPoints )
  {
    int *p = PolyPoints + 2*which;
    *p = newValue.GetX();
    *(p+1) = newValue.GetY();
  }
}

  // Diese Funktion ist KEIN Beispiel für eine
  // gute Programmierung und sollte nicht verwendet werden.
  // Benutzen Sie die obige Funktion 'setElem()'
Coord& Elem( unsigned u )
{
  if ( u < NumPoints )
  {
    int *p = PolyPoints + 2*u;
    return (Coord&)p; // Speicheradresse zu Objekt-
                      // Referenz wandeln
  }
  else
  {
   printf( "Polygon.Elem: index out of range (file %s, " \
          "line %i)\n", __FILE__, __LINE__ );
    abort();
  }
}

void Save(FILE *f) const
{
  assert( f != 0 );
  size_t Size = sizeof(Polygon);
  Putsize_t( Size, f );
  fwrite( this, Size, 1, f );
   // zusätzliche Bytes schreiben
  size_t ExtraSize = NumPoints*sizeof(int)*2;
  if ( ExtraSize > 0 )
  {
    putc( 1, f );  // Zusatzdaten
    Putsize_t( ExtraSize, f );
    fwrite( PolyPoints, ExtraSize, 1, f );
  }
  else
    putc( 0, f );  // keine Zusatzdaten
}

void ReadExtra( FILE *f )
{
```

```
      assert( f != 0 );
      size_t ExtraSize = Getsize_t( f );
      char *ExtraBuf = new char[ExtraSize];
      assert(ExtraBuf!=0);
      fread( ExtraBuf, ExtraSize, 1, f );
      PolyPoints = (int*)ExtraBuf;
    }

    void MakeClosed()
    {
      Closed = 1;
    }
    int IsClosed() const
    {
      return Closed == 1;
    }

};
#endif
// eof Polygon.h
```

TRIANGLE.H

```
// Datei : Triangle.h

#if !defined TRIANGLE_H
#define TRIANGLE_H

#include <Graphics/Polygon.h>

class Triangle : public Polygon
{
  public:
    Triangle() { }
    Triangle( const Coord& p,
              const Coord& q,
              const Coord& r )
    : Polygon( 3 )
    {
      setElem(0, p);
      setElem(1, q);
      setElem(2, r);
      MakeClosed();
    }
    Triangle( const Triangle& t )
    : Polygon( t )
    {
      MakeClosed();
```

```
    }
    Triangle& operator=(const Triangle& t)
    {
      return (Triangle&)Polygon::operator=(t);
    }

};
#endif
// eof Triangle.h
```

RECTANGL.H

```
// Datei : Rectangle.h

#if !defined RECTANGLE_H
#define RECTANGLE_H

#include <Graphics/Polygon.h>

class Rectangle : public Polygon
{
  public:
    Rectangle() : Polygon() { MakeClosed(); }
    Rectangle( const Coord& lt, const Coord& rb )
    : Polygon( 4 )
    {
      setElem( 0, lt );
      setElem( 1, Coord( lt.GetX(), rb.GetY() ) );
      setElem( 2, rb );
      setElem( 3, Coord( rb.GetX(), lt.GetY() ) );
      MakeClosed();
    }

    Rectangle( int a, int b, int c, int d )
    : Polygon( 4 )
    {
      setElem( 0, Coord(a,b) );
      setElem( 1, Coord(a,d) );
      setElem( 2, Coord(c,d) );
      setElem( 3, Coord(c,b) );
      MakeClosed();
    }

    Rectangle( const Rectangle& r )
    : Polygon( r )
    {
    }
    Rectangle& operator=( const Rectangle& r )
```

```
    {
      return (Rectangle&)Polygon::operator=(r);
    }
};
#endif
// eof Rectangle.h
```

SQUARE.H

```
// Datei : Square.h

#if !defined SQUARE_H
#define SQUARE_H

#include <Graphics/Rectangle.h>

class Square : public Rectangle
{
  public:
    Square() : Rectangle() { }
    Square( const Coord& lt, int Width )
    : Rectangle( lt, Coord( lt.GetX()+Width,
                            lt.GetY()+Width ) )
    { }
    Square( int x, int y, int Width )
    : Rectangle( x, y, x+Width, y+Width )
    { }
    Square( const Square& s )
    : Rectangle( s ) { }

    Square& operator=( const Square& s )
    {
      return (Square&)Polygon::operator=(s);
    }
};
#endif
// eof Square.h
```

SHPLIST.H

```
// Datei : ShpList.h
// Zweck : Klasse ShapeList

#if !defined SHAPELIST_H
#define SHAPELIST_H

#include <Graphics/Shape.h>
```

```
#if !defined TEMPLATES
  #include <ADT/gList.h>

  gListDeclare(pShape);

  class ShapeList : public gList(pShape)
  {
    public:
        // Alle Shapes in FILE f speichern
      void SaveAll(FILE *f);
        // Alle Shapes zeichnen
      void DrawAll();
  };

#else

#include <ADT/tList.h>

class ShapeList : public List<Shape*>
{
  public:
    void SaveAll(FILE *f);
    void DrawAll();
};

#endif

#endif
// eof ShpList.h
```

SHPLIST.CPP

```
// Datei : ShpList.cpp
// Zweck : Definition der ShapeListe Methoden

#include <Graphics/ShpList.h>

void ShapeList::SaveAll(FILE *f)
{
  assert( f != 0 );
  ShapeList &me = *this;
  Shape *p = me();
  while ( p )
  {
    p->Save( f );
    p = me();
  }
}
```

```
void ShapeList::DrawAll()
{
  ShapeList &me = *this;
  Shape *p = me();
  while ( p )
  {
    p->Draw();
    p = me();
  }
}

// eof ShpList.cpp
```

Kapitel 19

Fenster-Streams

In Kapitel 7 von Teil 1 wurde die Stream-Bibliothek vorgestellt. Streams sind sehr flexibel einsetzbar bei der Ein- und Ausgabe, haben aber den Nachteil, daß das Kompilieren und die Ausgabe von Daten sehr langsam erfolgen. Das erste Problem kann in Borland C++ durch die Verwendung vorkompilierter Header gelöst werden. Das zweite Problem, das daraus resultiert, daß Streams die Standardein- und -ausgabe benutzen, wird durch die in diesem Kapitel vorgestellten Klassen gelöst werden.

Eine Gruppe von Klassen soll entwickelt werden, welche die Flexibilität von Streams mit der Geschwindigkeit der conio.h-Funktionen kombiniert. Die Klasse TextWindowStream wird von iostream abgeleitet und erbt die gesamte Ein- und Ausgabe mittels der Operatoren >> und <<. Sie benutzt cputs und putch, um Daten auf den Bildschirm zu schreiben, und cgets, um Daten von der Tastatur zu lesen. Sie unterstützt auch Fenster auf dem Bildschirm. Die Ausgabe ist dabei auf die Fenster begrenzt, die optional mit einem Rahmen versehen werden können. Die Klasse GraphicsWindowStream macht das gleiche, allerdings im Grafikmodus.

Beide Klassen sind von der Basisklasse WindowStreamBase abgeleitet, die wiederum von iostream abgeleitet ist. Die Klasse WindowStreamBase benutzt die Klasse WindowBuf mit Hilfe eines Elementzeigers w, der zur Laufzeit auf eine Instanz der Klassen TextWindow oder GraphicsWindow zeigt. Die Abbildung 19.1 zeigt die Klassenhierarchie; eine in einem Kreis endende Doppellinie bedeutet "benutzt" oder "gebraucht".

Warum diese Konstruktion? Zunächst, weil eine passende Klasse benötigt wird, um den Stream-Puffer für einen Fenster-Stream bereit zu halten und um Basistechnologie zu implementieren. Die Klasse WindowBuf erbt die Technologie der Pufferung von Streams von streambuf und definiert einige Elementfunktionen neu. Außerdem werden einige rein virtuelle Funktionen definiert, welche in der abgeleiteten Klasse für bestimmte Fensterausgabemethoden (zum Beispiel Text und Grafik) neu definiert werden. Die Klasse WindowBuf hat die folgenden Datenelemente:

```
class WindowBuf : public streambuf
{
  private:
    int PutBack;
    char *BufPtr;
```

```
    static const int Bufsize;

  protected:
    int Bordered;
    char *ScreenBuffer;
    int Left, Top, Right, Bottom;
  // ...
};
```

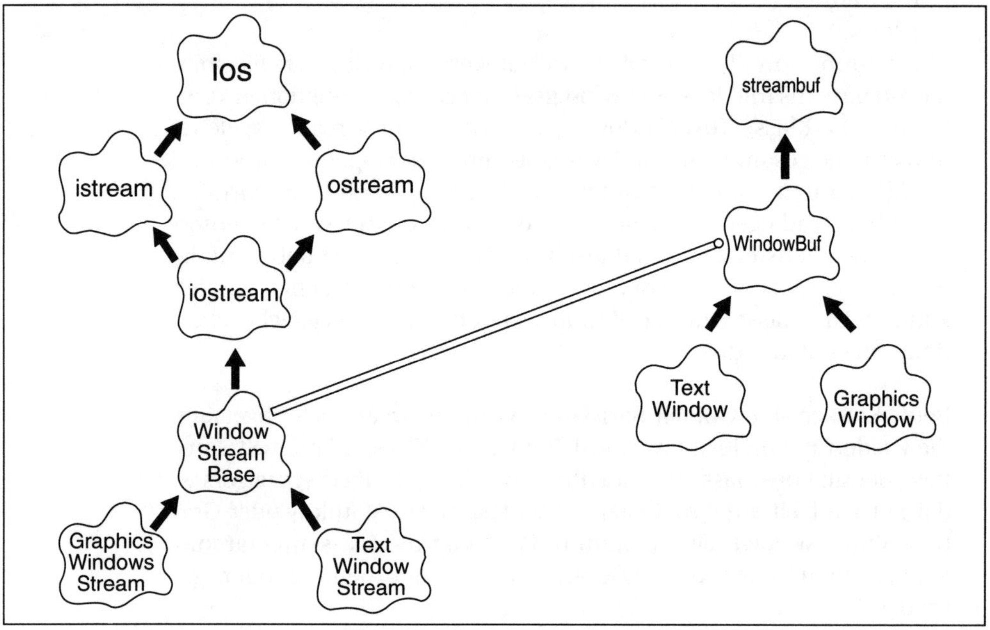

Abb. 19.1: Die Klassenhierarchie der Fenster-Streams

Die privaten Elemente definieren den für die Ein- und Ausgabe zu verwendenden Puffer. Der Zeiger BufPtr zeigt auf den Zeichenpuffer, der an die Elternklasse streambuf übergeben wird, um als Stream-Puffer Anwendung zu finden. Das Element BufSize ist statisch und konstant; dies bedeutet, daß für alle Instanzen vom Typ WindowBuf nur eine Kopie existiert, die nicht geändert werden kann. Sie wird in der zugehörigen Quelldatei WinStrm.cpp definiert und initalisiert.

Die geschützten Elemente definieren die Variablen für die Fensterklasse. Bordered ist ein boolescher Ausdruck, der wahr ist, wenn das Fenster einen Rahmen hat. Das Element ScreenBuffer zeigt auf einen dynamischen Puffer, der den Bildschirminhalt vor dem Öffnen des Fensters enthält. Dieser Inhalt wird wiederhergestellt, sobald der Fenster-Stream explizit geschlossen wird oder den gültigen Bereich verläßt. Zum Schluß zeigen vier Integer die Position des Fensters auf dem Schirm an.

Die rein virtuellen Funktionen werden benutzt, um einen Fenster-Stream zu öffnen, ihn zu schließen, Daten an ihn zu senden oder Daten von ihm zu empfangen. Die folgenden rein virtuellen Funktionen sind definiert:

```
class WindowBuf : public streambuf
{
  // ...
  public:
  // ...
    virtual void Open() = 0,  // Öffnen des Stream
      Close() = 0,            // Schließen des Stream
      Clear() = 0,            // Löschen des Fensters
      GotoXY(int,int) = 0     // Positionieren des Cursors
      PutString(const char*) = 0 // Ausgeben einer Zeichenfolge
      PutChar(char) = 0;      // Ausgabe eines Zeichens

    virtual char *GetString(char*) = 0;  // Lesen einer Zeichenfolge
};
```

Jeder Fenster-Stream muß vor Gebrauch geöffnet werden. Falls er geschlossen ist, wird das Fenster vom Bildschirm entfernt, und der vorherige Bildschirminhalt wird wiederhergestellt. Es sind nur ein paar Funktionen definiert, aber weitere können leicht hinzugefügt werden. Die Methode Clear löscht den Inhalt des aktuellen Fensters und positioniert den Cursor in der oberen linken Ecke des Fensters. GotoXY(row,col) verschiebt den Cursor auf die Position (row,col), also (Zeile,Spalte), auf dem Bildschirm.

Die abgeleiteten Klassen TextWindow und GraphicsWindow

Wir haben gesehen, daß die gesamte grundlegende Funktionalität für einen Fenster-Stream in der Klasse WindowBuf definiert ist. Da die Klassen erweiterbar sein sollen, wurde die tatsächliche Definition der

Fenstermethoden (zum Beispiel PutString und GotoXY) in die abgeleitete Klasse verlegt. Zur Zeit sind zwei Implementationen vorhanden: TextWindow für Text-Fenster-Streams und GraphicsWindow für Grafik-Fenster-Streams. Beide Klassen benutzen spezielle Bibliotheksfunktionen von Borland und sind somit nicht auf andere Compiler portierbar, können aber durch die entsprechenden Klassen ersetzt werden.

Da sowohl die Text- als auch die Grafik-Bibliotheksfunktionen des Borland-Compilers Fenster- oder Viewport-Techniken anbieten, ist die Definition der Methoden ziemlich klar. Wenn ein neuer Fenster-Stream erstellt wird, passiert folgendes:

1. Die Information über das aktuelle "Eltern"-Fenster wird abgerufen und gespeichert.
2. Es wird genügend Platz zum Speichern des aktuellen Bildschirms, der durch das neue Fenster überschrieben wird, zugewiesen. Der aktuelle Bildschirminhalt wird dann dort gespeichert.
3. Falls das Fenster einen Rahmen hat, wird der Rahmen mit der Frame()-Methode gezeichnet.
4. Das relative Fenster wird mit einem Aufruf von window() oder setviewport() gesetzt.
5. Der Inhalt des Fensters wird gelöscht.

Die Methode Close(), die explizit aufgerufen wird und sonst vom Destruktor aufgerufen wird, stellt den vorherigen Bildschirminhalt wieder her und gibt den Speicherplatz des Bildschirmpuffers wieder frei. Falls ihr Fenster einen Rahmen hat, ist die tatsächliche Größe eines Textfensters um eins an jeder Seite und eines Grafikfensters um GraphicsWindow::GrWinOffs (ein konstantes, statisches Element) geringer.

Die Quellcodes

WINSTRM.H

```
// Datei : WinStrm.h
// Zweck : Window Stream class

#if !defined WINSTRM_H
#define WINSTRM_H
```

```
#if !defined __cplusplus
  #error C++ für WindowStream Klasse erforderlich!
#endif

#include <iostream.h>
#include <conio.h>
#include <graphics.h>
#include <stdio.h>

class WindowBuf : public streambuf
{
  private:
    int PutBack;
    char *BufPtr;
    static const int BufSize;

  protected:
      // Konstruktor ohne Argumente
    WindowBuf();
      // Destruktor
    ~WindowBuf()
      { delete BufPtr; Close(); }

      // Geschützte Elementfunktionen
    int Bordered;
    char *ScreenBuffer;
    int Left, Top, Right, Bottom;

  public:
      // Konstruktor mit Fenstergröße
    WindowBuf( int Left =1, int Top =1,
            int Right =80, int Bottom =25,
            int WithBorder =0 );

      // streambuf-Funktionen
      // leeren Eingabepuffer füllen und
      // erstes Zeichen holen.
    int underflow();
      // gefüllten Ausgabepuffer leeren und
      // Zeichen 'ch' hinzufügen.
    int overflow( int ch =EOF )
      { PutChar(ch); return ch; }

    int do_sputn(const char*,int);
    virtual int pbackfail(int);

      // reine virtuelle Funktion für
      // Window-Stream-Klassen.
    virtual void Open() = 0,
      Close() = 0, Clear() = 0,
```

```
        GotoXY(int,int) = 0,
        Frame() = 0,
        PutString(const char*) = 0,
        PutChar(char) = 0;

      virtual char *GetString(char*) = 0;
};

class WindowStreamBase : public iostream
{
  protected:
    void Frame()
      { w->Frame(); }
    WindowBuf *w;
    WindowStreamBase() { }

  public:
    void Open()
      { w->Open(); }
    void Close()
      { w->Close(); }
    void Clear()
      { w->Clear(); }
    void GotoXY( int x, int y )
      { w->GotoXY( x, y ); }
};

class TextWindow : public WindowBuf
{
  private:
    text_info t;
    void Frame();

  public:
    TextWindow( int Left =1, int Top =1,
                int Right =80, int Bottom =25,
                int WithBorder =0 )
    : WindowBuf( Left, Top, Right, Bottom, WithBorder )
    { }
    ~TextWindow()
      { Close(); }

    void Open(), Close();
    void Clear()
      { clrscr(); }
    void GotoXY( int x, int y )
      { gotoxy( x, y ); }
    void PutString(const char *s)
      { cputs(s); }
    void PutChar(char c)
```

```
      { putch(c); }
    char *GetString(char *s)
      { return cgets(s); }

};

class GraphicsWindow : public WindowBuf
{
  private:
    viewporttype t;
    void Frame()
    {
      rectangle( Left, Top, Right, Bottom );
    }
    const static int GrWinOffs;

  public:
    GraphicsWindow( int Left, int Top,
                    int Right, int Bottom,
                    int WithBorder =0 )
    : WindowBuf( Left, Top, Right, Bottom, WithBorder )
    { }
    ~GraphicsWindow() { Close(); }

    void Open(), Close();
    void Clear()
      { clearviewport(); }
    void GotoXY( int x, int y )
      { moveto( x, y ); }
    void PutString( const char *s )
      { outtext( s ); }
    void PutChar( char c )
    {
      char s[2]; s[0]=c; s[1]=0;
      outtext( s );
    }
    char *GetString( char *s )
      { return gets(s); }
};

class TextWindowStream : public WindowStreamBase
{
  public:
    TextWindowStream( int Left =1, int Top =1,
                      int Right =80, int Bottom =25,
                      int WithBorder =0 )
    {
      w = new TextWindow( Left, Top,
                          Right, Bottom,
                          WithBorder );
```

```
      ios::init( w );
    }
    ~TextWindowStream()
      { Close(); }
};

class GraphicsWindowStream : public WindowStreamBase
{
  public:
    GraphicsWindowStream( int Left, int Top,
                          int Right, int Bottom,
                          int WithBorder =0 )
    {
      w = new GraphicsWindow( Left, Top,
                              Right, Bottom,
                              WithBorder );
      ios::init( w );
    }
};

  // conio endl Äquivalent: 'cendl'
#define cendl "\n\r"
#endif
// eof WinStrm.h
```

WINSTRM.CPP

```
// Datei  : WinStrm.cpp
// Zweck  : Definition der Window
//          Stream-Methoden

#include <WS/WinStrm.h>
#include <String/StrUtil.h>

#include <stdlib.h>
#include <stdio.h>
#include <assert.h>

#define CLIP_MODE 1

  // Größe des Übergabepuffers an
  // streambuf Funktionen.
const int WindowBuf::BufSize = 128;
  // Offset des Grafikfensters im Rahmen.
const int GraphicsWindow::GrWinOffs = 5;

// WindowBuf Methoden
// ------------------
```

```
  // WindowBuf Konstruktor
  // Argumente:
  //   Koordinaten links-oben (L,T)
  //                rechts-unten (R,B)
  //                rand (boolean)
WindowBuf::WindowBuf( int L, int T, int R, int B, int wb )
{
  PutBack = 0;
    // cgets(s) erwartet in s[0] die maximale Länge
    // und schreibt die aktuelle Länge in s[1]
    //
  BufPtr = new char[BufSize+2];
  assert( BufPtr != 0 );

  BufPtr[0] = BufSize;
    // Zeichen-Array als Puffer verwenden.
  setbuf( BufPtr+2, BufSize );
    // Put-Zeiger initialisieren.
  setp( 0, 0 );
    // Get-Zeiger initialisieren.
  setg( base(), base(), base() );

  Left = L; Top = T;
  Right = R; Bottom = B;
  ScreenBuffer = 0;
  Bordered = wb;
}

int WindowBuf::underflow()
{
    // Pufferlänge BufSize-3 für cgets
  BufPtr[0] = BufSize-3;
  GetString( BufPtr );
  PutString( "\n\r" );
  int Length = BufPtr[1];
    // "\n\r\0" anhängen
  BufPtr[ Length ] = '\n';
  BufPtr[ Length+1 ] = '\r';
  BufPtr[ Length+2 ] = 0;
  return *base();
}

int WindowBuf::pbackfail( int c )
{
  if ( PutBack != EOF )
    PutBack = c;
  return PutBack;
}

  // 'n' Bytes von 's' an den Stream ausgeben
```

```
int WindowBuf::do_sputn( const char *s, int n )
{
    // 's' in einen temporären Speicher kopieren und
    // die abschließende Null anhängen.
  char *p = StrnDup( s, n+1 );
  assert( p != 0 );
  p[n] = 0;
  PutString( p );
  delete p;
  return n;
}

// TextWindow- & GraphicsWindow Methoden
// ------------------------------------

  // Textfenster öffnen
void TextWindow::Open()
{
  if ( ScreenBuffer != 0 )
    return;   // ist bereits offen

    // Informationen über das aktuelle Fenster ermitteln.
  gettextinfo( &t );

    // Inhalt speichern.
  int BufSize = (Right-Left+1)*(Bottom-Top+1)*2;
  ScreenBuffer = new char[ BufSize ];
    // Ergebnis der Allozierung prüfen.
  assert( ScreenBuffer != 0 );
  gettext( Left, Top, Right, Bottom, ScreenBuffer );

    // Fenster zeichnen und Inhalt löschen
  if ( !Bordered )
    window( Left, Top, Right, Bottom );
  else
  {
    window( Left, Top, Right, Bottom );
    Frame();
    Left++; Right--;
    Top++; Bottom--;
    window( Left, Top, Right, Bottom );
  }
  _wscroll = 1;
  Clear();
}

  // Grafikfenster löschen
void GraphicsWindow::Open()
{
  if ( ScreenBuffer != 0 )
```

```
    return;
    // Informationen über den aktuellen Viewport ermitteln.
  getviewsettings( &t );
    // temp. Viewport: ganzer Bildschirm
  setviewport( 0, 0, getmaxx(), getmaxy(), 0 );

    // Inhalt sichern
  unsigned BufSize = imagesize( Left, Top,
                                Right, Bottom );
    // prüfen ob kleiner als 64 KB
  assert( BufSize != 0 );
  ScreenBuffer = new char[ BufSize ];
    // Ergebnis der Allozierung prüfen
  assert( ScreenBuffer != 0 );
  getimage( Left, Top, Right, Bottom,
            (void far*)ScreenBuffer );

    // Fenster zeichnen
  if ( !Bordered )
    setviewport( Left, Top, Right, Bottom, CLIP_MODE );
  else
  {
    setviewport( Left, Top, Right, Bottom, CLIP_MODE );
    clearviewport();
    setviewport( 0, 0, getmaxx(),
                 getmaxy(), 0 );
    Frame();
    Left+=GrWinOffs;
    Right-=GrWinOffs;
    Top+=GrWinOffs;
    Bottom-=GrWinOffs;
    setviewport( Left, Top, Right, Bottom, CLIP_MODE );
  }
  Clear();
}

  // Textfenster schließen
void TextWindow::Close()
{
  if ( ScreenBuffer )
  {
      // vorheriges Fenster wiederherstellen
    window( t.winleft, t.wintop,
            t.winright, t.winbottom );
      // vorherige Cursorposition wiederherstellen
    gotoxy( t.curx, t.cury );
    if ( Bordered )
    {
      Left--; Right++;
      Top--; Bottom++;
```

```
    }
      // Inhalt wiederherstellen
    puttext( Left, Top, Right, Bottom, ScreenBuffer );
    delete ScreenBuffer;
    ScreenBuffer = 0;
  }
}

  // Grafikfenster schließen
void GraphicsWindow::Close()
{
  if ( ScreenBuffer )
  {
      // temp. Viewport: ganzer Bildschirm
    setviewport( 0, 0, getmaxx(),
                 getmaxy(), 0 );
    if ( Bordered )
    {
      Left-=GrWinOffs; Right+=GrWinOffs;
      Top-=GrWinOffs; Bottom+=GrWinOffs;
    }
      // Bildinhalt wiederherstellen
    putimage( Left, Top, ScreenBuffer, COPY_PUT );
    delete ScreenBuffer;
    ScreenBuffer = 0;
      // vorherigen Viewport wiederherstellen
    setviewport( t.left, t.top,
                 t.right, t.bottom, t.clip );
  }
}

  // Rahmen im aktuellen Textfenster zeichnen
void TextWindow::Frame()
{
  gotoxy( 1, 1 );
  putch( 218 );
  for ( int i=2; i<Right-Left+1; i++ )
    putch( 196 );
  putch( 191 );
  for ( i=2; i<Bottom-Top+1; i++ )
  {
    gotoxy( 1, i );
    putch( 179 );
    gotoxy( Right-Left+1, i );
    putch( 179 );
  }
  gotoxy( 1, Bottom-Top+1 );
  putch( 192 );
  for ( i=1; i<Right-Left; i++ )
    putch( 196 );
```

```
  _wscroll = 0;
  putch( 217 );
}
// eof WinStrm.cpp
```

WSDEMO.CPP

```
// Datei : wsDemo.cpp
// Zweck : Demonstration der Window Stream Klasse

#include <WS/WinStrm.h>
#include <stdlib.h>

#define GRAPHICS

int main()
{
   #if defined GRAPHICS
     // automatische Erkennung
     int gdriver = DETECT, gmode, errorcode;
     int left, top, right, bottom;

     // Grafik und lokale Variablen initialisieren
     initgraph(&gdriver, &gmode, "C:\\BC\\BGI");  // hier evtl.
anpassen!

     // Ergebnis der Initialisierung lesen
     errorcode = graphresult();
     if (errorcode != grOk)  // ein Fehler ist aufgetreten
     {
        printf("Graphics error: %s\n", grapherrormsg(errorcode));
        printf("Ende mit beliebiger Taste");
        getch();
        exit(1); // Mit Fehlercode beenden
     }


     GraphicsWindowStream g( 1, 1, 120, 250, 1 ),
       g2( 150, 150, 400, 350, 1 ),
       g3( 480, 300, 639, 479, 1 ),
       g4( 100, 100, 230, 160, 1 );
   #else
     TextWindowStream g( 1, 1, 10, 12, 1 ),
       g2( 20, 8, 50, 20, 1 ),
       g3( 70, 22, 80, 25, 1 ),
       g4( 5, 5, 11, 8, 1 );
   #endif
```

```
      // Der folgende Code ist für Text- und
      // Grafikfenster identisch
    g.Open();
    g << "Fenster #1";
    g2.Open();
    g2 << "Fenster #2; beliebige Taste drücken";
    g3.Open();
    g3 << "Fenster #3";
    g4.Open();
    g4 << "Fenster #4";

    getch();
    g4.Close();
    getch();

    g3.Close();
    getch();

    g2.Close();
    getch();

    g.Close();
    getch();

    #if defined GRAPHICS
      closegraph();
    #endif

    restorecrtmode();

    return 0;
}

// eof wsDemo.cpp
```

Kapitel 20

Die String-Klasse

Eine gebräuchliche Anwendung in C++ ist die String-Klasse. Dies ist kaum überraschend, da C und C++ jede komfortable Handhabung von Strings, die andere Sprachen wie Pascal oder BASIC anbieten, vermissen lassen. Mit Hilfe einer String-Klasse können Strings mit natürlichen Operatoren einfach kopiert, aneinandergehängt und verglichen werden.

Die in diesem Kapitel vorgestellte Klasse String bietet automatische Zuweisung und Aufhebung der Zuweisung, String-Verkettung, Substring-Funktionen, String-Manipulation und eine Anzahl weiterer Funktionen.

Die privaten Elemente

Objekte vom Typ String haben die folgenden privaten Datenelemente:

char *Buffer;	Der Datenpuffer
size_t AllocLen;	Die zugewiesene Länge des Puffers
size_t CurLen;	Die aktuelle Länge des Strings
size_t Offset;	Die relative Anfangsposition (=Offset) im Puffer
static char Dummy;	Wird zur Rückgabe von Referenzen benötigt

Falls Sie einen String erstellen, werden genügend Byte zugewiesen, um die Zeichen zu speichern. Falls ein String kürzer wird (wenn Sie ihn zum Beispiel halbieren), wird nur CurLen aktualisiert und AllocLen bleibt gleich. Falls dem String nachträglich Zeichen hinzugefügt werden, ist eine erneute Zuweisung nicht sofort notwendig, da der Puffer groß genug ist, um auch diese Zeichen zu speichern. Erst wenn die neue Länge die zugewiesene Länge überschreitet, wird eine neue Zuweisung notwendig.

String-Objekte können mit ++ oder += inkrementiert bzw. mit -- oder -= dekrementiert werden. Sie können also zum Beispiel mit dem Operator ++ zeichenweise vorwärts durch einen String wandern, genauso wie bei char-Zeigern. Das Element Offset beinhaltet immer den Index des ersten Zeichens des Strings und wird, sobald einer der eben erwähnten Operatoren benutzt wird, aktualisiert. Der Vorteil ist, daß Sie niemals außerhalb der Grenzen des Strings arbeiten.

Das statische Element Dummy wird im Zusammenhang mit Operatoren und Funktionen, die eine Referenz auf ein Zeichen liefern, benutzt. Falls Sie zum Beispiel auf das Element s[9] eines Strings der Länge 5 zugreifen, wird eine Referenz auf String::Dummy zurückgegeben.

Die private Funktion Reset löscht den aktuellen Inhalt des Strings und weist ihm einen neuen Wert zu. Die aktuelle Länge des Strings wird auf die Länge des Arguments gesetzt, und der Platz wird neu zugewiesen.

Die String-Konstruktoren

Es gibt verschiedene Konstruktoren für die String-Klasse. Der Standard-Konstruktor String::String() legt einen leeren String an:

```
String p; // Anlegen eines leeren Strings
```

Der nächste Konstruktor empfängt ein Argument vom Typ const char* und legt einen String mit diesem Wert an. Das folgende Beispiel zeigt, wie Strings mit diesem Konstruktor angelegt werden können:

```
String q("Beispiel-String 1");
String r = "Beispiel-String 2";
```

Dieser Konstruktor hat ein optionales Integer-Argument n, um die Anzahl der Zeichen einzuschränken, die von dem Argument kopiert werden.

```
String s("Beispiel-String 3", 9 );
// s == "Beispiel"
```

Falls n länger als die Länge des ersten Arguments sein sollte, so werden n Bytes zugewiesen.

Falls Sie einen String mit einem einzelnen Zeichen anlegen wollen, so benutzen Sie den folgenden Konstruktor:

```
String t( '!' );
```

Ein String mit einer vorgegebenen Länge und einem optionalen Wert für alle Zeichen kann mit dem Konstruktor String(int,char) angelegt werden:

```
String Buffer( 50 );  // Legt einen String der Länge 50 an
String Line( 80, '-' );  // Legt einen String der Länge 80 an
```

Der String Buffer wird mit Nullen (dem Zeichen "\0") gefüllt, während alle 80 Zeichen des String Line auf "–" gesetzt werden.

Der Copy-Konstruktor ist entscheidend für eine String-Klasse. Er wird nicht nur zum Erstellen von Strings, basierend auf vorhandenen Strings, benötigt, sondern er wird auch (implizit) aufgerufen, wenn ein String an eine Funktion übergeben oder von dieser zurückgegeben wird. Der direkte Aufruf ist folgendermaßen:

```
String s = "A String";
String t = s; // Aufruf Copy-Konstruktor
String u( s ); // Aufruf Copy-Konstruktor
```

Wenn der Copy-Konstruktor nicht definiert wäre, würden die Buffer-Zeiger innerhalb der String-Objekte alle auf die gleiche Speicherstelle zeigen. Das Ändern eines der Zeiger würde die anderen nicht nur beeinflussen, sondern könnte sogar zum Desaster führen. Der Destruktor gibt den vom String belegten Speicherplatz frei.

Konvertieren von String-Objekten in C-Strings

Das Konvertieren des Inhalts eines String-Objekts in ein gewöhnliches char* kann auf drei Arten erfolgen. Als erstes gibt es eine Konvertierungsfunktion (oder einen Cast-Operator) operator const char*() const, der den Gebrauch von Strings überall dort ermöglicht, wo sonst const char* erwartet wird. Dies ist besonders nützlich, wenn Sie Strings in vorhandenen Funktionen benutzen wollen, die const char* als Argument erwarten. Da der aus der Umwandlung resultierende Zeiger auf const-Zeichen zeigt, können diese nicht geändert werden, und das Datenschutz-Prinzip wird nicht verletzt. Da Buffer[Offset+CurLen] immer Null ist, kann einfach ein Zeiger auf das erste Zeichen des String zurückgegeben werden, unabhängig von der zugewiesenen Länge. Ein Beispiel für den (impliziten) Gebrauch des Cast-Operators ist:

```
String s = "Borland C++";
puts( s ); // Ruft den Cast-Operator auf
```

Der Cast-Operator kann auch benutzt werden, um zu prüfen, ob ein String leer ist. Falls CurLen, also die aktuelle Länge eines String Null ist, gibt der Operator eine 0 zurück, ansonsten einen Zeichenzeiger ungleich Null:

```
String s = "Nicht leer";
String t;

if ( s ) // Erfolgreich
 ...
if ( t ) // Nicht erfolgreich
 ...
```

Das zweite Verfahren, um den Inhalt eines String-Objekts in einen normalen Zeichen-Puffer zu kopieren, verwendet die Copy-Funktion. Diese Funktion erhält einen Zeiger auf den Zielpuffer, kopiert den Inhalt des String-Objekts in den Puffer und gibt die Adresse des Puffers zurück. Ein Beispiel:

```
String s = "Turbo C++";
char t[80];
s.Copy( t ); // Kopiere "s" in "t"
```

Der Puffer, in den kopiert wird, muß groß genug sein, um alle Zeichen und zusätzlich die abschließende Null aufnehmen zu können.

Die dritte Methode zum Konvertieren eines String in ein char* ist die Dup-Methode. Diese Funktion weist genügend Bytes zu, um den Inhalt des String zu speichern, kopiert die Zeichen und gibt einen Zeiger auf den zugeordneten Puffer zurück. Falls Sie die Dup-Methode benutzen, müssen Sie den belegten Speicherplatz mit dem Operator delete selbst freigeben.

```
String s = "Beispiel";
char *p = s.Dup();
// ...
delete p;
```

Die Funktion Clone gibt eine Kopie des aktuellen String zurück:

```
String String::Clone() const
{
  return *this;
}
```

Da der Copy-Konstruktor aufgerufen wird, wenn Sie einen String per Wert zurückgeben, wird *this tatsächlich einen Clone des aktuellen String zurückgeben. Diese Funktion kann für konstante Objekte aufgerufen werden, aber der Rückgabewert ist natürlich nicht konstant.

Das Manipulieren von String-Objekten

Es ist von grundlegender Bedeutung für die Klasse String, daß ein Zuweisungsoperator definiert ist. Falls Sie s1=s2 für zwei String-Objekte s1 und s2 schreiben, wird dieser Operator aufgerufen. Falls s1 nicht groß genug zum Speichern von s2 ist, wird neuer Platz reserviert. Ansonsten wird der aktuelle Speicherbereich benutzt. Im nächsten Programmausschnitt benötigt nur die zweite Zuweisung eine Zuordnung:

```
String s( "10 breit  " );
String t( "12 breit    " );
String u( "8 breit ");

t = s; // Keine Reservierung
u = s; // Reservierung notwendig
```

Da der Zuweisungsoperator als Argument ein const char* erwartet, wird der Cast-Operator in den oben gezeigten Fällen aufgerufen. Dieser Vorgehensweise wird bei den meisten Operatoren gefolgt.

Das Anhängen eines String oder eines einzelnen Zeichens an einen String kann durch den Operator += erfolgen. Da dieser Operator eine Referenz auf den aktuellen String zurückgibt, sind zusammengesetzte Befehle, bestehend aus mehreren Operatoren, erlaubt:

```
String s = "Test";
s += "en" + ' ' + "der String-Klasse";
// s == "Testen der String-Klasse"
```

Der Operator + kopiert den aktuellen String, hängt die Argumente an und gibt ihn zurück. Da dieser Operator das String-Objekt, von dem aus er aufgerufen wird, nicht ändert, hat er ein Suffix const. Eine Version dieses Operators, die kein Element ist, ist verfügbar, um eine String-Verkettung mit einem Argument vom Typ const char* auf der linken Seite des Zeichens + zu ermöglichen. Der folgende Programmausschnitt zeigt, wie beide Operatoren benutzt werden:

```
String s = "abc";
char *p = "123";

String t = s + p;  // Ruft den Element-Operator + auf.
char *q = p + s;  // Ruft den Nicht-Element-Operator + auf.

// t == "abc123", q == "123abc"
```

Es ist auch möglich, ein Zeichen an einen String oder einen String an ein Zeichen anzuhängen. Beide Male wird ein neuer String erstellt.

Die Operatoren ++ und += können benutzt werden, um den Offset des String um 1 bzw. n zu erhöhen. Das folgende Beispiel gibt den String in einer Schleife aus und inkrementiert den String bei jedem Durchlauf. Beachten Sie, daß Sie keine Unterscheidung zwischen einem Postfix oder Präfix + machen können; ein überladener Operator ++ verhält sich immer wie ein Präfix ++. Deshalb wird in diesem Beispiel der gesamte String als erstes ausgegeben:

```
String s = "Hallo";
cout << s; // Ausgabe des ganzen String
while (s )
  cout << s++;
// Ergebnis:
Hallo
allo
llo
lo
o
```

Die Funktion Cut kann genutzt werden, um den String an einer bestimmten Position abzuschneiden. Dabei wird das entsprechende Zeichen durch eine Null (das String-Ende-Zeichen) ersetzt und die Variable CurLen aktualisiert.

```
String s = "abcdef";
cout << s.Cut(3);   // Abschneiden nach der 3. Stelle
```

```
// Ergebnis:
abc
```

Die Methode Reverse bringt den Inhalt eines String in die umgekehrte Reihenfolge. Diese Funktion bearbeitet den aktuellen String und gibt eine Referenz auf *this zurück. Falls Sie den umgekehrten Inhalt von String behalten wollen, ohne ihn zu ändern, können Sie Clone benutzen:

```
String s = "123456";
cout << s.Clone().Reverse();
// Gibt '54321' aus, ohne s zu ändern.
```

Die Funktionen ToUpper und ToLower konvertieren alle Zeichen des aktuellen String in Groß- und Kleinbuchstaben und werden auf die gleiche Art wie Reverse benutzt.

Falls Sie alle Zeichen eines String mit einem bestimmten Zeichen gleichsetzen möchten, benutzen Sie Set. Ein optionales zweites Argument enthält die Anzahl Zeichen, die gesetzt werden sollen (voreingestellt ist der ganze String):

```
String s = "abcdef";
s.Set( 'x', 3 );  // s == "xxxdef"
s.Set( 'x' );     // s == "xxxxxx"
```

Die Methode Replace(Old,New) ersetzt alle Zeichen Old im String durch New. Die Funktion CapFirst macht aus dem ersten Buchstaben von String einen Großbuchstaben; CapWords macht aus den ersten Buchstaben aller Wörter in String Großbuchstaben.

Das Suchen in einem String kann durch Find erfolgen. Eine Version von Find(Find(char*)) ist das String-Äquivalent zur strstr-Funktion, die nach Substrings sucht. Die zweite Version von Find(Find(char)) führt die Aufgabe der strstr-Funktion durch, die überprüft, ob ein Zeichen Teil von String ist.

Die Funktion Match kann benutzt werden, um einen String mit einem Muster (Template) zu vergleichen. Das Template kann Jokerzeichen wie “*” für eine Anzahl von Zeichen oder “?” anstelle eines Zeichens enthalten. Der folgende Programmausschnitt vergleicht zum Beispiel den String s mit dem Template “*w?r*ld”:

```
String s = "Hello, world";
int i = s.Match( "*w?r*ld" );
// i == 1, da die Funktion Match erfolgreich war.
```

Die statische Funktion ::Match wird während des Suchens verwendet.

Die Methode Justify(Width,Align) richtet einen String linksbündig, rechtsbündig oder zentriert aus. Der aktuelle String wird durch einen String der Länge Width mit dem vorherigen Inhalt, aber ausgerichtet ersetzt. Das Argument Align kann einen der folgenden Werte haben:

String::LEFT	Linksbündig (Standard)
String::CENTER	Zentrieren
String::RIGHT	Rechtsbündig

String-Vergleiche

Das Vergleichen von Strings erfolgt einfach durch die üblichen Operatoren wie == und >. Alle rufen die Funktion strcmp auf, die zwei Strings vergleicht und die folgenden Rückgabewerte hat:

```
int i=strcmp(s1,s2);
```

i==0	falls s1 gleich s2 ist.
i>0	falls s1 größer s2 ist.
i<0	falls s1 kleiner s2 ist.

Falls Sie einen Vergleich ohne Beachtung der Groß-/Kleinschreibung haben wollen, dann benutzen Sie stattdessen stricmp. Eine mögliche Erweiterung der Klasse String ist die Möglichkeit für den Anwendungsprogrammierer, sich eine eigene Vergleichsmethode entweder für die gesamte Klasse oder für einzelne Strings auszuwählen.

Substring-Funktionen

Der Operator für Funktionsaufrufe () wurde überladen und kann benutzt werden, um einen Substring aus einem String zu extrahieren. Der Operator nimmt zwei Argumente: der erste ist die Position des Substring innerhalb des String, und der zweite bestimmt die Länge des

Substring. Der folgende Programmausschnitt extrahiert den Substring “def” aus dem String “abcdefghi”:

```
String s = "abcdefghi";
String Sub = s( 3, 3);
```

Die Funktion Mid stellt ein Synonym für den Substring-Operator dar. Mit Left(n) wird ein aus den ersten n Bytes bestehender Substring zurückgegeben. Right(n) gibt einen aus den letzten n Bytes bestehenden Substring zurück. Ein Substring kann in einen String mit der Methode Insert eingefügt werden:

```
String s = "abcghi";
s.Insert( 3, "def" );
// s == "abcdefghi"
```

Dasselbe kann mit einem einzelnen Zeichen erfolgen. Die Funktion Delete löscht einen Substring aus einem String. Wenn Sie jedoch ein einzelnes Zeichen an Delete übergeben, werden alle Zeichen mit diesem Wert gelöscht.

Das Löschen führender oder nachfolgender Leerzeichen kann durch die Methoden Ltrim und Rtrim erfolgen.

Die Funktion Piece ist eine spezielle Funktion zum Extrahieren von Substrings. Argument ist ein Paar von Begrenzern (vom Typ char*), und bei jedem Aufruf wird der nächste, aus den Zeichen zwischen den Begrenzern bestehende Substring zurückgegeben:

```
String s = "Eins, Zwei, Drei";
while ( s )
  cout << s.Piece( ", " ) << endl;
// Ergebnis:
Eins
Zwei
Drei
```

Der Manipulator endl fügt ein Zeichen für eine neue Zeile in den Stream ein und schickt ihn ab.

Die Methode GetTill nimmt ein Zeichen c entgegen und gibt den Substring, bestehend aus allen Zeichen bis zum ersten Auftauchen von c, im String zurück.

Mit PrintTo kann ein Wert einem String mit printf-ähnlichen Formaten zugewiesen werden:

```
String s;
s.PrintTo( "%s ist %f\n", "PI", 3.141500 );
// s == "PI ist 3.141500"
```

Die Anzahl Zeichen, die einem String mit dieser Methode zugewiesen werden dürfen, ist auf 256 begrenzt.

Ein- und Ausgabe

Da der Operator const char*() automatisch angewendet wird, muß kein Operator zur Ausgabe eines String in einen Stream definiert werden. Der Eingabe-Operator schreibt den String mit den vom Eingabe-Stream gelesenen Zeichen voll, außer ein Return wurde zuvor eingegeben. Es ist wichtig, daß der String eine vordefinierte Länge hat.

Applikatoren und Iteratoren

Ein Iterator kann zum Wandern durch eine Datenstruktur benutzt werden und gibt bei jedem Folgeaufruf das nächste Element zurück. Ein üblicher Operator für Iterationszwecke ist der Operator für Funktionsaufrufe ohne Argumente. Der Programmausschnitt zeigt, wie Sie alle Zeichen mit Hilfe des Iterators ausgeben können:

```
String s = "Iterating..";
while ( s )
  cout << s();
```

Ein Applikator ist eine Funktion, die eine benutzerdefinierte Funktion auf alle Elemente oder eine Untermenge von ihnen ausführt. Der String-Applikator heißt Apply und nimmt einen Zeiger auf die Benutzerroutine als erstes Argument entgegen. Die Benutzerroutine empfängt ein Argument vom Typ char und gibt ein char zurück, welches das vorherige ersetzt. Das folgende Beispiel zeigt, wie Sie die Funktion Change auf alle Elemente des Strings anwenden können. Das Ergebnis wird sein, daß alle Zeichen um eins erhöht wurden:

```
char Change( char c )
{ return c+1; }

String s = "Caesar";
s.Apply( Change );
// s == "Dbftbs"
```

Eine Funktion, welche eine 0 oder 1, abhängig vom Wert des Arguments vom Typ char, zurückgibt, kann optional als zweites Argument an den Applikator übergeben werden. Falls diese Funktion eine 1 für ein Element des String übergibt, wird die erste Funktion aufgerufen:

```
int Condition (char c )
{
  return isalpha(c);
}

String s = "J. Caesar";
s.Apply( Change, Condition );
// s == "K. Dbftbs"
```

Andere Ansätze für String-Klassen

Eine nützliche Funktion einer String-Klasse ist das Zählen der Referenzen. Dies dient der Vermeidung von unnötigen Zuordnungen, wenn Strings kopiert oder mit Copy konstruiert werden. Solange Sie einen String nur zum Lesen benötigen und Sie den Inhalt nicht ändern, kann er seinen Datenbereich mit dem String, von dem er kopiert wurde, teilen. Im folgenden Beispiel können s und t sich denselben Speicher sicher teilen:

```
{
  String s = "Eins, Zwei";
  String t = s;
    // "s" wird durch die Ausgabe nicht verändert.
  cout << s << endl;
   // Match verändert "t" nicht.
  int f = t.Match("*we");
}
```

Mit der in diesem Kapitel dargestellten String-Klasse hätten s und t ihren eigenen Puffer reserviert und unnötigerweise den String dupliziert.

Mit dem Zählen von Referenzen hätten beide Strings einen Zeiger auf denselben Puffer enthalten. Solange Sie Operationen ausführen, die einen String nicht ändern (zum Beispiel Methoden mit dem Postfix const oder Funktionen mit einem Argument const String&), solange können sie sich diesen Speicher teilen.

Sobald aber einer der Strings geändert wird, wird dem Objekt sein eigener Puffer zugeordnet. Dies kann zum Beispiel beim Aufruf einer Nicht-const-Methode wie Ltrim oder Reverse passieren. Falls nur eine Referenz existiert, ist natürlich eine erneute Zuordnung nicht notwendig.

Eine plausible Methode zum Zählen der Referenzen ist die Definition eines zusätzlichen Elements wie nRefs, das die Anzahl der Referenzen auf den aktuellen Puffer enthält. Falls also nRefs==3 ist, bedeutet dies, daß drei String-Objekte denselben Puffer benutzen. Das folgende Beispiel zeigt, wie es zu dieser Situation kommen kann:

```
  // Anlegen des String a und Zuordnung
String a = "Zugeordneter Puffer";

  // Anlegen des String b, der sich auf denselben Puffer bezieht
String b = a;

  // Anlegen des String c, der sich auf denselben Puffer bezieht
String c;
c = a;
```

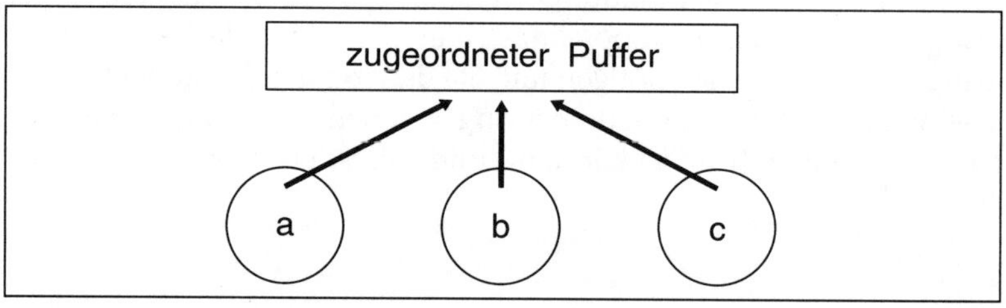

Abb. 20.1: Drei kleine Strings

Das Element nRefs kann keine reguläre int-Variable sein, sondern muß stattdessen vom Typ int* oder int& sein. Ansonsten wüßte der String b im obigen Beispiel nicht, daß sein Referenzenzähler im Befehl c=a aktualisiert wurde. Die Klasse String hat also folgende Datenelemente:

```
class String  // mit Referenzenzähler
{
  private:
    char *Buffer;
    int Size;
    int& nRefs;
  // ...
};
```

Im Gegensatz zur in diesem Kapitel vorgestellten regulären String-Klasse sollen nur ein Puffer und dessen Größe beibehalten werden. Der erste Konstruktor der Referenzen zählenden String-Klasse nimmt ein Argument const char*; in diesem Fall wird ein neuer Puffer zugeordnet, die Daten werden dorthin kopiert, und der Referenzenzähler wird auf 1 gesetzt. Beachten Sie, daß eine neue Integer-Variable für nRefs angelegt wird. Zum Kopieren des Arguments String wird die in ..\String\StrUtil.h definierte Funktion StrDup genommen. Deren Definition findet sich am Ende des Kapitels.

```
String:: String( const char *s ) : nRefs ( *new int )
{
  nRefs = 1;  // Setze Referenzenzähler auf 1.
  Size = strlen(s);
  Buffer = StrDup(s);  // Kopiere das Argument.
}
```

Beachten Sie die besondere Initialisierungssyntax für Referenzelemente. Etwas anderes geschieht beim Copy-Konstruktor; in diesem Fall handelt es sich um ein vorhandenes String-Objekt, und es werden nur die Elemente ohne jegliche Zuordnung aktualisiert:

```
String::String( const String& s ) : nRefs ( s.nRefs )  // Anzahl
Referenzen aus
{                   // String s holen
  ++nRefs; // Inkrementieren des Referenzenzählers
  Size = s.Size;
  Buffer = s.Buffer;
}
```

Der Destruktor dekrementiert den Referenzenzähler wieder, da ein Objekt weniger den Puffer verwenden wird. Falls nRefs jedoch 0 ist, so nutzen im Moment keine Objekte den Puffer, und er kann bereinigt werden. Die Integer-Variable, auf die nRefs sich bezieht, kann ebenfalls freigegeben werden, da sie nicht weiter genutzt wird.

```
String::~String()
{
  if ( --nRefs == 0 )
  {
    delete &nRefs;
    delete Buffer;
  }
}
```

Wie üblich führt der Zuweisungsoperator die Arbeit des Destruktors und des Copy-Konstruktors durch.

```
String& operator=(const String& s)
{
    // Prüfen, ob s = s
  if ( Buffer == s.Buffer )
    return *this;

  if ( --nRefs == 0 )
  {
    delete &nRefs;
    delete Buffer;
  }
    // Neuer Referenzenzähler
  nRefs = s.nRefs;
    // Ein weiteres Objekt, das sich
    // auf s.Buffer bezieht:
  nRefs++;
    // Kopieren der Adresse:
  Buffer = s.Buffer;
  Size = s.Size;
  return *this;
}
```

Eine ähnliche Prüfung auf Buffer == s.Buffer muß auch im Zuweisungsoperator bei const char*s gemacht werden.

Die Copy-on-Write-Strategie

Falls Methoden aufgerufen werden, die ein String-Objekt ändern können (wie ein Index-Operator, der ein char& zurückgibt, oder der +=-Operator), so muß dem String der eigens zugeordnete Puffer zugewiesen werden. Dies wird als Copy-on-Write, also Kopie beim Schreiben, bezeichnet; in der Mehrzahl der Fälle ist es ausreichend, wenn alle Nicht-const-Funktionen eine Funktion wie CopyContents aufrufen:

```
  // Weise einem Objekt seine eigene Kopie des Puffers zu
void String::CopyContents()
{
    // Die einzige?
  if  ( nRefs == 1 )
    return;
    // Aktualisiere Referenzenzähler
  nRefs--;
    // Anlegen eines neuen Referenzenzählers
  nRefs = *new int;
  nRefs = 1;
    // Duplizieren des Puffers
  char *Tmp = StrDup(Buffer);
  Buffer = Tmp;
}
```

Noch effizienter ist das Definieren einer eigenen Klasse CountedString, welche die Datenvariablen von String und den Referenzzähler enthält. Die String-Klasse enthält dann einen Zeiger auf ein CountedString. Dies hat den Vorteil, daß bei mehrfach verwendeten Strings ein String-Objekt nur einen Zeiger und keine weiteren Datenelemente enthält. Bei leeren Strings könnte dieser Zeiger auf ein globales, leeres CountedString zeigen:

```
class Counted String
{
  private:
    int nRefs;
    friend class String;
  // ...
};

class String
{
  private:
    CountedString *pStr;
    static CountedString GlobEmptyString;
  // ...
};

static CountedString String::GlobEmptyString("");
String::String()
{
  // Standard-Konstruktor zum Anlegen eines leeren String
  // pStr ist ein Zeiger auf ein CountedString
  pStr = GlobEmptyString;
  pStr->nRefs++;
}
```

Nun nehmen leere Strings soviel Platz ein wie eine char*-Variable.

Abgeleitet von der String-Klasse: die Klasse FileName

Von String abgeleitete Klassen erben die gesamte Funktionalität von String. Es soll eine Klasse FileName definiert werden, die gültige MS-DOS-Dateinamen enthält. Das allgemeine Format eines String FileName ist L:\Pfad\Datei.ext. Auch wenn das Laufwerk L: oder die Pfadangabe Pfad oder ein relativer Pfadname angegeben wird (wie ..\..\Datei.ext), fügt das Objekt FileName das korrekte Laufwerk und den korrekten Pfad hinzu. Dieser Vorgang wird Normalisierung oder Kanonisierung genannt und wird vom Aufruf der (undokumentierten) Funktion 0x60 des DOS-Interrupt 0x21 durchgeführt.

Falls das aktuelle Verzeichnis c:\bin ist und ein FileName-Objekt mit dem Argument edit.exe angelegt wird, so wird das Ergebnis ein String c:\bin\edit.exe sein. Die Funktion, die einen solchen qualifizierten Dateinamen erzeugt, heißt Normalize und wird weiter unten vorgestellt.

Da FileName von String mit dem Schlüsselwort public abgeleitet wird, sind alle String-Methoden auch auf FileName-Objekte anwendbar. Darüber hinaus werden die folgenden FileName-Methoden definiert:

DriveLetter	Gibt das Laufwerk zurück.
Path	Gibt den Pfad zurück.
Base	Gibt den Dateinamen ohne Erweiterung zurück.
Extension	Gibt die Erweiterung (einschließlich dem Punkt ".") zurück.
Normalize	Kanonisieren des Dateinamens.

Die Konstruktoren rufen Normalize auf, genauso wie der Zuweisungsoperator. Falls Sie FileName mit einem der String-Elemente ändern, können Sie explizit Normalize aufrufen, um den Dateinamen erneut zu qualifizieren.

Die Funktionen TrueName und fnsplit

Die Methode Normalize ruft die statische Funktion TrueName auf, die wiederum eine undokumentierte DOS-Funktion zum Kanonisieren von Datei- und Verzeichnisnamen benutzt. Die Beschreibung dieser

Funktion findet sich im Buch "Undocumented DOS" von Schullman und anderen. Diese Kanonisierung ist sehr leistungsstark: Es werden nicht nur das Laufwerk und der Pfadname hinzugefügt, darüber hinaus werden die Referenzen auf Laufwerke und Verzeichnisse, die mit den DOS-Befehlen SUBST oder JOIN angelegt wurden, aufgehoben.

Um eine qualifizierte Dateiangabe aufzutrennen, wird die fnsplit-Funktion aufgerufen. Sie hat folgenden Prototyp (siehe dir.h):

```
int fnsplit(const char *path, char *drive, char *dir, \
          char *name, char *ext);
```

Die letzten vier an fnsplit übergebenen Argumente sind:

```
char Drive[ MAXDRIVE ];
char Dir[ MAXDIR ];
char Name[ MAXFILE ];
char Ext[ MAXEXT ];
```

Diese Variablen sind in der Klasse FileName als statische Elemente definiert.

Ein Vorteil des Erbens von String ist die Möglichkeit, FileName-Objekte überall dort zu benutzen, wo String-Objekte benutzt werden können.

Die Klasse File, die auch in diesem Abschnitt beschrieben wurde, benutzt die Klasse FileName, um den Dateinamen zu speichern. String-Objekte werden in den verschiedensten Projekten benutzt, zum Beispiel beim Forth-Interpreter.

Die Quellcodes

STRUTIL.H

```
// Datei : StrUtil.h
// Zweck : Sting Utility Funktionen

#if !defined STRUTIL_H
#define STRUTIL_H
#include <string.h>
```

```
inline char *StrDup( const char *s, int n =-1 )
{
  int Len = (n == -1) ? strlen(s)+1 : n+1;
  char *Result= new char[Len];
  memcpy( Result, s, Len-1 );
  Result[Len-1] = 0;
  return Result;
}

inline char *StrnDup( const char *s, int n )
{
  return StrDup( s, n );
}

#endif
// eof StrUtil.h
```

STRING.H

```
// Datei : String.h
// Zweck : Definition der Klasse 'String'

#if !defined STRINGCLASS_H
#define STRINGCLASS_H

#include <string.h>
class istream;

class String
{
  protected:
      // Der String Puffer
    char *Buffer;

      // für die Rückgabe von Referenzen auf
      // nichtexistente Zeichen
    static char Dummy;

    size_t AllocLen;  // allozierte Länge
    size_t CurLen;    // aktuelle Länge
    size_t Offset;    // aktueller Offset

    void Reset( const char* );
  public:
      // Konstruktoren und Destruktoren
      // ----------------------------
      // Definition eines leeren Strings
    String();
```

```
  // Definition eines Strings mit 'char*'
  // optional die ersten 'n' Zeichen verwenden
String( const char*, size_t n =0 );
  // Definition eines Strings mit 'Length' Zeichen Länge
String( size_t Length, char FillCh =0 );
  // Copy Konstruktor
String( const String& );
  // Destruktor
virtual ~String();

enum Align { LEFT, CENTER, RIGHT };

  // Kopier- und Konvertierungs-Funktionen
  // ------------------------------------
  // Konvertierung zu einem char*
operator const char*() const
  { return CurLen ? Buffer + Offset : 0; }
  // Kopiere String nach char*
char *CopyInto( char* ) const;
  // String duplizieren
char *Dup() const;
  // String klonen
String Clone() const { return *this; }

  // Monipulations-Operatoren
  // ------------------------
  // C-Strings zuweisen
String& operator=( const char* );
  // Strings zuweisen
String& operator=( const String& );
  // C-String anhängen
String& operator+=( const char* );
  // String anhängen
String& operator+=( char );
  // String auf seine minimale Länge verkleinern
String& Shrink();

  // zwei Strings verbinden
String  operator+( const char* ) const;
  // einzelnes Zeichen anhängen
String  operator+( char ) const;

  // String nach links oder rechts verschieben
String& operator++();
String& operator+=( int );
String& operator--();
String& operator-=( int );
  // String an Position 'n' abschneiden
String& Cut( size_t n );
```

```
  // String umkehren
String& Reverse();
  // Rückgabe des Strings in Großbuchstaben
String& ToUpper();
  // Rückgabe des Strings in Kleinbuchstaben
String& ToLower();

  // String oder Teile des Strings mit Zeichen 'c' besetzen
String& Set( char c, size_t n =0 );
  // Ersetzen aller Zeichen 'Old' durch 'New'
String& Replace( char Old,char New );
  // Erstes Zeichen in Großbuchstabe wandeln
String& CapFirst();
  // Erstes Zeichen aller Wörter in Großbuchstaben wandeln
String& CapWords();
  // Zeichenfolge 's' im String suchen
int Find( const char *s ) const;
  // Zeichen 'c' im String suchen
int Find( char c ) const;
  // String mit einer Zeichenfolge vergleichen
int Match( const char *s ) const;
  // String justieren
String& Justify( size_t Width, Align Method =LEFT );
  // alle Zeichen 'c' im String löschen
String& String::DeleteAll( char );
  // führende Leerzeichen löschen
String& Ltrim();
  // anhängende Leerzeichen löschen
String& Rtrim();

  // Vergleichsoperatoren
  // (nachfolgend als inline definiert)
int operator==( const char * ) const;
int operator>( const char* ) const;
int operator<( const char* ) const;
int operator>=( const char* ) const;
int operator<=( const char* ) const;
int operator!=( const char* ) const;

  // Zugriffs-Operatoren
  // -------------------
  // Zeichen aus einem String holen
char& operator[]( int );
  // Zeichen aus einer String-Konstante holen
char Elem( int ) const;
  // De-Referenz, erstes Zeichen holen
char& operator*();
  // Erstes Zeichen holen
char& First();
```

```
    // Letzes Zeichen holen
  char& Last();

    // Teilstring-Funtionen
    // --------------------
  String operator()( size_t From, size_t Len ) const
    { return Mid( From,Len ); }
  String Mid( size_t From, size_t Len ) const;
  String Left( size_t Len ) const
    { return Mid(  0, Len  ); }
  String Right( size_t Len ) const
    { return Mid( CurLen-Len, Len ); }
  String Piece( const char *s ) const;
  String& PrintTo( const char *Fmt, ... );
  String GetTill( char c ) const;

    // Teilstring löschen
  String& Delete( size_t Pos, size_t Count );
    // Teilstring einfügen
  String& Insert( size_t Pos, const char *s );
    // Zeichen einfügen
  String& Insert( size_t Pos, char c );

    // Auf leeren String prüfen
  int IsNull() const { return CurLen==0; }
    // Auf leeren String prüfen (identisch mit IsNull)
  int operator!() const { return IsNull(); }
    // Rückgabe der aktuellen Stringlänge
  int Length() const { return CurLen; }
    // Iterator
  char& operator()();
    // Zeichenfolge '\n' an String anhängen
  String& AppendLn() { return *this += '\n'; }
  String& Apply( char (*Chng)(char),
                 int (*Cond)(char) =0 );

  friend istream& operator>>( istream&,String& );

};

String operator+( const char*,const String& ),
       operator+( char, const String& );

  // Vergleichsoperatoren
inline int String::operator==(const char *s) const
{
  return ::strcmp( Buffer+Offset, s ) == 0;
}
inline int operator==(const char *s, const String& s2)
{
```

```
  return s2 == s;
}

inline int String::operator>=(const char *s) const
{
  return ::strcmp( Buffer+Offset, s ) >= 0;
}
inline int operator>=(const char *s, const String& s2)
{
  return s2 < s;
}

inline int String::operator<=(const char *s) const
{
  return ::strcmp( Buffer+Offset, s ) <= 0;
}
inline int operator<=(const char *s, const String& s2)
{
  return s2 > s;
}

inline int String::operator>(const char *s) const
{
  return ::strcmp( Buffer+Offset, s ) > 0;
}
inline int operator>(const char *s, const String& s2)
{
  return s2 <= s;
}

inline int String::operator<(const char *s) const
{
  return ::strcmp( Buffer+Offset, s ) < 0;
}
inline int operator<(const char *s, const String& s2)
{
  return s2 >= s;
}

inline int String::operator!=(const char *s) const
{
  return ::strcmp( Buffer+Offset, s ) != 0;
}
inline int operator!=(const char *s, const String& s2)
{
  return s2 != s;
}
#endif
```

STRING.CPP

```
// Datei : String.cpp
// Zweck : Definition der String Methoden

#include <String/String.h>
#include <string.h>
#include <stdio.h>
#include <ctype.h>
#include <iostream.h>
#include <stdarg.h>

char String::Dummy = 0;

  // Reset (privat): Argument in aktuellen
  // String kopieren
void String::Reset( const char *arg )
{
  delete Buffer;
  if ( arg )
  {
    CurLen = ::strlen(arg);
    AllocLen = CurLen + 1;
    Offset = 0;
    Buffer = new char[ AllocLen ];
    ::strcpy( Buffer, arg );
  }
  else
  {
    CurLen = AllocLen = Offset = 0;
    Buffer = 0;
  }
}

  // Öffentliche Konstruktoren
  // ------------------------

  // Konstruktor ohne Argumente
String::String()
{
  Buffer = 0;
  Offset = Dummy = AllocLen = CurLen = 0;
}

  // Konstruktor mit 'char*' Argument
String::String( const char *arg, size_t n )
{
  Buffer = 0;
  if ( n == 0 )
```

```
    Reset( arg );
  else if ( n < strlen(arg) )
  {
    String s( arg );
    s.Cut( n );
    Reset( s );
  }
  else    // n >= strlen(arg)
  {
    AllocLen = n+1;
    CurLen = ::strlen(arg);
    Offset = 0;
    Buffer = new char[ AllocLen ];
    ::strcpy( Buffer, arg );
  }
}

  // Copy Konstruktor
String::String( const String& s )
{
  Buffer = 0;
  Reset( s );
}

  // String mit Zeichen füllen
String::String( size_t Len, char fCh )
{
  CurLen = Len;
  AllocLen = CurLen + 1;
  Buffer = new char[ AllocLen ];
  Offset = 0;
  ::memset( (void*)Buffer, fCh, CurLen );
  Buffer[ CurLen ] = 0;
}

  // Destruktor
String::~String()
{
  delete Buffer;
}

  // operator=
  // Zuweisen eines neuen Wertes an den String
String& String::operator=(const char *arg)
{
  int NewLen = strlen(arg);
  if ( NewLen >= AllocLen )
    Reset(arg);        // Re-Allozierung erforderlich
  else
```

```
  {
    CurLen = NewLen;  // Länge aktualisieren
    Offset = 0;       // Offset zurücksetzen
    ::strcpy( Buffer, arg );
  }
  return *this;  // aktuelles Objekt zurückgeben
}

  // Zuweisungs-Operatoren
String& String::operator=(const String& s)
{
  Reset( s );
  return *this;
}

String& String::operator+=(const char *arg)
{
  int ArgLen = ::strlen(arg);
  int TotLen = CurLen + ArgLen;

    // Re-Allozierung erfoderlich
  if ( AllocLen <= TotLen )
  {
    CurLen = TotLen;
    AllocLen = CurLen + 1;
    char *Result = new char[ AllocLen ];
    ::strcpy( Result, Buffer );
    delete Buffer;
    Buffer = Result;
      // Offset bleibt unverändert
  }
  else
    CurLen = TotLen;

  ::strcat( Buffer+Offset, arg );
  return *this;
}

String& String::operator+=(char arg)
{
  static char *Tmp = " ";
  *Tmp = arg;
  return *this;
}

String String::operator+(const char *arg) const
{
  String Result( *this, Length() + ::strlen(arg) );
  Result += arg;
```

```
  return Result;
}

String operator+(const char *s, const String& S)
{ return String(s) + (const char*)S; }

String String::operator+(char arg) const
{
  char *Tmp = new char[ CurLen + 2 ];
  ::strcpy( Tmp, Buffer );
  *(Tmp+CurLen) = arg;
  *(Tmp+CurLen+1) = 0;
  return *this + arg;
}

String operator+(char c, const String& S)
{ return String(c) + (const char*)S; }

String& String::Cut( size_t n )
{
  if ( Offset + n < CurLen )
  {
    Buffer[ Offset + n ] = 0;
    CurLen = Offset + n;
  }
  return *this;
}

  // Inhalt nach 'Dest' kopieren
char *String::CopyInto(char *Dest) const
{
  ::strcpy( Dest, Buffer+Offset );
  return Dest;
}

  // Zu neu alloziertem char* kopieren
char *String::Dup() const
{
  char *Result = new char[ CurLen+1 ];
  ::strcpy( Result, Buffer+Offset );
  return Result;
}

String& String::Shrink()
{
  char *Tmp = Dup();
  delete Buffer;
  Offset = 0;
  AllocLen = CurLen+1;
```

```
  Buffer = Tmp;
  return *this;
}

  // Teilstring-Funktionen 'Mid' und Operator '()'
  // Rückgabe eines Teilstrings, beginnend bei Position 'from'
  // mit der Länge 'Len'
String String::Mid( size_t From, size_t Len ) const
{
  char *Result = 0;

  if ( Len > 0 && From < CurLen )
  {
    if ( From < 0 )
      From = 0;
    if ( Len > CurLen )
      Len = CurLen;
    Result = new char[ Len+1 ];
    strncpy( Result, Buffer+Offset+From, Len );
    Result[Len] = 0;
  }
  return Result;
}

String& String::Delete( size_t Pos, size_t Count )
{
  if ( Pos < CurLen &&
       Count < CurLen - Pos )
    {
      ::memmove( Buffer+Offset+Pos,
                 Buffer+Offset+Pos+Count,
                 CurLen-Pos-Count );
      CurLen -= Count;
      Buffer[Offset+CurLen] = 0;
    }
  return *this;
}

  // Alle Zeichen 'c' im String löschen
String& String::DeleteAll( char c )
{
  if ( !strchr(Buffer+Offset,c) || !c )
    return *this;

  int nRemoved = 0;
  char *s = Buffer + Offset,
       *t = Buffer + Offset;
  while ( *s )
  {
```

```
    if ( *s != c )
      *t++ = *s;
    else
      nRemoved++;
    s++;
  }
  CurLen -= nRemoved;
  Buffer[Offset+CurLen] = 0;
  return *this;
}

  // Einfügen eines Strings in den aktuellen String
String& String::Insert( size_t Pos, const char *s )
{
  if ( Pos < 0 || Pos >= CurLen || !s )
    return *this;
  int sLen = strlen(s);

  String Tmp( Offset+CurLen+sLen );
  strncpy( Tmp.Buffer, Buffer+Offset, Pos );
  strcat(  Tmp.Buffer, s );
  strcat(  Tmp.Buffer, Buffer+Offset+Pos );
  int Save = Offset;
  Reset( Tmp.Buffer );
  Offset = Save;

  return *this;
}

String& String::Insert( size_t Pos, char c )
{
  char Tmp[2];
  Tmp[0] = c; Tmp[1] = 0;
  return Insert( Pos, Tmp );
}

  // Die folgenden Operatoren ändern nur
  // den Wert von 'Offset'
String& String::operator++()
{
  if ( CurLen )
  {
    CurLen--;
    Offset++;
  }
  return *this;
}

String& String::operator+=(int n)
```

```
{
  if ( n > 0 )
    if ( Offset + n > CurLen )
    {
      Offset += CurLen;
      CurLen = 0;
    }
    else
      Offset += n, CurLen -= n;
  return *this;
}

String& String::operator--()
{
  if ( Offset > 0 )
  {
    Offset--;
    CurLen++;
  }
  return *this;
}

String& String::operator-=(int n)
{
  if ( n > 0 )
    if ( Offset - n < 0 )
    {
      CurLen += Offset;
      Offset = 0;
    }
    else
    {
      Offset -= n;
      CurLen += n;
    }
  return *this;
}

  // Index-Operator, prüft auf gültiges Argument
char& String::operator[](int n)
{
  if ( n >= 0 && n <= CurLen )
    return Buffer[n+Offset];
  else
    return Dummy=0;
}

char String::Elem( int n ) const
{
```

```
  return (n<0 || n>CurLen) ?
    0 : Buffer[n+Offset];
}

  // operator*, Rückgabe des ersten Zeichens
char& String::operator*()
{
  return *(Buffer+Offset);
}

char& String::First()
{
  return *(Buffer+Offset);
}

char& String::Last()
{
  return *(Buffer+Offset+CurLen-1);
}

  // Set: String oder Teilstring mit Zeichen 'c' besetzen
String& String::Set( char c, size_t n )
{
  if ( n == 0 )
    n = CurLen+Offset;
  for ( int i=Offset; i<n; i++ )
    Buffer[i] = c;
  return *this;
}

  // Replace: Ersetzen aller Zeichen 'Old' durch 'New'
String& String::Replace( char Old, char New )
{
  for ( int i=Offset; i<CurLen+Offset; i++ )
    if ( Buffer[i]==Old )
      Buffer[i] = New;
  return *this;
}

  // Statische Vergelichsfunktion (Schablone)
static int Match( const char *re, char *w )
{
  int rec=0, wc=0;
  int Len = strlen(w)+1;

  while ( wc < Len )
  {
    switch ( *(re+rec) )
    {
      case '?':
```

```
        rec++; wc++;
        break;

      case '*':
        rec++;
        while ( Match(re+rec,w+wc)==0 &&
                wc < Len )
          wc++;
        break;

      default:
        if ( *(w+wc) != *(re+rec) )
          return 0;
        wc++;
        rec++;

    }
  }
  return rec == strlen(re)+1;
}

  // Match: String mit einer Schablone vergleichen.
  // Joker '*' und '?' werden unterstützt
int String::Match( const char *s ) const
{
  return ::Match( s, Buffer+Offset );
}

int String::Find( const char *s ) const
{
  return strstr(Buffer+Offset,s) != 0;
}

int String::Find( char c ) const
{
  return strchr( Buffer+Offset, c ) != 0;
}

  // Reverse: Zeichenfolge umkehren
String& String::Reverse()
{
  strrev( Buffer+Offset );
  return *this;
}

String& String::ToLower()
{
  strlwr( Buffer+Offset );
  return *this;
}
```

```
String& String::ToUpper()
{
  strupr( Buffer+Offset );
  return *this;
}

String& String::CapFirst()
{
  First() = toupper( First() );
  return *this;
}

String& String::CapWords()
{
  if ( !IsNull() )
  {
    CapFirst();
    for ( int i=0; i<CurLen; i++ )
      if ( Buffer[ Offset+i ] == ' ' && i<CurLen-1)
      {
        Buffer[ Offset+i+1 ] =
          toupper( Buffer[ Offset+i+1 ] );
        i++;
      }
  }
  return *this;
}

char& String::operator()()
{
  static int Idx =0;
  int rIdx = Idx;

  if ( ++Idx == CurLen )
    Idx = -1;
  if ( rIdx == -1 )
    return Dummy=0;
  else
    return *(Buffer+Offset+rIdx);
}

String& String::Justify( size_t Width, Align Method )
{
  if ( Length() >= Width )
  {
    Cut( Width );
    return *this;
  }

  char *Res = new char[ Width + 1 ];
```

```
  memset( Res, ' ', Width );
  int Idx;

  switch (Method)
  {
    case RIGHT:
      Idx = Width - Length();
      break;
    case CENTER:
      Idx = (Width - Length()) / 2;
      break;
    default:
      Idx = 0;
  }
  memcpy( Res+Idx, Buffer+Offset, Length() );
  *( Res + Width ) = 0;
  delete Buffer;
  Buffer = Res;
  CurLen = Width;
  AllocLen = CurLen+1;
  Offset = 0;
  return *this;
}

String& String::Apply( char (*Chng)(char),
  int (*Cond)(char) )
{
  if ( Chng && !IsNull() )
    for ( int i=0; i<CurLen; i++ )
      if ( !Cond || Cond( Buffer[i] ) )
        Buffer[i] = Chng( Buffer[i] );
  return *this;
}

String String::Piece( const char *Set ) const
{
  static int Idx = Offset;
  if ( Idx >= CurLen )
  {
    Idx = Offset;
    return String();
  }

  int PieceLength = strcspn( Buffer+Idx, Set );
  int Save = Idx;
  Idx += PieceLength;
  while ( Idx < CurLen && strchr(Set,Buffer[Idx]) )
    Idx++;
  return Mid( Save, PieceLength );
}
```

```
String String::GetTill( char c ) const
{
  int Idx = 0;
  char *s = Buffer;
  while ( Idx < CurLen && *s != c )
    s++, Idx++;
  if ( Idx == CurLen || Idx == 0 )
    return String();
  else
    return String( Buffer, Idx );
}

String& String::Ltrim()
{
  if ( isspace(First()) )
  {
    String Tmp = *this;
    while ( isspace(*Tmp) && Tmp )
      Tmp++;
    *this = Tmp;
  }
  return *this;
}

String& String::Rtrim()
{
  if ( isspace(Last()) )
  {
    String Tmp = *this;
    while ( isspace( Tmp.Last() ) )
      Tmp.Cut( Tmp.Length()-1 );
    *this = Tmp;
  }
  return *this;
}

istream& operator>>(istream& is, String& s)
{
  is.get( s.Buffer+s.Offset, s.CurLen+1 );
  s.CurLen = is.gcount();
  return is;
}

String& String::PrintTo( const char *Fmt, ... )
{
  char Tmp[256];
  va_list argp;
  va_start( argp, Fmt );
  vsprintf( Tmp, Fmt, argp );
  va_end( argp );
```

```
  *this = Tmp;
  return *this;
}
// eof String.cpp
```

FILENAME.H

```
// Datei : FileName.h
// Zweck : Klasse Filename

#if !defined FILENAME_H
#define FILENAME_H

#include <String/String.h>

#include <string.h>
#include <dir.h>

class FileName : public String
{
  private:
    static char Drive[MAXDRIVE];
    static char Dir[MAXDIR];
    static char File[MAXFILE];
    static char Ext[MAXEXT];

  public:
    FileName( const char *s ) : String( s )
    { Normalize(); }
    FileName( const FileName& f ) : String( f )
    { Normalize(); }

    char DriveLetter() const { return First(); }
    String Path() const;
    String Base() const;
    String Extension() const;

    FileName& operator=( const char *s )
    {
      String::operator=(s);
      Normalize();
      return *this;
    }

      // Rufen Sie 'Normalize' immer dann auf, wenn
      // Sie einen gültigen Dateinamen haben wollen.
    FileName& Normalize();
};
```

```
#endif
// eof FileName.h
```

FILENAME.CPP

```
// Datei : FileName.cpp
// Zweck : FileName Methoden

#include <String/FileName.h>
#include <dir.h>

  // Statische Daten der Elementfunktionen von FileName
char FileName::Drive[MAXDRIVE];
char FileName::Dir[MAXDIR];
char FileName::File[MAXFILE];
char FileName::Ext[MAXEXT];

static char *TrueName( const char far *FileName )
{
  static char Buffer[ 129 ];
  char far *t = Buffer;

    asm {
      les  di, t
      lds  si, FileName
      mov  ah, 0x60
      int  0x21
    }
    return Buffer;
}

FileName& FileName::Normalize()
{
  const char *ptr = *this;
  char *Can = TrueName( ptr );
  String::operator=( Can );
  return *this;
}

String FileName::Path() const
{
  const char *ptr = *this;
  int Flags = fnsplit( ptr, Drive, Dir, File, Ext );
  if ( Flags & DIRECTORY )
    return Dir;
  else
    return String();
}
```

```
String FileName::Base() const
{
  const char *ptr = *this;
  int Flags = fnsplit( ptr, Drive, Dir, File, Ext );
  if ( Flags & FILENAME )
    return File;
  else
    return String();
}

String FileName::Extension() const
{
  const char *ptr = *this;
  int Flags = fnsplit( ptr, Drive, Dir, File, Ext );
  if ( Flags & EXTENSION )
    return Ext;
  else
    return String();
}
// eof FileName.cpp
```

STRTEST.CPP

```
// Datei : StrTest.cpp
// Zweck : Testprogramm für die Klasse 'String'

#include <String/String.h>
#include <stdio.h>
#include <iostream.h>
#include <strstream.h>
#include <fstream.h>
#include <alloc.h>
#include <string.h>
#include <stdlib.h>
#include <ctype.h>

char Change(char c)
  { return c+1; }
int Condition(char c)
  { return isalpha(c); }

int main()
{
  String s = "String Class Demonstration Program";
  cout << s.Justify( 80, String::CENTER )
       << String( 80, '-' );
  s = "Aligned Right";
  cout << s.Justify( 80, String::RIGHT );
```

```
  s.Ltrim().Cut(8);
  s += "Left";
  s.ToUpper();
  cout << s << endl;
  s += " ToLower & CapWords";
  s.ToLower();
  s.CapWords();
  cout << s << endl;
  s += " :ESREVER";
  s.Reverse();
  cout << s << endl;

  cout << "Testing memory allocation..;" << endl;
  cout << "Before: " << coreleft() << endl;
  {
    String s( 5000 );
    cout << "After String(5000): " << coreleft() << endl;
    s = "Hello, world";
    cout << "After string assignment: " << coreleft() << endl;
    s.Shrink();
    cout << "After call to Shrink(): " << coreleft() << endl;
  }
  cout << "At end of program: "  << coreleft() << endl;
  return 0;
}
```

Kapitel 21

Datenbank-Klassen

Eine Datenbankdatei ist eine Plattendatei, in der die Datensätze einer Datenbank gespeichert werden. Normalerweise besteht eine Datenbankdatei aus einem Header, der Informationen über die Feldinhalte und die Anzahl der Datensätze enthält und dem die Datensätze folgen. Auf eine Datenbank anwendbare Operationen sind GOTO, SEEK, DELETE, GETFIELDINFO usw. Hier wird nun eine abstrakte Datenbank-Klasse aufgebaut, welche die Prototypen für diese Operationen enthält. Die abgeleiteten Klassen implementieren diese Operationen für bestimmte Datenbankdateiformate. Das dBASE-III- und Paradox-3.5-Dateiformat wird von den abgeleiteten Klassen unterstützt, wobei letztere die Paradox-Engine 2.0 benutzt.

Der Vorteil des objektorientierten Vorgehens

Die hier vorgestellten Datenbank-Klassen zeigen einige interessante Aspekte objektorientierten Programmierens. Zuerst wird eine abstrakte Klasse beschrieben, die alle für Datenbanken notwendigen Operationen enthält, um ein Gefühl für ein Datenbank-Objekt zu bekommen.

Falls die Klasse innerhalb einer Anwendung verwendet werden soll, die kundenspezifische Datenbankdateien verwendet, so kann zunächst eine einfache, ineffiziente Ad-hoc-Implementation mit zum Beispiel ASCII-Dateien erfolgen. In einem späteren Stadium wird die interne Implementation der abgeleiteten Klasse geändert, um sie bezüglich des Festplatten-Speicherbedarfs oder der Suche nach Datensätzen effizienter zu gestalten.

Als zweites kann hier der Polymorphismus perfekt genutzt werden. Falls Code gewünscht ist, der auf Datenbanken mit Dabenbank-Objekten zugreift, so ist es egal, ob dann tatsächlich die abgeleitete Klasse für dBASE oder für Paradox verwendet wird. Das Beispielprogramm, ein einfaches Dateianzeige-Programm, arbeitet durch den Gebrauch von Polymorphismus mit beiden Formaten. Der tatsächliche Typ wird zur Laufzeit durch Prüfung der Dateinamenserweiterung, die bei dBASE-Dateien .DBF und bei Paradox-Dateien .DB ist, entschieden.

Die Implementation in Kürze

Die hier dargestellte Definition der Klasse liest Datenbankdateien nur, obwohl eine Delete-Operation verfügbar ist. Es gibt verschiedene Funktionen, die Informationen über die Feldnamen, die Typen und Längen als auch über die Anzahl der Felder und die Anzahl der Sätze zur Verfügung stellen. Die Element-Funktionen Goto, Previous, Next, First und Last verschieben den Zeiger innerhalb der Datenbankdatei. Alle diese Funktionen sind lediglich als virtuell in der Basisklasse Database definiert und müssen in der abgeleiteten Klasse überschrieben werden. Der Inhalt eines Feldes kann nur im String-Format zurückgegeben werden, was zur Anzeige ausreichend ist.

dBASE-Datenbankdateien

Das Format einer dBASE-Datenbankdatei besteht zunächst aus einem Header fester Größe mit folgender Struktur:

```
struct dbaseFileHeader
{
    // dBase-Version
  unsigned char Version;
    // Datum der letzten Änderung
  char Year, Month, Day;
    // Anzahl Datensätze
  long RecCount;
    // Gesamtgröße des Header
  int HeaderSize;
    // Größe eines Datensatzes
  int Recsize;
  char Reserved[20];
};
```

Das Byte für die dBASE-Version enthält 0x03 für reguläre dBASE-III-Dateien, 0x83 für die Dateien, die ein Memofeld enthalten, und 0x8B bei dBASE-IV-Dateien. Die folgenden drei Bytes enthalten das Datum der letzten Veränderung (das Datum, das Sie bei Aufruf der Funktion LUPDATE() in dBASE erhalten). Die Anzahl Datensätze wird in einem long int festgehalten, gefolgt von der Gesamtgröße des Headers. Die Datensätze beginnen ab diesem Offset in der Datei. Die Satzgröße wird in RecSize festgehalten, dann folgen 20 reservierte Bytes.

Direkt nach dem Header kommt für jedes Feld ein Feldinformationssatz. Diese haben die folgende Struktur:

```
struct dBaseFieldInfo
{
    // Feldname
  char Name(11);
    // Feldtyp (siehe unten)
  char Type;
    // Adresse, für internen Gebrauch von dBASE
  long Address;
    // Feldlänge
  unsigned char length;
    // Anzahl Dezimalstellen
  unsigned char Decimals;
    // Die nächsten 14 Byte werden hier nicht benötigt
  char Reserved[14];
};
```

Falls Sie eine dBASE-Datei lesen, so lesen Sie zuerst den Datei-Header und dann Satz für Satz die dBASE-Feldinformationen für jedes Feld. Der Feldtyp ist ein Ein-Zeichen-Code und kann einen der folgenden Werte annehmen:

C Alphanumerisches Feld
N Numerisches Feld
D Datumfeld
L Logisches Feld
M Memofeld

Ein Memofeld enthält einen Offset in einer .DBT-Datei, welche die korrespondierende Memodatei zur .DBF-Datenbankdatei ist. Diese Klasse unterstützt den Zugriff auf Memodateien nicht, aber dies könnte einfach hinzugefügt werden. Die abgeleitete Klasse, die das dBASE-Format unterstützt, ist die Klasse dBaseDatabase und befindet sich in dBase.h.

Paradox-Dateien

Um auf Paradox-Dateien (in der Paradox-Terminologie Tabellen) zugreifen zu können, ist kein Wissen über das interne Format notwendig. Borland verkauft eine Bibliothek, Paradox Engine genannt, welche benutzt werden kann, um auf Paradox-Dateien zuzugreifen. Paradox-

Dateien haben die Erweiterung .DB und unterstützen folgende Feldtypen:

A Alphanumerisches Feld
D Datumfeld
$ Währungsfeld
N Numerisches Feld
S Kurzes numerisches Feld

Die Funktionen der Paradox Engine können zum Durchsuchen der Paradox-Tabellen im Einzelplatz- oder Mehrplatzbetrieb sowie zum Lesen und Schreiben der Datensätze verwendet werden. Eine Tabelle wird mit PXTblOpen geöffnet. Die Paradox Engine arbeitet mit einem Datensatzpuffer, der in der Element-Funktion ReadRecord benutzt wird. Die meisten anderen benötigten Funktionen wie Goto, First, Last und das Lesen der Anzahl Felder und Datensätze sind im Standard der Paradox Engine verfügbar.

Die Implementation im Detail

Die Definition der Klasse Database befindet sich in dbClass.h und sieht folgendermaßen aus:

```
// dbClass.h
// Definition der Klasse Database

#if !defined DBCLASS_H
#define DBCLASS_H

#include <stdio.h>

  // Neue Datentypen: Datensatz- & Feldnummern
typedef long int RecNo;
typedef int FieldNo;

const int BufferSize = 256;

class Database
{
  private:
    char dbName[64];  // Tabellen oder Dateiname
    static void (*ErrMsgFunc) (char*);
```

```
protected:
    // Name der Anwendung
  char *AppName;

    // Variablen
  RecNo CurrentRecord;
  int ErrCode;
    // Fehler aufgetreten, wenn nicht Null

    // Methoden
  void Init( );

public:
    // Öffentliche Schnittstelle
    // Konstruktoren und Destruktoren
  Database( char *s );
  ~Database( );

  char *Id() { return AppName; }
  void Message( char far*, ... );

  static void SetErrorHandler( void (*f)(char*) )
  {
    ErrMsgFunc = f;
  }
  static void StdErrorHandler( char *s )
  {
    fprintf( stderr, s );
  }

    // Datei-Operationen
  char *FileName( ) { return dbName; }
  virtual int nFields( ) = 0;
  virtual RecNo nRecords( ) = 0;
  int Eof( )
    { return Current( ) >= nRecords( ); }

    // Datensatz-Operationen
  RecNo Current( ) { return CurrentRecord; }
  virtual void Goto( RecNo ) = 0;

    // Die folgenden Funktionen sind vordefiniert.
    // Sie werden verwendet, wenn sie in der abgeleiteten
    // Klasse nicht neu definiert werden.
  virtual void Previous( )
    { Goto( Current() - 1 ); }
  virtual void Next( )
    { Goto( Current() + 1 ); }
  virtual void First( )
    { Goto( 1 ); }
```

```
    virtual void Last( )
      { Goto( nRecords() ); }

      // Datenfeld-Operationen
    virtual char *FieldName( FieldNo ) = 0;
    virtual char  FieldType( FieldNo ) = 0;
    virtual int   FieldLen(  FieldNo ) = 0;
    virtual char *Contents(  FieldNo ) = 0;

    virtual int IsEmpty( FieldNo ) = 0;

};

#endif
// eof dbClass.h
```

Das Element Id gibt eine Identifikation für den verwendeten Datenbank-Objekttyp zurück, zum Beispiel "Paradox" für die Klasse ParadoxDataBase. Mit Message können Fehlermeldungen in einem printf-ähnlichen Format ausgegeben werden.

Die meisten virtuellen Funktionen sind rein, das heißt, sie müssen in der abgeleiteten Klasse neu definiert werden. Einige sind virtuell, haben aber eine Standard-Definition. Falls sie in der abgeleiteten Klasse nicht neu definiert werden, wird diese Definition benutzt, die wiederum eine rein virtuelle Funktion aufruft. Die Funktion Contents-(FieldNo) gibt den Inhalt eines Feldes, dargestellt als String, zurück.

Dokumentierende Klassen

Besonders wenn Ihre Klassen von anderen Programmierern benutzt werden sollen, müssen Sie die Eigenschaften, das Verhalten und die Verbindungen der Klassen dokumentieren. In diesem Buch wird die im neuesten Buch von Grady Booch (siehe Bibliographie) entwickelte Notation verwendet. Die den Text dokumentierende Klasse benutzt Klassen-Templates, welche die privaten und öffentlichen Elemente auflistet.

Das folgende Klassen-Template für Database informiert über die möglichen Nachrichten, die an das Datenbank-Objekt gesendet werden können. Die Kardinalität einer Klasse gibt die maximale Anzahl instanziierbarer Objekte dieser Klasse an.

Name: `Database`

Dokumentation: Abstrakte Basisklasse für Datenbankdateiformate

Kardinalität: 0

Implementation:

Felder:
```
dbName
AppName
CurrentRecord
ErrCode
```

Operationen:
```
Init
```

Schnittstelle:

Operationen:
```
Id
Message
FileName
nFields
nRecords
Eof
Current
Goto
Previous
Next
First
Last
FieldName
FieldType
FieldLen
Contents
IsEmpty
```

Die abgeleitete Klasse dBaseDatabase

Die Funktion dBaseDatabase::Init ruft die Elternfunktion Init für die globale Initialisierung auf. AppName wird auf "dBase" gesetzt, was von Id() zurückgegeben wird. Der Konstruktor öffnet die Datenbank und gibt eine Fehlermeldung aus, wenn die Datei nicht gelesen werden kann. Ansonsten wird die Header-Information mit ReadInfo gelesen und der Satzzeiger auf den ersten Satz gesetzt. Der Basiskonstruktor wird aufgerufen, um dem Element FileName den Dateinamen zuzuweisen.

Die Funktion ReadRecord, die ein privates Element von dBaseDatabase ist, liest einen Satz von der Platte in den internen Puffer recBuf. Goto ist die einzige, den Satzzeiger verschiebende Funktion, die neu definiert wurde; sie ändert lediglich die aktuelle Satznummer und verwendet ReadRecord, um zum nächsten Satz zu springen und ihn in den Speicher einzulesen.

Die Funktion Contents, die den Inhalt eines Feldes des aktuellen Satzes liefert, berechnet den Offset des Feldes mit Hilfe des Array OffsetInRecord (das bei der Initialisierung gefüllt wurde), kopiert FieldLen Bytes in einen statischen Puffer und liefert dessen Adresse.

Die abgeleitete Klasse ParadoxDatabase

Bei Paradox-Tabellen kann die Paradox Engine benutzt werden, so muß nicht mit Offsets oder dem Lesen in Feldinformationsstrukturen jongliert werden. Die meisten Funktionen sind recht geradlinig und rufen nur die entsprechende Engine-Routine auf und prüfen auf einige Fehler. Die Funktion Contents() ermittelt zuerst den Feldtyp, ruft dann eine PXGet...-Funktion auf, die den Feldinhalt in einer Variablen des entsprechenden Typs speichert. Diese Variable wird dann in einen String umgewandelt, von dem die Adresse zurückgeliefert wird.

Die Anwendung der Klassen

Durch Verwendung des Polymorphismus können wir einen Zeiger oder eine Referenz auf Database haben, der oder die tatsächlich auf ein Objekt vom Typ dBaseDatabase oder ParadoxDatabase zeigt. Die folgende Funktion nimmt einen Dateinamen als Argument an und liefert einen Zeiger auf ein Objekt der entsprechenden Datenbank-Klasse zurück.

```
Database& CreateDatabaseInstance( char *FileName )
{
  char *Ext = strchr( Filename, '.' );
  Database *Result;

  if ( Ext == 0 )
  {
    fprintf( stderr, "Fehler: Dateiname "
        "muß eine Erweiterung haben.");
  exit( 1 );
  }

  Ext++;
  if ( stricmp( Ext, "DBF" ) == 0
    Result = new DBaseDatabase( Filename );
  else if ( stricmp( Ext, "DB") == 0 )
    Result = new ParadoxDatabase( Filename );
  else
  {
    fprintf( stderr, "Fehler: Kann %s nicht öffnen, "
        "unbekannte Erweiterung\n",
        Filename );
    exit( 2 );
  }
  return *Result;
}
```

Da die Funktion CreateDatabaseInstance eine Referenz auf ein Objekt zurückgibt, kann sie wie folgt benutzt werden:

```
char *FileName = "Test.DB";
Database& db = CreateDatabaseInstance( Filename );
  // ...
delete &db;
  // oder: db.Database::~Database();
```

Die letzte Zeile kann auch zum Entfernen des Objekts db benutzt werden und ruft den (virtuellen) Destruktor explizit auf.

Das Beispielprogramm Viewer.cpp zeigt, wie ein Datenbank-Anzeige-Programm durch Polymorphismus mit beiden Datenbankformaten arbeitet.

Die Quellcodes

DBCLASS.CPP

```
// Datei : dbClass.cpp
// Zweck : Definition der Database-Methoden

#include <dbClass/dbClass.h>

#include <stdio.h>
#include <stdarg.h>
#include <string.h>

void (*Database::ErrMsgFunc)(char*);

  // Datbase Konstruktor
  // Tabelle/Dateiname
Database::Database( char *Name )
{
  strcpy(dbName, Name);
}

Database::~Database( )
{
}

  // Fehlermeldung anzeigen
void Database::Message( char far *Fmt, ... )
 {
  if ( ErrMsgFunc == 0 )
    return;
  static char ErrDescr[ 512 ];
  int i = sprintf( ErrDescr, "\n%s Datenbank Treiber-Fehler: ",
                   AppName );
  va_list ArgP;
  va_start( ArgP, Fmt );
  vsprintf( ErrDescr+i, (const char near*)Fmt, ArgP );
  va_end( ArgP );
  ErrMsgFunc( ErrDescr );
}

  // Initialisierung: aktuelle Datensatznummer auf Eins setzen.
void Database::Init( )
{
  CurrentRecord = 1;
}
// eof dbClass.h
```

DBASE.H

```
// Datei : dBase.h
// Zweck : Definition der dBaseDatabase-Klasse

#if !defined DBASE_H
#define DBASE_H

#include <dbClass/dbClass.h>

#include <stdio.h>

class dBaseDatabase : public Database
{
  private:
    struct
    {
      unsigned char Version;
      char Year, Month, Day;
      long RecCount;
      int HeaderSize;
      int RecSize;
      char Reserved[20];
    } Header;

    struct fldDescr
    {
      char Name[11], Type;
      long int Address;
      char Length, Decimals,
        LANinfo[2], WorkArea,
        Reserved1[2], SetFieldsFlag,
        Reserved2[8];
    } *Fields;

    int nFlds, Offset;
    FILE *f;
    char *recBuf;
    int *OffsetInRecord;

      // Private Methoden
    void ReadInfo( );
    void Init( );
    void ReadRecord( );
      // auf gültige Datensatznummer prüfen
    int InRange( RecNo recNr )
    {
      return recNr >  0 &&
             recNr <= nRecords();
```

```
  }
    // auf gültige Feldnummer prüfen
  int InRange( FieldNo fldNr )
  {
    return fldNr > 0 &&
           fldNr <=  nFlds;
  }

public:
  dBaseDatabase( char *s );
  ~dBaseDatabase( );

    // Datei-Operationen
  int nFields( )
    { return nFlds; }
  RecNo nRecords( )
    { return Header.RecCount; }

    // Datensatz-Operationen
  void Goto( RecNo recNr )
  {
    if ( InRange( recNr ) )
    {
      CurrentRecord = recNr;
      ReadRecord( );
    }
  }

    // Datenfeld-Operationen
  char *FieldName( FieldNo );
  char  FieldType( FieldNo fldNr )
  {
    char Result = 0;
    if ( InRange( fldNr ) )
      Result = Fields[ fldNr-1 ].Type;
    else
      Message( "Ungültiger Feldindex" );
    return Result;
  }
    // Rückgabe der Länge von Feld 'fldNr'
  int FieldLen( FieldNo fldNr )
  {
    int Result = -1;
    if ( InRange( fldNr ) )
      Result = Fields[ fldNr-1 ].Length;
    else
      Message( "Ungültiger Feldindex" );
    return Result;
  }
    // Inhalt eines Feldes zurückgeben
```

```
    char *Contents( FieldNo );
      // auf leeres Feld prüfen
    int IsEmpty( FieldNo );
};
#endif
// eof dBase.h
```

DBASE.CPP

```
// Datei : dBase.cpp

#include <dbClass/dBase.h>
#include <stdlib.h>
#include <stdio.h>
#include <string.h>
#include <ctype.h>
#include <math.h>

  // Führende und anhängende Leerzeichen aus
  // einer Zeichenkette entfernen.
static char *AllTrim( char *&String )
{
  while ( isspace(*String) )
    String++;
  int i = strlen( String ) - 1;
  while ( isspace(String[i]) )
    String[i--] = 0;
  return String;
}

void dBaseDatabase::Init( )
{
  Database::Init( );
  AppName = "dBase";
}

dBaseDatabase::dBaseDatabase( char *Name )
: Database( Name )
{
  Init( );
  if ( (f=fopen(Name,"rb"))==0 )
  {
    Message( "kann Datenbank nicht öffnen: %s", Name );
    exit( 1 );
  }
  ReadInfo( );  // private Elementfunktion
  First( );
}
```

```
dBaseDatabase::~dBaseDatabase( )
{
  fclose( f );
  delete [nFlds] Fields;
  delete recBuf;
  delete OffsetInRecord;
}

  // Datenbank-Info lesen
void dBaseDatabase::ReadInfo( )
{
    // Datenbank-Header lesen
  fread( (void*)&Header, sizeof(Header),
         1, f );
    // Anzahl der Felder berechnen
  nFlds =
    (Header.HeaderSize - sizeof( Header ) - 1) /
                         sizeof( fldDescr );
    // Speicher für Feld-Info allozieren
  Fields = new fldDescr[ nFlds ];
    // Feld-Informationen einlesen
  for ( int i=0; i<nFlds; i++ )
    fread( (void*)(Fields+i),
           sizeof(fldDescr), 1,
           f );
    // 'Offset' ist der Beginn des Datensatzes
  Offset = Header.HeaderSize + 1;
    // Speicher für Datensatz-Puffer allozieren
  recBuf = new char[ Header.RecSize ];

    // Offset eines Feldes im Datensatz ermitteln
  OffsetInRecord = new int[ nFlds+1 ];
  OffsetInRecord[1] = 0;
  for ( i=2; i<=nFlds; i++ )
    OffsetInRecord[i] =
      OffsetInRecord[ i-1 ] +
      FieldLen( i-1 );
    // Ersten Datensatz in Puffer einladen
  ReadRecord();
}
  // FieldName
  // Ermittelt den Namen eines Feldes mit der Nummer 'fldNr'
char *dBaseDatabase::FieldName( FieldNo fldNr )
{
  static char Result[ 15 ];

  if ( !InRange( fldNr ) )
  {
    Message( "Fehler beim Ermitteln des Namens von Feld #%i",
             fldNr );
```

```
      *Result = 0;
    }
    else
    {
      // Name des Feldes aus Array holen
      strncpy( Result, Fields[ fldNr-1 ].Name, 11 );
      *(Result+11) = 0;
    }
    return Result;
}

  // IsEmpty
  // auf leeres Feld prüfen
int dBaseDatabase::IsEmpty( FieldNo fldNr )
{
  char *s = Contents( fldNr );
  int Result = 1;

  if ( InRange( fldNr ) )
    switch ( FieldType( fldNr ) )
    {
      case 'C':
      case 'D':
        AllTrim( s );
        Result = strlen(s)==0;
        break;

      case 'N':
      case 'M':
        Result = fabs(atof(s)) < .00005;
        break;

      case 'L':
        Result = strchr( "TYFN", toupper(*s) )==0;
        break;
    }
  return Result;
}

  // Rückgabe des Inhalts von Feld 'fldNr' des aktuellen
  // Datensatzes als String
char *dBaseDatabase::Contents( FieldNo fldNr )
{
  static char Result[ BUFSIZ ];
  int Length = FieldLen( fldNr );

  if ( !InRange( fldNr ) )
    *Result = 0;
  else
  {
```

```
      // Offset des Feldes im Datensatz ermitteln
    int fldOffset = OffsetInRecord[ fldNr ];
      // Inhalt aus Datenpuffer kopieren
    strncpy( Result, recBuf+fldOffset, Length );
    Result[ Length ] = 0;
  }

  return Result;
}

  // ReadRecord
  // Private Elementfunktion,
  // liest aktuellen Datensatz in Puffer ein
void dBaseDatabase::ReadRecord( )
{
  if ( Header.RecCount == 0 )
    return;
    // Position des Datensatzes in der Datei berechnen
  long int recOffset =
    Offset +
    (Current() - 1) * Header.RecSize;
    // Dateizeiger zur richtigen Position bewegen
  fseek( f, recOffset, SEEK_SET );
    // Datensatz in Puffer einlesen
  fread( (void*)recBuf, Header.RecSize, 1, f );
}


// eof dBase.cpp
```

PDOX.H

```
// Datei : pdox.h
// Zweck : Definition der Klasse ParadoxDatabase

#if !defined PDOX_H
#define PDOX_H

#include <dbClass/dbClass.h>

  // Einfügen der Basisklassen-Definition
#include "C:/PXEngine/C/PXEngine.h"

class ParadoxDatabase : public Database
{
  private:
      // Handle der Datenbankdatei
    TABLEHANDLE Handle;
```

```
      // Handle eines Datensatzes
    RECORDHANDLE recHandle;
      // PXInit() nur einmal aufrufen!
    static int Initialized;

      // Private Methoden
    void Init( );
    void ReadRecord();

  public:
    ParadoxDatabase(char *Name);
    ~ParadoxDatabase( );

      // Datei-Operationen
    int nFields( );
    RecNo nRecords( );
    int Eof( );

      // Datensatz-Operationen
    void Goto(RecNo newRecNo);
    void Previous( );
    void Next( );
    void First( );
    void Last( );

      // Feld-Operationen
    char *FieldName( FieldNo );
    char  FieldType( FieldNo );
    int   FieldLen(  FieldNo );
    char *Contents( FieldNo );
    int IsEmpty( FieldNo );
};

#endif
// eof pdox.h
```

PDOX.CPP

```
// Datei : pdox.cpp
// Zweck : ParadoxDatabase Methoden

#include <dbClass/pdox.h>

#include <stdlib.h>
#include <stdio.h>
#include <ctype.h>

  // Diese statische Variable wird verwendet um zu
```

```
  // prüfen, ob die Paradox Engine bereits initialisiert wurde
  //
int ParadoxDatabase::Initialized = 0;

  // falls erforderlich Paradox Engine
  // initialisieren
void ParadoxDatabase::Init( )
{
  Database::Init( );
  AppName = "Paradox";
  if ( !Initialized )
  {
    if ( (ErrCode = PXInit()) != PXSUCCESS )
    {
      Message( "Kann Paradox Engine 2.0 "
               "nicht initialisieren\n%s",
               PXErrMsg( ErrCode ) );
      exit(1);
    }
    else
      Initialized = 1;
  }
}

  // Destruktor
  // Aktuelle Tabelle schließen
ParadoxDatabase::~ParadoxDatabase()
{
  PXTblClose( Handle );
}

  // Konstruktor
  // Datenbank öffnen
ParadoxDatabase::ParadoxDatabase( char *s )
: Database( s )
{
  Init( );
  ErrCode = PXTblOpen( FileName(), &Handle, 0, 0 );
  if ( ErrCode )
  {
    Message( "Kann Datenbank nicht öffnen: %s", FileName() );
    exit( 1 );
  }
  First( );
}

  // Name des Feldes mit der Nummer 'fldNr' zurückgeben
char *ParadoxDatabase::FieldName( FieldNo fldNr )
{
  static char FldName[ BUFSIZ ];
```

```
  ErrCode = PXFldName( Handle, fldNr, BUFSIZ,
                       FldName );
  if ( ErrCode != PXSUCCESS )
    Message( "Fehler beim Ermitteln des Feldnamens von Feld #%i",
           fldNr );
  return FldName;
}

  // Inhalt des Feldes mit der Nummer 'fldNr' des
  // aktuellen Datensatzes zurückgeben
char *ParadoxDatabase::Contents( FieldNo fldNr )
{
  static char Result[ BUFSIZ ];
  char *Fmt = "%5.0lf";

  ReadRecord( );

  if ( IsEmpty( fldNr ) )
    *Result = 0;

  else

    switch ( FieldType( fldNr ) )
    {
      case 'D': // Datum
        DATE Date;
        ErrCode = PXGetDate( Handle, fldNr,
                             &Date );
        if ( ErrCode != PXSUCCESS )
          Message( PXErrMsg(ErrCode) );
        int mo, day, yr;
        PXDateDecode( Date, &mo, &day, &yr );
        sprintf( Result, "%d/%d/%d", day, mo, yr );
        break;

      case 'A':  // Alphanumerisches Feld
        ErrCode = PXGetAlpha( recHandle, fldNr,
                              BUFSIZ, Result );
        if ( ErrCode != PXSUCCESS )
          Message( PXErrMsg(ErrCode) );
        break;

      case '$':  // Währungs-Feld
        Fmt = "%4.2lf";


      case 'N':  // Numerisches Feld
        double dResult;
        ErrCode = PXGetDoub( recHandle, fldNr,
                             &dResult );
```

```
        if ( ErrCode != PXSUCCESS )
          Message( PXErrMsg(ErrCode) );
        sprintf( Result, Fmt, dResult );
        break;

      case 'S':  // kurzes numerisches Feld
        short s;
        ErrCode = PXGetShort( recHandle, fldNr,
                              &s );
        sprintf( Result, "%d", s );
        break;

      default:  // unbekannt?
        sprintf( Result, "<unbekannt>" );
    }

  return Result;
}

  // aktuellen Datensatz in
  // Daten-Puffer einlesen
void ParadoxDatabase::ReadRecord( )
{
  PXRecBufClose( recHandle );
  PXRecBufOpen( Handle, &recHandle );
  PXRecGet( Handle, recHandle );
}

  // auf leeres Feld prüfen
int ParadoxDatabase::IsEmpty( FieldNo fldNr )
{
  int Blank;
  ErrCode = PXFldBlank( recHandle, fldNr,
                        &Blank );
  if ( ErrCode != PXSUCCESS )
    Message( PXErrMsg(ErrCode) );
  return Blank;
}

  // Datensatz anspringen
void ParadoxDatabase::Goto( RecNo recNum )
{
  ErrCode = PXRecGoto( Handle, recNum );
  if ( ErrCode != PXSUCCESS )
    Message( PXErrMsg(ErrCode) );
}

  // Anzahl der Felder in der aktuellen
  // Datenbank zurückgeben.
```

```
int ParadoxDatabase::nFields( )
{
  int Result;
  ErrCode = PXRecNFlds( Handle, &Result );
  if ( ErrCode != PXSUCCESS )
    Message( PXErrMsg(ErrCode) );
  return Result;
}

  // Anzahl der Datensätze in der aktuellen
  // Datenbank zurückgeben.
RecNo ParadoxDatabase::nRecords( )
{
  RecNo Result;
  ErrCode = PXTblNRecs( Handle,
                        &Result );
  if ( ErrCode != PXSUCCESS )
    Message( PXErrMsg(ErrCode) );
  return Result;
}

  // Datentyp des Feldes 'fldNr' ermitteln
char ParadoxDatabase::FieldType( FieldNo fldNr )
{
  char Result[ BUFSIZ ];

  ErrCode = PXFldType( Handle, fldNr,
                       BUFSIZ, Result );
  if ( ErrCode != PXSUCCESS )
    Message( PXErrMsg(ErrCode) );
  return toupper(*Result);
}

  // Länge des Feldes 'fldNr' ermitteln
int ParadoxDatabase::FieldLen( FieldNo fldNr )
{
  int Result;

  switch ( FieldType( fldNr ) )
  {
    case 'D':
      Result = 8;
      break;

    case '$':
    case 'N':
    case 'S':
      Result = 8;
      break;
```

```
    case 'A':
      char Tmp[ BUFSIZ ];
      PXFldType( Handle, fldNr, BUFSIZ, Tmp );
      Result = atoi( Tmp+1 );
      break;

    default:
      Message( "Unbekannter Feldtyp" );
      Result = 0;
  }
  return Result;
}

  // zum vorherigen Datensatz gehen
void ParadoxDatabase::Previous( )
{
  ErrCode = PXRecPrev( Handle );
  if ( ErrCode != PXSUCCESS )
    Message( PXErrMsg(ErrCode) );
  else
    CurrentRecord--;
}

  // zum nächsten Datensatz gehen
void ParadoxDatabase::Next( )
{
  ErrCode = PXRecNext( Handle );
  if ( ErrCode != PXSUCCESS )
    Message( PXErrMsg(ErrCode) );
  else
    CurrentRecord++;
}

  // zum ersten Datensatz gehen
void ParadoxDatabase::First( )
{
  ErrCode = PXRecFirst( Handle );
  if ( ErrCode != PXSUCCESS )
    Message( PXErrMsg(ErrCode) );
  else
    CurrentRecord = 1;
}

  // zum letzten Datensatz gehen
void ParadoxDatabase::Last( )
{
  ErrCode = PXRecLast( Handle );
  if ( ErrCode != PXSUCCESS )
    Message( PXErrMsg(ErrCode) );
  else
```

```
    CurrentRecord = nRecords( );
}

// eof pdox.cpp
```

VIEWER.CPP

```
// Datei : Viewer.cpp
// Zweck : Beispielprogramm mit Database-Klassen

#include <dbClass/pdox.h>
#include <dbClass/dBase.h>

#include <stdio.h>
#include <string.h>
#include <stdlib.h>
#include <conio.h>

  // Prototypen
Database *CreateDatabaseInstance(char*);
void View(Database&), Usage(),
     DisplayStructure(Database&);

int main( int ArgC, char **ArgV )
{
  if ( ArgC==1 )
  {
    Usage();
    return 1;
  }

    // Polymorphe Database Instanz anlegen
  Database *dbp =
    // Instanziierung
    CreateDatabaseInstance( ArgV[1] );

    // Datensätze der Datenbank anzeigen
  DisplayStructure( *dbp );
  getch();
    // Anzeige starten
  View( *dbp );
    // dynamische Objekte aufräumen
  delete dbp;

  return 0;
}

  // DisplayStructure
```

```
  // Struktur der aktuellen Datenbank anzeigen
void DisplayStructure( Database& d )
{
    // Datenbank-Informationen anzeigen
  printf("Datenbank: %s, Format: %s, %ld Datensätze "
         "mit %d Feldern\n",
         d.FileName(),
         d.Id( ),
         d.nRecords( ),
         d.nFields()
  );

    // Datensatz-Informationen anzeigen
  for ( int i=1; i <= d.nFields(); i++ )
    printf( "%-30s%c(%i)\n", d.FieldName(i),
                             d.FieldType(i),
                             d.FieldLen(i) );
}

  // CreateDatabaseInstance
  // Diese Funktion gibt eine Instanz einer von Database
  // abgeleiteten Klasse zurück.
  // Wenn irgendwelche andere neue abgeleiteten Klassen dem
  // Programm hinzugefügt werden sollen, ist dies die einzige
  // Funktion, die geändert werden muß.
Database *CreateDatabaseInstance( char *Filename )
{
  char *Ext = strchr( Filename, '.' );
  Database *Result;

  if ( Ext==0 )
  {
    fprintf( stderr, "Fehler: Dateierweiterung fehlt.");
    exit( 1 );
  }

  Ext++;
    // Erweiterung .DBF => dBASE Datei
  if ( stricmp( Ext, "DBF" )==0 )
    Result = new dBaseDatabase( Filename );
    // Erweiterung .DB => Paradox-Datei
  else if ( stricmp( Ext, "DB")==0 )
    Result = new ParadoxDatabase( Filename );
  else
  {
    fprintf( stderr, "Fehler: kann Datei nicht öffnen: %s, "
             "unbekannte Erweiterung.\n",
             Filename );
    exit( 2 );
  }
```

```
  return Result;
}

  // DisplayRecord
  // aktuellen Datensatz der aktuellen
  // Datenbank anzeigen
void DisplayRecord( Database& d )
{
  clrscr();
    // Datenbank-Informationen anzeigen
  cprintf( "Datenbank: %s (%s-Datei) - Datensatz "
           "%ld von %ld, %i Felder",
           d.FileName(),
           d.Id(),
           d.Current(),
           d.nRecords(),
           d.nFields()
         );
  int Max = d.nFields();
  if ( Max > 20 )
    Max = 20;

    // Inhalt der Datenfelder anzeigen
  for ( int i=1; i<=Max; i++ )
  {
    gotoxy( 1, 2+i );
    cprintf( "%-25s: %s",
      d.FieldName( i ),
      d.Contents( i )
    );
  }
}

  // View
  // jeweils einen Datensatz anzeigen
  //
void View( Database& d )
{
  if ( d.nRecords() == 0 )
  {
    d.Message("keine Datensätze in Datenbank.");
    getch();
    return;
  }
    // Ersten Datensatz anzeigen
  DisplayRecord( d );
  char c;
  do
  {
    c = getch();
```

```
      // ESC-Taste bricht Ausgabe ab.
    if ( c==27 )
      break;
    if ( c==0 )
    {
      c = getch();
      switch (c)
      {
          // Bild-Oben-Taste
          // nächsten Datensatz anzeigen
        case 73:
          d.Previous();
          DisplayRecord(d);
          break;

          // Bild-Unten-Taste
          // vorherigen Datensatz anzeigen
        case 81:
          d.Next();
          DisplayRecord(d);
          break;

          // Pos1-Taste
          // Ersten Datensatz anzeigen
        case 71:
          d.First();
          DisplayRecord(d);
          break;

          // Ende-Taste
          // letzten Datensatz anzeigen
        case 79:
          d.Last();
          DisplayRecord(d);
          break;
      }
    }
  } while ( c!=27 );
}

void Usage()
{
  printf("Aufruf: VIEWER Dateiname.DB[F]\n"
         ".DB   Dateien sind im Paradox-Format\n"
         ".DBF  Dateien sind im dBASE-Format\n" );
}

// eof Viewer.cpp
```

Kapitel 22

Beispiele zu Turbo Vision

In diesem Kapitel entwickeln wir eine vollständige Turbo-Vision-Anwendung und verschiedene allgemeine Klassen, welche die Turbo-Vision-Bibliothek erweitern. Die Anwendung basiert auf den in diesem Teil entwickelten Datenbank-Klassen und bietet die Möglichkeit, mehr als eine Datenbank auf einmal einzusehen. Die Klassen, welche die Turbo-Vision-Bibliothek erweitern, enthalten "explodierende" Fenster, Fenster, die verkleinert und überlagert werden können, und ein Standard-"Such"-Dialogfeld.

Die Datenbank-Viewer-Anwendung

Diese Anwendung ist eine erweiterte Version des Datenbank-Viewer-Programms, das an anderer Stelle in diesem Teil entwickelt wurde. Es verwendet die meisten Grundfunktionen von Turbo Vision wie eine Menüleiste, Dialogfelder, Fenster und Bildlaufleisten. Diese Anwendung zeigt auch, daß es relativ leicht ist, objektorientierte Anwendungen auf anderen "Plattformen" zu portieren. Sie können mit diesem Datenbank-Viewer mehrere Datenbank-Dateien (dBASE oder Paradox) zusammen öffnen, die Datensätze durchblättern und in diesen Datensätzen suchen. Außerdem läßt sich ein Informationsfeld öffnen, das die Datenbankinformation für das aktuelle Datenbankfenster anzeigt.

Die Anwendung definiert zwei globale Klassen. Eine Klasse ist dbViewerApp, die Anwendungsklasse. Die Methoden dieser Klasse definieren die Menüleiste, den Prozeß der Ereignisbehandlung und verschiedene Optionen des Anwendungsprogramms. Die andere Klasse ist DatabaseWin. Diese stellt das Fenster dar, in dem eine Datenbank angezeigt wird. Die Klasse dbViewer steuert die Programmausführung und erstellt für jede geöffnete Datenbank ein Objekt des Typs DatabaseWin.

Das Datenbank-Fenster

Die Datenbankklasse ist abgeleitet von TWindow. Sie kann sich selbst anzeigen und hat eine vertikale Bildlaufleiste. Ein Fenster der Klasse DatabaseWin kann wie bei den meisten von TWindow abgeleiteten Klassen verschoben oder in der Größe verändert werden. Bevor wir die

Funktionen der Klasse DatabaseWin besprechen, sehen wir uns erst näher die darin enthaltene Klasse TInterior an.

Die Klasse TInterior

Die Klasse TInterior wird im Bezugsrahmen von DatabaseWin definiert. In Borland C++ 2.0 bedeutet dies, daß beide Klassen denselben (gloablen) Bezugsrahmen haben. In Borland C++ 3.0 ist TInterior außerhalb von DatabaseWin unsichtbar. Da die Klasse nur für Datenbank-Fenster gültig ist, wird sie als verschachtelte Klasse definiert. Beachten Sie, daß es einen Unterschied in der Definition der Methoden verschachtelter Klassen in den Versionen 2.0 und 3.0 von Borland C++ gibt, wenn Sie eine Methode außerhalb der Klasse definieren:

```
  // Borland C++ Version 2.0
void TInterior::draw()
{
  // ...
}

  // Borland C++ Version 3.0
void DatabaseWin::TInterior::draw()
{
  // ...
}
```

Die TInterior-Klasse ist abgeleitet von TScroller und enthält eine vertikale Bildlaufleiste. Die TInterior-Klasse hat auch eine Elementvariable db, die ein Zeiger auf ein Datenbankobjekt ist. Denken Sie daran, daß diese Dataenbank-Klasse abstrakt ist und besondere Klassen für dBASE-Datenbanken und Paradox-Tabellen in dem Kapitel über die Datenbank-Klassen definiert sind.

Da TInterior ein Subview von DatabaseWin ist, wird die Zeichenmethode Draw der darin enthaltenen Klasse jedes Mal aufgerufen, wenn sich das Datenbankfenster selbst neuzeichnen muß. Das geschieht zum Beispiel, wenn die Größe des Fensters geändert wird, aber auch bei anderen Gelegenheiten. Als erstes ruft TInterior::draw() TView::draw() auf, das dann das Fenster löscht. Dann werden die entsprechenden Felder für den aktuellen Datensatz angezeigt. Ein Datenbank-Objekt hat immer einen aktuellen Datensatz, auf den Operationen wie FieldName und Contents durchgeführt werden. Es muß bei der Funktion draw() auf folgendes geachtet werden:

1. Fragen Sie die Anzahl der in der Datenbank verwendeten Felder ab. Dazu rufen Sie die virtuelle Methode nFields der Datenbank-Klasse auf.
2. Prüfen Sie, welcher Teil des Fensters derzeit sichtbar ist. Die Funktion getClipRect() liefert diesen Bereich als ein TRect.
3. Prüfen Sie den Status der vertikalen Bildlaufleiste. Die Variable delta (vom Typ TPoint mit den Elementen delta.x und delta.y) enthält die aktuelle Position, die durch die Bildlaufleiste markiert ist.

Wenn die richtigen Werte für die anzuzeigenden Anfangs- und Endfelder gesetzt sind, wird für jedes Feld eine Schleife mit einem writeLine-Aufruf gestartet. Die Funktion setLimits wurde verwendet, um das Rollen auf die Anzahl der Felder zu beschränken.

Die Klasse für ein Datenbankfenster hat ein Element i, das ein Zeiger auf ein TInterior-Objekt ist, das für jedes Datenbankfenster instanziiert wurde. Dies ist notwendig, da wir Botschaften an das Datenbankobjekt senden müssen, das in der TInterior-Klasse enthalten ist.

Die einzige Elementfunktion von DatabaseWin ist der Event-Handler handleEvent(TEvent&). Falls ein Datenbankfenster den Fokus erhält, kann es Tastaturbefehle empfangen, welche die aktuelle Datensatznummer ändern. Die Taste [Bild ↑] zeigt den vorherigen Datensatz, [Bild ↓] den nächsten Datensatz, [Pos 1] den ersten Datensatz und [Ende] den letzten Datensatz.

Es kann mit i->db auf das Datenbankobjekt zugegriffen werden. Mit i->db->Next() wird in der Datenbank einen Datensatz nach vorn geblättert, mit i->db->Last() einen Datensatz zurück usw. Da der neue Datensatz direkt angezeigt werden muß, nachdem die entsprechende Taste gedrückt wurde, wird drawView() für das TInterior-Objekt aufgerufen. Im Handbuch zu TurboVision steht, daß Sie draw() nicht direkt aufrufen sollten. Stattdessen soll die Funktion drawView() verwendet werden.

Es gibt eine weitere Botschaft, auf die ein Datenbank-Fenster antworten muß. Falls die Anwendung herausfinden muß, welches Fenster derzeit aktiv ist, sendet es als Botschaft eine Broadcast-Message mit dem Befehlscode cmFindTopWindow (ein benutzerdefinierter Befehlscode). Löscht ein Fenster dieses Ereignist (durch den Aufruf von clear Event), weiß die Anwendung, daß dieses Fenster das aktive ist.

Die Anwendung-Klasse

Die Anwendung-Klasse dbViewerApp steuert die Programmausführung, definiert den "globalen" Event-Handler und enthält Methoden für verschiedene datenbankorientierte Operationen.

Die Funktion initMenuBar zeigt die zwei Menüs der Anwendung. Das erste Menü ist das Systemmenü, das mit [Alt][ ] geöffnet werden kann und nur eine Option zum Abruf von Informationen zu dem Programm enthält. Das zweite Menü enthält alle Optionen zur Bearbeitung von Datenbankdateien.

Der Event-Handler sorgt dafür, daß die Befehle aus den Menüs ausgewählt werden können. Die Option für die Programminformationen besteht aus einem einfachen Aufruf von messageBox. Die folgenden drei Befehle rufen die Funktionen openFile(), fileInfo() und fileFind() auf.

Die openFile()-Methode verwendet das von der Klasse TFileDialog definierte Dialogfeld. Dies ist eine Standard-Klasse, die dem Anwender die Auswahl einer Datei ermöglicht. Nach der Auswahl einer Datei wird ein neues Datenbank-Objekt erstellt sowie ein neues DataBaseWin-Objekt, um die Datenbank anzuzeigen. Die CreateDatabaseInstance-Funktion wurde aus der im Datenbank-Kapitel entwickelten Viewer-Anwendung entnommen. Zuletzt wird das neu erstellte Datenbank-Fenster mit der Funktion insert() auf dem Desktop eingefügt.

Die fileInfo()-Funktion sucht als erstes nach dem aktiven Fenster. Dazu wird eine Broadcast-Message cmFindTopWindow an alle derzeit auf dem Desktop befindlichen Views gesendet. Falls ein View gefunden wird, wird es in ein DatabaseWin* umgewandelt und als Top gekennzeichnet. Die Datenbankinformation kann mit Top->i->db, dem aktuellen Datenbankobjekt-Zeiger, abgefragt werden. Die Anzahl der Datensätze und die Feldinformation werden dann als statischer Text in einem Dialogfeld angezeigt, das unter Verwendung der Funktion execView angezeigt wird. Wenn keine Datenbank vorhanden ist, wird die Funktion dbViewerApp::message zur Ausgabe einer Fehlermeldung verwendet.

Das "Search"-Dialogfeld verwendet das zuvor in diesem Kapitel entwickelte Turbo-Vision-Dialogfeld TSearchDialog. Falls der Text gefunden wird, wird der entsprechende Datensatz angezeigt, indem der Satzzeiger aktualisiert und drawView aufgerufen wird. Anderenfalls wird eine Fehlermeldung angezeigt.

DBVIEWER.H

```
// Datei : dbViewer.h

#define Uses_TKeys
#define Uses_MsgBox
#define Uses_TLabel
#define Uses_TButton
#define Uses_TDialog
#define Uses_TDeskTop
#define Uses_TSubMenu
#define Uses_TMenuBar
#define Uses_TListBox
#define Uses_TScroller
#define Uses_TMenuItem
#define Uses_TFileList
#define Uses_TScrollBar
#define Uses_TFileDialog
#define Uses_TCollection
#define Uses_TApplication
#define Uses_TNSCollection
#define Uses_TStringCollection

#include <tv.h>

#include <TV/TSrchDlg.h>

  // Prototypen
Database *CreateDatabaseInstance(char*);
void View(Database&), Usage(),
     DisplayStructure(Database&);
```

DBVIEWER.CPP

```
// Datei : dbViewer.cpp
// Zweck : Turbo-Vision Beispielanwendung
//         Datenbank-Viewer für Paradox/dBASE III
//

  // Header-Dateien für Datenbank-Klassen einbinden
#include <dbClass/pdox.h>
#include <dbClass/dBase.h>
#include <dbClass/dbViewer.h>
```

```
  // weitere Header-Dateien
#include <stdio.h>
#include <string.h>
#include <stdlib.h>
#include <conio.h>

  // Menü-Befehle Konstanten
const int cmSystemAbout = 199,
  cmFileInfo = 112,
  cmFileFind = 113,
  cmFileExit = cmQuit;

  // Broadcast-Konstanten
const int cmFindTopWindow = 1001;

const ushort kbNone = 0;

  // Anzahl geöffneter Datenbank-Fenster
int nOpenWin = 0;

class DatabaseWin : public TWindow
{
  private:
      // Anzahl der offenen Fenster
    static int winCount;

      // verschachtelte Klasse 'TInterior' - zeigt einen Datensatz an
    class TInterior : public TScroller
    {
      public:
          // Zeiger auf Datenbank-Objekt
        Database *db;

      public:
        TInterior( const TRect& bounds,
                   Database *p,
                   TScrollBar *verticalScrollBar )
        : TScroller( bounds, 0, verticalScrollBar )
        {
          growMode = gfGrowHiX | gfGrowHiY;
          options |= ofFramed;
          setLimit( 78, 100 );
          db = p;
        }
        ~TInterior()
        {
          delete db;
        }

          // aktuellen Datensatz anzeigen
```

```
        void draw();
        friend class DatabaseWin;
      };

      TInterior *i;

    public:
       DatabaseWin( const TRect& bounds,
                  const char *title,
                  Database *p )
      : TWindow( bounds, title, ++winCount ),
        TWindowInit( &initFrame )
      {
        TRect r = getClipRect();
        r.grow( -1, -1 );
        insert( i = new TInterior( r,
          p,
          standardScrollBar( sbVertical )
        ) );
        nOpenWin++;
      }
      ~DatabaseWin()
      {
        nOpenWin--;
      }

        // Event-Handler von DatabaseWin
      void handleEvent( TEvent& );

        // Zeiger auf Datenbank zurückgeben
      Database *database()
      {
        return i ?
          i->db :
          0;
      }
};

int DatabaseWin::winCount = 0;

 // aktuellen Datensatz anzeigen
// In Borland C++ 2.0:
// void TInterior::draw()
// In Borland C++ 3.0:
void DatabaseWin::TInterior::draw()
{
  char Buffer[ 80 ];
  TView::draw();
  if ( db == 0 )
    return;
```

```
  int nFields = db->nFields();
  TRect t = getClipRect();
  setLimit( 78, nFields );

    // Darzustellenden Bereich berechnen
  int startLine = delta.y + 1;
  int endLine = delta.y + t.b.y - t.a.y;
  if ( endLine > nFields )
    endLine = nFields;

  for ( int i=startLine; i<=endLine; i++ )
  {
    sprintf( Buffer, "%-10s: %-50s",
      db->FieldName( i ),
      db->Contents( i ) );
    TDrawBuffer b;
    b.moveStr( 0, Buffer, getColor( 0x0301 ) );
    writeLine( 2, i-startLine,
               strlen(Buffer), 1, b );
  }
}

void DatabaseWin::handleEvent( TEvent& e )
{
    // Basis-Event-Handler aufrufen
  TWindow::handleEvent( e );
  if ( database() == 0 )
    return;

  if ( e.what == evKeyDown )
  {
    switch ( e.keyDown.keyCode )
    {
      case kbPgDn:
        database()->Next();
        break;
      case kbPgUp:
        database()->Previous();
        break;
      case kbHome:
        database()->First();
        break;
      case kbEnd:
        database()->Last();
        break;
      default:
        return;
    }
    i->drawView();
  }
```

```
  else if ( e.what == evBroadcast &&
            e.message.command == cmFindTopWindow )
    clearEvent( e );
  else
    return;
  clearEvent( e );
}

  // Die Anwendug-Klasse
class dbViewerApp : public TApplication
{
  public:
    dbViewerApp()
    : TProgInit(
      &initStatusLine,
      &initMenuBar,
      &initDeskTop )
    {
      Database::SetErrorHandler( &message );
    }

      // Menüzeile einrichten
    static TMenuBar *initMenuBar( TRect r );

      // globale Ereignisse behandeln
    void handleEvent( TEvent& );

      // Text in einer Datei suchen
    void fileFind();

      // Neue Datenbank öffnen
    void openFile();

      // CreateDatabaseInstance
      // Diese Funktion gibt eine Instanz einer von
      // Database abgeleiteten Klasse zurück.
      // Wenn irgendwelche neuen abgeleiteten Klassen dem
      // Programm hinzugefügt werden sollen, ist dies
      // die einzige Funktion, die geändert zu werden braucht.
    Database *CreateDatabaseInstance( char *Filename );

      // Fehlermeldung anzeigen
    static void message( char *s )
    {
      messageBox( mfError | mfOKButton, s );
    }

      // Dateiinformationen des aktuellen Datenbank-
      // fensters anzeigen
    void fileInfo();
```

```
};

void dbViewerApp::fileInfo()
{
  DatabaseWin *Top =
    (DatabaseWin*)::message( deskTop, evBroadcast,
             cmFindTopWindow, 0);
  if ( Top )
  {
    Database *dbp = Top->database();
    if ( dbp == 0 )
      return;
    TRect r = deskTop->getExtent();
    r.grow( -10, -2 );
    int nFields = dbp->nFields();
    if ( 5 + r.a.y + nFields < r.b.y )
      r.b.y = 5 + r.a.y + nFields;
    char Buffer[80];
    sprintf( Buffer,
      "%s (%s)",
      dbp->FileName(), dbp->Id() );
    TDialog *d = new TDialog( r,
      Buffer );

    sprintf( Buffer, "Number of fields: %i",
      nFields );
    TStaticText *t;
    t = new TStaticText(
      TRect( 1, 1, 40, 2 ),
      Buffer );
    d->insert( t );

    sprintf( Buffer, "Number of records: %i",
      dbp->nRecords() );
    t = new TStaticText(
      TRect( 1, 2, 40, 3 ),
      Buffer );
    d->insert( t );

    sprintf( Buffer, "Field information:" );
    t = new TStaticText(
      TRect( 1, 3, 40, 4 ),
      Buffer );
    d->insert( t );

    if ( nFields > r.b.y - r.a.y - 4 )
      nFields = r.b.y - r.a.y - 5;
    for ( int i=1; i<nFields+1; i++ )
    {
      sprintf( Buffer, "%-2i: %-15s %c (%i)",
```

```
        i,
        dbp->FieldName( i ),
        dbp->FieldType( i ),
        dbp->FieldLen( i )
      );
      t = new TStaticText(
        TRect( 1, 3+i, 40, 4+i ),
        Buffer );
      d->insert( t );
    }

    deskTop->execView( d );
    destroy( d );
  }
  else
    message( "No database in use" );
}

Database *dbViewerApp::
  CreateDatabaseInstance( char *Filename )
{
  char *Ext = strchr( Filename, '.' );
  Database *Result;

  if ( Ext==0 )
    message( "Error: Need extension .DB or .DBF" );

  Ext++;
    // Dateierweiterung .DBF => dBASE-Datei
  if ( stricmp( Ext, "DBF" )==0 )
    Result = new dBaseDatabase( Filename );
   // Dateierweiterung DB => Paradox-Datei
  else if ( stricmp( Ext, "DB")==0 )
    Result = new ParadoxDatabase( Filename );
  else
  {
    char Buf[80];
    sprintf( Buf, "Error: cannot open %s, "
      "extension not supported",
      Filename );
    message( Buf );
  }
  return Result;
}


void dbViewerApp::openFile()
{
  TFileDialog *d= (TFileDialog *)validView(
      new TFileDialog( "*.DB?",
```

```
            "Open Database File",
            "~N~ame",
            fdOKButton, 100 ));

    if( d != 0 && deskTop->execView( d ) != cmCancel )
    {
      char fileName[ MAXPATH ];
      d->getFileName( fileName );
      Database *p =
        // Instanz herstellen
        CreateDatabaseInstance( fileName );
      if ( p )
      {
        int nFields = p->nFields();
        int MaxLen = 0;
        for ( int i=1; i<nFields+1; i++ )
        {
          int Temp = p->FieldLen(i);
          if ( Temp > MaxLen );
            MaxLen = Temp;
        }

        TRect r = deskTop->getExtent();
        if ( r.a.y + nFields + 1 < r.b.y )
          r.b.y = r.a.y + nFields + 2;
          // Neues Datenbankfenster öffnen
        DatabaseWin *w = new DatabaseWin( r,
          fileName, p );

          // Fenster dem Desktop hinzufügen
        deskTop->insert( w );
      }
    }
    destroy( d );
  }


  void dbViewerApp::fileFind()
  {
    if ( nOpenWin == 0 )
      message( "No database in use" );
    else
    {
      TSearchDialog *sd = new TSearchDialog;
      int Result = deskTop->execView( sd );
      if ( Result == cmOK )
      {
        DatabaseWin *t = (DatabaseWin*)::message(
          deskTop, evBroadcast, cmFindTopWindow, 0 );
        if ( t == 0 )
```

```
        return;

      Database *d = t->database();

      int fromWhere = 1;
      if ( !sd->entireScope() )
      {
        fromWhere = d->Current();
      }
      int caseSens = sd->caseSensitive();
      char *Text = sd->findText();

      int nRecs = d->nRecords();
      int nFlds = d->nFields();
      int Found = 0;

      for ( int i = fromWhere; i<nRecs+1 && !Found; i++ )
      {
        for ( int j = 1; j<nFlds+1 && !Found; j++ )
          Found = (strstr( d->Contents(j), Text )!=0);

        if ( !Found )
          d->Next();
      }
      if ( !Found )
      {
        char Buffer[ 80 ];
        sprintf( Buffer, "%s not found", Text );
        message( Buffer );
      }
      else
      {
        t->drawView();
      }
    }
    destroy( sd );
  }
}

void dbViewerApp::handleEvent( TEvent& e )
{
  TApplication::handleEvent( e );
  switch ( e.what )
  {
    case evCommand:
      switch( e.message.command )
      {
        case cmSystemAbout:
          messageBox( mfOKButton | mfInformation,
            "     dBase/Paradox File Viewer\n"
```

```
                "   Turbo Vision Demo Application" );
              break;

            case cmFileOpen:
              openFile();
              break;

            case cmFileInfo:
              fileInfo();
              break;

            case cmFileFind:
              fileFind();
              break;

            default:
              return;
          }
          break;
      }
    clearEvent( e );
  }

  TMenuBar *dbViewerApp::initMenuBar( TRect r )
  {
    r.b.y = r.a.y + 1;
    return new TMenuBar( r,
      *new TSubMenu( "~_~", kbAltSpace ) +
        *new TMenuItem( "~A~bout...",
          cmSystemAbout, kbNone ) +
      *new TSubMenu( "~F~ile", kbAltF ) +
        *new TMenuItem( "~O~pen...",
          cmFileOpen, kbF3, hcNoContext,
          "F3" ) +
        *new TMenuItem( "~I~nfo...",
          cmFileInfo, kbAltI, hcNoContext,
            "Alt-I" ) +
        *new TMenuItem( "~S~earch...",
          cmFileFind, kbAltS, hcNoContext,
            "Alt-S" ) +
        newLine() +
        *new TMenuItem( "~E~xit",
          cmFileExit, kbAltX, hcNoContext,
          "Alt-X" )
      );
  }

    // Hauptprogramm
    // Anwendungs-Objekt erzeugen und
    // sein run()-Methode aufrufen.
```

```
int main()
{
  dbViewerApp d;
  d.run();
  return 0;
}

// eof dbViewer.cpp
```

Ein Search-Dialogfeld

Anwendungen müssen häufig in einer Datei oder in einem Puffer nach Text suchen. Die hier vorgestellte Klasse TSearchDialog ermöglicht dem Anwender die Eingabe der Suchdaten und die Einstellung verschiedener Optionen. Dieses Beispiel zeigt auch, wie die Turbo-Vision-Klassen verwendet werden können, um eine neue, allgemein verwendbare Klasse abzuleiten.

Die Klasse TDialog, die Basis-Klasse für TSearchDialog, beinhaltet alle Funktionen zur Eingabe von Text, Definition von Optionsschaltflächen und Kontrollfeldern. Die Größe des Dialogfeldes ist festgelegt (aber das Feld läßt sich verschieben), und sein Titel ist auf "Search" voreingestellt.

Die Abbildung 22.1 zeigt, welche Felder das Dialogfeld enthält. Es gibt eine Eingabezeile, die mit "Text to find" bezeichnet ist, und zwei Optionsblöcke.

Der erste Block enthält zwei Optionsschaltflächen, um den Bereich des Suchvorganges einzustellen (entweder "From current position" oder "Entire scope").

Der zweite Block enthält ein Kontrollfeld, das mit "Case sensitive" bezeichnet ist. Zusätzlich wurden zwei Schaltflächen definiert. Es handelt sich dabei um die Schaltflächen OK und Cancel. Denken Sie daran, daß das Ergebnis des execView-Aufrufs der an die jeweils gedrückte Schaltfläche gebundene Befehlscode ist: cmOK für die Schaltfläche OK und cmCancel für die Schaltfläche Cancel. Das Einlesen der Eingabezeile und die Einstellung der Blöcke erfolgen mit der Funktion getData(). Zusätzlich sind die folgenden Funktionen für TSearchDialog definiert:

int caseSensitive()	Liefert den Status des Kontrollfeldes Case sensitive.
int entireScope()	Liefert 1, wenn der Anwender das Kontrollfeld Entire scope angeklickt hat, ansonsten 0.
char *findText()	Liefert den vom Anwender eingegebenen Suchtext.

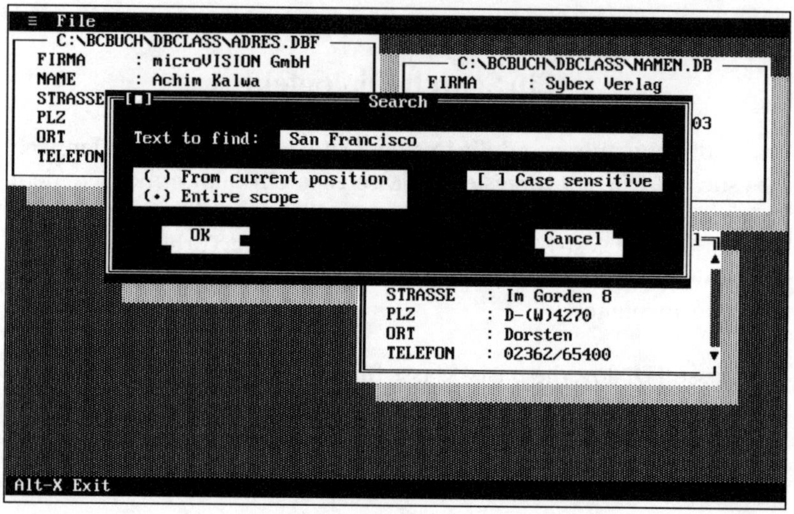

Abb. 22.1: Das "Search"-Dialogfeld

Folgende Struktur wurde für diese Werte verwendet:

```
struct DialogData
{
  ushort radioButtonData;  // Für den Optionsflächen-Block
  ushort checkBoxData;     // Für-Kontrollfeld-Block
  char inputLine[128];     // Für die Eingabezeile
};
```

TSRCHDLG.H

```
// Datei : TSrchDlg.h
// Zweck : Definition der Klasse TSearchDialog

#if !defined TSRCHDLG_H
#define TSRCHDLG_H

#define Uses_TDialog
```

```
#define Uses_TButton
#define Uses_TRadioButtons
#define Uses_TCheckBoxes
#define Uses_TRect
#define Uses_TInputLine
#define Uses_TSItem

struct DialogData
{
  ushort radioButtonData,
    checkBoxData;
  char inputLineData[128];
};

#include <tv.h>

const TRect dlgPos( 10, 3, 70, 13 );

class TSearchDialog : public TDialog
{
  private:
    DialogData *dd;

  public:
    TSearchDialog( const char *title ="Search" )
    : TDialog( dlgPos, title ),
      TWindowInit( &initFrame )
    {
      TView *b = new TRadioButtons(
        TRect( 3, 4, 31, 6 ),
        new TSItem( "~F~rom current position",
          new TSItem( "~E~ntire scope", 0 )) );
      insert( b );

      b = new TCheckBoxes(
        TRect( 37, 4, 57, 5 ),
          new TSItem( "~C~ase sensitive", 0 ) );
      insert( b );

      b = new TButton(
        TRect( 5, 7, 15, 9 ),
        "~O~K", cmOK, bfDefault );
      insert( b );

      b = new TButton(
        TRect( dlgPos.b.x - 27, 7,
               dlgPos.b.x - 17, 9 ),
        "Cancel", cmCancel, bfNormal );
      insert( b );
      TInputLine *il =
```

```
        new TInputLine(
          TRect( 18, 2, dlgPos.b.x - dlgPos.a.x-3, 3 ),
                 128 );
      insert( il );

      insert( new TLabel(
        TRect( 2, 2, 16, 3 ), "~T~ext to find:", il ) );
    }

    int caseSensitive()
    {
      getData( dd );
      return dd->checkBoxData == 1;
    }

    int entireScope()
    {
      getData( dd );
      return dd->radioButtonData == 2;
    }

    char *findText()
    {
      getData( dd );
      return dd->inputLineData;
    }
};

#endif
```

Kapitel 23

Ein objektorientierter Interpreter

Das folgende Beispiel, ein objektorientierter Interpreter, der auf der Sprache Forth basierende Befehle interpretieren kann, benutzt viele Schlüsselfunktionen der Sprache C++, wie Mehrfachgebrauch von Codesegmenten, Polymorphismus und Implementationsschutz. Es benutzt die bereits vorgestellten abstrakten Datentypen, um eine sortierte, gelinkte Liste von Variablen, Konstanten, Standard- und benutzerdefinierten Prozeduren sowie eine Anzahl Stack-Objekte zu erstellen. Der hier dargestellte Interpreter ist eine abgemagerte Version eines Forth-Interpreters, der vom Autor vor einem Jahr erstellt wurde, und unterstützt nur eine kleine Untermenge der Forth-Befehle. Der C++-Programmcode allerdings enthält alle Elemente, die dieses Projekt so interessant machen.

Die Sprache Forth

Bevor wir uns den Quellcode für den Interpreter genauer ansehen, wird hier zuerst die Sprache Forth kurz vorgestellt. Die Sprache Forth ist nicht besonders üblich für die PC-Programmierung und hat einige Besonderheiten. Die Sprache basiert komplett auf dem Stack, was zur Folge hat, daß fast alle Vorgänge auf dem Stack stattfinden. Ein Stack ist eine LIFO-Datenstruktur (last-in, first-out), vergleichbar mit den aufgestapelten Tellern in einem Selbstbedienungsrestaurant. Einfache Berechnungen, wie das Addieren zweier Integer, sind in Postfix-Notation, auch bekannt als polnischer Notation, zu schreiben (der Operator folgt der Zahl). Das folgende Beispiel addiert die Zahlen 4 und 28 in Forth und legt das Ergebnis auf dem Stack ab; das Zeichen “>” ist die Eingabeaufforderung des Interpreters:

```
> 4 28 +
```

Hier wird zuerst die 4 gefolgt von der 28 auf dem Stack abgelegt. Der Operator + erwartet zwei Integer, die er vom Stack herunterholt. Die sich ergebende Summe wird erneut auf dem Stack abgelegt und kann ausgegeben werden oder steht für weitere Berechnungen zur Verfügung.

In Forth wird + als Wort und nicht als Operator bezeichnet. Ein anderes übliches Wort ist der Punkt, der den obersten Wert vom Stack holt und ihn auf dem Bildschirm ausgibt. Der Punkt kann direkt verwendet werden, nachdem irgendetwas auf dem Stack abgelegt wurde:

```
> 55 .
> 4 28 + .
```

Die Zahl 55 wird nun gefolgt von der 32 auf dem Bildschirm ausgegeben. Da der Stack in Forth so wichtig ist, gibt es einige spezielle Stack-Wörter:

dup Duplizieren des obersten Elements aus dem Stack.
drop Entfernen des obersten Elements aus dem Stack.
swap Austauschen der zwei obersten Elemente des Stacks.

Dies sind Wörter aus der Standard-Bibliothek von Forth, und die gebräuchlichsten werden vom Interpreter zur Verfügung gestellt, obwohl natürlich weitere hinzugefügt werden können. Sie können wie folgt benutzt werden:

```
> 4 dup
```

Nun stehen an der Spitze des Stack zwei Vieren. Nachdem eine Zeile erfolgreich vom Interpreter bearbeitet wurde, wird direkt nach der sich ergebenden Ausgabe Ok angezeigt, und der Interpreter ist bereit, die nächste Eingabezeile zu bearbeiten:

```
> 4 3 swap
Ok
>
```

Der Stack enthält nun die Werte 3 und 4. Falls versucht wird, Werte von einem leeren Stack zu lesen, erscheint die Meldung “EMPTY STACK”:

```
> 1 +
EMPTY STACK
Ok
>
```

Darüber hinaus wird vom Interpreter, falls eine Zeile nicht identifizierbare Elemente enthält, folgende Fehlermeldung ausgegeben:

```
> hello
?hello?
Ok
>
```

Strings oder Zeichenfolgen können mit dem Wort ." (ein Punkt, dem direkt Anführungsstriche folgen) ausgegeben werden. Das Wort cr gibt einen Wagenrücklauf (Carriage Return) auf dem Bildschirm aus.

```
> ." Hello, world!" cr
Hello, world!
Ok
>
```

Die folgenden zusätzlichen Wörter stehen in der Standard-Bibliothek des Forth-Interpreters zur Verfügung:

emit Gibt das Zeichen mit dem dem obersten Stack-Element entsprechenden ASCII-Wert aus. Beispiel: 42 emit zeigt ein Sternchen, das den ASCII-Code 42 hat.

space Gibt ein einzelnes Leerzeichen auf der Konsole aus.

spaces Gibt n Leerzeichen auf der Konsole aus, wobei n der oberste Wert des Stack ist.

Schleifen in Forth

Mit dem Konstrukt do...loop können in Forth Schleifen aufgebaut werden. In Forth stehen auch andere Schleifen zur Verfügung, aber um den Quellcode kurz und übersichtlich zu halten, wurden sie in den Interpreter nicht mit aufgenommen. Eine Schleife von 0 bis 100, die nichts ausführt, wird in Forth wie folgt definiert:

```
>100 0 do loop
Ok
>
```

Die 100 ist die oberste Grenze, die 0 der Startwert. Beide Zahlen werden wie üblich auf dem Stack abgelegt und vom Schlüsselwort do benutzt. Zwischen dem Schlüsselwort do und loop wird der Schleifencode plaziert. Falls zum Beispiel der Wert 10 achtmal auf dem Stack abgelegt werden soll, so sieht der Programmcode so aus:

```
> 8 0 do 10 loop
OK
> . . . . . . . .   ( achtmal den obersten Wert des Stack ausgeben )
10 10 10 10 10 10 10 10 Ok
>
```

Kommentare können dem Forth-Programmcode in Klammern hinzugefügt werden. Wichtig: Die erste Klammer ist von Leerzeichen umgeben; da sie ein Wort der Standardbibliothek ist, muß der Interpreter auf diese Weise die Unterscheidung treffen können.

Bedingungen mit if, else und then

Bedingte Ausdrücke werden von Forth unterstützt, aber ihre Syntax kann am Anfang etwas ungewohnt aussehen. Die if...then-Konstruktion hat die folgende Syntax:

```
<Bedingung> if <Programmcode> then
```

<Bedingung> besteht aus beliebigen Forth-Ausdrücken, die einen Wert auf dem Stack ablegen. Falls der Wert nicht 0 ist, dann wird *<Programmcode>* ausgeführt. Sonst fährt der Interpreter mit dem Programmcode nach dem then fort.

Der folgende Programmcode zeigt den String "Wahr" auf dem Bildschirm an:

```
> 1 if ." Wahr" then cr
Wahr
Ok
>
```

cr wird immer ausgeführt und ist kein Teil des if...then-Konstrukts. Mit Vergleichsoperatoren wie = und > ist das folgende, übliche Konstrukt möglich:

```
> 44 55 < if ." Ja, 44 < 55" then cr
Ja, 44 < 55
Ok
>
```

Das Standardwort not kehrt den logischen Wert des Elements an der Spitze des Stack um und kann in "if not"-Konstrukten benutzt werden:

```
> 44 55 > not if ." Nein, 44 > 55 ist nicht wahr." cr
Nein, 44 > 55 ist nicht wahr.
Ok
>
```

Das optionale Wort else kann verwendet werden, um alternative Aktionen auszuführen und wird im allgemeinen wie folgt benutzt:

```
<Bedingung> if <Programmcode-If> else <Programmcode-Else> then
```

Beispiel:

```
> 1 if ." Ja" else ." Nein" then cr
Ja
Ok
> 0 if ." Ja" else ." Nein" then cr
Nein
Ok
>
```

Benutzerdefinierte Wörter

Eine mächtige Eigenschaft von Forth ist die Möglichkeit, benutzerdefinierte Wörter zu definieren. Eine solche Definition wird angeführt von einem Doppelpunkt und dem Bezeichner des Wortes. Beendet wird sie von einem Semikolon. Der folgende Programmausschnitt definiert ein neues Wort MyWord ohne Körper:

```
> : MyWord ( Schreiben Sie beliebige Forth-Befehle hierhin ) ;
Ok
>
```

Ein nützliches Wort als Erweiterung Ihrer eigenen Bibliothek wäre star, das einen Stern auf dem Bildschirm ausgibt. Die Definition lautet:

```
> : Star 42 emit ;
Ok
> Star cr
*
Ok
>
```

Wenn Sie das Wort Star eingeben, wird dessen Körper ausgeführt und somit ein Stern (ASCII-Code 42) ausgegeben (emitiert). Der Körper eines neuen Wortes kann jede beliebige legale Forth-Anweisung enthalten, kann aber nicht selbst wieder ein Wort definieren. Derartige Verschachtelungen sind unzulässig. Das folgende Beispiel definiert ein neues Wort stars, das den obersten Stack-Wert nimmt und eine Anzahl Sterne ausgibt:

```
> : Stars 0 do Star loop ; ( Definition von "Stars" )
Ok
> 5 Stars cr ( Zeige fünf Sterne. )
*****
Ok
> 10 Stars cr ( Zeige zehn Sterne. )
**********
```

Benutzerdefinierte Wörter bieten eine einfache und elegante Möglichkeit, die Standard-Bibliothek von Forth zu erweitern. Die aktuelle Version gestattet nur einzeilige Definitionen. Definitionen über mehrere Zeilen sind also nicht möglich, was aber einfach geändert werden kann.

Der Gebrauch von Variablen und Konstanten

Die letzte wichtige Eigenschaft des Interpreters sind Variable und Konstante, die ebenfalls als Worte gespeichert und auch so behandelt werden. Eine Variable wird wie folgt definiert:

```
> variable v
Ok
>
```

Dies fügt das Wort v der Standard-Bibliothek hinzu. Der Wert von v ist im Moment unbestimmt, kann aber mit dem Zuweisungswort ! geändert werden:

```
> 10 v ! ( 10 wird v zugewiesen )
Ok
>
```

Das Rechnen mit Variablen besteht letztendlich daraus, deren Wert auf den Stack zu schieben, was durch das Wort @ geschieht:

```
> @    ( Schiebt den Wert von v auf den Stack )
Ok
> 4 + .       ( Addiere 4 und gib das Ergebnis aus. )
14 Ok
>
```

Tatsächlich schiebt der Interpreter, wenn eine Variable auftaucht, deren Adresse auf den Stack. Das Wort @ ersetzt die Adresse durch den dahinterstehenden Wert. Damit ist das folgende Konstrukt in Forth-Programmen recht üblich:

```
> v @ .      ( Hole den Wert von v, und zeige ihn an. )
10 Ok
>
```

Zu diesem Zweck gibt es das Wort ?, das einfach eine Abkürzung für "@." ist:

```
> v ? ( Zeige den Wert von v )
10 Ok
>
```

Eine Konstante wird mit einem Wert initialisiert, der nachträglich nicht geändert werden kann. Allerdings kann eine Konstante zweimal definiert werden, und dann wird die letzte Definition benutzt. Der folgende Programmausschnitt definiert die Konstante Address mit dem Wert 19026:

```
> 19026 constant Address
Ok
>
```

Eine Konstante muß nicht "dereferenziert" werden; durch die Eingabe des Namens wird der Wert direkt auf den Stack geschoben:

```
> Address .
19026 Ok
>
```

Die Implementation des Interpreters

Nachdem die Grundlagen eines Forth-Programms nun bekannt sind, können wir jetzt den C++-Quellcode des Interpreters untersuchen. Der Kernel des Programms benutzt einige Klassen, die alle von der Klasse Word abgeleitet sind. Ein Word kann im Interpreter ein Standard-Wort, ein benutzerdefiniertes Wort, eine Variable, eine Konstante oder ein Schalter sein. Die Datendefinitionen dieser Klassen sehen folgendermaßen aus:

Klasse	abgeleitet von	Datenelemente
Word	-	char *Name
StdWord	Word	void (*EntryPt) ();
UdWord	Word	char *Body
Var	Word	int Val;
Const	Var	-
Toggle	Word	int& t_var;

Die abstrakte Klasse Word definiert das Datenelement Name, das den Bezeichner eines Wortes enthält. Der Funktionszeiger von StdWord zeigt auf eine C++-Funktion, die ausgeführt werden soll, wenn dieses Wort in der Befehlszeile eingegeben wird. Das Element Body von UdWord enthält die Forth-Befehle, die den Körper (der Programmcode zwischen dem : und dem ;) des benutzerdefinierten Wortes darstellen. Das Element Val der Klassen Var und Const enthält den Wert der Variablen oder Konstanten. Toggle ist ein spezielles Wort: Falls es in der Befehlszeile eingegeben wird, kehrt es den logischen Wert der Variablen, auf die es sich bezieht, um. Der Interpreter enthält zwei Toggles: debug, um den Debugger ein- oder auszuschalten, und prompt, um die Eingabeaufforderung > ein- oder auszuschalten.

Die Klasse Word deklariert die folgenden virtuellen Methoden:

Execute	Führe das Wort aus.
Print	Gibt den Wert des Wortes aus.

Die Methode Execute ist von großer Wichtigkeit; sobald der Interpreter erkennt, daß ein eingegebener Bezeichner gültig ist, also ein vorhandenes Wort, ruft er das Execute für das entsprechende Objekt auf. Jedes Objekt weiß, wie es auf Execute zu reagieren hat:

Objekttyp	Reaktion auf Execute
StdWord	Aufruf von EntryPt().
UdWord	Übergabe des Körpers an den Interpreter.
Var	Legt die Adresse von Value auf dem Stack ab.
Const	Legt den Wert von Value auf dem Stack ab.
Toggle	Schaltet den Wert von t_var um.

Hier zeigt sich der wahre Wert der objektorientierten Programmierung und des Polymorphismus! Das Hauptprogramm ist relativ kurz und die gesamte Funktionalität in den Objekten gekapselt. Auch das Hinzufügen eines neuen Wortes ist so einfach wie das Ableiten einer neuen Klasse von Word und das Schreiben einer neuen Execute-Methode.

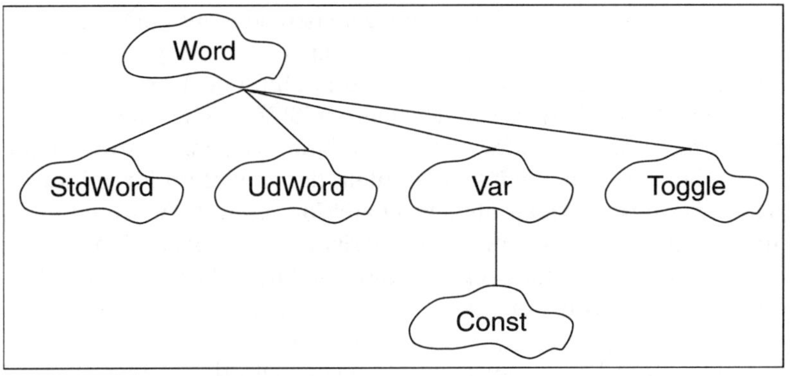

Abb. 23.1: Die Hierarchie der Klasse Word

Die interne Bibliothek enthält die Definitionen aller Standard-Wörter, der benutzerdefinierten Wörter, der Variablen, der Konstanten und der Toggles. In Wirklichkeit ist es eine polymorphe, sortierte, gelinkte Liste von Zeigern auf Word, d.h., sie erbt die gesamte Funktionalität der in diesem Kapitel vorgestellten abstrakten Datentypen. Die generische Klasse gSortedList(T) dient zum Anlegen einer neuen Klasse:

```
  // pWord ist ein Zeiger auf Word
typedef Word *pWord;
  // Definiere eine Klasse für eine
  // sortierte Liste von Zeigern auf Word
gSortedListDeclare(pWord);
  // Erstelle ein Objekt dieses Typs
gSortedList(pord) Lib;
```

Die Funktion Initialize() fügt die Standard-Worte und die Toggles debug und prompt zur Bibliothek hinzu. Falls eine neue Variable, Konstante oder ein neues benutzerdefiniertes Wort eingeführt wird, wird ein neues Objekt vom entsprechenden Typ der Bibliothek hinzugefügt.

Interpretation von Befehlen, Bedingungen und Schleifen

Die Variable Buffer enthält die eingegebenen oder aus einer Datei gelesenen Befehle. Eine sehr wichtige Variable des Interpreters ist der Befehlszeiger p, der auf die nächste, auszuführende Anweisung zeigt. Die Funktion ReadLine liest höchstens BUFSIZE Zeichen aus dem Eingabe-Stream in den Puffer und läßt p darauf zeigen. Dann wird aus main() heraus EvaluateLine aufgerufen, das wiederum für jedes einzelne Wort des Eingabepuffers EvaluateWord aufruft. Zur Vereinfachung erfolgt dies mittels einer String-Variable theWord; der Konstruktor String(const char *s, int i) legt einen neuen String, bestehend aus den ersten i Zeichen von s an.

In EvaluateWord wird zuerst geprüft, ob die Zahl vielleicht ein Integer ist. Wenn ja, wird sie auf dem Stack abgelegt. Sonst wird die Funktion FindWord aufgerufen, um das Wort anhand der Standardbibliothek zu überprüfen. Beachten Sie, daß innerhalb dieser Funktion eine neue Klasse SearchWord definiert wird, welche an die Methode Find der generischen Klasse sortierte Liste übergeben wird. Dies ist notwendig, weil die Funktion ein Argument vom Typ pWord (Zeiger auf Word) erwartet. Die Vergleichsfunktion prüft das Element Name des Arguments gegen jedes Element Name der Objekte in der internen Bibliothek. Das Ergebnis, entweder ein Zeiger auf ein gültiges Objekt oder ein NULL-Zeiger, wird dann an das aufrufende Programm zurückgegeben. Falls das Wort in der Standardbibliothek gefunden wird, wird die virtuelle Methode Execute, die für jede Klasse eine andere Bedeutung hat, aufgerufen. Das Verfahren, nach dem jede Klasse ihre Methode Execute definiert hat, wird weiter unten beschrieben.

Nachdem ein Wort ausgeführt wurde, wird p inkrementiert, so daß es auf das nächste Wort oder auf NULL zeigt. Der Vorteil dieser Arbeitsweise mit einem Befehlszeiger wird deutlich, wenn Schleifen und Bedingungen ausgeführt werden. Durch das Sichern des Befehlszeigers auf einen lokalen Stack kann er später ohne weiteres wieder hergestellt werden. Zum Beispiel wird in der Konstruktion do...loop beim Auftauchen eines do (und damit dem Aufruf von f_do()) der Befehlszeiger auf einen lokalen Stack DoIter gesichert. Die Werte des Schleifenindex werden vom globalen Stack s genommen und auf einem speziellen Stack r, dem sogenannten Return-Stack, abgelegt. Wenn die Funktion beendet ist, fährt das Programm automatisch mit dem nächsten Wort hinter do fort.

Sobald das Wort loop auftaucht, wird die Funktion f_loop(), welche die gesicherten Werte benutzt, ausgeführt. Falls die Schleife ein weiteres Mal ausgeführt werden muß, wird der vorher gespeicherte Befehlszeiger wieder hergestellt, und danach setzt das Programm an dieser Stelle seine Arbeit fort. Wenn Sie dies verfolgen wollen, können Sie den Turbo Debugger mit Run oder Animate durch eine do...loop-Konstruktion schicken und setzen die Watchpoints ([Strg][F7]) auf p, I und J.

Das Konstrukt if...then arbeitet ähnlich, muß allerdings auch das optionale else berücksichtigen.

Ausführung eines Standard-Wortes

Die Ausführung eines Standard-Wortes (ein Objekt vom Typ StdWord) ist sehr einfach; der Zeiger auf die C++-Routine, StdWord::EntryPt, wird ausgeführt, und danach setzt die Verarbeitung normal fort. Bis auf einige Ausnahmen wird der Wert des Befehlszeigers nicht verändert. Alle Standardfunktionen haben die Form f_XXX(), wobei XXX das angetroffene Forth-Wort ist. Beachten Sie, daß alle Standardfunktionen auf diese Art implementiert sind; durch das Schreiben einer Funktion, welche 1-Zeichen-Wörter (wie +, -, .) separat behandelt, könnte das System beschleunigt werden.

Benutzerdefinierte Wörter

Es wurde gesagt, daß Wörter mit dem Konstrukt : .. ; definiert werden können. Dies führt dazu, daß der internen Bibliothek neue Wörter hinzugefügt werden. Die Funktion f_colondef() wird aufgerufen, sobald der Interpreter an einen Doppelpunkt gerät. Diese Funktion liest das nächste Wort aus dem Eingabe-Stream. Es handelt sich dabei um den Namen des neuen Wortes. Dann werden die Daten gelesen, bis ein Semikolon gefunden wird, an dem die Definition endet. Es wird dann ein neues Objekt UdWord erstellt und der Bibliothek hinzugefügt.

Ausführen eines UdWord

Die Ausführung eines benutzerdefinierten Wortes ist ein wenig schwieriger. Ein Objekt UdWord enthält ein Element char*, das auf einen Puffer mit Forth-Programmcode zeigt, der die Definition des benutzerdefinierten Wortes enthält. Dieser Programmcode kann einfach zur Ausführung gebracht werden, indem man p darauf zeigen läßt und EvaluateLine aufruft, das den Puffer von p bis zu einem Null-Zeichen auswertet. Der Befehlszeiger wird vor der Ausführung des Rumpfes gesichert, damit das Programm nach der Ausführung des benutzerdefinierten Wortes an der richtigen Stelle fortsetzt.

Ausführen einer Var

Wenn der Interpreter auf einen vorhandenen Variablennamen trifft, wird dessen Adresse (nicht der Wert) auf dem Stack abgelegt. Dies erfolgt in Var::Execute, das &Value auf den Stack s legt. Es stehen verschiedene Operatoren zur Arbeit mit Variablen zur Verfügung. Zum Beispiel ersetzt @ die Adresse durch den Wert der Integer, auf die er zeigt.

Ausführen einer Const

Im Gegensatz zu einer Variablen wird bei der Eingabe des Namens einer Konstante der Wert derselben auf dem Stack abgelegt. Deshalb erbt Const von Var; die interne Implementation bleibt bestehen, aber die Methode Execute ist unterschiedlich.

Die Toggle-Objekte

Toggles oder Schalter dienen zum Ein- oder Ausschalten bestimmter Eigenschaften. Obwohl sie nicht Teil der Forth-Sprache sind, werden zwei Toggles zur Verfügung gestellt: debug und prompt. Der erste Toggle steuert eine Boolesche Variable t_debug; falls sie eingeschaltet ist, wird der Inhalt des Stack nach jeder ausgeführten Zeile ausgegeben. Der zweite Toggle wird benutzt, um den Prompt ">" ein- oder auszuschalten.

Falls Sie sich den Programmcode der Klasse Toggle ansehen, werden Sie feststellen, wie einfach die Implementation aufgrund der vorhandenen Klassen war. Es mußte nur eine neue Klasse und eine neue Methode Execute definiert werden.

Ein Toggle-Objekt enthält eine *Referenz* auf eine Integer-Variable, die bei jedem Aufruf von Execute den logischen Wert ändert. Da Toggles nicht Teil der Forth-Sprache sind, können sie nicht zur Laufzeit definiert werden.

Ausbau und Verbesserung des Interpreters

Wie zuvor bereits erwähnt, ist das hier dargestellte Programm eine verkürzte Version einer kompletten Version. Aber es zeigt den objektorientierten Ansatz ausreichend auf. Die vollständige Version unterstützt weitaus mehr Forth-Befehle und Möglichkeiten, benutzt aber im Prinzip die gleichen Klassen und hat eine ähnliche Programmstruktur.

Die Quellcodes

Die Listings des Interpreters sind nachfolgend abgedruckt, befinden sich aber zusätzlich auf der beigefügten Diskette im Verzeichnis FORTH:

FORTH.H	Header-Datei des Interpreters
FORTH.CPP	Quelldatei des Interpreters
STDWORDS.CPP	Definition der Standardworte
INIT.CPP	Initialisierungscode
GLOBALS.H	Definition der globalen Variablen und Strukturen
FORTH.PRJ	Projekt-Datei für den Interpreter
FORTH.EXE	Der Interpreter

FORTH.H

```
// Datei  : Forth.h
// Zweck  : Header-Datei für den objekt-orientierten
//          Forth-Interpreter
```

```
#if !defined FORTH_H
#define FORTH_H
  // Deklarationen einfügen
#include <Forth/Globals.h>
  // String Utility-Funktionen einfügen
#include <String/StrUtil.h>
  // Integer Stack Definitionen
#include <ADT/iStack.h>
  // sortierte Liste
#include <ADT/gSortLst.h>
  // Stream Header-Dateien
#include <iostream.h>

class Word
{
  protected:
    char *Name;

  public:
    Word() { Name = 0; }
    Word( char *n )
    {
      Name = StrDup( n );
    }
    virtual ~Word()
    {
      delete Name;
    }
    int IsEqual( Word& w )
    {
      return strcmp( Name, w.Name ) == 0;
    }

    int IsEmpty() const { return Name==0; }

      // reine virtuelle Methoden
    virtual void Execute() = 0;
    virtual void Print() = 0;

    operator const char*() { return Name; }

};

  // Ein 'Var' ist ein Word, das auf den
  // Stack geschoben wird
  // 'Execute':
class Var : public Word
{
  protected:
    int Value;
```

```
  public:
    Var(char *Name) : Word(Name)
      { }
    Var(char *Name, int v) : Word(Name)
      { Value = v; }

      // 'Execute': Adresse und Wert auf den Stack
      // schieben
    void Execute()
      { s.Push( int(&Value) ); }

    void Print()
    {
      os << "Var " << Name <<
        " = " << Value << endl;
    }
};

class Const : public Var
{
  public:
    Const(char *Name, int v)
    : Var(Name,v)
    { }

      // 'Execute' platziert den Wert der Konstanten
      // auf dem Stack (nicht die Adresse)
    void Execute()
      { s.Push( Value ); }
    void Print()
    {
      os << "Const " << Name <<
         " = " << Value << endl;
    }
};

  // Ein 'StdWord' ist ein Standard-Word,
  // ein Teil des Forth-Systems selbst.
class StdWord : public Word
{
  private:
    void (*EntryPt)();

  public:
    StdWord(char *Name, void (*f)()) : Word(Name)
      { EntryPt = f; }

    void Execute() { EntryPt(); }
    void Print()
```

```
    {
      os << "Std Word " << Name << endl;
    }
};

  // Ein 'UdWord' (User-Defined Word) ist ein Word
  // mit einem (Forth) Körper
class UdWord : public Word
{
  private:
    char *Body;

  public:
    UdWord(char *Name, char *bdy) : Word(Name)
    {
      Body = StrDup( bdy );
    }
    ~UdWord()
    {
      delete Body;
    }
    void Execute()
    {
        // Intruktions-Zeiger sichern
      char *pTmp = p;
      p = Body;
      EvaluateLine();
      p = pTmp;
    }
    void Print()
    {
      os << "User-def " << Name
         << endl;
    }
};

class Toggle : public Word
{
  private:
    int& t_var;

  public:
    Toggle( char *Name, int& v )
    : Word(Name), t_var(v) { }

      // Execute: Status der boolschen Variable ändern
    void Execute()
    {
      t_var = !t_var;
    }
```

```
    void Print()
    {
      os << "Bool " << Name
         << " = " << (t_var?"Yes":"No")
         << endl;
    }
};

typedef Word *pWord;
typedef Var  *pVar;
typedef Const *pConst;
typedef StdWord *pStdWord;
typedef UdWord *pUdWord;
typedef Toggle *pToggle;

  // Definition einer sortierten Liste
  // von Zeigern auf 'Word'
gSortedListDeclare(pWord);
extern gSortedList(pWord) Lib;

  // Suchen eines Wortes in der internen Library
Word *FindWord(char*);

#endif
// eof Forth.h
```

FORTH.CPP

```
// Datei : Forth.cpp

#include <Forth/Forth.h>
#include <ADT/iStack.h>
#include <String/String.h>

#include <iostream.h>
#include <ctype.h>
#include <stdlib.h>
#include <stdio.h>
#include <string.h>

const int BUFSIZE = 5000;

  // Globale Variablen
  // -----------------
iStack s;       // Parameter Stack
iStack r;       // Rückgabe Stack
iStack Intern;  // Interner Stack
iStack Iter;    // Iteration Stack
```

```
char Buffer[ BUFSIZE ], // Eingabe-Puffer
  *p = Buffer;          // Instruktions-Zeiger
ostream_withassign os;  // Ausgabe-Stream
istream_withassign is;  // Eingabe-Stream
int t_debug = 0;        // 'Debug' Toggle
int t_prompt = 1;       // 'Prompt' Toggle

void EvaluateWord( const char *w )
{
    // prüfen ob Ziffer
    // Ja, auf Stack schieben
  if ( isdigit(*w) || (*w=='-' && isdigit(w[1])) )
  {
    int i = atoi(w);
    s.Push( i );
  }
  else
  {
    Word *wp = FindWord( (char*)w );
    if ( wp )  // Wort gefunden
    {
        // Egal was es ist, ausführen!
        // Die richtige Methode wird zur Laufzeit aufgerufen
      wp->Execute();
    }
    else
    {
      // unbekanntes Wort, Fehlermeldung augeben.
      os << "?" << w << "?" << endl;
    }
  }
}

  // Einige Hilfsfunktionen
inline int issep(char c)
  { return c==' ' || c=='\n' || c=='\t'; }
void ltrimp()
  { while ( issep(*p) && *p ) p++; }
int endwordp()
{
  for ( int i=0; !issep(p[i]) && p[i]; i++ ) ;
  return i;
}
  // EvaluateLine
  //
  // Auswerten des Codes, auf den 'p' zeigt und mit einem
  // NULL-Zeichen abgeschlossen ist.
  //
int EvaluateLine()
{
```

```
  int Quit = 0;

  while ( *p && !Quit )
  {
    ltrimp();
    if ( *p )
    {
      int i = endwordp();
      String theWord( p, i );
      if ( theWord == "bye" )
        Quit = 1;
      else
      {
        p += i;
        EvaluateWord( theWord );
      }
    }
  }
  os.flush();
  return Quit;
}

  // ReadLine
  // liest ein NULL-terminiertes Code-Stück von
  // 'is' (dem Eingabe-Stream), speichert es in 'Buffer'
  // und setzt den Instruktionszeiger 'p'
void ReadLine()
{
  is.getline( Buffer, BUFSIZE );
  p = Buffer;
}

int main()
{
  os = cout;
  is = cin;
  int Quit = 0;

  os << "Forth interpreter in C++ v.2.00" << endl;

  Initialize();

  while ( !Quit )
  {
    os << " Ok";
    if ( t_prompt )
      os << endl << "> ";
    os << flush;
    ReadLine();
    Quit = EvaluateLine();
```

```
    if ( t_debug )
    {
      os << endl << "Stack: ";
      s.Reset();
      int Len = s.Depth();
      while ( Len-- )
        os << s() << ' ';
      os << endl;
    }
  }
}

  // FindWord
  // Weil gSortedList(pWord)::Fint ein 'Word*' erwartet,
  // definieren wir eine Dummy-Klasse 'SearchWord' lokal zu
  // dieser Funktion
Word *FindWord( char *Name )
{
  class SearchWord : public Word
  {
    public:
      SearchWord( char *n )
      : Word(n)
      { }
      virtual void Execute(){}
      virtual void Print(){}
  } s(Name);

  Word *Result = Lib.Find( &s );
  return Result;
}

  // GetNextWord
  // Holt das nächste Wort vom Eingabe-Stream
  // und setzt den Instruktions-Zeiger weiter
char *GetNextWord()
{
  static char Result[80];
  Result[0] = 0;
  if ( *p )
  {
    ltrimp();
    if ( *p )
    {
      int i = endwordp();
      strncpy( Result, p, i );
      Result[i] = 0;
      p += i;
    }
  }
```

```
  return Result;
}

// eof Forth.cpp
```

StdWords.cpp

```
// Datei : StdWords.cpp
// Zweck : Definition von einigen Wörtern der Forth Standard-Library

#include <Forth/Globals.h>
#include <Forth/Forth.h>
#include <iostream.h>

inline int s_Pop()
{
  if ( s.Depth() == 0 )
  {
    os << "STACK EMPTY" << endl;
    return 0;
  }
  else
    return s.Pop();
}

  // +, -, * und /
void f_add()
  { s.Push( s_Pop()+s_Pop() ); }
void f_substr()
{
  int Save = s_Pop();
  s.Push( s_Pop()-Save );
}

void f_mult()
  { s.Push( s_Pop()*s_Pop() ); }
void f_div()
{
  int Save = s_Pop();
  s.Push( s_Pop()/Save );
}

  // >, < und =
void f_gt()
  { s.Push( s_Pop()<=s_Pop() ); }
void f_lt()
  { s.Push( s_Pop()>=s_Pop() ); }
void f_eq()
```

```
  { s.Push( s_Pop()==s_Pop() ); }

  // .
  // oberstes Stackelement anzeigen
void f_dot()
  { os << s_Pop() << ' '; }

  // emit
  // oberstes Stackelement als ASCII-Zeichen ausgeben
void f_emit()
{
  int e = s_Pop();
  os << char(e);
}

  // cr
  // Carriage Return ausgeben
void f_cr()
{
  os << endl;
}

  // not
void f_not()
  { s.Push( !s_Pop() ); }

  // :
  // User-definiertes Wort der Library hinzufügen
  // z.B..
  //     : star 42 emit ;
  // definiert 'star' als '42 emit'
void f_colondef()
{
    // Name der Routine ermitteln
  char *Name = GetNextWord();

    // abschließendes ';' oder '\0' suchen
  char *Save = p;
  while ( *p && *p != ';' )
    p++;
  int Length = int(p-Save);
    // Routinen-Grundgerüst kopieren
  char *Body = StrnDup( Save, Length );
    //  Intruktions-Zeiger anpassen
  p++;

    // Wort zur Library hinzufügen
  Lib.Add( new UdWord( Name, Body ) );
  delete Body;
}
```

```
  // space
  // gibt ein Leerzeichen aus
void f_space()
{
  os << ' ';
}

  // spaces
  // Gibt 'n' Leerzeichen aus
void f_spaces()
{
  int e = s_Pop();
  for ( int i=0; i<e; i++ )
    os << ' ';
}

  // schließende Klammer (Kommentar)
void f_lpar()
{
  while ( *p != ')' && *p )
    p++;
  if ( *p )
    p++;
}

  // dup
  // Dupliziert das oberste Stack-Element
void f_dup()
{
  int e = s_Pop();
  s.Push( e );
  s.Push( e );
}

  // drop
  // entfernt das oberste Stack-Element
void f_drop()
  { s_Pop(); }

  // swap
  // vertauscht die beiden obersten Stack-Elemente
void f_swap()
{
  int e1 = s_Pop();
  int e2 = s_Pop();
  s.Push( e1 );
  s.Push( e2 );
}
```

```
  // depth
  // Stack um die Tiefe 'depth' verschieben
void f_depth()
  { s.Push( s.Depth() ); }

  // @
  // Adresse durch Wert ersetzen
void f_amps()
{
  int *i = (int*)s_Pop();
  s.Push( *i );
}

  // ?
  // eine Kurzform für @ .
void f_quest()
{
  f_amps();
  os << s_Pop() << ' ';
}

  // !
  // Zuweisungs-Operator
void f_excl()
{
  int *i = (int*)s_Pop();
  int e = s_Pop();
  *i = e;
}

  // abort
  // Löscht den Stack
void f_abort()
{
  while ( !s.IsEmpty() )
    s_Pop();
  while ( !r.IsEmpty() )
    r.Pop();
}

  // variable
  // führt eine Variable ein
void f_variable()
{
  char *w = GetNextWord();
  if ( w )
    Lib.Add( new Var( w ) );
  os << "Added var " << w << endl;
}
```

```
  // constant
  // Führt Konstante ein
void f_constant()
{
  int theValue = s_Pop();
  char *w = GetNextWord();
  if ( w )
    Lib.Add( new Const( w, theValue ) );
  os << "Added const " << w << endl;
}

  // print
  // zeigt den Inhalt der internen Library
void f_printallwords()
{
  Lib.Reset();
  Word *wp = Lib();
  while ( wp )
  {
    wp->Print();
    wp = Lib();
  }
}

  // ."
  // zeigt einen String an
  // z.B. ."Hallo, Welt!"
void f_print()
{
  ltrimp();
  while ( *p && *p!='"' )
    os << *p++;
  if ( *p )
    p++;
}

// do..loop Routinen
// -----------------

int I, J, DoCount;
static Stack DoIter;

  // I
  // Wert von I auf Stack schieben
void f_i()
{
  if ( I != -1 )
    s.Push( I );
}
```

```
  // J
  // Wert von J auf Stack schieben
void f_j()
{
  if ( J != -1 )
    s.Push( J );
}

  // do
  // do ... loop Interationen vorbereiten
void f_do()
{
  int Index = s_Pop();
  if ( s.IsEmpty() )
    return;
  int Limit = s_Pop();

  // I = innerer Schleifen-Index
  // J = äußerer Schleifen-Index

  if ( DoCount == 0 )
    // keine äußeren DOs
    I = J = Index;
  else
    // äußere DOs vorhanden
    J = Index;

    //  Limit und Index auf den Return Stack schieben
  r.Push( Limit );
  r.Push( Index );

    // Instruktions-Zeiger auf lokalen Stack schieben
    // 'p' zeigt auf den Beginn des loop-Codes
  DoIter.Push( p );
  DoCount++;
}

  // +loop
  // Falls erfoderlich, noch einmal die Schleife durchlaufen
void f_plusloop()
{
  if ( r.IsEmpty() )
    return;
  int k = r.Pop();
  if ( r.IsEmpty() )
    return;
  int m = r.Pop();
  if ( s.IsEmpty() )
    return;
```

```
  int Incr = s_Pop();
  k += Incr;
  if ( DoCount == 1 )
    J = I += Incr;
  else
    J += Incr;

    // Loop beendet
  if ( k >= m )
  {
      // alten IP loswerden
    DoIter.Pop();
      // Schleife beendet
    DoCount--;
    if ( DoCount == 1 )
      J = I;
  }
  else  // noch einmal durchlaufen
  {
      // Schleifenparamert auf Stack schieben
    r.Push( m );
    r.Push( k );
      // Instruktions-Zeiger holen ...
    p = (char*)DoIter.Pop();
      // und erneut auf Stack schieben
    DoIter.Push( p );
  }
  // zurück zum Aufrufer; 'p' zeigt nun auf
  // die nächste Instruktion.
}

  // loop
  // identisch mit 1 +loop
void f_loop()
{
  s.Push( 1 );
  f_plusloop();
}

  // leave
  // Schleife nach dem aktuellen Durchlauf verlassen
void f_leave()
{
  if ( !r.IsEmpty() )
  {
    int k = r.Pop();
    if ( r.IsEmpty() )
      return;
    int m = r.Pop();
```

```
      k = m;
      r.Push( m );
      r.Push( k );
    }
}

// if..else..then Routinen
// ----------------------

  // if
  // Syntax: <cond> if <code-if> [else <code-else>] then
void f_if()
{
    // <cond> vom Stack holen
  int e = s_Pop();
  if ( e )
  {
      // Bedingung wahr, mit nächstem Schritt weitermachen
      // Bedingung auf dem Iter Stack sichern
    Iter.Push( 1 );
      // Wenn das 'else' oder 'then' bearbeitet wird,
      // wird dieser Wert untersucht.
      // 'p' zeigt nun auf den <code-if> Block.
  }
  else
  {
      // Bedingung falsch - <code-else> ausführen.
      char *w = GetNextWord();
      while ( *p && strcmp(w,"else") &&
                    strcmp(w,"then") )
        w = GetNextWord();
      Iter.Push( 0 );  // 'false' Wert auf Stack schieben
      if ( strcmp( w, "else" ) )
        f_else();
      else
        f_then();
  }
}

  // else
void f_else()
{
  if ( Iter.IsEmpty() )
    return;
    // Ergebnis des letzten 'if' ermitteln
  int e = Iter.Pop();
    // und für nachfolgdendes 'then' noch einmal speichern
  Iter.Push(e);
```

```
  if ( e )
  {
      // <code-if> Block bereits ausgeführt
      // Sprung zu 'then'.
      char *w = GetNextWord();
      while ( *p && strcmp(w,"then") )
        w = GetNextWord();
  }
}

  // then
void f_then()
{
  // Alles ausgeführt. Was übrig bleibt ist
  // das Restaurieren des Iter Stacks.
    Iter.Pop();
}

// eof StdWords.cpp
```

Init.cpp

```
// Datei : Init.cpp
// Zweck : Initialisieren der internen Forth Library

#include <Forth/Forth.h>
#include <Forth/Globals.h>

  // Zwei pWords vergleichen
int wCmp( pWord p1, pWord p2 )
{
  return strcmp( *p1, *p2 );
}

  // Definition der Library-Klasse als eine sortierte
  // verkettete Liste von Zeigern auf Word.
gSortedList(pWord) Lib(wCmp);

  // Forth 'help' Wort.
char *HelpText = " .\" Forth interpreter \" cr "
  " .\" Example program from Programmer's "
  "Introduction to Borland C++\" cr"
  " .\" Enter 'bye' to exit this program\" cr cr ";

  // Interne Library mit Standard-Worten und
  // änderbaren Objekten füllen
void Initialize()
{
```

```
  Lib.Add( new UdWord( "help", HelpText ) );
  Lib.Add( new StdWord( "dup", f_dup ) );
  Lib.Add( new StdWord( "drop", f_drop ) );
  Lib.Add( new StdWord( "swap", f_swap ) );
  Lib.Add( new Toggle( "debug", t_debug ) );
  Lib.Add( new StdWord( "spaces", f_spaces ) );
  Lib.Add( new StdWord( "space", f_space ) );
  Lib.Add( new StdWord( "cr", f_cr ) );
  Lib.Add( new StdWord( "emit", f_emit ) );
  Lib.Add( new StdWord( "depth", f_depth ) );
  Lib.Add( new StdWord( ":", f_colondef ) );
  Lib.Add( new StdWord( ".", f_dot ) );
  Lib.Add( new StdWord( "@", f_amps ) );
  Lib.Add( new StdWord( "?", f_quest ) );
  Lib.Add( new StdWord( "!", f_excl ) );
  Lib.Add( new StdWord( "abort", f_abort ) );
  Lib.Add( new StdWord( "variable", f_variable ) );
  Lib.Add( new StdWord( "constant", f_constant ) );
  Lib.Add( new StdWord( "I", f_i ) );
  Lib.Add( new StdWord( "J", f_j ) );
  Lib.Add( new StdWord( "do", f_do ) );
  Lib.Add( new StdWord( "loop", f_loop ) );
  Lib.Add( new StdWord( "+loop", f_plusloop ) );
  Lib.Add( new StdWord( "leave", f_leave ) );
  Lib.Add( new StdWord( "if", f_if ) );
  Lib.Add( new StdWord( "else", f_else ) );
  Lib.Add( new StdWord( "then", f_then ) );
  Lib.Add( new StdWord( ".\"", f_print ) );
  Lib.Add( new Toggle( "prompt", t_prompt ) );
  Lib.Add( new StdWord( "+", f_add ) );
  Lib.Add( new StdWord( "-", f_substr ) );
  Lib.Add( new StdWord( "*", f_mult ) );
  Lib.Add( new StdWord( "/", f_div ) );
  Lib.Add( new StdWord( ">", f_gt ) );
  Lib.Add( new StdWord( "<", f_lt ) );
  Lib.Add( new StdWord( "=", f_eq ) );
  Lib.Add( new StdWord( "not", f_not ) );

  Lib.Add( new StdWord( "print", f_printallwords ) );
}
// eof Init.cpp
```

Globals.h

```
// Datei : Globals.h
// Zweck : Deklaration der Forth Variablen und Funktionen

#if !defined GLOBALS_H
```

```
#define GLOBALS_H

  // Klassen Deklaration
  // -------------------
class iStack;
class ostream_withassign;
class istream_withassign;

  // Variablen Deklaration
  // ---------------------
extern iStack s, r, Intern, Iter;
extern char b[], *p;
extern ostream_withassign os;
extern istream_withassign is;
extern int t_debug, t_prompt;

// Funktionen Deklaration
// ----------------------

void f_colondef(), ltrimp(),
  EvaluateWord();
int EvaluateLine();

  // if..else..then Funktionen.
void f_if(), f_else(), f_then();

  // do..loop Funktionen.
void f_i(), f_j(), f_do(), f_loop(),
  f_plusloop();

  // Variable & konstante Funktionen.
void f_variable(), f_excl(), f_amps(),
  f_quest(), f_constant();

  // Generelle Funktionen
void
  f_abort(),    // abort
  f_leave(),    // leave
  f_print(),    // print
  f_dup(),      // dup
  f_drop(),     // drop
  f_depth(),    // depth
  f_drop(),     // drop
  f_swap(),     // swap
  f_gt(),       // >
  f_eq(),       // =
  f_lt(),       // <
  f_not(),      // not
  f_cr(),       // cr
  f_emit(),     // emit
```

```
  f_space(),   // space
  f_spaces(),  // spaces
  f_lpar(),    // (
  f_dot(),     // .
  f_add(),     // +
  f_substr(),  // -
  f_mult(),    // *
  f_div()      // /
  ;

  // verschiedenes
void Initialize();
char *GetNextWord();
void f_printallwords();

#endif
// eof Globals.h
```

Teil 4

Anhang

Anhang A

Schlüsselwörter

Die nachfolgenden Schlüsselwörter sind in C++ reserviert:

```
asm      auto     break   case
catch    char     class   const
continue default  delete  do
double   else     enum    extern
float    for      friend  goto
if       inline   int     long
new      operator private protected
public   register return  short
signed   sizeof   static  struct
switch   template this    typedef
union    unsigned virtual void
volatile while
```

Turbo C++ und Borland C++ haben zusätzlich folgende spezielle Schlüsselwörter:

```
_cs     _ss     far       near
_ds     asm     huge      pascal
_es     cdecl   interrupt _regparam
```

Ferner sind folgende Wörter bei Borland C++ oder anderen C++-Compilern für den aktuellen oder zukünftigen Gebrauch reserviert:

```
fortran  handle  _handle  overload
throw    try
```

Anhang B

Prioritäten und Assoziativität

Gruppe 1 (links nach rechts)

( )	Funktionsargumente: f(a,b)
[ ]	Array-Elemente: array[21]
.	Klassen-/Struktur-/Unionen-Element: s.IsEmpty
->	Klassen-/Struktur-/Unionen-Zeiger-Element: p->Length

Gruppe 2 (rechts nach links)

!	Logisches NOT: !Empty
	Komplement: Wert
-	Unäres Minus: -x
++	Inkrementierung: i++; ++j
--	Dekrementierung: i--; --j
&	Adress-Operator: Ptr = &Object
*	Zeiger: *Ptr
(T)	Typ-Umwandlung nach T: (charx oder char(x)
sizeof	Größe in Bytes: sizeof(int)

Gruppe 3 (links nach rechts)

*	Multiplikation: x * 4
/	Division: a/b
%	Divisionsrest: Tab % 8

Gruppe 4 (links nach rechts)

+	Addition: a + b
-	Subtraktion: a - b

Gruppe 5 (links nach rechts)

<<	Links-Shift-Operator: x << 2
>>	Rechts-Shift-Operator: y >> i

Gruppe 6 (links nach rechts)

<	Kleiner: if(x < y)
<=	Kleiner gleich: while (a<=2)
>	Größer als: if(x > max)
>=	Größer gleich: while (j>=k)

Gruppe 7 (links nach rechts)

==	Gleich: if(x==y)
!=	Ungleich: while(x!=y)

Gruppe 8 (links nach rechts)

&	Bitweises UND: x & y

Gruppe 9 (links nach rechts)

^	Bitweises XOR: x ^ y

Gruppe 10 (links nach rechts)

|	Bitweises ODER: x | y

Anhang C

Konstanten

Gruppen

Präfix	Bedeutung
ap	Anwendungspaletten-Konstanten
bf	Schaltflächen-Flags für TButton-Objekte
cc	Allgemeine Konstanten und Typdefinitionen
cm	Befehlscodes, die im Event-Handler und anderen Funktionen verwendet werden
dm	Drag-Modus-Konstanten, die in TVIEW::dragView-Funktionen verwendet werden
ev	Event-Codes, die im Event-Handler und anderen Funktionen verwendet werden
gf	Grow-Modus-Konstanten, die mit der Variablen TView::growMode verwendet werden; die Werte zwischen 100 und 255, und ab 1000 stehen benutzerdefinierten Konstanten zur Verfügung.
hc	Hilfekontext-Konstanten, die in initMenuBar, getHelpCtx und anderen Funktionen verwendet werden; der zulässige Bereich für benutzerdefinierte Konstanten beginnt mit 1000.
kb	Tastatur-Konstanten, die in verschiedenen Funktionen verwendet werden
mb	Maustasten-Konstanten, die mit der Funktion getMouseEvent verwendet werden
mf	Message-Felder-Konstanten, die mit der Funktion messageBox verwendet werden
of	Optionen-Flags, die mit der Variablen TView::options verwendet werden
sb	Bildlaufleisten-Konstanten, die bei der Klasse TScrollBar verwendet werden
sf	Status-Flag-Konstanten, die mit der Variablen TView::State verwendet werden
wf	Fenster-Flag-Konstanten, die mit der Variablen TWindow::Flags verwendet werden
wp	Fensterfarbe-Konstanten, die mit der Variablen TWindow::palette verwendet werden

Konstanten nach Gruppen

Anwendungspaletten-Konstanten

Präfix	Bedeutung
apColor	Palette für Farbbildschirme
apBlackWhite	Palette für LCD-Bildschirme
apMonochrome	Palette für Monochrom-Bildschirme

Schaltflächen-Flag-Konstanten

Präfix	Bedeutung
bfNormal	Normale Schaltfläche
bfDefault	Standard-Schaltfläche
bfLeftJust	Linksbündiger Text in der Schaltfläche (voreingestellt ist er zentriert)

Allgemeine Konstanten und Typdefinitionen

Präfix	Bedeutung
ccAppFunc	"Action"-Funktion zur Anwendung in Iterator-Funktionen
ccIndex	Index- und Zählelemente in einer Sammlung
ccNotFound	Im Fehlerfall liefern verschiedene Suchroutinen diese Konstante.
ccTestFunc	"Bedingung"-Funktion zur Anwendung in Iterator-Funktionen

Befehlscode-Konstanten

Präfix	Bedeutung
cmValid	Prüft die Gültigkeit eines neu erstellten Fensters.
cmQuit	Verursacht einen Programmabbruch. Dieser Code wird nach Drücken der Tastenkombination Ax erzeugt.
cmError	Nicht verwendeter Befehlscode, der für nicht implementierte Befehle verwendet werden kann.
cmMenu	Verursacht die Aktivierung der Menüleiste. Dieser Code wird nach Drücken der Taste F10 erzeugt.
cmClose	Schließt das aktuelle Fenster. Dieser Code wird erzeugt, wenn Alt F3 gedrückt oder das Close-Symbol angeklickt wird.
cmZoom	Vergrößert das aktuelle Fenster zum Vollbild, falls möglich.
cmResize	Ändert die Größe eines Fensters, falls dies möglich ist. Dieser Code kann erzeugt werden, indem die linke untere Ecke eines in der Größe veränderbarenn Fensters angeklickt oder F5 gedrückt wird.

Dialogfeld-Befehlscodes

Präfix	Bedeutung
cmOK	Die Schaltfläche OK ist angeklickt worden.
cmCancel	Die Schaltfläche Abbrechen ist angeklickt worden.
cmYes	Die Schaltfläche Ja ist angeklickt worden.
cmNo	Die Schaltfläche Nein ist angeklickt worden.
cmDefault	Die Standard-Schaltfläche ist angeklickt worden (siehe bfDefault).

Drag-Modus-Konstanten

Präfix	Bedeutung
dmDragMove	Die Sicht kann über den Bildschirm verschoben werden.
dmDrawGrow	Die Größe der Sicht kann verändert werden.

Präfix	Bedeutung
dmLimitLoX	Die linke Seite der Sicht kann nicht über limits hinaus bewegt werden. Das Argument limits wird an die TView::dragView-Methode übergeben.
dmLimitLoY	Die Oberseite der Sicht kann nicht über limits hinaus bewegt werden.
dmLimitHiX	Die rechte Seite der Sicht kann nicht über limits hinaus bewegt werden.
dmLimitHiY	Die Unterseite der Sicht kann nicht über limits hinaus bewegt werden.
dmLimitAll	Keine Seite der Sicht kann über limits hinaus bewegt werden.

Event-Konstanten

Präfix	Bedeutung
evMouseDown	Maustaste gedrückt
evMouseUp	Maustaste losgelassen
evMouseMove	Mauszeiger bewegt
evMouseAuto	Periodisch auftretendes Ereignis, während die Maustaste gedrückt ist
evKeyDown	Taste gedrückt
evCommand	Befehl-Event
evBroadcast	Broadcast-Event
cvNothing	Das Ereignis wurde gerade bearbeitet.
evMouse	Maus-Event
evKeyboard	Tastatur-Event
evMessage	Botschaft-Event; entweder Befehl-, Broadcast- oder benutzerdefiniertes Event

Grow-Modus-Flag-Konstanten

Präfix	Bedeutung
gfGrowLoX	Die linke Seite der Sicht folgt der ihres Eigentümers.
gfGrowLoY	Die Oberseite der Sicht folgt der ihres Eigentümers.

Präfix	Bedeutung
gfGrowHiX	Die rechte Seite der Sicht folgt der ihres Eigentümers.
gfGrowHiY	Die Unterseite der Sicht folgt der ihres Eigentümers.
gfGrowAll	Die Sicht folgt der linken oberen Ecke ihres Eigentümers.
gfGrowRel	Wird für Fenster verwendet, die dem Desktop gehören und ihre Größe ändern müssen, wenn sich die Größe des Desktop ändert.

Hilfekontext-Konstanten

Präfix	Bedeutung
hcNoContext	Kein Hilfekontext.
hcDragging	Das Objekt wird gezogen.

Tastatur-Konstanten

Präfix	Bedeutung
kbAltA..kbAltZ	Die Tastenkombinationen Alt A bis Alt Z.
kbAlt1..kbAlt0	Die Tasten Alt 1 bis Alt 0.
kbF1..kbF10	Die Funktionstasten F1 bis F10.
kbShiftFn, kbCtrlFn, kbAltFn	Die Funktionstastenkombinationen ⇧ Fn, Strg Fn und Alt Fn (n von 1 bis 10)
Zusätzlich sind verschiedene Spezialtasten definiert.	

Maustasten-Konstanten

Präfix	Bedeutung
mbLeftButton	Linke Maustaste wurde gedrückt
mbRightButton	Rechte Maustaste wurde gedrückt

Message-Feld-Konstanten

Präfix	Bedeutung
mfWarning	Warnung-Feld anzeigen
mfError	Fehler-Feld anzeigen
mfInformation	Informationsfeld anzeigen
mfConfirmation	Bestätigungsfeld anzeigen
mfCancelButton	Schaltfläche "Abbruch" in ein Dialogfeld einfügen
mfOKButton	Schaltfläche "Ok" in ein Dialogfeld einfügen
mfYesButton	Schaltfläche "Ja" in ein Dialogfeld einfügen
mfNoButton	Schaltfläche "Nein" in ein Dialogfeld einfügen

Optionen-Flag-Konstanten

Präfix	Bedeutung
ofSelectable	Die Sicht ist auswählbar; zum Beispiel durch einen Mausklick in den Bereich der Sicht
ofTopSelect	Die Sicht wird vor alle anderen Sichten geschoben, wenn sie ausgewählt ist
ofFirstClick	Ein Mausklick wird nach der Auswahl der Sicht wie ein normaler Mausklick verarbeitet.
ofFramed	Die Sicht hat einen Rahmen.
ofPreProcess	Die Sicht erhält Events mit Fokus, bevor diese an die Sicht mit dem Fokus gesendet werden.
ofPostProcess	Die Sicht erhält Events mit Fokus, wenn die Sicht mit dem Fokus diese nicht bearbeiten kann.
ofBuffered	Zum schnellen Neuzeichnen wird ein Puffer verwendet, wenn diese Konstante gesetzt ist. Falls die Konstante nicht gesetzt ist, wird die langsamere draw-Methode der Gruppe verwendet.
ofTileable	Die Sicht läßt sich nebeneinander oder überlappend anordnen.
ofCenterX	Die Sicht wird auf der x-Achse ihres Eigentümers zentriert.
ofCenterY	Die Sicht wird auf der y-Achse ihres Eigentümers zentriert.
ofCentered	Die Sicht wird auf beiden Achsen ihres Eigentümers zentriert.

Bildlaufleisten-Konstanten

Präfix	Bedeutung
sbLeftArrow	Linker Pfeil der horizontalen Bildlaufleiste
sbRightArrow	Rechter Pfeil der horizontalen Bildlaufleiste
sbPageLeft	Bereich links des Bildlauffeldes der horizontalen Bildlaufleiste
sbPageRight	Bereich rechts des Bildlauffeldes der horizontalen Bildlaufleiste
sbUpArrow	Oberer Pfeil der vertikalen Bildlaufleiste
sbDownArrow	Unterer Pfeil der vertikalen Bildlaufleiste
sbPageUp	Bereich oberhalb des Bildlauffeldes der vertikalen Bildlaufleiste
sbPageDown	Bereich unterhalb des Bildlauffeldes der vertikalen Bildlaufleiste
sbIndicator	Bildlauffeld auf der Bildlaufleiste
sbHorizontal	Bildlaufleiste horizontal
sbVertical	Bildlaufleiste vertikal
sbHandleKeyboard	Die Bildlaufleiste läßt sich mit Tastaturbefehlen steuern.

Status-Flag-Konstanten

Präfix	Bedeutung
sfVisible	Die Sicht ist auf ihrem Eigentümer sichtbar.
sfCursorVis	Der Cursor der Sicht ist sichtbar.
sfCursorIns	Der Cursor der Sicht ist ein ausgefüllter Block.
sfShadow	Die Sicht hat einen Schatten.
sfActive	Die Sicht ist die aktive Untersicht im aktiven Fenster oder ist das aktive Fenster.
sfSelected	Die Sicht ist die aktuell ausgewählte Untersicht innerhalb ihres Eigentümers.
sfFocused	Die Sicht hat den Fokus (ist die aktuelle Sicht).
sfDragging	Die Sicht wird gerade gezogen.
sfDisabled	Die Sicht ist deaktiviert.
sfModal	Die Sicht ist modal.

Präfix	Bedeutung
sfDefault	Dieses Flag ist nicht belegt und steht daher dem Anwender zur Verfügung.
sfExposed	Die Sicht gehört direkt oder indirekt einem Anwendungsobjekt.

Fenster-Flag-Konstanten

Präfix	Bedeutung
wfMove	Das Fenster kann verschoben werden.
wfGrow	Die Größe des Fensters läßt sich ändern.
wfClose	Das Fenster kann geschlossen werden.
wfZoom	Das Fenster kann zum Vollbild vergrößert werden.

Anhang D

Bibliographie

Booch, G., *Object-Oriented Design With Applications*, 1991, Benjamin/ Cummings, Redwood City, CA, USA

Brokken, F.B. und Kubat, K., *Werken met C*, 1991, Sybex, Soest, NL

Cox, B., *Object-Oriented Programming, An Evolutionary Approach*, 1986, Addison-Wesley, Reading, MA, USA

Dewhurst, S.C. und Stark, K.T., *Programming in C++*, 1989, Prentice Hall, Englewood Cliffs, NJ, USA

Eckel, B., *Using C++*, 1989, McGraw-Hill, Berkeley, CA, USA

Ellis, M.A. und Stroustrup, B., *The Annotated C++ Reference Manual*, 1990, Addison-Wesley, Reading, MA, USA

Ezzell, B., *Turbo C++ Programming*, 1990, Addisson-Wesley, Reading, MA, USA

Hansen, A., *Proficient C*, 1987, Microsoft Press, Redmond, WA, USA

Hansen, T.L., *The C++ Answer Book*, 1990, Addison-Wesley, Reading, MA, USA

Hogan, T., *The Programmer's PC Sourcebook*, 1991, Microsoft Press, Reading, MA

Johnson, N., *Advanced Graphics in C*, 1987, McGraw-Hill, Berkeley, CA, USA

Kernighan, B. und Ritchie, D., *The C Programming Language*, 1978, Addison-Wesley, Reading, MA, USA

Kirkerud, B., *Object-Oriented Programming with Simula*, 1989, Addison-Wesley, Reading, MA, USA

Ladd, S.R., *C++ Techniques & Applications*, 1990, M&T Books, Redwood City, CA, USA

Meyer, B., *Object-Oriented Software Construction*, 1988, Prentice Hall, Englewood Cliffs, NJ, USA

Microsoft Corporation, *MS Windows Guide to Programming & Programmer's Toolkit*, 1990, Microsoft Press, Redmond, WA, USA

Schildt, H., *Turbo C/C++: The Complete Reference*, 1990, McGraw-Hill, Berkeley, CA, USA

Schulman, A., *Undocumented DOS*, 1990, Addison-Wesley, Reading, MA, USA

Sethi, R., *Programming languages, concepts and constructs*, 1989, Addison-Wesley, Reading, MA, USA

Sobelman, G.E. und Krekelberg, D.E., *Advanced C*, Que Corporation, Indianopolis, IN, USA

Stevens, W., *Software Design, Concepts und Methods*, 1991, Prentice Hall, Englewood Cliffs, NJ, USA

Stroustrup, B., *The C++ Programming Language*, 1988, Addison-Wesley, Reading, MA, USA

Stroustrup, B., *The C++ Programming Language, 2nd Edition*, 1991, Addison-Wesley, Reading, MA, USA

Swan, T., *Mastering Turbo Debugger*, 1990, Hayden Books, Carmel, IN, USA

Swan, T., *Learning C++*, 1991, SAMS, Carmel, IN, USA

Voss, G. und Chui., P., *Turbo C++ DiskTutor*, Osborne McGraw-Hill, Berkeley, CA, USA

Young, M.J., *Systems Programming in Microsoft C*, 1989, Sybex, Alameda, CA

Stichwortverzeichnis

A

B

D

G

H

L

M